C · O · M · P · A · N · Y · M · A · N

앤소니 샘슨

회사인간의 흥망

이 재 규 옮김

韓國經濟新聞社

감사의 말

처음 이 책을 쓰려고 했을 때부터 나는 하퍼 콜린스(HarperCollins)의 리처드 존슨(Richard Johnson)에게 신세를 졌다. 그리고 나의 오래된 대리자인 마이클 시즌스(Michael Sissons)는 이 책의 범위와 초점을 이해하고 내내 나를 격려해 주었다. 또한 나의 이전의 책들에서도 그랬지만, 친구이자 비평가인 로빈 데니스톤(Robin Denniston)은 이 책이 쓸데없는 말로 가득 차는 것을 막아주었다. 나의 오래된 조수 칼라 쉬멜드(Carla Shimeld)는 그 어느 때보다도 인내와 주의를 기울여 주었다. 아내 샐리(Sally)는 나를 격려해 주었고, 여행을 도와 주었으며, 아내와 딸 캐티(Katie)는 내가 이 책을 쓰는 동안 끊임없이 아이디어와 자료를 제공해 주었다. 일본의 자료를 수집하고 연락하는 데 수고를 해준 나의 일본인 친구 가쿠마 다카시, 일본의 대리인 톰 모리 그리고 나의 오래된 친구이자 출판인인 TBS 브리태니카의 히지노 시게키에게 고마움을 표한다.

자료를 수집하고 인터뷰를 하면서 나는 3개 대륙에 걸쳐 이 자리에 일일이 다 거론할 수 없을만큼 많은 사람들에게 빚을 졌다. 그러나 특별히 몇 분만에게라도 감사의 말을 남기고자 한다. 퍼시 바네빅(Percy Barnevik), 아사 브릭스(Asa Briggs), 모릭 브록크만(Mourik Broekman), 리아논 채프만(Rhiannon Chapman), 폴 쿰버스(Paul Coombes), 하워드 데이비스(Howard Davis), 프랜시스 더피(Francis Duffy), 로널드 드워킨(Ronald Dworkin), 나이젤 디코프(Nigel Dyckhoff), 후지노 게이스케, 브라이안 개논(Brian Gannon), 제임스 골드스미스 경(Sir James Goldsmith), 오웬 그린 경(Sir Owen Green), 찰스 핸디(Charles Handy) 교수, 로드 핸슨(Lord Hanson), 랜돌프 해리슨(Randolph Harrison), 존 하비존스 경(Sir John Harvey-Jones), 크리스토프 하스킨스(Christopher Haskins), 존 하이만(John Heiman), 로버트 헬러(Robert Heller), 브라이언 핸더슨 경(Sir Bryan Henderson), 히로부치 마스히코, 에릭 홉스바움(Eric Hobsbawm), 마이클 하지스(Michael Hodges), 크리스토프 혹 경(Sir Christopher Hogg), 피터 홈스 경(Sir Peter Holmes), 나이젤 홈프리스(Nigel Humphreys), 스펜서 하이만(Spencer Hyman), 이노우에 이사오, 이토 마사타카, 마틴 야콤 경(Sir Martin Jacomb), 프랜시스 야고(Francis Jago), 탐 야고(Tom Jago), 찰스 젱크스(Charles Jencks), 존 존스(John Jones), 기 드 욘키에르(Guy de Jonquiere), 가가미 누부미츠, 조나단 킹(Jonathan King), 기타노 미키오, 고이케 유리코, 고지마 다카키, 키트 맥아혼 경(Sir Kit McMahon), 존 맨스(John Manser), 토머스 멀린스(Thomas Mullins), 피터 뉴튼(Peter Newton), 오가 마사히로, 오타 히로시, 조프리 오웬 경(Sir Geoffrey Owen), 마이클 페리 경(Sir Michael Perry), 피터 퓨(Peter Pugh), 찰스 로(Charles Raw), 리처드 로저스 경(Sir Richard Rogers), 알라스테어 로스 구비(Alastair Ross Goobey), 피터 로린슨(Peter Rowlinson), 개리 런치만(Garry Runciman), 데이비드

세인스베리(David Sainsbury), 아서 슐레징거(Arthur Schlesinger) 교수, 케네스 시몬스(Kenneth Simmonds) 교수, 데이비드 사이몬(David Simon), 조지 소로스(George Soros), 다이다 히데야, 조프리 튜더(Geoffrey Tudor), 루이스 터너(Louis Turner), 스탠리 와이스(Stanley Weiss), 니콜라스 울프스(Nicholas Wolfers) 등이 그들이다.

읽으려면 소설을 많이 읽고, 기업관련 책은 가능하면 적게 읽어라.
세상의 모든 관계들은 진실로 그 속에 있나니.
―톰 피터스(*Tom Peters*)―

　나는 늘 회사인간의 일생과 역할에 대해 관심을 갖고 있었다. 그것은 아마도 내가 ICI의 본고장인 빌링햄(Billingham)에서 가까운 스탁턴온티스(Stockton-on-Tees)에서 태어났기 때문이리라. 나의 부친은 그 곳에서 연구원으로 근무했다. 우리는 곧 런던으로 이사했다. 아버지는 조용한 성품이었고 내성적이었다. 학교에 다니던 어느 날 나는 템스(Thames) 강가에 자리잡고 있는 ICI의 으리으리한 새사옥으로 부친을 뵈러 갔다. 니켈로 도금한 거대한 문을 밀고 들어가서 엘리베이터를 타고 올라가자 어마어마한 방에다 엄청난 크기의 책상 뒤에 앉아 있는 사람과 마주쳤다. 그것도 타자기 앞에 앉은 공손하게 생긴 비서와 함께 말이다. 나는 길에서 올려다 쳐다보던 그 런던의 본사 내부 광경에 황홀해했고 어떨떨해했다. 대학을 다니던 시절, 어느 날 나는 우리 집안의 친구인 사회학자 바바라 우턴(Barbara Wootton)과 함께 리전트 공원(Regent Park)을 걷고 있었다. 우리는 멀리 사무실 안에서 서류를 갖고 왔다갔다 하는 사람들을 쳐다보았다. 『저 안에 있는 사람들은 도대체 무엇 하는 사람들일까?』바바라가 말했다. 『누가 알아?』그 이후 나는 그 질문을 내내 간직했다.

훗날, 신문기자로서 그리고 작가로서 나는 권력의 작용과정에 대해 조사하기 시작했다. 처음에는 영국에서, 나중에는 유럽과 미국으로 넓혀갔다. 나는 기업의 이면에 침투해볼 기회를 가졌고, 회장과 그 비서들에게 지금 무엇을 하고 있는지 물어보고, 그들의 동기와 견해를 보다 깊이 이해할 수 있는 기회도 있었다. 그리고 다국적기업들에 대한—— 석유회사, 군수산업과 항공기 회사를 포함하여—— 저서들을 성공적으로 발표하면서 나는 경영자들의 유목민적 속성이 갖는 시련을 알게 되었다. 또한 이름도 기억할 수 없는 수많은 호텔에서 개최된 회의에, 창문도 없는 벽으로 둘러싸인 홀에서 개최된 연회와 각종 모임에 참석했다. 참석자들에게만 주어지는 표찰도 없이 연회에 참석해 고독감을 느끼던 여느 국외자와 마찬가지로, 나는 이 외딴 세상에 대해 진한 헌신과 몰입을 하고 있는 자신을 느끼고 있었다. 그러나 간혹 나는 기업에 대한 충성심과 함께 개개인의 강력한 정신과 야망에 충격을 받곤 했다. 1980년대, 나는 그 전과는 전혀 다른 인물들에게 관심을 쏟았는데, 인기를 끌었던 TV 연속극 〈마이더스의 손(The Midas Touch)〉에 등장하는, 전세계를 대상으로 새로운 머니 게임을 하고 있는 제임스 골드스미스 경(Sir James Goldsmith), 조지 소로스(George Soros), 그리고 리처드 브랜슨(Richard Branson) 등이 그들이다. 간혹 도쿄를 방문했을 땐 일본의 경영자들과도 만났는데, 그들에게서는 지금 서구의 사고방식에 도전하고 있는 아시아 기업들의 집단적이고도 통일된 자세를 느낄 수 있었다. 1990년대에 이르러, 내가 다시 서구의 기업으로 되돌아왔을 때는 근본적인 변화가 일어나고 있는 것 같았다. 거대기업은 그들의 모든 기업이론들을 다시 생각하고 있었으며, 아시아와 서구 자본주의 사이의 경쟁은 현대 역사의 중심적인 과제가 되고 있었다.

소설을 읽거나 연극이나 영화를 보거나 간에, 나는 언제나 사무실 인생과 기업 정치에 대해 할 말이 거의 없다는 사실 때문에 당혹스러웠다. 그것은 우리와 같은 중산층 가정에게는 일상적인 삶의 근거를 제공하고, 의회활동이나 정당정치보다도 훨씬 더 자주 일이 일어나는데도 말이다. 소설가와 역사가들은 회사인간을 별종으로 따로 떼 놓았으며, 변호사, 의사 또는 국회의원과도 다르며, 장군이나 제독과는 더더욱 다른 인간으로 취급했다. 그럼에도 그들은 지금 사회의 중심부에, 그것도 안정적 고용을 보장받으면서, 그리고 성과를 인정받으면서 살아가고 있다. 경제적 경쟁이 군사적 경쟁, 즉 전쟁보다 더 중요해지자, 회사인간은 사령관과 마찬가지로 국민적 영웅이 되었으며, 이제 그들의 사회적 영향은 구석구석까지 미치고 있다. 그들의 습관과 그들이 선호하는 것들은 도시와 시골 사람들의 삶의 모습을 바꾸고 있는 중이다. 그들이 좋아하는 회의장과 파티 장소 스타일은 호텔과 식당의 디자인을 결정하고, 그들의 여행 스케줄에 맞추어 항공사는 비행 스케줄을 바꾸고, 그들이 사용하는 언어는 정치계·대민봉사 활동 그리고 학계에 영향을 미친다. 「중역」이라는 직위는 새로운 시장경제에서 성공과 번영을 보장해주는 통과증이 되었다.

이런 호기심과 매력 때문에, 나는 오랫동안 그들을 보다 큰 역사적인 그리고 문학적인 맥락 속으로 끌어들여 회사인간에 대한 역사를 써보려고 마음먹고 있었다. 나의 소망은 1990년대의 기업 드라마에 의해 다시 소생했고, 미국·유럽 그리고 아시아 기업 사이의 경쟁은 나의 생각을 별로 탐탁하게 생각하지 않던 사람들에게 잘못이 있었고 또한 문제가 많다는 것을 증명해주었다.

따라서 나는 이 책을 통해 회사인간을 —— 그리고 나중에는 여자 회사인간에 대해서도 —— 경제적 존재가 아니라 사회적 존재로서 추적해보려고 한다. 나는 그들을 회사 역사의 주역들로 생각하지 않으며, 컴퓨터의 소프트웨어와 하드웨어와 더불어 있는 휴먼웨어(humanware)로 보지도 않는다. 다만, 그들의 고용주들과 난처하고도 항상 변화하는 관계 속에서 행동하는 개인들로서, 그리고 직장과 가정 사이를 맴도는 사람들로 묘사하려 한다. 나는 경영전문가들이 너무나 자주 무시해온, 그리고 기계적 구조와 관료적 태도 때문에 눈에 띄지 않는 인간적 고뇌에 대해 통찰력과 이해를 제공해준 소설가들과 외부 관찰자들을 십분 활용하려 한다. 그리고 나는 인간정신과 인간이 창조한 기계 사이에 빈발하는 긴장에 대해 특별한 주의를 기울이려고 한다 : 이 주제는 산업혁명(Industrial Revolution) 이후 여러 가지 다른 형태로 끊임없이 다루어져 왔으며, 컴퓨터 시대를 맞은 지금 새로운 국면을 맞고 있다.

이 책이 지리적으로 다양한 지역을 포함하고는 있지만, 나는 완전한 역사를 제공하려고 시도하진 않았다. 나는 경제적 분석을 제공하려는 것이 아니며, 또한 노동조합의 발전을 설명하려는 것도, 노사분규나 파업을 그리려는 것도 아니다. 나는 다만 중산층 회사인간의 변화하는 성격을 집중적으로 조명해보려고 하는데, 다른 회사들에게 모델이 되고 또한 선구자격인 회사들, 예를 들면 미국의 GM과 IBM, 영국의 셸과 ICI, 그리고 일본의 도요타와 소니 등 대기업의 내부를 파헤쳐 가장 의미 있고도 이해를 돕는 장면과 에피소드들을 활용하려고 한다.

나는 먼저 미래의 모습부터 훑어보고자 한다. 젊은 창업가들과 컴퓨터 천재들이 숲으로 뒤덮인 산 속에서 새로운 회사인간의 모델을 만들고 있는 미국의 북서쪽 정보기술의 혁신 도시를 가보려고 한다. 그런 뒤에, 19세기부터 어떻게 근대 기업과 직장 생활이 법인체와 가족기업으로부터 유래되었는지, 그리고 20세기 중반부터는 어떻게 「조직인간」이 생겨났으며, 그 또한 영구적이고도 불가결한 존재가 되었는지를 밝혀보려 한다.

책의 뒷부분에 가서는, 끊임없는 충격들이 어떻게 서구의 경영자들로 하여금 자신들의 경영이론과 사회적 역할을 다시 생각하지 않으면 안 된다는 확신을 심어주었는지 묘사하려 한다. 레이더스(역주 raiders : 타회사의 주식을 사모아 경영권을 탈취하려는 악의적인 투자가)들은 거대기업들을 매수하고 쪼개어 팔고, 아시아의 경쟁자들은 훨씬 더 통일된 자세로 공격해오고, 정보기술이 중간관리자의 일자리를 빼앗아가고, 여성경영자들은 남성의 이기심과 사교적 모임 그리고 심지어는 일자리까지 넘보고 있다. 회사는 임시 고용 관리자와 단기 계약의 컨설턴트를 고용함으로써 본부의 규모를 스스로 축소하고 있다. 남아 있는 회사인간들은 한층 더 민첩해져야 하고, 그들의 운명을 스스로 결정해야 하며, 끝내는 일자리를 잃고 말게 된다. 사회생활의 중심이었던 건물은 분해되어 재택근무자들 · 이동통신 · 데이터 뱅크 그리고 전자우편의 네트워크로 대체될 것처럼 보인다. 그러나 이와 같이 전통적인 회사인간이 전례 없이 불안정해져가는 반면에, 최고경영자들은 종전보다 훨씬 더 강력해지고 있으며, 뿐만 아니라 그들은 실패했을 때에도 더욱 많은 보수를 받고 있다. 따라서 새로운 종류의 계층구조를 만들고 있는 중이다.

내 생각으로는, 이러한 변혁은 20세기 후반에 있어 가장 독특한 요소들을 제공해주고 있으며, 그것은 아직도 여전히 진행 중인바, 그 혼란의 와중에 이 책이 조명탄 역할을 할 수 있기를 기대한다.

런던에서 **앤소니 샘슨**

차 례

제 1 장

개척자 도시

마치 다른 사람이 조정하듯이
기계가 손에서 미끌어져 나갔다.
터널 끝에 보이는 불빛은
달려오는 기차에서 나오는 것이었다.
—로버트 로웰[Robert Lowell, 〈1939년 이후(Since 1939)〉, 1977]—

시장의 적은 이데올로기가 아니라 기술자들이다.
—J. K. 갤브레이스[J. K. Galbraith, 〈새로운 산업국가(The New Industrial State)〉, 1967]—

미국의 북서 해안은, 허드슨 베이사(Hudson's Bay Company)가 사회의 쓰레기처럼 취급받던 몇 명의 부랑자들을 모아 처음으로 모피를 사러 보낸 19세기 초 이래 새로운 종류의 회사인간을 위한 개척지였다. 모피를 사러 간 부랑자들에 이어, 시애틀을 둘러싸고 있는 해안을 따라 울창한 삼림을 베어내고 사가기 위한 벌목꾼들·목재상인들이 들어왔고, 그 목재들은 새로운 마을을 짓기 위해 캘리포니아로 보내졌다. 1897년 이후 시애틀이 알래스카의 금광으로 가는 주요항구로 자리잡자 상인들·은행가들, 그리고 그런 곳이라면 으레 따라오는 매춘부들이 몰려왔다.

삼림은 부(富)의 주요한 원천으로 남아 있었다. 1900년 프레더릭 웨이어헤이저(Frederick Weyerhaeuser)는 거의 100만 에이커에 달하는 삼림을 사들였다. 그것은 나중에 시애틀 외곽에 있는 거대한 웨이어헤이저 목재회사(Weyerhaeuser timber corporation)의 토대가 되었다. 그러나 1916년 북서해안에서 목재업으로 큰 돈을 모은 윌리엄 보잉(William

Boeing)은 시애틀에서 조그만 비행기회사를 창업했는데, 그 후 그 회사는 시애틀의 첫째 가는 부의 원천이 되었고, 세계에서 제일 큰 비행기 제조회사로 변모했다. 20세기 후반 시애틀의 생활은 새로운 종류의 젊은 회사인간을 끌어들이기 시작했다. 그들은 천연자원이 아니라 두뇌에 의존했고, 소프트웨어를 개발했고, 바이오 기술·휴대폰·닌텐도 게임을 개발했다. 그들은 새로운 종류의 회사를 개발하고 있었다. 그것은 보잉(Boeing)사와 같은 거창한 구조를 갖고 있는 조직이 아니라, 아메바나 해파리와 같이 고정적인 형태가 없는 조직이다. 즉 언제든지 그들 스스로 재빨리 재조직하여 새로운 사업을 시작할 수 있도록 말이다. 가장 혁신적인 사업은 가장 불안정한 것이며, 60여 년 전 보잉이 맞닥뜨렸던 그런 불확실성에 직면해 있는 것이다. 시애틀은 또한 예술가들을 위한 최전선이기도 하다. 미국의 어떤 도시보다도 정력적인 젊은 예술가, 즉 35세 미만인 사람들의 비율이 가장 높은 도시이기도 하다. 시애틀에는 수많은 극장과 생선 횟집, 스포츠카, 책방, 그리고 무엇보다도 음악 클럽이 많이 있다. 시애틀은 커트 코베인(Kurt Cobain)과 록 그룹 니르바나(Nirvana)의 고향이자, 거지 패션—— 다 떨어진 바지와 남루한 옷, 그리고 가난하게 보이려고 노력하는 부잣집 아이들, 불난 동물원 같은 야단법석의 음악—— 의 탄생지이기도 하다.

바다안개와 호수, 노르웨이의 피오르드 해안을 연상케 하는 협만, 삼림, 산, 그리고 바다는 여전히 시애틀을 지배하고 있다. 매일 아침 근로자들은 페리를 타고 해안선을 따라 출근한다. 그들은 노르웨이 어부같이 수염을 기르고, 선원들이 즐겨 쓰는 모자를 쓰고, 낙제생같이 티셔츠를 입고 운동화를 신고 있다. 보트가 물살을 가르며 나아가면 아침해는 마천루 위로 솟아오른다. 젊은 통근자들은 랩탑 컴퓨터·휴대폰·컴퓨터 잡지를 들고 배를 탄다. 배가 부두에 닿으면 그들은 시애틀의 도심으로 빠져나가 사무실로 사라져 버린다. 그러나 그 곳에는 자연적인 아름다움과 기술적인 압력 사이에 흐르는 긴장이 있다. 50대의 은행가는 나에게 이렇게 말했다. 『내 세대는 참으로 힘든 세대다. 한쪽 발은 환경에, 다른 한쪽 발은 사업에……. 우리들은 숲으로 둘러싸인 아름다운 집이 있는 섬에서 살고 있다. 그러나 우리는 늘 통신과 새로운 기술—— 팩스 · 컴퓨터 · 전자우편 등—— 과 연결되어 있는데, 그러한 것은 우리를 둘러싸고 있는 자연환경으로부터 우리를 갈라놓고 있다.』

시애틀 사람들은 그들 고유의 그 무엇을 갖고 있는데, 데이비드 린치(David Lynch)의 인기 텔레비전 연속극 〈트윈 픽스(Twin Peaks)〉와 같은 것들, 지금은 새로운 관광명소가 되고 있는 산 속의 호텔 등이 그렇다. 이상하게도 연쇄살인자는 시애틀 해안을 좋아했다. 어느 연구에 의하면, 해안은 광란뿐만 아니라 자살률과도 높은 상관관계가 있다고 한다. 그러나 시애틀 사람들은 남부 캘리포니아 사람들보다 훨씬 정상적이고 술에 취해 있지도 않다. 남부 사람들은 폭력과 개똥철학을 피해 북쪽으로 오고 있다. 시애틀 사람들은 새로운 유행에 집착하지도 않으며, 깨끗하고 새로운 사업과 환경운동 또는 「삼림보호」운동을 지지하고 있다. 북서지역의 야생미, 즉 삼림과 산은 잘 정돈된 기계로 가득 찬 사무실, 컴퓨터, 그리고 공장과는 완전히 대조를 이루고 있다. 또한 개인의 창의성과 기계——시애틀 2대 기업들[마이크로소프트(Microsoft)사와 보잉]에 의해 각각 다른 방향으로 나타나고 있는—— 와도 대조를 이루고 있다.

보잉 사람들을 가르치고

시애틀 북쪽으로 몇 마일을 가면 높다란 흰색벽을 따라 캐나다로 가는 고속도로가 거의 4분의 3마일이나 이어지는데, 그 길을 따라가다 보면 거대한 차고 문과 같은 여섯 개의 청회색 출입구를 볼 수 있다. 그 뒤에는 현대의 기적 가운데 하나, 즉 이 세상에서 가장 큰 공장이 있다. 그 것은 점보제트기 보잉 747을 보관할 수 있는 대형 구조물인데 그것을 짓기 위해 불도저로 삼림을 잘라내고 1967년에 설립되었다. 지금 그 공장은 또 하나의 기적, 즉 보잉 777을 만들기 위해 더욱 확장 중에 있다.

거대한 출입구 뒤편에는 하나의 지붕 속에 도시가 있는데, 그 도시에는 8,000여 명의 종업원들이 마치 필름 현상소나 테마 공원과 같이 온도가 일정하게 유지된 공장 안에서 바깥 세계와는 차단된 채 일하고 있다. 그 속에서의 생활은 마치 하나의 마을에서 사는 것과 마찬가지로 정상적이다. 철도가 있고, 자동차와 자전거가 다니는 중심가가 있으며, 자동판매기가 곳곳에 설치돼 있고, 구급대가 있으며, 주차공간을 찾고 있는 쓰레기 청소차들도 다닌다(곳곳에 쓰레기차 주차금지 푯말이 있다). 지면은 조용한 주택가나 여느 일상적인 장소와 별다른 차이가 없다. 어느 지역에는 여성의류 공장 같은 곳이 있는데, 여자들이 모여 앉아 기다란 전선을 꼬고 있다. 다른 곳에서는 남자들이 전선을 점보기에 집어넣고 있다. 그들은 그런 과정을 「채워넣기」작업이라고 한다. 또 다른 곳에는 동체에 부착되기 위해 대기 중인 비행기 날개들이 마치 토스터에 넣기 위해 잘라놓은 빵조각같이 가지런히 놓여 있다. 높은 곳에서는 남자들이 점보기 옆에 앉아 못을 꺼내고는 동체에 판을 부착하고 있다. 그 옆에는 실물 크기의 모형 비행기가 있는데, 이는 모든 전선과 배관, 그리고 주요부품들이 어떤 과정을 통해 조립되어야 하는지를 표시해주고 있다.

이는 하나의 지붕 아래 있는 도시의 거리를 도보로 다니면서 볼 수 있는 것들이다. 거대한 점보기가 형태를 갖추어가는 과정으로서 날개를 달고, 꼬리와 각종 장치를 부착하고, 드디어 거대한 문을 서서히 빠져나와 활주로에 도착해 검사를 받고, 도색작업을 끝내고는 마침내 세계의 항공기 속으로 날아가는 것이다.

그러나 이런 과정은 눈에 보이는 것보다는 훨씬 간단하다. 어느 구석에는 한층 더 우아한 비행기가 엷은 푸른색 비닐에 뒤덮여 있는데, 여느 비행기와는 별도로 넓은 면적을 차지하고 있었다. 그것은 신형 보잉 777로서 엔지니어들이 쟁취한 최후의 위업인 양 당당하게 서 있다. 엔지니어들은 모형도 없이 그 비행기를 만든 것이다. 그것을 만든 실질적인 지휘자는 카티아(Catia)라는 정교한 컴퓨터 프로그램이다. 카티아는 3차원의 상세도를 갖고 있는데, 모든 부품들이 조립되는 과정을 지시한다. 카티아는 또한 엔지니어들로 하여금 함께 일하도록 강요한다. 어느 엔지니어는 『우리들은 컴퓨터가 진실로 대화의 도구로 쓰이는 것을 알았다』라고 말했다. 『컴퓨터는 엔지니어들로 하여금 양립할 수 없는 계획들을 포기하는 것을 막고 함께 일하도록 몰아갔다.』보잉의 공장은 질서정연한 듯 보이지만, 변화하는 인간관계의 전쟁터가 되고 있다. 그것은 고통스런 경험이었다. 보잉의 근로자들은 지금까지 늘 독자적인, 그리고 자신만만한 종류의 인간이었다. 그들 대부분은 보잉에서 한평생을 보냈으며, 회사근처에서 살면서 배타적인 보잉 클럽에 속해 있었으며, 동료들과 골프를 치며 살아왔다.

지난 80여 년 간 시애틀은 이 소규모 사업이 점점 커져서 세계에서 가장 큰 비행기 제조회사로 성장하는 과정을 지켜보았다. 보잉은 수십만 명에게 일자리를 제공하고, 끊임없이 새로운 기술의 개척자가 되었던 것이다. 제2차 세계대전이 끝날 무렵, 보잉은 매시간 폭격기를 생산했다. 1960년에는 보잉 707을 생산했는데, 이는 최초의 정규적인 여객기였다. 1967년에는 동체가 넓은 제트기 747 시리즈를 만들었다.

시애틀은 보잉을 잊을 수 없다. 시애틀은 보잉기로 가득 찬 네 개의 비행장에 둘러싸여 있다. 지금까지 비밀로 하고 있었지만, 시애틀의 주요 사업은 보잉의 기부금에 의존하고 있었다. 어떤 정치가도 「이 엄청난 고릴라」를 무시할 수 없었다. 이 지역 출신의 유명한 상원의원 잭슨

(Jackson)—— 지금 그의 집은 기념관으로 변해 있다—— 은 아예 「보잉을 위한 상원의원」으로 알려졌었다.

보잉의 기술자들도 부침을 겪었다. 1970년 최악의 해고사태 때에는 택시기사로 변신하는 사람들도 많았다. 그 당시 사람들은 『보잉, 보잉, 끝나버렸네』라고 하면서, 시애틀을 마지막으로 떠나는 사람이 보잉사의 전등을 끄고 가도록 하자는 농담을 주고받았다. 그러나 보잉은 1980년대 호황기를 맞아 급속히 회복했고, 제너럴 모터스(General Motors : GM)나 IBM사가 겪고 있는 치욕을 면하고 있었다. 자동차 기술자들은 여전히 곤경에 처해 있었지만, 보잉의 기술자들은 항공기 산업에서 선두를 유지했다. 노동조합마저도 순환적인 경기하락을 개의치 않았으며, 심지어 경영자들을 칭찬했다. 시애틀의 기계노조 대변인 코니 캘리허(Connie Kelliher)는 『우리 보잉 사람들은 손에 손을 잡고 일한다』라고 말했다. 『보잉은 다른 항공기 회사들, 예를 들면 록히드(Lockheed)나 맥도널(McDonnell)사보다 훨씬 빠르게 회복했다. 우리들은 임금협상 때에만 서로 마주앉는다.』 그러나 1980년대 말, 보잉의 기술자들은 그들이 자랑스럽게 생각하는 전문화에서 탈피하고 일하는 방식도 완전히 새롭게 다시 생각하고 있었다. 물론 외부의 위기 때문에 그런 것만은 아니었다. 보잉은 경기순환이라는 관점에서 보면 최대 호황기를 맞고 있었다. 점보기의 주문이 쌓여 있었다. 그러나 새로 취임한 프랭크 슈론츠(Frank Shrontz) 회장은 국방부에서 법률고문으로 일했던 인물인데, 유럽의 에어버스(Airbus)사가 보잉의 기술을 따라잡으며 가격을 내리고 있는 것에 대해 관심을 가졌다. 동시에 보잉은 젊은 관리자들과 근로자들을 대규모로 채용하고 있었는데, 그들은 권위주의적 계층구조를 싫어하는 부류였다. 최근에 입사한 어느 사원이 『일방 통행밖에 없잖아』라고 투덜거렸다. 『그것은 의사결정에 참여하고자 하는 신참과 오래 된 고참 사원 간의 문화전쟁이었다. 한 마디로 표현하면 의사소통의 문제였다.』

그것은 보잉의 최고경영자에게는 하나의 충격이었다. 『내가 젊었을 때엔 연장근무를 밥먹듯 했는데, 일 주일 내내 일한 적도 있었고……』 인석자원 관리부서의 임원인 래리 매킨(Larry McKean)이 말했다. 『그런데 신입사원들은 권위에 도전한단 말이야. 경영자 계층이 여덟 단계나 된다느니, 권한이양을 해달라느니 말이야. 그들은 새로운 가치관을 갖고 있지만… 우리는 여전히 구식 경영방식을 갖고 있고……』

슈론츠는 새로운 종류의 근로자들에게 보잉이 좀더 관심을 기울여야 한다는 것을 깨달았다. 그리고 회사의 경영방식에 뭔가 문제가 있다는 것도 알았다. 골치를 앓고 있는 다른 최고경영자들과 마찬가지로 슈론츠는 일본을 배우기로 마음먹었다. 몇몇 최고경영자들을 골라 일본에서 가장 성공적인 회사들을 견학하도록 했다. 시애틀로 돌아온 그들은 일본에서 본 것들을 분석했다. 그들은 보잉을 일본식으로 만들자고 주장하지는 않았으나, 일본식 경영방법 —— 재고수준을 줄이고, 생산주기를 단축하고, 고객과의 관계를 긴밀히 하고, 특히 종업원에게 동기를 부여하고 —— 을 서서히 도입하려고 시도했다.

가장 어려운 것은 관리자들로 하여금 변화에 대한 관리방법을 배우게 하는 것이었다. 사업부의 책임자들은 상호협력했다. 그러나 문제는 1만 6,000여 명의 중간관리자들로 하여금 서로 협력하게 하는 것이었다. 『많은 사람들은 관심도 보이지 않았다』라고 매킨은 말했다. 『그들은 「나는 사람들에게 질문하지 않아. …그들에게 무슨 일을 하라고 지시만 할 뿐이야」라고 했다.』 보잉은 그런 관리자들을 점진적으로 도태시켰다. 명예퇴직이나 조기퇴직을 유도했고, 그 후에도 우호적인 관계를 유지했다. 보잉의 최고경영자들은 수백 명의 관리자를 해고한 제너럴 일렉트릭(General Electric : GE)사의 잭 웰치(Jack Welch) 회장도 방문했다. 그들은 GE와 같이 무자비하게 할 수 없다고 생각했다. 그러나 웰치 회장은 보잉의 최고경영자들에게, 사람들은 「자신의 운명을 결정」하는 방법을 배워야 한다고 말했다. 결국 그들은 관리자들이 동료를 직접 평가하는 시스템을 따르기로 했다. 매킨은 『처음에 나는 그것을 지나친 것이라고 생각했다. 그러나 그것은 진실로 효과가 있었다. 당신은 사람들이 자신의 운명을 통제하는 것을 가르칠 수 있다』라고 말했다.

기술자들은 확신을 심어주기에는 가장 어려운 존재였다. 처음에 『그들은 눈을 껌벅거리더니, 꺼져버려』라고 했다. 『우리는 늘 벽을 깨뜨리겠다고 말해왔다. 그러나 기술자들은 매우 전문화되어 있으며, 다른 분야의 기술자들과도 동떨어져 있다. 관리자들은 일을 관리했지 사람을 관리한 것은 아니었다. 어느 고참기술자는 35년 간을 공장 바닥에 한번 내려가보지도 않고 일해왔다. 기술자들과 다른 사람들 사이에는 베를린 장벽이 가로막고 있었던 것이다. 문제가 생기면 위로 미루었고, 영업사원들이 잘 팔아주기만 기대했다. 우리는 기술자들이 다른 사람들과 가까워지도록 해야만 했다. 그러나 하루 아침에 보잉을 뒤바꾸어놓을 수는 없었다. 우리는 사람들에게 권한을 이양해야만 했고 생각하는 방법을 가르쳐야만 했다』라고 매킨은 말했다. 지금 생각해보면 너무 명백한 것인데, 그것을 받아들이는 데 왜 그토록 오랜 시간이 걸렸을까? 서로 의논하고 어른처럼 대접하면 한층 더 일을 잘 할 수 있는데도 말이다. 거의 50여 년 전 품질의 아버지 에드워즈 데밍(Edwards Deming : 1900~1993)은 시애틀에서 근로자가 자기 스스로 만든 제품에 책임의식을 가질 수 있는 방법에 대해 연설했다. 그러나 그의 아이디어는 단지 일본에서만 받아들여졌다. 보잉은 왜 그렇게 늦었는가? 나는 매킨에게 물었다. 그는 잠시 후 대답했다. 『신뢰문제였다. 우리는 그들을 감시하고, 감독하고, 심지어 화장실 가는 시간까지 정해놓았던 것이다. 우리는 근로자를 믿지 않았던 것이다.』

보잉은 20세기 말 서구 기업들을 휩쓸고 간 그 현실을 경험한, 단지 하나의 극적인 예에 지나지 않는다. 그들은 효율이나 생산성에 다시 집착한 것이 아니라, 그들이 의존하는 인적 자원을 연결하는 데 실패했던 것이다. 기계가 인간을 압도해버린 것이다.

마이크로소프트의 인간화

마이크로소프트의 본사가 있는 시애틀의 다른 지역에서는 한층 더 심각한 변화가 일어나고 있었다. 마이크로소프트는 거대한 기술 프로젝트를 기반으로 성장해온 것은 아니지만, 지역기업을 위해 변호사 업무를 하던 사람의 아들인 컴퓨터 천재 빌 게이츠(Bill Gates)는 몇 년 만에 마이크로소프트를 세계에서 가장 큰 기업 가운데 하나로 성장시켰다. 물론 보잉의 근로자들은 컴퓨터에 대한 경험이 많았지만, 이 젊은 침입자 때문에 어리둥절해했다. 매킨은 『마이크로소프트 사람들은 괴짜란 말이야』라고 말했다. 아마도 보잉의 회장은 빌 게이츠를 공식적으로 만난 적도 없었을 것이다. 1990년 보잉에 근무하던 마이크 홀먼(Mike Hallman)은 마이크로소프트의 사장이 되었는데, 그는 마이크로소프트의 활동범위와 대외관계를 넓히려고 애썼다. 그러나 마이크로소프트 사람들은 그가 너무 느리고 소극적인 것을 알고 2년 후 그를 내쫓아버렸다. 마이크로소프트는 보잉보다 한층 더 긴장된 장래를 앞두고 있고, 사람과 기계 사이의 관계라는 측면에서 한층 더 혁명적인 변화를 주도하고 있다.

마이크로소프트에서 점심식사를 할 때면 제조업체에서 느껴지는 그런 것은 전혀 없다. 시애틀 외곽의 삼림 속으로 뚫린 마이크로소프트로 가는 길에는, 높이 솟은 물탱크도 없으며, 정문이란 것도 없고, 경비원도 없다. 그저 흰색의 단층 건물들이 가지런히 서 있다. 건물에는 대형 초록색 유리문이 달려 있고, 소나무와 찔레꽃으로 둘러싸여 있으며, 주차장에는 외제 자동차로 가득 차 있다. 그 곳은 사립대학이나 값비싼 요양소 같은 느낌을 준다. 나는 어느 빌딩으로 안내되어 갔는데 입구에서 내

이름을 컴퓨터에 입력했다. 만나기로 한 사람이 곧 나타났고, 나를 자기 차에 태우고는 식당이 있는 중앙건물로 갔다. 잔디밭 중간에는 마이크로 소프트가 지난 20여 년 간 달성한 주요성과를 기념하는 금속 슬라브판, 예를 들면 개인용 컴퓨터를 개척한 프로그램인 베이식(Basic) 등이 마치 묘비처럼 서 있었다. 또 다른 슬라브에는 다음과 같은 슬로건이 적혀 있었다. 『이 곳에서 제품이 출하될 때마다 매번 그것은 우리들의 비전에 한 걸음 더 다가가는 것이다 : 모든 가정에, 그리고 모든 책상 위에 컴퓨터를.』

건물 내부의 카페테리아에는, 마치 각국에서 온 대학원생들이 방학을 어디에서 보낼지 논의하는 것처럼 젊은 종업원으로 가득 차 있었다. 세계 모든 인종의 얼굴과 억양들이 뒤섞여 있었는데, 예를 들면 중국, 일본, 인도 그리고 영국 등지에서 온 사람들이었다. 그들은 값싼 세계 각국의 요리를 시켜 먹고 있었는데, 태국식 닭요리와 쌀밥, 공짜로 제공되는 음료수 등을 마시고 있었으나 마이크로소프트의 전통인 술은 마시지 않았다.

마이크로소프트의 종업원들은 모두 캐주얼 복장을 하고 있었다. 많은 사람들은 티셔츠, 스웨터, 청바지, 그리고 운동복을 입고 있었다. 그들은 모두 젊었고――종업원의 평균 연령은 32세다――그 중 반은 남자와 같이 자신만만하고도 여유 있는 여자였다. 몇몇은 컴퓨터에 미친 사람같이 돗수 높은 안경을 끼고 주머니에는 펜을 꽂은 채 어줍게 행동했다. 그러나 그들은 모두 일에 중독된 사람 같았고, 뚱뚱한 사람들도 꽤 많았다.

회사는 자유스런 분위기를 복돋우도록 설계되어 있었다. 스포츠 공간을 조성해놓았으며 자연스럽게 숲 속을 걸을 수 있도록 했다. 그러나 걸어다니는 사람들은 많지 않았다. 시골스런 풍경은 빽빽한 건물들과 대조를 이루고 있었다. 어떤 때는 작업에 열중한 팀들이 밤새껏 일하기도 하며, 회사에서 제공하는 침실에서 잠시 눈을 부치기도 한다. 그것은 마치 전쟁을 치르는 듯 흥미 있어 보였다. 점심식사 후 어떤 종업원은 그 곳을 제2차 세계대전 중 독일군의 암호를 해독하기 위해 젊은 천재들을 한데 모아놓은, 브레츨리(Bletchley)에 있었던 영국의 정보부——그 곳에서 자기의 아버지가 근무했다고 하면서——에 비유했다.

마이크로소프트의 건물 내부는 검소한데, 같은 규격의 작은 방들은 컴퓨터나 전화기·전자우편과 음성우편 등으로 연결되어 있다. 전자우편은 의사소통의 수단이다. 마이크로소프트는 스스로 그 시스템을 개발했으며, 그것은 회사 민주주의의 중요한 수단으로 자리잡았다. 왜냐하면 종업원들은 전자우편을 통해 최고경영자와 직접 대화할 수 있기 때문이다. 뿐만 아니라 전자우편은 스포츠·체스 또는 영화와 같이 취미활동을 할 수 있는 게시판 역할을 한다. 그러나 민주주의에는 한계가 있으며 통제범위가 있다. 경영층은 컴퓨터를 이용해 종업원들이 각자 개인 이익을 위한 일처리를 하지나 않는지 걱정한 나머지 그것을 감시하기 위한 프로그램도 장착했다. 그리고 음성우편과 전자우편의 제한적 사용은 바깥 세상에서 마이크로소프트와 대화하고자 하는 사람에게도 분명히 적용되었다. 마이크로소프트의 대변인 마티 토커(Marty Taucker)는 토커(Talker), 즉 「말 잘 하는 사람」으로 발음되는데도 신문기자나 매스컴 관계자들에게는 논 토커(non-talker), 즉 말하지 않는 자로 평이 나 있다.

검소한 사무실 분위기는 근처에 새로운 사무실을 지을 때도 마찬가지였다. 신축 사무실은 시애틀의 주요 건축가가 설계했는데, 그 곳은 사무실이라기보다는 수도원 같았다. 전통적인 건물에 작은 창문들을 냈으며, 사람들이 모이는 중앙부 위쪽에는 탑을 만들고 복도가 여러 갈래로 나 있었다. 건축가는 중세의 수도원에 관심이 많았는지, 수도사의 방이나 정원의 느낌이 들도록 설계했다. 그 곳은 마이크로소프트의 종업원들에게 마치 수도사들이 영감을 얻기 위해 이용하는 장소와 같은 분위기를 제공하는 것 같았다.

회사를 둘러보았으나 그 곳에서 근무하는 수백 명의 종업원들이 백만 장자 또는 10여 명은 억만장자라고 느낄 만한 그 무엇은 하나도 없었 다. 어느 종업원은 『그들 대부분은 그런 것을 생각할 시간도 없다』라고 말했다. 『그 돈을 꺼내 이용하는 사람도 없다.』 이 회사에 6년이나 근무 한 인적 자원 관리부의 수잔 보엘러(Susan Voeller)가 말했다. 『마이크로 소프트의 주가상승과 종업원 사이의 갈등과는 아무런 관계가 없다. 우리 는, 그들이 일에 몰두하는 것에 놀라지 않는다. 우리는 사람들을 몰아붙 인다.』 그러나 내가 느끼기에는, 시애틀의 다른 사람들은 돈을 어떻게 쓸 줄도 모르는 젊은 억만장자들을 이해하지 못하고 당황해하는 것 같았 다. 『계획을 짜기 위해 그들과 논의하는 동안, 나는 내내 그들이 부자라 는 것을 기억해야만 했다. 나는 끊임없이 생각하지 않을 수 없었다. 「내 가 어디에서 잘못을 저질렀단 말인가?」』

억만장자 회장 빌 게이츠는 평범하고 보편적인 스타일을 좋아한다. 빌 게이츠의 전기작가 폴 앤드류스(Paul Andrews)는 『그들은 청춘문화 이 미지를 개발하고 있다』라고 말했다. 『그들은 처음 시작할 때의 각오를 그대로 유지하려고 노력한다.』 보엘러는 『우리들은 종업원 스스로 하고 싶은 대로 할 수 있도록 내버려 두는 모범사례를 만들고 있다』라고 말했 다. 공장을 떠날 무렵 나는 진한 색의 정장을 입은 네 명의 신사를 보았 는데, 그들은 일본 공급업자의 재하도급업자들이었다.

마이크로소프트는 강한 경쟁력을 강조하고 있으며, 많은 이익을 내려 고 노력하고 있다. 『회사는 직원들의 복장이나 스타일에 관심이 없으 며, 언제 어떻게 일하는지에 대해서도 관여하지 않는다. 하루종일 집에 서 일해도 무방하다』라고 어느 종업원이 말했다. 『그러나 종업원이 생산 하는 제품에 대해서는 관심이 크다. 마이크로소프트는 1년에 두 번씩 최

고 5등급에서 최저 1등급까지 다섯 등급으로 종업원의 성과를 평가하는
데, 4등급 이상이면 아주 좋은 평가를 받은 것이고 최하 등급을 받으면
회사를 떠나야 한다.』모든 종업원들은 끊임없이 다른 종업원들과 비교
된다. 빌 게이츠는 돈 많은 부자라기보다는 선장이나 감독에 가깝다. 빌
게이츠에게 평가받는 것은 대학의 졸업시험과 같다. 그러나 그 이면에는
최고의 보수, 그리고 주식 옵션(역주 stock option : 주식을 액면가로 살 수
있는 권리. 주식이 상장되어 시가로 매매되면 차익은 곧 보상이 되는 셈이
다)이라는 동기부여를 받고 있다. 누군가 내게 이런 말을 해주었다. 『마
치 19세기 초기의 자본주의로 되돌아간 듯한 느낌이다』

마이크로소프트의 무자비한 이윤추구는 저 멀리 컴퓨터의 심장부 캘리
포니아의 실리콘 밸리(Silicon Valley)로부터, 특히 마이크로소프트를 주
경쟁자로 인식하고 있는 애플(Apple) 컴퓨터로부터 강한 비판 내지는 질
투와 같은 분위기를 유발했다. 쿠퍼티노(Cupertino)에 있는 애플 본사의
대변인 프랭크 오마호니(Frank O'Mahoney)는 『그들은 사람을 돈으로
유인한다. 그들은 적과도 같이 살고, 같이 먹고, 그리고 같이 잔다』라고
말했다. 『시애틀은 실리콘밸리와 같은 꾸준한 유연성이 없다』라고 샌프
란시스코 소재 미래연구소의 폴 사포(Paul Saffo)는 말했는데, 사포의 아
내는 경쟁 소프트웨어 회사인 앨더스(Aldus)의 공동창업자였다. 『마이크
로소프트는 시애틀을 타락시키는 역할을 하고 있다. 그리고 마이크로소
프트는 빌 게이츠에게만 너무 의존해 있다. 빌 게이츠가 없다면 마이크
로소프트는 모래성이다.』 보엘러는 『시애틀은 캘리포니아보다도 더 살
만한 곳이고, 이웃들도 한층 더 안심할 수 있는 사람들이다』라고 주장한
다. 그러나 그녀는 마이크로소프트와 유사한 회사들이 50여 개나 있는
실리콘 밸리와 떨어져 있다는 약점을 인정했다.

빌 게이츠가 시애틀을 사업장소로 택한 것은 그 곳이 그의 고향이기
때문이 아니라, 시애틀에 끊임없이 내리는 비가 고된 작업을 고무하기

때문이라고 한다. 경영의 대가 피터 드러커(Peter Drucker)는 『끊임없이 내리는 비만큼 사람의 기를 꺾는 것도 없다』라고 말한 적이 있다. 드러커는 이어서 『비는 사람들을 방 안에 가둬놓는다. 그러나 마이크로소프트의 사무실에서는 갖가지 로맨스가 일어난다고 들었다』라고 말했다.

　물론 이렇게 일에 몰두하는 회사 분위기 뒤에는 빌 게이츠의 독특한 개성이 작용했다. 빌 게이츠는 뛰어난 수학적 능력과 혁명적인 새로운 통신수단을 통제할 수 있다는 상업적 감각으로 마이크로소프트를 지배하고 있다. 빌 게이츠는 포드와 같은 비전을 갖고 있는데 그는 가끔 자신을 헨리 포드(Henry Ford : 1863~1947)와 비교하곤 한다. 포드는 가솔린 엔진의 제작방법을 설명한 잡지 〈미국의 기술자(The American Machinist)〉를 본 순간 결정적 기회를 잡았다. 그는 『이것으로 돈방석에 앉을 수 있을 거야！』라고 소리쳤다고 한다. 빌 게이츠는 하버드 대학에 다니던 시절인 1975년 1월, 일생일대의 결정적 기회를 맞았다. 알테어 컴퓨터(Altair computer)에 관한 책을 읽던 중 빌 게이츠는 대량복사를 할 수 있는 표준 프로그램으로 큰 돈을 벌 수 있다는 생각을 하게 되었는데, 그것이 바로 베이식이었다. 포드와 마찬가지로 빌 게이츠는 자기 자신의 사명과 회사에 미쳐버렸다. 여자 친구——그녀는 결국 빌 게이츠의 처가 되었지만——를 고르는 것도 회사 내에서 이루어졌다. 빌 게이츠는 포드와 마찬가지로, 그러나 포드와는 달리 기계가 아니라 인간의 생각을 대신할 수 있는 프로그램으로, 세계를 제패하고자 했다. 언젠가 빌 게이츠는 『때가 되면 컴퓨터 프로그램은 그것을 해결하고 말 거야. 종국에는 사람들을 컴퓨터 칩에다 넣고 말 거야』라고 말했다.

　마이크로소프트는 시애틀의 전통적인 생활방식과는 동떨어져 있다. 마이크로소프트의 본사는 시애틀 중심에 자리잡고 있는 전통적으로 돈 많은 사람들이 자주 드나드는 고전적 건물 안에 있는 레이니어 클럽(Rainier Club)과는 상당히 다르다. 『점심시간에 나는 마이크로소프트

직원들을 알아볼 수 없었는데, 그들은 넥타이를 매는 것을 좋아하지 않았다. 마이크로소프트 종업원들은 그들만의 사교적인 세계를 갖고 있고, 그들만의 전자우편을 갖고 있다』라고 나를 안내한 은행가는 말했다. 『내가 처음 그들을 만난 것은 포시즌 호텔에서 열린 하버드 동문회에서였다. 우리들이 막 식사를 하려는 순간 「…하버드의 마이크로소프트」라는 티셔츠를 입은 다섯 명의 젊은이들이 들어왔다. 그 순간 나는 시애틀을 놀라게 한 것이 무엇인지를 알게 되었다.』

오래 된 부자들이 더 한층 충격을 받은 것은 장소에 걸맞지 않은 복장을 하고 나타난 마이크로소프트 종업원들이 그들보다 재산이 더 많다는 사실이었다. 빌 게이츠는 사실상 미국에서 최고의 갑부다. 빌의 부모, 즉 윌리엄(William)과 매리(Mary)는 지역사회의 유지였다. 그러나 그들의 억만장자 아들은 자선행동과는 거리를 유지하고 있는데, 『아직 그럴 생각은 못해 보았다』라고 말한다. 빌 게이츠는 그 뒤 꽤 많은 기부를 했는데, 바다가 내려다보이는 거대한 캠퍼스의 시애틀 대학에 수백만 달러를 희사했다. 또한 로버트 벤튜리(Robert Venturi)가 설계한 시애틀 미술관에도 기부했다. 기부자들의 이름을 기록하는 미술관의 현관에는 부모의 이름 뒤에 빌 게이츠의 이름이 기록되어 있다. 마이크로소프트의 억만장자 종업원들은 한층 더 대담하고도 눈에 띄는 기부금을 내곤 한다. 어떤 종업원은 지미 핸드릭스(Jimi Hendrix) 박물관에, 또 다른 이는 파라마운트(Paramount) 극장의 복구비를 댔다. 그러고도 여전히 수십억 달러를 보유하고 있다. 그러나 마이크로소프트 종업원들은 여전히 자선행위와는 거리를 두고 있는데, 시애틀 사람들은 『쟤네들은 언제부터 돈을 쓰기 시작할까?』라고 묻곤 한다.

마이크로소프트의 종업원들은 그들만의 디지털 우주(digital universe)를 갖고 있다. 그러나 그들은 더 넓은 세계와 교신을 하는 데는 어려움을 겪고 있다. 왜냐하면 그들로서는 힐끗 훑어보아도 알 수 있는 어떤 소프트웨어의 매뉴얼을 다른 사람들은 이해할 수 없기 때문이다. 빌 게이츠는 언제나 기적의 소년이었다. 그는 뛰어난 수학적 재능을 갖고 있으며, 다른 사람들의 이해나 경험을 무시한 채 매뉴얼을 개발했다. 그러나 지금 마이크로소프트는 좀더 많은 사람들에게 그것을 이해시켜야 하는 도전에 직면해 있다. 전세계의 데이터 뱅크와 오락물, 그리고 각종 정보를 가정의 전화선과 연결시킬 수 있는 「정보고속도로(Information Highway)」의 주요 통제자들 가운데 하나가 되기 위해서는 말이다. 그리고 마이크로소프트를 모르는 사람들도 그것을 사용할 수 있어야만 한다. 그 문제에 대해 마이크로소프트의 문서에는 이렇게 적혀 있다. 『프로그램 개발과정에 마이크로소프트가 참여하여 사용 편리성을 제고하는 접근방식을 강조하는 것은, 소프트웨어 산업에서는 전혀 새로운 것이다.』

사실상 마이크로소프트 종업원들은 디지털 세계와는 아무런 관계도 없는 일반인의 감정과 인간관계의 세계와도 연결되어 있다. 이미 그들은 광범위한 분야의 문필가들, 예를 들면 저널리스트 · 출판인 그리고 심지어 시인들까지도 채용해 회사의 미래 기회를 탐색하는 데 협조를 받고 있다. 어느 신참 사원은 『프로그래머들은 실제로 시를 읽지는 않는다. 그러나 그들은 시인을 존경한다』라고 말했다. 『이 곳은 내가 시에 관심을 갖고 있다는 사실 때문에 무시당하지 않는 최초의 장소다.』 그러나 마이크로소프트의 종업원들은 여전히 심리적 문제에 직면해 있다. 왜냐하면 강박적인 회사 분위기를 탈출해 좀더 넓은 바깥 세상으로 나가야 하고, 평범한 고객의 생각과 필요를 이해해야 하기 때문이다.

인간과 기계 사이의 괴리에 대한 우려는 산업혁명 이래 늘 제기되어 왔다. 가정과 조직 사이에도 그랬고, 조직의 유기적 성장과 기계적 구조 사이에도 그랬으며, 분화와 통합의 갈림길 사이에서도 그래왔다.

1838년 토머스 칼라일(Thomas Carlyle : 1795~1881)은 『이것은 안팎 어느 면으로 보나 기계의 시대(Age of Machinery)다』라고 비통해했다. 19세기 말 헨리 애덤스(Henry Adams : 1838~1918, 미국의 역사가) ── 미국 대통령(역주 미국의 제6대 대통령 존 퀸시 애덤스)의 손자이자 또 다른 대통령(역주 미국의 제2대 대통령 존 애덤스)의 고손자인 ── 는 『모든 측면에서 통합은 꾸준히 증대해왔고 증대하고 있는 중이다. 그러나 상상 이상으로 증대될 가능성이 크다』라고 경고했다. 20세기 들어와서는 새로운 기술과 대량생산이 한층 더 전문화되고 있는 것을 볼 수 있다. 그러는 동안 예언가들은 『기계가 인간과 사회를 소외시키고 인간정신을 압도해버릴 것이다』라고 경고했다. 1950년 수학자 노버트 위너(Norbert Wiener : 1894~1964)는 사이버네틱스(cybernetics), 즉 인공지능을 발명했는데, 그는 이 새로운 계산기의 위험성을 경고했다. 『인간의 목적, 그리고 왜 우리가 사람을 통제하려고 하는지를 모른다면, 기계에 대한 인간의 통제는 성공할 수 없을 것이다.』 그로부터 10년 뒤 위너가 보잉에 근무하기 직전 젊은 작가 토머스 핀촌(Thomas Pynchon : 1937~ , 미국의 소설가)은, 애덤스와 위너의 글을 읽고 영감을 받아 《엔트로피(Entropy)》라는 수수께끼 같은 단편소설을 썼다. 그 책에서 핀촌은 「질서정연한 개인으로부터 혼돈으로」 나아가는, 분열된 인간의 모습을 묘사했다.

거대기업들은 스스로 점점 더 기계를 닮아가기 시작했다. 그리고 「조직인간(organisation men)」은 과학적 관리법에 충실하고, 복잡한 피라미드 구조에 익숙하며, 종적으로는 여러 계층 사이에, 그리고 횡적으로는 각종 부문 사이에 얽혀 통합의 촉매자로 등장했다. 그러나 1980년대가 되자 서구의 거대기업들은 자신들의 과학적 관리법 때문에, 재빠른 일본 기업들에게 패배를 당하는 수모를 겪게 되었다. 한편 컴퓨터는 통합의 촉매자일 뿐만 아니라, 해방의 촉매자로서도 인식되었다. 새로운 시대는

한층 더 긴밀한 인간관계와 팀에 대해 관심을 쏟고 있다. 이는 회사가
출범할 때 기본적으로 갖추어야 할 것이고, 회사의 본질 그 자체가 무엇
인지에 대한 물음이기도 하다.

제 2 장

존 컴퍼니

회사라는 아이디어, 즉 여러 개인들이 모여 상업적 책임을 나눈다는 것은 결코 쉽게 정의할 수 있거나 이해할 수 있는 것이 아니었다. 중세 시대 거의 모든 사업은 시장에서 개인들 사이에 일어나는 거래로서 시장에다 물건을 내다 팔고, 공공기관에 노동을 제공하는 것 등이 주류를 이루었다. 거래되는 몇몇 물품들은 가족농장에서 경작된 것이었고, 11~13세기 십자군 원정 때 상인들은 멀리 외딴 나라에 진출하는 병사들에 대한 비용과 위험을 분담하는 데 협조했다. 이탈리아 도시국가들의 해운 회사들은 스스로를 동반자, 즉 콤파니(compagnie)라고 불렀는데, 콤파니의 회원들은 이익과 손실을 상호 분담했다. 16세기 영국에서는 모험상인들이 북해 연안의 저지대 국가들(역주 벨기에 · 네덜란드 · 룩셈부르크 등)에게 의류를 판매했는데, 이는 자체 통치기구를 갖추고 법률적 실체를 갖춘 법인체의 엄격한 원칙을 준수하면서 이루어진 것이었다. 그런 관행은 법인체 구성원들을 지속적으로 존재하게 했으며, 영구적인 기관으로 정착되도록 했다.

오늘날과 같은 모습을 갖춘 법인체의 선구자들은 무역회사였는데, 이 회사들은 17세기에 북서 유럽에서 성장했다. 정부는, 그들이 세금을 내는 반대급부로서 독점을 허용했다. 무스코비(Muscovy)사가 러시아와, 그리고 리반트(Levant)사가 중동과 교역하는 등의 원거리 항해에 어느 개인 투자가가 전적으로 자금을 조달하기에는 너무 규모가 컸다. 따라서 그들은 「합작회사(joint stock company)」를 설립했는데, 합작회사는 자금을 조달한 후 그것을 사고 팔 수 있는 주식을 발행함으로써 차츰 그들 스스로 영구적인 자본가가 되어갔다. 그리하여 최초의 주식거래소가 전통적인 기업도박을 대신해 등장하게 되었다. 그러나 자금을 댄 사람이 위험을 전부 감수해야 하는 것과 비교하면, 선장의 책임이 줄어드는 데 대한 경계심이 분명히 나타났다. 애덤 스미스(Adam Smith)가 경고한 대로『선장이란 자기 자신의 돈보다는 다른 사람들의 돈을 관리하는 사람이지만, 사실은 합자회사에 돈을 댄 여러 사람들이 사업에 신경을 쓰는 만큼 선장이 철저히 사업에 관심을 기울여주기를 기대할 수 없는 것이다.』

법률가들 또한 「인조 인간」으로서 법인의 법률적 성격에 대해 우려했다. 17세기의 유명한 법률가 에드워드 코크(역주 Edward Coke : 1552~1634, 1628년 권리청원을 기초한 영국의 법학자 · 정치가)는 다음과 같이 공언했다. 『법인이란 배반할 수 없으며, 불법을 저지를 수도 없다. 따라서 파문을 당할 수도 없다. 왜냐하면 그들은 영혼이 없기 때문이다.』 코크의 공언은 18세기에 이르러 대법관 설로 경(Lord Chancellor Thurlow)의 지지를 받았는데, 설로는『법인이란 처벌받을 몸뚱이도 없으며, 저주받을 영혼도 없다. 그러므로 그들은 자기 하고 싶은 대로 한다』라고 했다. 수필가 윌리엄 해즐릿(William Hazlitt : 1778~1830)은 1824년 쓴 수필에 코크의 말을 생생하게 인용했다. 『법인체는 개인들보다 훨씬 더 추악하고 방종하다. 왜냐하면 그들은 잘못을 저지를 수 있는 더 큰 힘을 갖고 있지만, 불명예와 처벌받을 필요는 훨씬 적기 때문이다. 법인은 수치를 느끼지 않으며, 후회하지도 않고, 자비를 베풀지도 모르며, 선행도 하지 않는다.』 해즐릿은 법인격의 진화가 초래할 위험에 대해 명쾌한 정의를 내렸다.

실체를 알 수 없는 법인체의 요구는 점점 더 방종해지고, 동시에 새로운 사업을 위해 발행된 채권은 더욱더 그의 목을 조여왔다. 그는 점차 분별력마저 잃게 되었는데, 사소한 말다툼과 수군거림, 불화와 의견차이도 구별하지 못하게 되었으며, 그 스스로를 자랑스럽게 생각하는 대주주의 자격에 대해서도 관심이 없었다.

인디아 하우스

가장 먼 곳으로 진출한 법인은 영국 동인도회사(역주 British East India Company : 1600년 설립, 1858년 해산)였다. 그 회사는 그 후 250여 년 동안 사업을 계속했으며, 다른 여러 회사들의 모범이 되었다. 동인도회사는 1600년 엘리자베스 1세 여왕(Queen Elizabeth I)으로부터 인도 항해에 대한 상업자금 조달을 허가받았으며, 곧 영구적인 합작회사로 정착했는데, 18세기 들어 잠시 활동이 주춤하다가 「새로운」 회사로 탈바꿈했다. 동인도회사는 한때 강력한 경쟁자였던 네덜란드의 동인도회사를 인수했다. 네덜란드의 동인도회사(역주 Dutch East India Company : 1602년 설립, 1799년 해산)는 18세기를 마감하는 날 해산했는데, 그 후 이 회사는 네덜란드인과 다른 외국인들의 투자로 한층 더 다국적 기업으로 변신했다. 동인도회사는 1719년 국가의 지원으로 「영구회사(compagnie per-petuelle)」로서 재기했지만 50년 후 도산한 프랑스의 야심찬 경쟁회사 프랑스 동인도회사(역주 French East India Company : 1644년 설립, 1763년 해산)보다 오랫동안 사업을 지속했다. 창업장소인 포트루이스(Port Louis)의 브레턴 항구에는 프랑스 동인도회사의 유적들이 생생히 남아있는데, 회사가 그 당시 이 지역에 미친 영향을 보여주는 아름다운 박물관이 있다. 그러나 애석하게도 영국 동인도회사의 흔적은, 외국 회사들이 모두 들어서버려 전혀 찾아볼 수 없다. 그러나 영국의 동인도회사가 최고조로 활동했을 때는 경제적 측면뿐만 아니라, 문화적인 측면에서도 영국에 크게 영향을 미쳤다. 동인도회사는 「존 컴퍼니(John Company)」라는 별명으로 불렸다(마치 네덜란드 회사가 자칭 「얀 캄파니」라고 불렀던 것과 같이 말이다. 이것은 합작투자의 개념을 이해하지 못한 인도 사람들을 겁주려고 만든 가상의 권력자였던 셈이다). 영국의 동인도회사 역시 많은 영국 사람들을 당황하게 만들었다. 그것은 여러 이익집단이 복잡하게 얽힌 단체였다. 그 가운데는 선주, 상인, 그리고 협잡군까지 포함해 엉성하게 이사회를 구성했으며, 현대판 로이드 런던(역주 Lloyd's London : 1688년 런던에 창설된 해상보험업자 단체)과 비슷하게 운영되었다. 종업원과 투자자들 모두 그들의 회장 이름을 부름으로써 회사를 의인화(擬人化) 하기를 좋아했는데, 그것은 나중에 아주 위험스런 오해를 불러일으켰다.

동인도회사의 런던 본사는 소유주, 즉 투자가들과는 무관하게 감독자 · 서기 등과 같은 계층구조를 형성해나갔다. 처음에 동인도회사는 인도총독 크리스토퍼 클리서로(Christopher Clitherow) 경의 사저를 본사로 이용했으나, 1729년 「인디아 하우스(India House)」로 옮겼다.

인디아 하우스는 실질적으로 최초의 사무실 전용 건물이었는데, 공개홀과 소회의실이 있었으며, 그 당시 런던에서는 볼 수 없는 건물이었다. 1800년 동인도회사는 한층 더 규모가 큰, 천장 높이가 200피트에 달하고 여섯 개의 지주가 받치고 있는 건물로 이사했다.

인디아 하우스는 영구적인 존재인 듯 보였다. 그러나 앞으로 나타날 거대한 타회사의 본사들과 마찬가지로 정점에서 시들기 시작하는, 그리고 그 본래 목적인 이익추구를 망각한 회사를 대표하는 것이었다. 19세기에 이르러 동인도회사는 하나의 주권국가처럼 행세했는데, 규모가 작은 국가들과 빈번한 왕래를 했다. 동인도회사는 스스로 군대를 거느렸고 인도의 상당부분을 관리하고 있었다. 그러나 동인도회사는 인도로부터 나오는 이익과 중국 차[茶] 수입으로 인한 이윤이 줄어들자 독점을 허용받는 대신 국가에 충성했다. 동인도회사는 중국과의 거래에 있어서 가장 수지맞는 부분, 즉 아편장사를 과거 동인도회사 상선에 근무한 적이 있는 외과의사 윌리엄 자딘(William Jardine)이 별도로 설립한 회사에 넘겨주었다. 자딘은 오늘날에도 사업을 하고 있는 자딘 마테슨(Jardine Matheson)사의 공동 창업자였다. 한편 싱가포르 자유항은 동인도회사의 또 다른 종업원인 스탬퍼드 래플스([역주] Stamford Raffles : 1781~1826, 영국의 식민지 행정관으로 싱가포르의 건설자)에 의해 건설되었다. 동인도회사는 별로 이익을 얻지도 못하면서 계속 인도를 통치했다. 그러나 1857년 인도에서 폭동이 일어나자 영국 정부가 인도 통치권을 회수함으로써 동인도 회사는 창업 259년 만에 해산하고 말았다.

오랜 기간 동안 사업을 하면서 동인도회사는 충성스런 회사인간의 전통을 형성했다. 회사인간들 가운데는 스스로의 지적 활동을 훼손하지 않으면서도 훌륭히 업무를 수행한 작가와 학자도 있었는데, 그들은 초기의 사무실 생활에 대해 생생한 기록을 남겼다. 1819년 동인도회사는 과감하게 세 명의 관리자를 채용했다. 그들은 헌신적인 노력과 함께 창의적인 사고로 회사에 기여했다. 은퇴한 벵골의 재판관 에드워드 스트레치(Edward Strachey), 소설가 토머스 러브 피콕(Thomas Love Peacock : 1785~1866, 풍자 소설가), 그리고 스코틀랜드 출신 철학자이자 유명한 《영국령 인도의 역사(History of British India)》를 출판한 제임스 밀

(James Mill : 1773~1836)이 그들이었다. 밀은 그의 학문적 연구를 지속했는데, 대표적인 업적으로 1821년 발표한 《정치경제학 요강(Elements of Political Economy)》이 있으며, 런던 대학교의 창립에도 관여했다. 그러한 밀조차도 헌신적인 회사인간이었다. 밀은 『엄청 고달프기는 해도 회사 일은 너무 재미있단 말이야. 그것이 바로 내가 돌보아야 할 6,000만 명이나 되는 사람들을 관리하는 업무의 핵심이지』라고 설명했다.

1823년 밀은 자신보다도 더 유명한 아들 존 스튜어트 밀(John Stuart Mill : 1806~73)을 조수로 채용했는데, 밀은 동인도회사가 해산될 때까지 35년 간 근무했다. 부전자전이랄까, 아들 존은 자신의 연구를 지속하면서도 회사일을 하는 데 아무런 지장을 받지 않았다. 그는 아침 10시에 출근했고 4시에 퇴근했다. 그러는 동안 유명한 작품, 예를 들면 《논리학 체계(System of Logic)》와 《정치경제학 원리(Principles of Political Economy)》 등을 발표했다. 그는 문학이나 사상 같은 한층 더 수준 높은 일을 할 수 있는 능력을 가진 사람이었지만, 글쓰기 작업보다는 생계를 유지하는 수단으로서 사무실의 업무를 더 선호했다. 그는 그 이유를 자서전에서 다음과 같이 썼다.

나는 사무실 업무를, 동시에 처리하고 있던 다른 어떤 지적 작업들로부터 실질적으로 해방되는 것으로 인식했다. 사무실의 업무는 기계적으로 고통스럽게 반복되는 것이 아니라 충분히 지적인 업무지만, 추상적인 사고 또는 주의 깊게 말을 연결해야 하는 지적 긴장을 야기하지는 않는 것이었다.

밀 부자와 같은 시기에 동인도회사에 근무한 피콕은 그의 풍자소설 때문에 더욱 유명했지만, 회사에 근무한다고 해서 작가로서의 경력에는 아무런 지장도 받지 않았다. 그는 호사스런 아침식사와 함께 10시에 근무를 시작하고 4시에 퇴근했는데, 회사 업무에 대해 다음과 같은 시를 남겼다.

> 10시부터 11시까지는, 7인분의 아침을 먹고,
> 11시부터 12시까지는, 슬슬 일을 시작하고,
> 12시부터 1시까지는, 『할 일이 뭐지』라고 묻고,
> 1시부터 2시까지는, 할 일이 없음을 알게 되고,
> 2시부터 3시까지는, 3시부터 4시까지는 심심할 것이라는 것을 알게 된다.

그러나 피콕은 「기업인의 모델」이자 혁신가였다. 그는 인도로 가는 우편물의 배달 속도를 높이는 데 성공했는데, 그 당시 우편물은 남아프리카 희망봉을 돌아 1년에 두 번씩 배달되었다. 그는 자신이 발명한 작은 철갑선을 이용하여 유프라테스 강을 따라 매월 우편물을 배달했다. 그는 회사에 충실했다. 그의 친구인 문필가 리 헌트(Leigh Hunt : 1784~1859, 영국의 시인, 비평가)는 퍼시 비셰 셸리(Percy Bysshe Shelley : 1792~1822, 영국의 시인)에게 쓴 편지에서 「피콕의 동양 탐험, 즉 인도 브라만교에 대한 연구와 타락한 사람이나 할 짓들을 하는 것」에 대해 불평을 늘어놓았다. 그러나 셸리는 죽기 직전 자신이 인도에서 「원주민 왕자의 궁정」에서 할 일이 없을까 하고 피콕에게 부탁한 적이 있었다. 피콕은 동인도회사에서 꽤 중요한 인물이 되었다. 종업원들이 피콕을 볼 수 있는 것은 『유니폼을 입은 문지기들이 문 바깥에서부터 정중한 예의를 갖추고 그를 사무실까지 안내할 때뿐이었다.』 그러나 피콕이 회사일에 헌신한다고 해서 그의 저술활동이 중단되지는 않았는데, 이 무렵 그의 최고 걸작 《크로쳇의 성(Crotchet Castle, 1831)》이 발표되었고 사회

풍자도 끊이지 않았다. 그는 은행의 지폐와 스코틀랜드의 경제학자들
(역주 스코틀랜드 출신인 애덤 스미스와 그 추종자들을 의미함)을 공격하는
장문의 시 〈지폐 예찬(The Paper Money Lyrics)〉을 쓰고는 사무실 동료
들에게 회람했다.

사무실 인생에 대한 최초의 진정한 연대기 작가는 미천한 회계기록원
에 불과했던 수필가 찰스 램(Charles Lamb : 1775∼1834)이다. 그는
1792년 17세의 나이로 동인도회사에 근무하기 시작했다. 헌트는 램을
「퀘이커 교도처럼 검소한 차림」을 한 사람으로 묘사했다. 토마스 드 퀸
시(Thomas de Quincey)는 1804년의 인디아 하우스 방문을 다음과 같이
회고했다. 『그는 큰 사무실에서 여섯 명의 사무원들과 함께 일하고 있었
는데, 걸상이 높았기 때문에 천천히 내려오는 모습이 마치 말 잔등에서
내려오는 마부 같았다.』

램은 평범한 사무원으로 머물렀고, 피콕이나 밀과 같은 특권을 누리지
는 못했지만, 회사 생활을 수필과 서한문에 기록해둠으로써 나름대로 존
재가치를 영원히 인정받았다. 램은 서류작업에 몰두한 최초의 회사인간
이었다. 하루 6시간 근무는 고되지 않았고 매우 엄격한 것도 아니었다.
지각했다고 꾸중 들을 때면, 『다음에는 더 일찍 출근하죠』라고 대꾸했
다. 그러나 20년쯤 근무한 뒤에 램은 자신의 인생이 다 지나갔음을 깨닫
게 되었다. 1815년 램은 친구 윌리엄 워즈워드(William Wordsworth :
1770∼1850)에게 다음과 같이 썼다.

모든 상거래·무역·상품교환·국가 간의 통상·문명과 부·우호적인
사회 분위기와 연결고리·편견의 제거·지구표면에 대한 지식은 혼란에 빠
지고──그리고 그렇게도 멋있게 보이던 삼림을 황폐하게 잘라서는 화롯
불로 써버리고 나서는 책상에 묻혀 죽어간다.

그 후 작업량은 줄어들고 급료는 두 배로 증가되었지만, 램은 여전히 자신의 인생이 낭비되고 있다고 믿었다. 1822년 램은 『나는 30년 동안 이방인을 위해 봉사했다네』라고 워즈워드에게 썼다. 『내 목숨에 멍에가 걸려 있는 것은 아니다. 자네는 하루도 쉬지 않고 꽉 막힌 사면의 벽으로 둘러싸인 사무실의 공기를 들이키는 것이 얼마나 지겨운지 상상도 못할 거야.』 1825년 중병 때문에 월급의 3분의 2를 연금으로 받고 퇴직했을 때, 램은 『시간을 지나 영원으로 가는 것과 같았다. 일각이 여삼추 같다고나 할까』라고 했다.

램이 좀더 일찍 회사에서 퇴직했다면 그의 문학적 성과는 얼마나 더 많았을까? 그는 사무실에서의 제약을 웅변적으로, 그리고 자주 묘사했다. 예를 들면 그는 산책하기 좋아했던 시골로 자주 갈 수도 없었고, 「메마른 나무책상 앞에서 무미건조한 일」만 해야 했다. 그는 위대한 시인이 되지는 못했지만, 사무실 인생을 유머와 친밀감 있게 묘사한 수필은 그의 업적으로 빛나고 있다.

관리자와 철도

거대한 회사 바깥에서는, 산업혁명 시기 동안 「회사인간」 또는 「비즈니스맨」의 본성이 한층 더 냉정하게 인식되었다. 크레이크 부인(역주 Mrs Craik, Diana Maria Mulock : 1826~87, 영국의 여류소설가)의 소설 《신사 존 핼리팩스(John Halifax, Gentleman, 1857)》는 19세기 초기가 그 무대인데, 물레방아에 쓰였던 증기기관을 사실적으로 묘사했다. 『인간이 만든, 생명 없는 나무와 금속이 신비스럽게 결합된 이 놀라운 창조물 속에 영혼이 깃들여 있다. 이 괴물은 살아 있다!』이 소설은, 가죽 구두의 장인(匠人)이 되어 끝내는 주인의 딸과 결혼해 냄새 나는 가죽공장과 제분소가 딸린 거창한 저택에서 살게 되는 가난한 젊은이 존 핼리팩스에

관한 이야기다. 핼리팩스는 『그 사업을 하는 데 필요한 모든 재능을 갖고 있었다. 자주 꾸지람을 듣고는 했지만, 보통 재능 이상의 똑똑한 사람이었다. 살아 있는 가장 똑똑한 사람일지라도 재능 없이는 위대한 사람이 될 수는 없는 것이다.』 주인과 종업원 사이를 엮어주는 대리인(agent)이라는 의미로서 기업의 관리자라는 개념이 쓰이기 시작한 것은 19세기 중엽부터였다. 개스켈 부인(|역주| Mrs Gaskell, Elizabeth Cleghom : 1810~65, 영국의 여류작가)의 소설 《남과 북(North and South, 1854~55)》에서, 「주인들」은 「종업원들」과 직접 충돌하고 있다. 제분소의 소유주 톰 손턴(Tom Thornton)은 종업원들을 직접 관리했고, 종업원들이 파업을 일으키면 개인적으로 대면했다. 손턴의 집은 제분소의 그늘에 가려 있었다. 손턴의 어머니는 『작업자들의 끊임없는 잡담은, 벌집 주변에서 붕붕거리는 일벌 소리 이상으로 나를 괴롭힌다』라고 말했다. 손턴은 파업 때문에 손실을 입게 되자 제분공장의 문을 닫아버리고는, 『단지 「현금을 받는다」는 것 이상으로, 사람과 사귀는 기회를 갖기 위해』 다른 제분공장에 일자리를 신청했다. 그는 이렇게 설명했다.

아무리 현명하게 한다 해도, 그리고 조직을 만들고 사람들을 배치하는 데 아무리 사려 깊은 조치를 한다 해도, 어떤 단순한 조직도 각종 계층의 사람들을 접촉해야만 하는 방식 그대로 접촉시킬 수는 없을 것이다. 여러 계층의 개개인들을 정말 인간적으로 만날 수 있도록 하지 않으면 말이다. 사람 사이의 그러한 왕래가 곧 인생이란 것이다.

산업혁명의 결과로서 회사의 규모가 커지게 되자, 소유주들은 공장근로자들을 직접 관리할 수 없게 되었다. 소유주들의 집은 점점 더 커지고, 그들의 부의 원천인 공장으로부터는 점점 더 먼 곳에 건설되었다. 18세기의 상인은 자신의 창고나 장사하는 가게 바로 옆에 살았다. 그러나 새로운 기업인간, 즉 「관리자(manager)」가 상인과 종업원 사이에 끼여들기 시작했으며, 관리자는 상인과 종업원 모두로부터 거리를 유지했다.

찰스 디킨스(Charles Dickens : 1812~70)의 소설 《돔비 부자(Dombey and Son)》는 1848년 출판되었는데, 그는 이 소설에서 새로운 종류의 관리자의 독특한 모습을 묘사하고 있다. 뻐기기 좋아하는 폴 돔비(Paul Dombey)는 런던 중심가에 있는 동인도회사 가까운 모퉁이에 사무실을 갖고 있었다. 그는 자택을 —— 그의 사업의 「주택 사업부」로서 —— 포틀랜드 플레이스에서 가까운, 「길고도 겁이 날 정도로 말쑥한 거리」로 옮겼다. 돔비는 아들이 사업을 계승하도록 준비하고 있었다. 그러나 연약한 아들이 죽자 돔비는 회사일의 대부분을, 자신의 사무실 입구의 목욕탕 같은 작은 방에서 일하는, 제임스 카커(James Carker)에게 맡겼다. 관리자 카커(디킨스는 그를 관리자라고 불렀다)는 40줄에 든 사내로서, 밝은 미소를 짓는 얼굴에 「언제나 단추를 꼭 잠그고 몸에 꼭 맞게 옷을 입고 다녔다.」 그는, 동업자는 아니었지만 이익금에서 몇 퍼센트의 배당을 받았는데, 그것을 또다시 투자해 부자가 되었다. 그는 런던 남쪽 잔디와 숲으로 뒤덮인 노우드(Norwood)에서 가까운 야외에, 부드러운 쿠션과 신발 끄는 소리가 들리지 않는 두꺼운 카펫이 깔린 우아하고도 사치스런 저택에 살면서 말을 타고 출퇴근했다. 그는 부하들을 잘 다루었고, 자신을 「믿음직한 대리인」으로 취급해주는 돔비의 기분도 잘 맞추었다. 카커는 가게를 「밤새도록 살쾡이 눈으로」 감독했다. 사무원들이 퇴근한 후 그는 『자신의 신경과 근육을 하나도 남김없이 다 써버릴 듯이 인내하며 서류와 장부를 검토했다.』

카커가 돔비의 두번째 부인과 눈이 맞아 도망가고 난 후, 돔비는 카커가 그 자신만이 풀 수 있는 미궁을 만들어놓고는 사업을 망쳐놓은 사실을 알게 된다. 돔비는 복수심에 불타 프랑스와 영국으로 카커를 무자비하게 쫓아다닌다. 결국 카커는 반쯤 미쳐서 기차 앞에 넘어져 죽어버리고 만다. 격정에 휩싸인 돔비는 사업을 방치해 끝내 회사를 파산시켰으며, 회계사들이 와서 「미궁, 즉 장부의 비밀」을 풀었다. 그는 딸과 화해할 때까지 병적인 은퇴생활에 들어갔으나, 기적적으로 돈에 대한 강박관념을 떨쳐버리고 끝내는 손자와 행복하게 살았다.

카커는 현대적 의미의 회사인간의 선구자였다. 가족의 권력이 약해지면서 기업운영권을 떠맡은, 그러나 소유주의 이익과는 다른 이익을 추구하는 관리자의 선구자 말이다. 디킨스 소설에 등장하는 배역으로서 관리자는 위협적인 새로운 인물이었다. 시골 구석구석까지 철도가 놓였다. 그것은 파괴와 죽음을 의미했고, 되돌릴 수 없는 변화였다. 엔진 보일러를 맡고 있는 빌러(Biler)라는 소년은 새로운 시대의 유망아가 되었다. 런던의 시골은 길을 내기 위해 무자비하게 파헤쳐졌고, 카커는 기차에 치여 죽고 만다. 그리고 철도는 이미 새로운 종류의 회사인간을 만들었는데, 그는 처음에는 시골을 가로질러 온 세상으로 뻗어나가는, 전대미문의 거대한 기업을 관리해야 했다.

가족기업들은 유럽 전역에 걸쳐 빠른 속도로, 그리고 대규모로 생겨났다. 1901년 출판된 토머스 만(역주 Thomas Mann : 1875~1955, 독일의 작가, 노벨상 수상)의 소설 《부텐부르크 일가(Buddenbrooks)》는 19세기 독일의 가족기업이 서서히 몰락하는 과정을 그렸다. 창업자의 손자 상원의원 토마스 부텐부르크(Thomas Buddenbrook)는 거대한 저택을 새로 짓지만, 회사창립 100주년을 깊은 슬픔으로 축복하게 된다. 그는 거친 경쟁자에게 사기를 당했으며, 철도와 관세동맹이라는 새로운 세계에 어리둥절해했다. 그 오래 된 저택은 악착같은 경쟁자에게 팔렸고, 그의 아들은 사업을 이어받기에는 너무 연약했으며, 상원의원은 일찍 죽었고, 회사는 해산되었고, 새로운 저택은 어느 노처녀에게 팔려갔다. 많은 소설과 극본에서처럼 거창한 저택은 하나의 상징이다. 처음에는 물질적 성공으로서, 그러고는 몰락의 상징으로서 말이다. 토머스 만은 다음과 같은 격언을 인용했다. 『집을 짓고 나면, 죽음이 찾아오지.』영국에서 철도산업이 빨리 성장하게 되면서 지금까지 이 나라에서 익숙했던 것과는 다른 정확성과 규칙을 요구하는 새로운 조직이 필요하게 되었다. 처음 몇 년 간 철도는 범죄자들과 도망자들에게 멋진 탈출수단을 제공했다. 1850년대 전신줄이 설치되어 목적지까지 한층 더 빨리 소식을 전하게 될 때까지는 말이다. 《남과 북》에서 악당은 열차를 타고 도망가고, 그들을 뒤따르던 경찰은 전신을 이용했다면 그들을 잡을 수 있었다는 것을 알고는 후회하는 장면이 나온다.

거대한 철도회사보다 앞서 존재했던 단 하나의 진정한 조직은 군대였다. 군대는 진지를 지키는 군인들과 작업자들 —— 이들은 주로 농사일을 하거나 집안일을 돌보던 사람들로서 공식적으로는 「하인」으로 불렸다 —— 에게 유니폼을 입혔다. 군에서 퇴역한 영관급과 위관급 장교들은 주요한 회사를 운영했다. 그 가운데는 노스 이스턴의 오브라이언 대위(Captain O'Brien), 랭커셔와 요크셔의 래위스 대위(Captain Lawes), 그리고 칼레도니안의 카딩턴 대위(Captain Coddington) 등이 있었다.

새로운 계층구조의 최고관리자는 기차역의 역장이었다. 그는 군대의 지역책임자의 영향을 받았으나, 훨씬 더 질서가 잡힌 조직을 운영했다. 그는 그의 휘하 부하들의 출퇴근을 관리했고, 안전을 책임지고 복종을 강요했다. 간혹 본사로 장거리 여행도 했다. 역의 책임자, 즉 역장은 새로운 권위의 상징이었다. 1883년 《우리들의 철로(Our Iron Roads)》의 저자는 역장을 『역이라고 불리는 철도 위의 소우주를 둘러싸고 있는 모든 사람과 기관차를 관리하는 책임자』라고 묘사했다.

철로의 중심 신경망은 런던의 종착역이었다. 유스턴 역(Euston Station)은 영국에서 가장 규모가 큰 철도회사의 본사로서 런던과 북서쪽, 그리고 런던과 버밍엄을 연결했다. 유스턴 역에는 높이 8피트나 되는 큰 홀

이 있었다. 역 가운데에는 조지 스티븐슨(역주 George Stephenson : 1781
~1848, 증기기관차의 발명가)의 동상이 있었고, 공산품과 과학적 발명품
들로 장식된 복도로 이어지는 큰 계단이 있었고, 사무실과 최고경영자의
집무실로 가는 복도도 있었다. 사무실에는 총감독자인 마크 휘시(Mark
Huish) 대위가 넓은 공간을 차지하고 있었는데, 그는 임원은 못 됐지만
자신을 채용해준 고용주의 사업을 위해 경영방식과 통제방식을 고안한
선구적인 관리자였다.

철도는, 처음 몇 년 간 투기와 사기극이 잇따랐지만, 기업활동이란 존
경받을 만한 것이라는 인식을 심어주었고, 많은 사회적 명사들이 철도사
업에 관심을 기울였다. 나중에 수상이 된 로버트 솔즈베리 경(Lord Robert
Salisbury : 1830~1903)은 1868~72년까지 그레이트 이스턴 철도회사
(Great Eastern Railway)의 회장을 지냈다. 그는 고액의 봉급을 거절했고
그 직책을 맡는 데 신중했다. 에드워드 그레이 경(Sir Edward Grey :
1862~1933, 영국의 정치가)은 나중에 외무장관이 되었는데, 1898년 노
스 이스턴 철도(North Eastern Railway)사의 임원과 회장직도 지냈다. 그
는 정치보다는 조직의 현실적인 문제해결을 더 좋아했다. 『사람은 두 손
으로 환호하면서 머리로 서 있기보다는 자신의 두 발로 앉아 있는 것이
더 낫다. 그것은 모든 사람이 할 수 있는 것이다.』

철도에 의한 상업거래의 변혁은 수천 명의 소액 투자가들이 철도산업
에 자금을 투자할 수 있도록 해준 합작회사의 발전 때문에 가능한 것이
었다. 유한책임제의 도입은 투자가들이 파산하는 것을 막아주었고, 경영
자를 자본가로부터 효과적으로 분리해주었으며――달리 표현하자면 돔
비들로부터 카커들을 떼어놓은 것이다――회사인간에게 더 큰 독자적인
권한을 제공했다. 1855년 영국에서는 법률로서 유한책임을 규정하기 시
작했고, 그런 종류의 회사 이름 끝에는 유한책임회사라는 의미로
「Limited」라는 말을 꼭 넣도록 했다.

많은 회사들이 파산했기 때문에 그런 조치로 인한 초기의 결과는 그나지 고무적인 것은 아니었다. 그러나 합작회사는 훨씬 안전한 투자처가 되었으며, 전문경영자(professional manager)의 역할을 한층 더 강화했다. 1863년 헨리 포셋(Henry Fawcett : 1833~84)이 썼듯이『합작회사에서는 모두가 관리자나 대리인에게 의존한다.』

19세기 중반 유럽에서 유행했던 유한책임회사들은 전통적인 정부의 권력과는 다른 꽤나 새로운 종류의 기관이다. 드러커는 이를 다음과 같이 기술하고 있다.

　　이 새로운 「기업」은, 이 새로운 「익명회사」는, 이 새로운 「주식회사」는 변형이라는 말로는 설명할 수 없다. 새로운 군대가, 새로운 대학이, 새로운 병원이 어떤 것인지 스스로 보여줄 수 있는 것과는 달리 말이다. 그것은 분명히 순수한 혁신이다. … 그것은 수백 년 만에 처음으로 나타난 새로운 자율적인 기관으로서, 국민국가의 중앙정부로부터 간섭받지 않으면서도 사회 속에 존재하는 권력 중심을 최초로 창조한 것이다.

철도산업은 대규모 산업의 기초를 놓았으며, 철도산업의 관리계층은 기사와 기능공, 그리고 철뚝과 기관차공장 주변에 형성된 철도 마을의 관리자를 포함하고 있었다. 그들은 영구적인 군대와도 같았다. 재난을 막기 위해 필수적인 예방보전과 정시운행 같은 엄격한 규율을 갖고 있었다. 곳곳에 정교한 사회 시스템, 전통 같은 것들, 그리고 계층구조를 만들어갔는데 모두가 다 군대의 전통에 크게 영향을 받은 것이었다. 에밀 졸라(Emile Zola : 1840~1902)의 소설《수인(獸人 : La Bête Humaine, 1890)》는 프랑스 철도회사와 역의 모습을 생생하게 그리고 있다——『철도 종업원들의 세계는 시계와도 같았으며, 정해진 시간에 따라 일정한 순서대로 일했다.』 그리고 엔진을 사랑하는 기관차 운전자들의 진한 인간적 유대감을 묘사하고 있다. 기차 안에서 일어나는 철도회사 간부의 살인은 회사를 밑바닥부터 흔들어놓는다. 그것은 복잡한 조직을 거슬러 올라가 위로 확산되고, 거대한 철도조직망을 해체하고 심지어 최고경영층을 혼란스럽게 만들고 만다.

사회학자 베르너 좀바르트(Werner Sombart : 1863~1941)에 의하면, 독일제국에서의 철도산업은 『상사가 말하는 동안 꼼짝도 않고 똑바로 서 있어야만 하는 남자 75만 명을 먹여 살린다』라고 했다. 프러시아의 철도종업원들은 법적으로도 예비군이었는데, 역장과 신호원은 기차가 다 지나갈 때까지 부동자세로 서 있어야만 했다. 마치 장군이 사열할 때와 같이 말이다. 유럽의 철도산업은 곧 국가의 긍지였으며 국가 간의 경쟁 대상이 되었다. 대륙의 종착역, 예를 들면 파리의 동역(Gare de l'Est)에는 유럽의 수도들을 묘사하는 조각이 있었고, 유럽 대륙을 횡단하는 침대열차는 유럽의 국제주의를 주창하는 것 같았다. 그러나 사실 유럽 각국의 철도회사들은 점증하는 민족주의 정신에 큰 영향을 받고 있었다.

미국의 기업가들

미국에서 철도의 영향은 한층 더 갑작스럽고도 광범위한 것이었다. 18세기 말 대부분의 미국인들은 농장에 사는 농부였고, 제조업자들은 자신의 가게 가까이에 사는 기능공이 주류를 이루었다. 미국의 기업인들은 19세기 중엽 전혀 새로운 종류의 인간으로 나타나기 시작했다. 유럽의 기업가들과는 달리 한층 더 자의식이 강했고 자신들이 사는 지역공동체와 도시를 후원했으며, 가끔 지역사회의 중심이 되곤 했다. 다니엘 부어스틴(Daniel Boorstin)은 미국의 초기 기업가를 「지역사회의 창설자이자 리더로서 미국의 독특한 인간상」으로 묘사했다. 철도가 미대륙 곳곳으로 뻗어가자 그들은 활동범위를 넓혔고 유럽에서와는 비교가 되지 않을 정

도로 지역기업에 영향을 미쳤다. 미국의 철도산업은 군대식 경영방식의
영향을 비교적 적게 받았으며, 정부가 자금의 대부분을 제공한 유럽 대
륙과는 달리 거의 대부분 개인 자본가가 자금을 공급했다. 철도산업은
곧 기업의 새로운 유형을 만들어냈다. 초기의 미국기업들은 각 주
(州)로부터 허가를 받았고, 운하와 같은 특수사업을 떠맡았다. 그러나
철도산업 전성시대에는 각 주에 대해 그들 스스로 법적 지위를 갖고서
대항하는 독자적 기업들이 나타나기 시작했다. 역사가 조지프 푸르나스
(Joseph Furnas)는『기업은 법원에 의해 마치 사람인 것처럼 취급받게 되
었다』라고 기록했다. 『그것은 돈을 빌리는 계약을 맺을 수 있고, 채무자
를 고소할 수 있고, 물건을 사고 팔 수도 있다. 투자가는 마치 상금이
걸린 게임에 약간의 돈을 걸듯이 주식을 살 수도 있다.』

 기업은 곧 미국의 전통인 개인주의에 대한 심각한 위협으로 등장하게
되었다. 이미 1869년 찰스 애덤스(역주 Charles Francis Adams : 1807~
86, 미국 제2대 대통령의 아들)는 철도를 통제하기 위한 격렬한 투쟁을
목격하고 다음과 같이 경고했다.

 현대사회는 자신들의 창조자의 주인이 되고 싶어하는 인공물 집단을 만
들었다. 그것도 수백만 달러의 자금을 운영하는 기업의 존재가 가능한지에
대한 논의가 있은 지 얼마 되지도 않은 때에 이루어졌다. 그리고 지금 이
나라는 수십억 달러를 움직이는 단일 조직들을 이미 가지고 있다. … 그들은
벌써 어떤 노력으로도 해체할 수 없는 독재적 체제를 갖추고 있다. 그러나
그들은 어느 곳에서나, 그리고 어느 시점에서나 보통법의 오래 된 격언,
즉『기업은 영혼이 없다』라는 것이 진실임을 보여준다.

 그 당시 많은 관찰자들은, 특히 애덤스에게 경종을 울린 코모도어 코
넬리우스 밴더빌터(Commodore Cornelius Vanderbilt : 1794~1877)와

같은 비양심적인 소수의 자본가들에 의해 지배되는 관찰자들은 철도를 새로운 전제주의로 인식했다. 『지금부터 개인은 기업에 접목된다──그리고 민주주의가 그 갈길을 끌고 간다. 궁극적으로는 제국주의로 귀결될 것이다. 그리고 밴더빌터는 국가에 의해 창조된 권력을 국가 안에서 휘두르는, 그러나 통제하기에는 너무나 큰 권력을 휘두르는 계층의 인간 중 선구자에 지나지 않는다.』

새로운 기업시대에서 개인 기업가의 문제는 1885년 출판된 윌리엄 딘 하우얼스(William Dean Howells : 1837∼1920, 미국의 소설가)의 소설 《사일러스 라팜의 출세(Rise of Silas Lapham)》의 대상이 되고 있다. 라팜은 자신의 사무실에서 개인적으로 페인트 사업을 운영하기 시작했다. 장부를 기록하는 사람, 심부름하는 아이, 그리고 타이프를 치는 계집아이 하나를 두었다. 라팜과 아내 퍼시스(Perses)는 검소하게 살았고, 이따금 상거래상 어쩔 수 없는 경우도 있었지만 청교도적 도덕률을 잘 지켰다. 라팜 부부는 사회적인 야심도 커서 멋진 저택을 지었다. 여유 있는 보스턴의 이웃 브롬필드 코리(Bromfield Corey)가 이를 보고 『돈벌이가 꽤 되는가 보군』이라고 말했다. 『그것은 로맨스야, 우리시대의 시라고나 할까.』 라팜의 사업은 웨스트버지니아에서 한층 더 값싸게 수입해오는 젊은 경쟁자 때문에 어려움에 처하게 된다. 그러는 동안 한때 장사가 잘 되던 제분소에 철도가 깔리게 되었다. 라팜은 제분소를 일단의 영국인들에게 팔고 손실을 보전할 기회를 잡았다. 그러나 영국인들은 또 다른 더 많은 주주들을 위해 대신 일한다는 사실을 라팜은 곧 깨달았다. 즉 영국인들은 「공동의 이익을 공동의 미끼로 취급하는 잠재적인 비도덕성」을 대변하는 것이었다. 따라서 라팜은 제분소의 매각을 거절하고 끝내는 파산하고 만다.

1880년대 미국의 대규모 트러스트, 예를 들면 석탄, 광석, 강철, 그리고 석유 자본가들은 몇 안 되는 기업가들 수중으로 권력을 집중시켰다.

시오도어 드라이저(Theodore Dreiser : 1871~1945, 미국의 소설가)는 《거인(The Titan, 1914)》에서, 이에 대해 『최상층에는 거인의 집단 —— 즉 타이탄들 —— 이 있다는 느낌이 점점 더 커졌는데, 그들은 심장도 영혼도 없고, 일반 종업원들의 생활조건에 대한 어떤 이해심이나 동정심도 없고, 쇠사슬로 종업원들을 묶어 노예로 만들고 있다』라고 묘사했다.

그 당시 기업들이나 자본가들은 대체로 지역사회와는 아무런 관계가 없는 듯이 취급되었다 —— 그들을 표현하는 데는 두 가지 외국어를 사용해야만 했다. 영국에서 앤터니 트롤로프(Anthony Trollope : 1815~82)는 소설 《우리가 사는 방식(The Way We Live Now, 1875)》에 등장하는 프랑스의 자본가 아우구스투 멜모트(Augustus Melmotte) —— 그의 입과 턱에는 권력의 모습이 완연했다 —— 와 그의 미국인 동반자 해밀턴 피스커(Hamilton K. Fisker)를 국제거래 및 그 당시 새로 발명된 전신기를 이용해 영국의 귀족정치를 부패시키는 사기꾼으로 그리고 있다〔이 이야기는 그 후 한 세기 뒤 로버트 맥스웰(역주 Robert Maxwell : 영국의 잡지왕으로 종업원의 연금을 탕진하고 1992년 자살함)의 모습과 너무나도 유사하다〕. 미국에서 자본가들은 소설가나 역사가들의 연구대상이 되지 못했지만, 은행 사무원의 아들이었던, 시카고의 소설가 헨리 풀러(Henry Fuller : 1857~1929)는 그의 소설 《클리프의 거주자들(The Cliff Dwellers)》과 《장례행렬(With the Procession)》 —— 이는 다음 장에서 다룬다 —— 에서 기업세계를 묘사했다. 『미국의 천재들은 그들의 분야, 예를 들면 정치에서, 금융분야에서, 그리고 발명분야 등에서 아주 풍부하고 규모 있게, 그리고 우아하게 그들 스스로의 방식으로 자신들을 나타냈다.』 드라이저는 《자본가(The Financier, 1912)》와 《거인》에서 풀러를 이어받았는데, 이들 최초의 위대한 기업소설은 시카고의 철도사업과 런던의 암흑가에서 큰 돈을 번 자본가 찰스 여크스(Charles Yerkes)의 일생을 그린 것이다. 드라이저는 자신을 돌보아주던 부자 프랭크 코퍼우드

(Frank Cowperwood)를 영웅적 존재로 묘사했는데, 그를 여느 창조적인 천재들과 견줄 수도 있는 예술가로 취급했다. 『자금운영은 하나의 예술이다. 그리고 그것은 최상의 지성과 이기심의 활용을 나타내는 것이다.』 그는 자신의 천재적인 영웅들을 공공연히 존경했다. 『그것은 강력한 정신이며, 커다란 탐조등과 같이 어두운 곳을 구석구석 비춘다.』 드라이저는 코퍼우드의 사업활동 사이사이에 그의 사업 의욕과는 표리부동함을 나타내는 매력적인 행동, 간통, 잇따른 결혼 등을 삽입했다. 그리고 드라이저는 코퍼우드를 주변환경에 따라 자신의 몸색깔을 바꾸는 화려한 생선 검정 농어(Black Grouper) 또는 쏨뱅이와 비교했다.

> 『당신은 도깨비나 이 세상의 것이 아닌, 어떤 것을 보고 있는 듯한 느낌을 갖지 않고서는 오랫동안 그를 쳐다볼 수가 없다. 그의 권력은 너무 화려해서 어쩔 수가 없다. …쏨뱅이에게 이런 능력을 준 압도적인 지식 또는 건설적인 힘의 의도를 당신은 무엇이라고 할 것인가?』

그러나 어떤 개인 자본가도 그 크고도 복잡한 새로운 기업을 오랫동안 지배하는 것을 기대할 수 없었고, 주요 투자가들은 곧 전문경영자에게 경영책임을 위양해야만 했다. 최초의 소규모 철도는 마치 섬유공장과 같이 감독자가 개인적으로 운영했다. 그러나 철로가 여러 갈래로 놓이게 되자 기차끼리 충돌이 잦아졌고, 곧 조직적인 운영이 필요하다는 것이 분명해졌다. 기업사가인 알프레드 챈들러(Alfred Chandler)에 의하면, 우스터(Worcester)와 올버니(Albany) 사이의 웨스턴 철도(Western Railroad)사는, 내부조직 구조에 대해 주의 깊게 정의를 내린 최초의 기업이었다. 즉 두 명의 중간관리자와 두 명의 최고경영자를 가진 회사였다. 1880년대에는 교통량과 물동량이 폭증했기 때문에 모든 대규모 철도회사들이 전문경영체제로 이행할 수밖에 없었다. 상품과 승객들의 이동을 조정하기 위해 장부 시스템을 대폭 개편한 회계제도도 출현했다. 최대의 철도회사가 미대륙을 가로질러 철도를 놓게 되자, 소규모 철도회사들은 도산하게 되었고 많은 소액 투자가들은 파멸했다. 그러나 반대로 경영관리자들은 그 지위가 더욱 단단해졌고 한층 더 전문화되어갔다. 19세기 말에는 대규모 철도회사들이 경쟁을 제한했는데, 그것은 종업원들을 연장자 순으로, 즉 연공서열에 따라 승진시킴으로써 관료제를 정착시키도록 했다. 철도산업은 이미 「자본가에 의한 자본주의(finance capitalism)」에서 새로운 「관리자에 의한 자본주의(managerial capitalism)」로 옮겨가고 있었던 것이다.

철도산업은 그 후 다른 산업들에게 기업집중의 수단과 모델을 제공했고, 다른 기업가들도 그런 시스템을 채택했다. 앤드류 카네기(Andrew Carnegie : 1835~1919)는 피츠버그에서 대규모 철강공장을 운영하기 전까지는 펜실베이니아 철도회사의 중역으로 근무했다. 그리고 그는 펜실베이니아 철도회사에서 같이 일했던 총괄 경영자 윌리엄 신(William Shinn)의 도움을 받아 그와 비슷한 경영구조를 채택했다.

19세기의 마지막 20년 간 발명품들이 성공함으로써 미국 전역에 걸쳐 거대기업들이 자라났다. 그 가운데 많은 기업들이 20세기에도 살아남아 여전히 동일한 제품을 생산하고 있다. 피츠버그에서는 헨리 존 하인츠(Henry John Heinz : 1844~1919)가 통조림을 연속적으로 생산하는 공정을 도입했고, 필라델피아에서는 조지프 캠벨(Joseph Campbell)과 도랜스 가문(Dorrance family)이 통조림 수프 공장을 운영하기 시작했다. 신시내티에서는 윌리엄 프록터(William Procter)와 제임스 갬블(James Gamble)이 우연히 물에 뜨는 비누를 발명하고는 미국 전역에다 팔았다. 로체스터에서 조지 이스트먼(George Eastman : 1854~1932)은 그의 코닥(Kodak) 카메라에 대해 특허를 출원했다. 시카고에서는 구스타부스 스위프트(Gustavus Swift : 1839~1903)가 냉장고가 달린 전차를 운용하기 시작했다. 또한 윌리엄 리글리(William Wrigley)는 추잉 검을 개발하고는 전국적인 유통망을 통해 판매했다. 애틀랜타에서는 아사 캔들러(Asa Candler)가 새로운 음료수 코카콜라(Coca-Cola)를 생산하기 위해 공장을 차렸고, 세인트루이스에서는 아돌푸스 부시(Adolphus Busch)가 알코올 도수가 낮은 버드와이저(Budweiser)를 만들었으며, 그 뒤를 이어 미켈러브(Michelob)를 전국적으로 판매하고 광고도 했다.

19세기 말에 이르러 50년 전의 미국 산업계는 거의 잊혀져 버렸다. 1905년 헨리 애덤스는 다음과 같이 썼다. 『뉴욕 전체가 얼마나 새로운 사람을 필요로 했는지, 그리고 새로운 노동력이 기업의 한 부분으로서 새로운 유형의 인간──그전 사람보다 10배나 인내심이 많고, 정력이 넘치고, 의지가 강하고, 정신력이 높은 사람 말이다──을 얼마나 필요로 했는지, 그들은 그런 유형의 인간에 대해서는 선뜻 수백만 달러도 지불할 태세였다.』

이런 새로운 능력을 가진 사람들은 최초로 회사를 만들었던 개별적인 자본가나 발명가들이 아니라, 회사 안에서 경영을 할 줄 아는 새로운 회사인간이었으며, 새로운 조직구조에다 그들의 의지를 불어넣을 수 있는 새로운 회사인간이라는 것이 오래지 않아 드러났다.

공자와 주방

서구의 경영자들과 기술자들은 그들의 철도와 공장을 아시아에서 라틴 아메리카까지 전세계로 확대해나갔다. 그러나 그들은 그것을 오직 백인들만의 성과로 보았다. 단지 소수의 관찰력 있는 방문객들만이 다른 민족들 사이에도 새로운 정신이 내부적으로 끓고 있다는 것을 인식했을 뿐이었다. 1892년 러드야드 키플링(Rudyard Kipling : 1865~1936)은 두번째로 일본을 방문하고서 다음과 같이 썼다. 『도쿄에는 천황이 고용한 외국인 기술자·철도 전문가·대학교수 등이 살고 있었지만 그 수는 꾸준히 줄어들어갔다. 머잖아 그들은 모두 필요 없게 될 것이고, 일본은 스스로 해나갈 것이고 스스로 책임을 지게 될 것이다.』

일본에서 기업이란 갑작스럽고도 혁명적인 세력이었다. 왜냐하면 서구 세력과 서구기술의 도래는 젊은 천왕 메이지가 권력을 잡은 1868년 이후에 있었던 봉건제도의 해체와 일치했기 때문이다.

지방에서 독점적인 사업으로 톡톡히 재미를 보았던 수백 개의 일본 상인가문들은 봉건제도의 붕괴와 기술유입을 견뎌낼 수 없었지만, 가문이 책임지는 전통은 그 후 기업의 한 유형을 형성했다. 메이지 정부는, 서구에서 사기업이 성공하는 것을 보고, 기업에 관한 직접적인 관여를 피하고 정부관료와 같이 교육받은 엘리트들이 일본의 기업가가 될 수 있도록 장려했다. 그것은, 모리시마 미치오가 기술한 것과 같이 세계에서 가장 성공적인 최초의 사유화(私有化)였다. 그 결과 20세기 동안 내내 일본의 기업을 지배한 재벌(財閥) 종합상사를 창출하게 되었다.

일본의 가장 성공적인 혁신가는 시부사와 에이이치였다. 부농(富農)의 아들로서 사무라이(武士) 교육을 받은 시부사와는 프랑스를 방문해 유럽 기업의 경영비법을 배웠다. 그는 은행가가 군대의 대령 정도로 존경받는 것을 보고 놀랐다. 일본으로 되돌아온 그는 합작회사야말로 근대화의 지름길이라고 확신했다. 그는 잠시 대장성에도 근무했는데, 당시 그는 군국주의와 관료주의의 압력을 거부했다. 대장성을 물러나서는 은행가로 변신하여 일본 최초의 은행인 다이이치 은행(第一銀行)의 총재가 되었고 많은 합작회사들에게 큰 영향력을 행사했다. 시부사와는, 가족을 중심으로 한 개인기업으로 머물러 있는 중국기업과는 달리, 일본기업은 그들의 자본을 통합하여 성공적으로 운영할 수 있다고 판단했다(모택동은 중국의 가족중심 관행을 근절시키려 했으나 해외 화교들 사이에는 오히려 강력하게 이어지고 있다). 시부사와는 「주판과 공자의 가르침을 토대로 현대적 기업을 만들기」로 결심했다.

그 때까지 일본을 지배하고 있었던 사무라이 계급은 무사로서의 오랜 역할을 잃어버렸고 수입도 사회적 지위도 한층 축소되었다. 심지어 그들은 일본식 상투를 자르고 서구식 복장을 입기도 했다. 그러나 기업은 그들에게 새로운 기회를 부여했다. 오래 된 상인가문들은 새로운 활력을 찾았다. 그 때까지 상인들은 일본의 사농공상 전통 때문에「물건을 사고 파는 천한 일」을 한다고 해서 사무라이들로부터 천대받았기 때문이다 —— 공자 가로되『신사란 부엌을 깨끗하게 해야 하느니라.』그러나 한층 야심찬 사무라이들은, 줄어든 봉급을 보충하기 위해 지급받은 보상 ⟨역주⟩ 1896년 막부가 해체되면서 사무라이에게 지급되던 연금 대신 공채를 지급한 질록처분(秩祿處分) 조치를 의미함]을 이용해 기업을 일으키는 새로운 역할을 찾아나섰다. 시부사와 여러 사람들은 현대기업에도 공자의 사상을 적용시킬 수 있다고 생각했다. 교육을 가장 많이 받은 사무라이들은 월등한 기술을 필요로 하는 사업으로 연결되었다. 역사가 호리야스조는『현대 일본기업의 창업에서 사무라이 가문의 역할은 아무리 강조해도 지나치지 않다』라고 기술하고 있다.

일본에서 가장 규모가 큰 무역회사들은 모두 정부와 유착되어 있었다. 이와사키 야타로는 농부의 아들이었으나 정부의 보조금을 받아 연안항해사업을 시작했으며, 나중에는 보험업과 창고업으로 확대해나갔다. 이와사키는 1873년 미쓰비시(세 개의 다이아몬드라는 뜻)를 창업했는데, 이와사키 집안이 지주회사(持株會社)가 되었다. 그의 상선들은 실질적으로 독점을 하고 있었으므로 미쓰이와 같은 경쟁자를 맞게 되었다. 미쓰이 또한 정부와 유대관계가 좋았고, 그 스스로를 영국의 동인도회사와 비교했다. 미쓰비시와 미쓰이는 1884년 미쓰비시가 승리하여 통합해운회사 NYK를 운영할 때까지 역사적인 가격경쟁을 벌였다. 그러나 미쓰이도 다른 사업분야에서는 영향력을 키워갔다.

일본의 합작회사들이 한층 더 많은 주식을 발행하게 되면서 합작회사들은 창업가문에 대한 의존도를 점차 줄여나갔다. 그러나 서구의 기업들과는 달리「가족주의」원칙은 한층 더 단단한 회사의 이미지를 유지하게 했고 종업원들에 대한 영향력도 한층 더 컸다. 이와사키 야노스케는 큰형으로부터 미쓰비시의 경영권을 인수받았는데, 다음과 같이 말한 적이 있다.『비록 이 기업은 스스로 회사라 하고 있고, 회사의 구조를 하고 있으나, 실제로는 가족기업이다.』 회사에서 일어나는 모든 것은「전적으로 사장의 책임이다.」 일본의 대기업들은 서구와 마찬가지로 처음에는 개인 기업가들이 창업했으나 곧 그들은 전문경영자에게 길을 내주었다. 기업의 사무실도 가게도, 그리고 정부의 부처들도 서구화된「월급쟁이」의 훈련장소가 되었으며, 그들은 회사업무에 헌신적으로 몰두하고 그 대가로 종신고용을 보장받았다. 그리고 20세기에 들어와서도 일본의 종업원들은 미국의 종업원들과 비교하면 공자의 가르침에 따라 집단적인 행동에 더욱 만족해왔다. 로드니 클라크(Rodney Clark)는 그것을 다음과 같이 묘사했다.『일본에서는 법과대학이나 상과대학을 갓 졸업한 신참관리자가 열심히 일하고, 무던하고, 집단주의적이고, 사회성이 있으면 절대적으로 인정받을 수 있었다. 미국에서는 오늘날에 와서도 소박한 개인주의의 추억이 남아 있어 집단주의적 이상을 거부하고 있다.』

일본의 경영자들은 애초부터 미국이나 영국의 경영자들보다는 교육을 많이 받았다. 1920년까지 일본기업의 지도급 인사들 가운데 46%가 대학을 다녔다. 서구식 교육을 받지 않은 주인이 운영하는 전통적인 일본의 가게나 점포는, 서구식 경영방식을 알고 있는 교육받은 전문경영자들이 운영하는 서구식 회사에 잠식당했다.

규모가 큰 재벌회사들은 1877년 설립된 도쿄 대학이나 도쿄 대학과 견줄 수 있는 명문대학들로부터 사원을 모집했는데, 이것이 바로 영국에서 옥스브리지([역주] 옥스퍼드 대학과 캠브리지 대학의 합성어) 수행하는 역할과 같은 「인맥」 만들기의 출발점이 되었다. 1926년에 이르러서는 『기업계는 이미 대학졸업자들이 지배하고 있었으며, 그들이 없으면 기업을 운영할 수도 없었다.』

이러한 일본의 회사인간들은 그들만의 동떨어진 세상에서 기술적으로 놀랄 만한 성공을 거두고 있었으므로, 미국이나 유럽의 회사 인간들보다 다른 사회와는 한층 더 멀어져 갔다. 그 당시 도쿄는 「낮은 도시」에서 「높은 도시」로 변해가는 중이었다. 니혼바시에는 전통적인 조그만 목재주택 사이로 미쓰이 은행이, 그리고 널찍한 베란다와 회랑을 갖춘 미쓰이 클럽과 같은 3층 또는 4층 건물들이 들어섰다. 미쓰비시는 황궁 근처의 늪지를 사들이고는 「런던타운」이라고 명명된 화려한 벽돌건물들을 지었다——오늘날 그 지역이 바로 마루노우치다. 세이코(Seiko) 시계의 창업자인 긴타로 하토리는 1885년 도쿄에 회사를 설립했는데, 그 곳은 지금 세계 최대 시계생산지 가운데 하나가 되었다. 그는 나중에 긴자의 중심가에 있는 큰 건물을 매입하고는 그 자리에 하토리 타워를 건설했다. 그 후 그것은 긴자의 상징이 되었다. 미쓰이 건재상(나중에 미쓰코시가 되었다)은 당당하게 백화점으로 변신했으며, 건물 외부의 번쩍이는 전깃불은 어두컴컴한 도쿄를 빛의 도시로 바꾸었다. 전기는 일본 산업혁명의 상징이자 거대기업의 기초가 되었다. 도쿄의 사무라이 발명가 후지오카 이치스케는 일본 최초로 램프 등을 개발했다. 그의 공장은 도쿄전기회사가 되었고, 나중에 시바우라에 있는 회사에 합병되어 도쿄 시바우라회사로 바뀌었다. 그 뒤 그 회사는 도시바(Toshiba)로 변신했다. 1918년 오사카에서는 젊은 기술자 마쓰시타 고노스케가 전기회사를 차렸는데, 그것은 나중에 세계적인 거대기업이 되어 파나소닉(Panasonic)이라는 상표 아래 다양한 종류의 제품을 선보였으며 할리우드에서 영화도 제작했다.

일본의 회사인간은 미국의 회사인간들을 따라잡고 능가하려고 마음먹었다. 서구의 많은 방문객들 눈에 일본의 회사인간은 똑같은 모습으로 보였고, 회사에 대해 과도하게 충성하고 있는 것처럼 비쳤다. 1904년 미국의 작가 라프카디오 헌(Lafcadio Hearn)은 『일본은, 개인들이 세계시장에서 효과적으로 경쟁할 수 있도록 충분한 자유를 줄 수 없는 것 같다』라고 썼다. 『일본은, 심지어 그룹 기업들마저도 연합하여 집단적으로 사고하고 행동하기를 계속하겠지만, 언제나 최대의 능력을 다 발휘할 수는 없다.』

그러나 지금 기업의 권력은 전세계에 걸쳐 사회의 모습을 바꾸고 있는 중이다. 그리고 미국인들과 유럽인들마저도 그들 기업의 규모가 커지면서 야기되는 문제에 직면해 있다.

제 3 장

개 인 대 기 업

자본주의 사회는 모래기둥처럼 시작하지만 대들보처럼 단단해진다.
— 로버트 하일브로너[Robert Heilbroner, 《21세기 자본주의(Twenty-First Century Capitalism)》, 1993] —

1905년 소설가 헨리 제임스(Henry James : 1843~1916)는 20여 년 간의 유럽 생활을 청산하고, 고향 미국으로 근심스럽게 돌아왔다. 배가 맨해튼에 도착하자 제임스는 놀라 자빠졌다. 『거대한 건물들로 들쭉날쭉해진 도시 … 거대한 빗이 거꾸로 하늘로 향한 것같이 보였고, 여기저기 빗살들이 빠져서 날카로운 쇠못같이 보였다.』 새로운 마천루들은 「쿠션에다 너무 많이 꽂아놓은 바늘과 같았다.」 어느 고층건물 내부를 어슬렁거리던 제임스는 「사람들에게 오직 시간과 분·초를 알려주기 위해 똑딱거리는 시계처럼, 거대한 조직과 압축된 공동체적 생활이 수많은 복도와 사무실에서 일어나는 것」을 보고 압도당하지 않을 수 없었다.

제임스는 언제나 사업과는 거리를 두고 살았다. 그의 조부가 운하와 여러 사업에 투자하여 300만 달러나 되는 재산을 모았으므로 제임스와 같은 후손들은 「2대에 걸쳐 손 하나 까딱 않고 살아갔다.」 제임스의 소설들 속에는 무엇으로 돈을 벌었는지 알 수 없는 엄청난 거부들이 등장한다. 그 가운데 《황금접시(The Golden Bowl, 1904)》에 등장하는 애덤 베르버(Adam Verver)는 돈을 미국의 도시에서 벌지는 않았다. 상업에 대한 제임스의 우려는 미국으로 돌아온 후 더욱 증가했는데, 그것은 그가 「냉혹한 사업가의 얼굴」을 끊임없이 보아왔기 때문이었다. 그와는 반대로 여자들의 얼굴은, 한층 더 일반적인 설명을 하자면, 분명히 덜 상업적이었고, 농업적인 특성을 가진 아름다움과 대조적이었다. 그는 마천루로부터 쏟아져 나오는 돈들이 휘두르는 무제한적인 권력을 보고 놀랐다. 『이처럼 돈이 그 날개를 허공에다 두들기는 곳은 세상 어디에도 없다.』 그리고 그는 그 속에서 인간의 신음소리를 들을 수 있었고, 그것은 자신과는 전혀 관계 없는 것임을 알고는 한탄스러워했으나 운명적으로 어쩔 수 없는 일이었다.

미국의 많은 소설가들은 이 새로운 대규모 기업이 사회에 미치는 영향을 철저히 파악하고 설명하려고 마음먹었다. 그러나 그들 가운데 거의 대부분은 그들이 본 것에 대해 실망했다. 젊은 시절의 업턴 싱클레어(Upton Sinclair : 1878~1968, 미국의 소설가·사회비평가)가 쓴 소설 《정글(The Jungle, 1906)》은 시카고에 있는 도살장과 정육점들을 생생하게 묘사했다. 종업원들의 비참한 근무환경, 병든 동물들, 썩어가는 쇠고기, 독극물을 먹고 죽은 쥐들, 그리고 심지어는 깡통에 들어 있는 시체 등에 관해 사실적으로 묘사했다. 잭 런던(Jack London : 1876~1916, 미국의 작가)은 『소설 《톰아저씨의 오두막집(Uncle Tom's Cabin)》이 흑인 노예에게 했듯이, 《정글》이 오늘날 백인 노예를 위해 할 수 있는 기회를 갖고 있다』라고 싱클레어에게 말했다. 그러나 미국의 일반 대중들은, 싱클레어가 의도한 것과는 달리, 열악한 근로환경보다는 자기들이 먹는 음식이 형편없는 것에 더욱 충격을 받았다. 싱클레어는 나중에 다음과 같이 썼다. 『나는 일반대중의 가슴을 노렸는데, 어처구니없게도 복부를 맞추고 말았단 말이야.』 그리고 싱클레어의 책이 나오고 난 후 정부가 음식물에 대한 규제를 강화하려고 하자 하인츠(Heinz) 식품만을 제외하고는 거의 모든 미국의 대규모 식품회사들은 이에 대해 반발했다.

영국의 작가들은 여전히 성장하는 기업에 대해 큰 관심을 기울이지 않았다. 램 이후 겨우 몇몇 작가들만이 기업의 경험을 바탕으로 상상력을 가미한 글을 썼다—— 예를 들면 1908년까지 10년 간 영국은행(Bank of England)의 임원을 지냈던 케네스 그레이엄(Kenneth Grahame)은 《버드나무 바람(The Wind in the Willows)》을 썼다. 1890년 젊은 시인 월터 드 라 마레(Walter de la Mare)는 스탠더드 오일(Standard Oil)사가 런던에 설립한 영미석유회사(Anglo American Oil Company)에 사무원으로 취직했는데, 아침 9시부터 저녁 6시30분까지 근무했다. 그 곳에서 18년 간 근무한 뒤 어느 날 「검은 빵조각으로 만든 듯 천박하고도 조그마한 사람」이 새로운 상사로 와서는 경제적으로 일한답시고 마레에게 두 사람 몫의 업무를 시키는 등 사람을 괴롭히자 마레는 「미국의 상인」을 위해 일한다는 것이 참을 수 없었다. 다행히도 후원자 헨리 뉴볼트 경(Sir Henry Newbolt : 1862~1938, 영국의 시인·작가)이 연간 200파운드의 후원금을 주었으므로 마레는 1908년 퇴직할 수 있었다. 마레의 직속상사 존 우스머(John Usmer)는 냉담하게 『우리 회사는 야심 있는 사람들에게는 별볼일 없는 곳이야. 세일즈맨이라야 장래성이 있지』라고 했다. 그것이 이 지구상에서 가장 돈을 많이 버는 독점업체의 무자비한 대꾸였다. 시인 마레는 자신의 기업경력을 되돌아보았지만 회사에 있는 동안 글쓰기에 도움될 만한 것이 몇 줄 되지도 않았고 묘사할 만한 인물들도 없다는 사실을 깨달았다. 유머 작가 펠햄 그렌빌 우드하우스(Pelham Grenville Wodehouse : 1881~1975)는 시골 집 생활에 대한 향수에 젖어 있었고 기업조직을 노골적으로 폭로했다. 학교를 마친 우드하우스는 런던의 홍콩상해은행(Hongkong and Shanghai Bank)에서 2년 간 불행한 회사생활을 했는데, 그 때의 경험을 소설 《도시의 스미스(Psmith in the

City, 1910)》에 잘 표현했다. 주인공 스미스는 명문 이튼 학교를 갓 졸업한, 거만한 젊은 크리켓 선수로서 아버지 덕분에 뉴아시아 은행(New Asiatic Bank)에서 일하게 되었다. 스미스의 상사 비커스다이크(Bickersdyke)는 작은 키에 다부진 남자로서 잘 다듬지 않은 콧수염에 반쯤 가려진, 단단하지만 엷은 입술의 소유자였다. 은행에 근무하게 되면서 『개인 스미스는 존재할 수 없다. 뉴아시아 은행이라는 바퀴에 박힌 부속품으로서의 스미스만 남게 되는 것이다.』 스미스는 정기예금에다 각종 어음, 그리고 현금관리 등에 치여 정신이 없었다. 스미스의 친구 마이크(Mike)는 『거의 모든 사람들은 은행의 출납계원을 마치 슬럿머신처럼 취급한다』라고 말했다. 그러나 스미스는 크리켓 클럽에서 상사인 비커스다이크를 보기 좋게 창피를 준 뒤 아버지의 허락을 받아 캠브리지에 돌아가게 되는데, 그것은 마이크가 말한 대로「은행이란 우리들이 있을 곳이 못 되는 것」을 증명한 셈이었다.

작가들은 어디에서나 이 새로운 대규모 기업에 대해 놀랐으며 두려움을 느꼈다. 그러나 대기업이 미국에 준 충격은 한층 더 극적이었다. 미국의 대기업은 정치마저 변혁시켰기 때문이다. 나중에 대통령이 된 우드로 윌슨(역주 Woodrow Wilson : 1856~1924, 미국의 제28대 대통령, 공화당, 국제연맹의 창설을 주도)은 1912년『우리들은 새로운 조직 사회에 살고 있다. 우리들의 과거 생활은 부서져버렸다』라고 말했다.

당신이 기업의 종업원이 되고 나면 당신은 무엇이 어떻게 될지 알고 있다. 당신은 기업의 정책을 실제로 결정하는 사람들과 접촉할 기회는 거의 없다. 만약 기업이 하지 않아야만 할 일을 한다 해도, 그 일에 대해 당신이 뭐라고 할 수도 없고 명령에 따르지 않을 수도 없다. 때로는 공중의 이익에 반하는 일인 줄 알면서도 그런 일에 협조하게 되는, 깊은 고뇌에 빠져들 것이다……

진실은, 우리 모두가 심장이 없는 거대한 경제체제 속에 빠져 있다는 것이다. 현대기업은 사업을 할 때 개인과 같은 방식으로 하지 않는다. 우리가 기업과 거래를 할 때면, 우리는 비인간적인 요소들과 거래하는 것이고, 사회의 무형적 요소와 상대하는 셈이다.

미국을 방문하는 유럽의 방문객들은 개인과 기업 사이에 발생하는 긴장을 보고 충격을 받았다. 1904년 미국을 방문한 독일의 사회학자 막스 베버(Max Weber : 1864~1920)는 브루클린 다리 중간에 서서 끊임없이 지나가는 군중들을 마치 대량수송과 떠들썩한 활동사진의 파노라마를 보듯이 지켜보았다. 그는 마천루를 보고 유럽의 수도에 있는 성곽으로 착각할 정도였는데, 그것들은 볼로냐 또는 플로렌스의 오래 된 탑들을 연상시켰다. 그리고 베버는 자본주의의 상징인 수많은 고층건물들을 미국 대학교수들의 조그만 집들과 비교했다. 『이 군중들 속에서, 모든 개인주의는 값비싸져 간다. 그것이 집이든 음식이든 간에 말이다. 그 반대로 컬럼비아 대학교 독일어학과 허비(Hervey) 교수의 집은 화장실과 목욕탕이 딸린 조그만 방(언제나 그렇듯이)들로 꾸며진, 진정한 인형의 집이다.』

1906년 젊은 소설가 허버트 조지 웰스([역주] Herbert George Wells : 1866~1946, 영국의 저술가·문명비평가, 《타임머신》의 저자)가 뉴욕을 방문했을 때, 그는 『행복한 모습으로 되돌아오는 주민들이 사무실 건물을 성 요한 빌딩, 세계빌딩, 맨해튼 타워 등으로 부르는 것을 목격했다.』 웰스는 아름납고도 잘 정돈된 사무실 내부에 매혹당했다. 『거리에서 사무실로 들어가보았는데, 마치 50년이나 앞선 문명세계를 보는 것 같았다.』 그리고 그는 뉴욕 주의 어느 공장을 방문했는데, 그 공장의 내부는 「잘 만들어진 시계의 내부」 같았다. 그러나 맨해튼의 군중을 보고는 다음과 같은 느낌이 들었다. 『개인은 아무것도 아니야. 그들은 사무원이고, 속기사들이며, 가게에서 일하는 사람, 여러 종류의 근로자들, 검정색 코트를 입은 남자, 모자를 쓰고 블라우스를 입은 여자, 누더기를 걸치고 값싼 옷을 입은 사람들… 확실한 것은 군중들이고, 검은 주름살과 아무런 뜻 없이 찡그린 얼굴들이고, 큰 물건들, 예전에 없었던 여러 가지 일들, 무엇보다 비인간적인 권력이다.』

웰스는 개인의 자유에 대한 위협을 신흥 미국의 핵심적인 문제로 보았다. 『개인적 경쟁이 마음을 상하게 하고 절망적인 수준에 이르기까지 개인주의적 규칙으로 꾸준히 몰입하는 것은 미국에서 경제적·사회적 과정의 본질적 형태다. 지금 내가 보는 바와 같이, 그것은 미국인의 마음에 자리잡고 있는 가장 중요한 사상과 토론의 주제다.』

거대기업의 지배는 마천루로 상징된다. 마천루에는 그 주변에 있는 다양한, 작은 건물들과는 대조적으로 엄청난 활동이 집중되어 있다. 1891년 마천루의 첫번째 고향인 시카고에 16층짜리 모나독 사무실 건물(Monadock office building)이 세워졌다. 그 당시 설계사 루이스 설리번(Louis Sullivan : 1856~1924)은 다음과 같이 썼다. 『엄청난 벽돌더미가 깎아지른 듯, 그리고 튼튼하게 올라갔다.』 건축선과 표면은 정교했으나 단 하나의 목적, 즉 낭만적인 느낌을 주었다. 그 뒤를 따라 철구조 건물들이 들어서자 드라이저는 1890년대의 시카고를 「강철로 만들어진 놀라운 도시」로 표현했다.

회사와 건축가들 모두 점점 더 높이 짓는 경쟁을 벌이는 한편, 상업용 건물은 우아하게 지을 수 없다는 지금까지의 통념을 깨뜨릴 작정을 했다. 1908년 뉴욕의 싱어 타워(Singer Tower)는 어네스트 플래그(Ernest Flagg)가 설계한 것인데, 18개월 동안 세계에서 가장 높은 건물이라는 명성을 지녔었다. 그 뒤 3만 명의 종업원들을 거느린 메트로폴리탄 생명보험(Metropolitan Life)회사의 본사가 들어섰는데, 이 건물은 아직도 매디슨 가의 끄트머리에 그대로 남아 있다. 4년 뒤 792피트 높이의 고딕식 천장을 가진 울워스 타워(Woolworth Tower)가 변호사와 사업가로 가득 찬 상업용 건물의 왕자 자리를 차지했다. 건물 설계자 카스 길버트 (Cass Gilbert : 1859~1934)는 그것을 비록 플랑드르 지방(Flanders)의 시청을 본딴 것이라고 주장했지만, 울워스 타워는 「상거래의 대성당」 이라고 불리었다. 저널리스트 마크 설리번(Mark Sullivan)은 『상업용 건물은 미적 가치와 거리가 있다는 편견을 깬 것은 길버트였다』라고 적 고 있다.

마천루와 대기업은 같이 성장했고, 빌딩은 새로운 기업이 갖는 독자적 인 힘과 독특한 지위를 극적으로 보여주었다. 시카고에서 드라이저는, 성직자와 공무원들이 새로운 기업가들의 밑구멍을 핥고 있는 언론 보도 를 보고 즐거워했다. 『그들은 거대하고도 강력한 대도시의 생활이 마치 기업가들에게만 의존하는 듯이 행동했다.』 그리고 드라이저의 소설 《시 스터 캐리(Sister Carrie)》는 1890년대 초 뉴욕의 모습을 「기업의 힘을 추 앙하는」 시카고의 어느 술집 책임자였던 조지 허스트우드(George Hurst- wood)의 눈으로 그리고 있다. 『그는 여느 사람이 보듯 하나의 벽으로 된 도시를 보기 시작했다. 사람들은 벽에 붙어 있다. 당신은 그 속에 들어 갈 수 없다. 그 안에 있는 사람들은 당신이 누구인지 알려고 나오려 하 지도 않는다. 그 속은 너무나 즐겁기 때문에 바깥 사람들은 모두 잊혀졌 고, 그리고 그는 바깥에 있다.』

건물과 회사는 비인간적으로 보였고 누가 누구인지 알 수 없었다. 그 러나 그들의 최초 성격은 새로운 종류의 조직, 예를 들면, 철도, 도시의 관리, 또는 미국 육군 등을 조직하는 체계를 이해한 개인 사업가에 의해 결정되었다. 그들은 복잡한 시스템을 연결하기 위해 기술자ㆍ중간관리 자, 그리고 회계사로 계층구조를 만들었고, 자원을 배분했으며, 물건을 사고 파는 것을 조정했다. 그들은 19세기 말엽까지 그들의 흔적을 그들 의 회사에 남겼는데, 그것은 1841년 랠프 월도 에머슨(역주 Ralph Waldo

Emerson : 1803~82, 미국의 시인 · 평론가 · 철학자)이 한 말, 즉『어떤 조직은 어떤 인간이 길게 늘어뜨린 그림자다』라는 사실을 확인시키는 것이었다.

산업사회에 영향을 준 조직구조를 형성하는 데는 역사적으로 세 명의 인간이 있었다. 존 데이비슨 록펠러(John Davison Rockefeller : 1839~1937), 헨리 포드, 그리고 토머스 윗슨(Thomas Watson : 1854~1934)이 그들이다. 그들은 각자의 분야, 즉 기업조직, 조립 라인, 그리고 세일즈맨 십에서 그들 스스로 필요한 시스템을 만들었다. 그것은 대량생산뿐만 아니라 대량생산된 회사인간도 만들었다.

스탠더드 오일의 옷깃

새로운 거대규모 기업을 상징하는 데 가장 적합한 건물은 브로드웨이 26번가에 있는 스탠더드 오일의 본사였다. 그 곳은 「세계에서 가장 유명한 기업의 주소」로서 전설적인 권력을 대변했던 15층짜리의 거대한 구조물이었다.

견고하기는 감옥 같고, 높기는 철탑 같고, 그 차갑고 접근을 금지하는 정면은 무심하게 지나가는 대중들을 꾸중하는 것 같다. 늦은 오후 벽면 장식 돌출부 주변에 흩어지는 햇볕이 찡그리고 있다. 지나가던 사람들은 그 육중한 정문을 손가락으로 가리키고, 꼼짝도 않고 촘촘히 박힌 창문들을 쳐다보고, 서로서로 팔꿈치로 쿡 찌르고는 서둘러 가던 길을 간다. 마치 스페인 사람들이 종교재판소 앞을 서둘러 지나가듯이 말이다.

1906년 위와 같은 글을 쓴 토머스 로슨(Thomas Lawson)은 경험이 풍부한 은행가이자 브로커로서 스탠더드 오일 —— 나중에 에소(Esso)로,

그리고 지금 엑슨(Exxon)으로 불리는── 에 근무했다. 그는 「사적인 것」, 즉 「서로 관련되기는 하지만, 개별적으로 존재하는 각 부서의 기능을 가진」 독자적인 기업의 정체성에 엄청나게 충격받았다. 그의 충격적인 소설 《광란의 자금(Frenzied Finance, 1906)》은 스탠더드 오일의 활동에 대해 독특한 해설을 하고 있다.

스탠더드 오일 건물의 내부에는 그들만의 정교한 의식과 질서가 확립되어 있었다. 종업원들은 부산하게 사무실을 오가는 한편, 최고경영자들은 위엄을 갖추고 천천히 걸었다. 그 당시 어느 신문기자가 쓴 것처럼 『스탠더드 오일회사의 비서가 3층에서 4층으로 올라갈 때면, 그는 모자를 쓰고 마치 무슨 의식을 치르듯 천천히 올라갔다.』 11층에는 H. H. 로저스(H. H. Rogers)가 우아한 마호가니로 장식된 사무실에서 근무했고, 지성소 같은 사무실 벽면에는 율리시스 S. 그랜트(Ulysses S. Grant : 1822~85, 미국 제18대 대통령, 공화당, 남북전쟁 당시의 북군 총사령관), 에이브러햄 링컨(Abraham Lincoln : 1809~65, 미국 제16대 대통령, 공화당), 마크 트웨인(Mark Twain) 등으로부터 온 편지를 담은 액자들이 걸려 있었다. 매일 아침 11시 중요한 안건들은 15층에 있는 대회의실에서 결정되었는데, 그 곳에서 최고경영자들은 『자신들의 견해를 교환하고, 정책을 검토하고, 공화국과 제국이 만들어지기도 하고 해체되기도 했다.』 스탠더드 오일 트러스트 동업자들의 영민함은 가히 전설적이었다. 경쟁자들 사이에는 더욱 그랬다. 철도왕 윌리엄 밴더빌트(William Vanderbilt)는 『나는, 지금껏 사업을 하면서 석유 재벌들만큼 멋있고 유능한 부류의 사람들을 만난 적이 없다』라고 회고했다.

스탠더드 오일은 1883년 존 D. 록펠러가 미국의 막대한 석유공급량을 통제하기 위해 트러스트를 형성하면서 창설되었다. 록펠러는 무자비하게 서로 목을 조르는 가격인하 경쟁을 멈추는 데 성공했고, 중앙집중형 본사가 과대재고와 공급량을 조절하는 매우 통제된 조직을 만들고 운영했다. 『그런 조치는 현대적 관리의 시초였다. 그것은 세상의 모든 사업방식을 혁신적으로 바꾸어놓았다.』

록펠러는 비록 최대의 단일주주였지만, 50세 때 은퇴하고서는 여생을 자선사업에다 헌신했다. 때문에 스탠더드 오일의 경영권은 아홉 명의 피신탁자들(trustee)로 구성된 최고경영위원회에 넘어갔고, 그들은 스태프 부서를 활용하여 회사를 운영했다. 그들은 록펠러에게 통합당하기 전부터도 부자였다. 그들 가운데 몇몇은 다른 사업도 했다. 예를 들면 헨리 플레글러(Henry Flagler : 1830~1913)는 록펠러와 알기 전에는 주류업을 경영했는데, 플로리다를 개발함으로써 재차 큰 돈을 벌었다. 로저스는 석유관과 천연가스 수송망을 운영했는데, 주식시장에 뛰어들어 큰 돈을 벌었고, 마크 트웨인과 같은 소설가들을 후원했다.

록펠러의 후계자들은 스탠더드 오일의 보스로서 전적으로 석유사업에 헌신했다. 아일랜드 출신으로서 거칠고 키가 작은 존 D. 아치볼드(John D. Archbold)는 「석유의 나폴레옹」이라고 불렸는데, 늘 웃음 띤 그의 얼굴 뒤에는 무자비한 이윤추구 욕구가 감추어져 있었다. 『그는 검고도 깜박이는 눈으로 섬광처럼 마음을 결정하고는, 다시 빙긋이 웃는다.』 그는 찬송가를 휘파람으로 부르면서 복도를 천천히 거닐면서도 차갑고도 정확한 행동을 유지했다. 중역들은 언제나 정장을 하고 넥타이를 매야 하며, 사무실에서는 서로서로 정식으로 이름을 불러야 한다고 지시했다. 그리고 로슨이 묘사한 것처럼, 규칙 제1조는 『스탠더드 오일의 모든 종업원은 꼭 스탠더드 오일이 정한 옷깃의 셔츠를 입어야 한다』라는 것이었다. 옷깃에는 핀을 꽂고, 그리고 그것은 오직 옷을 입은 자신만이 뺄 수 있다.

거대 트러스트의 독점적 권력은 곧 격렬한 항의를 받게 되었고, 1890년 셔먼의 반 트러스트 법(Sherman Anti Trust Act)이 통과되었다. 스탠더드 오일은 트러스트의 해체를 회피하기 위해 내부적으로 개혁했는데, 1899년 지주회사를 설립하여 지배권을 유지하려 했다. 그러나 법원은 계속 스탠더드 오일을 고소했고, 1911년 대법원에 의해 역사적인 판결이 내려졌다. 법원은『트러스트가 상업의 발전과 조직에 대해서는 아주 천재적인 발명이었지만 … 곧 다른 사람들과의 경쟁을 제한하는 의도와 목표를 갖기 시작했다』라고 판결했다. 마침내 각 주를 거점으로 스탠더드 오일에 대한 해체 조치가 내려졌고, 해체된 회사들 가운데 가장 큰 스탠더드 오일 오브 뉴저지(Standard Oil of New Jersey)는 석유산업의 지배자가 아닌 선두주자가 되었다. 주주들 처지에서 보면 스탠더드 오일 트러스트의 해체는 오히려 축복이었다. 그것은 새로운 중역들로 하여금 역동적인 마케팅 활동을 펼치게 했고 기술발전도 모색케 했다. 어느 고참 관리자는『젊은 친구들에게는 그들이 원하던 기회가 주어졌다』라고 회고했다. 이익은 곧 늘어났다. 트러스트가 해체된 지 1년 만에 대부분의 분리된 회사들의 주식가격이 두 배나 뛰었다. 석유산업을 창업했던 가문들은 더 이상 회사를 지배하지 못했다. 1913년 뉴저지 주의 법무관은 공식적으로 다음과 같이 보고했다.『록펠러 가문은 완전히 은퇴했으며, 다만 배당을 정기적으로 받아가고 주주총회에서 투표권을 행사한다.』그러나 단단한 조직구조는 그대로였다. 록펠러는 다음과 같이 예언했다.『합병의 나날은 그대로 유지된다. 개인주의는 갔다. 다시는 돌아오지 못한다.』

과학적 관리자들

제조업에 종사하는 개인들은 한층 더 비인간적인 적대자, 즉 인간을 기계로 바꾸려고 위협하는 기계적 공정의 생산방식에 직면한다. 불공평하게도 그것은 테일러주의(Taylorism)라고 불리는「과학적 관리법」사상을 개발한 기술자 프레더릭 테일러(Frederick Taylor : 1856~1915)에게 비난이 집중되고 있다. 그 당시의 작가들은 테일러를 시간관리와 강압적인 방법의 광신자로 묘사하기를 좋아했다. 존 도스 파소스(John Dos Passos)는 1915년 테일러의 죽음을 이렇게 기술했다. 『야간 근무 간호사는 테일러가 시계 태엽을 감는 소리를 들었다. 59세의 생일 날 아침 4시 반쯤 간호사가 그의 병실에 갔을 때, 테일러는 시계를 손에 들고 숨져 있었다.』

사실 테일러는 대부분의 제조업체 관리자들과 비교하면 훨씬 인간적이었다. 그리고 나중에 일본의 기업들처럼 작업현장에서 노사 간의 조화를 강조했다. 1911년 출판된 경영학의 고전《과학적 관리원칙(Principles of Scientific Management)》에서 테일러는 작업자들과 관리자들은 한층 더 동등한 책임을 져야 한다고 강조했다. 그리고 작업자들은 개선을 제안하도록 장려되었다—— 이것은 오늘날 마치 일본기업의 전유물처럼 인정되지만 말이다. 테일러는 또한 관리자들—— 테일러는 관리자(managers)라는 말을 싫어했다—— 은 작업자들의 수준을 향상시키기 위해 작업자들의 성격을 연구해야 하며, 관리자들은 작업자들에게 봉사해야지 주인이 되어서는 안 된다고 주장했다. 1912년 국회에서 테일러는 자신의 과학적 관리법은 『사람에게 스톱워치를 들게 하는 것이 아니다』라고 증언했다. 테일러는 「관리자도 똑같이 하지 않으면 안 되는 완전한 의식혁명」을 강조한 것이었다. 오늘날 테일러의 경영사상을 가장 잘 이해하고 있는 드러커는 다음과 같이 말했다. 『테일러는 카를 마르크스(Karl Marx)나 지그문트 프로이트(Sigmund Freud)만큼이나 큰 영향을 미쳤다.』 그 두 사람과 마찬가지로 테일러는 그를 추종한 제자들보다도 진정으로 (다시 읽어볼 만한) 독창적인 사상가였다.

그러나 그 이후 테일러의 주장은 생산현장에서 조립 라인과 불가피하게 관련되어왔는데, 이는 「인간의 기계화」, 그리고 「인간적 의사소통의 결여」를 의미하는 것이었다—— 그것은 특히 영어를 할 줄 모르는 이민 노동자들이 작업하는 곳에서 두드러졌다. 각각의 직무를 분리하라는 테일러의 주장은 「공장의 작업」을 「쓸모없는 경험」으로 만들어버렸는데, 그것은 반 세기 후 일본기업들이 그 반대로 실시하면서부터 시정되었다. 생산량을 늘리기 위한 테일러의 방법은 어쩔 수 없이 공장주들로부터 악이용당하게 되었고, 그 결과로 얻은 추가이익은 근로자들에게 심리적·물질적으로 전혀 보상되지 않았다.

새로운 종류의 관리자들은 근로자에게 봉사할 뜻이 전혀 없었다. 그들은 자신들의 지위와 안전을 확보하기에 여념이 없었다. 그리고 과학적 관리법을 기업가들의 임의적이고 직관적인 방법을 대신할 수 있는, 즉 그들의 권위적 방식의 원천으로 이용했다. 로자베스 모스 캔터(Rosabeth Moss Kanter)는 다음과 같이 썼다. 『능률을 올려야 한다는 주장을 하면서, 작업방식에서 「하나의 최선의 방식」을 안다고 하면서, 관리자들은 끊임없이 확대되는 그들만의 역할을 확보했다.』 그러나 그러는 도중에 관리자들은 상당부분 주도권을 빼앗겼다. 그리고 「관리자」라는 용어는 초기의 정치적 또는 개인적으로 재주가 뛰어난 관리자들과는 별로 관계가 없어졌으며, 그 대신 거대한 기계가 장치된 고정장소와 한층 더 밀접하게 관련되어졌다.

포드주의의 한계

인간을 기계에 종속시킨 전적인 책임은 포드에게 있다. 그의 성과는 세계 최대 규모의 공장지대가 된 디트로이트에서 가까운 루지 리버(Rouge River) 공장에 설치한 자동차 대량생산 방식이다. 그러나 그 결과는 작업자들뿐만 아니라 관리자들도 대량생산하는 것이었는데, 그것은 나중에 미국의 자동차 산업을 약화시키는 원인을 제공한 통일성을 촉진했다.

　원래 포드는 독특한 이상주의자였다. 그는 흑인과 여성, 그리고 장애
자들에게도 똑같은 기회를 준, 인간의 평등한 권리를 인정한 고용주로서
시대를 앞서가는 사람이었다. 그는 자연을 사랑했으며, 특히 새를 좋아
했고, 모든 근로자들이 장기간 하계휴가를 즐기기를 바랐다. 포드는 자
서전에서『권력과 기계, 돈과 물건들은 오직 사람들을 자유롭게 할 때만
유익한 것이다』라고 썼다. 포드는, 자신의 제일 가는 의무는 이익을 남
기는 것이 아니라 봉사하는 것이라고 주장하면서 다음과 같이 말했다.
『수백, 수천의 종업원들에게 삶을 제공하는 거대기업에는 무언가 성스러
운 것이 있다.』그는 관료주의를 싫어했고, 계층구조를 축소시켰다──
마치 70년 뒤에 리엔지니어링을 주창한 급진적인 혁신가들과 같이 말이
다. 1920년경 포드 자동차가 도산지경에 이르렀을 무렵 포드는 관리직의
반이나 되는 1,000명의 사무원을 해고했고, 그들의 책상·타자기·전화
기, 그리고 심지어 연필깎기마저도 팔아버렸다. 아들 에드셀(Edsel)이
새로운 건물에다 회계사와 판매원들을 채용·배치하자, 포드는 에드셀이
그들을 자리잡게 하기 전에 그들을 해고하고는 사무실을 폐쇄해버렸다.
포드는, 거대한 사무실 건물은 쉽게 무덤으로 변할 수도 있다고 경고했
다. 포드는 조직도(organization chart)를 싫어했고, 계급을 싫어했으며,
회의도 좋아하지 않았다. 포드는『간혹「조직에 좋다」는 것에 마음을 뺏
기는 것만큼 위험한 일도 없다』라고 말했다. 포드는 관리자들을 마치 주
기적으로 대체해야 하는 기계의 부속품으로 간주했다.『자신을 가장 새
롭게 해야 할 필요가 있는 것은 이른바「높은 자리」에 앉은 사람이다──
그런데 그것을 가장 늦게 인식하는 부류가 바로 그들이다.』
　그러나 포드는 자신의 생산방식이 비인간적인 것임을 알고 있었으나
이를 시정하기 위한 어떤 조치도 취하지 않았다.『대규모 기업은 너무
커서 진실로 인간적인 것이 될 수 없다. 너무나 크게 자랐기 때문에 인
간성을 뿌리내릴 수 없다.』회사 창립 25주년에 회사를 되돌아본 포드는

『현대의 근로자들은 자신들에게 자율성을 거의 허용하지 않는 조직의 한 부분이 되었다』라고 인정했다. 포드는『작업, 그리고 작업만이 우리들을 통제한다』라고 말했다. 그는「선한 손」이라든가, 전문가들의「개인적인 접촉」또는「인간적 요소」등을 믿지 않았고, 또한 인간적인 관계를 신뢰하지도 않았다.『작업자들은 함께 일을 잘 하기 위해 서로서로 사랑해야 할 필요는 없다. 지나친 우정은 사실 아주 나쁜 것일 수도 있다. 왜냐하면 그것 때문에 어떤 사람이 친구의 과오를 무조건 덮어주려고만 노력할 수도 있으니 말이다.』

포드는 자기 주장에 철저해질수록 —— 나중에 다른 권위주의적 경영자들과 마찬가지로 —— 통일성을 강요했다. 포드는 최고경영자들을 서로 견제하도록 만들었으며, 그들이 너무 강력해지면 해고해버렸다. 그는 대부분의 고참 경영자들을 잃어버렸는데, 그 가운데는 오른팔 격인 제임스 쿠젠스(James Couzens)와 생산전문가 윌리엄 크누드센(William Knudsen)도 있었다. 크누드센은 GM으로 옮겨갔다. 그의 마지막 충복 해리 베넷(Harry Bennett)은 억센 선장출신으로 노조의 지도자를 박살냈으며, 마피아를 솜씨 좋게 해결한 사람이었다. 포드는, 최고경영자 밑에는 늘 예스 맨만 있으면 된다고 주장했다. 마치 포드가 만드는 자동차가 모두 검정색인 것과 같이 그의 부하들은 모두 회색이어야만 했다.

포드주의(Fordism)라고 불리게 된 포드의 방식은 명령과 복종방식의 극치였다. 그리고 그 당시 독일과 러시아의 정치적 독재주의에 대한 산업적 동반자 격으로, 명령을 통해 물건을 값싸고 능률적으로 만들어 농부들과 소비자들에게 제공하는 역할을 수행했다. 그러나 풍요한 민주주의에서 포드의 방식은 스스로 파멸의 씨앗을 뿌렸던 것이다. 소비자들은 당연히 폭넓은 선택을 원했고, 그 틈을 타서 경쟁자들이 다양한 제품을 제공했다. 포드 자동차가 20세기 말에 이르기까지도 자동차 산업의 주요한 강자로 살아남은 것은 특히 주목할 만하다. 포드라는 이름은 이제 신

화가 되었다. 공산주의 국가인 러시아에서도 서구에서도, 그리고 인간정
신의 승리자로서 또한 노예의 상징으로서 말이다. 멕시코의 공산주의자
이자 예술가인 디에고 리베라(Diego Rivera : 1886~1957, 화가)는 포드
의 아들 에드셀의 초청으로 디트로이트 미술관에 벽화를 그리기 위해 왔
다가 루지리버 공장의 규모를 보고는 놀랐다. 그 후 리베라는 인간과 기
계의 힘을 잘 표현한 역사적인 벽화를 남겼다. 『마르크스는 사회주의의
이론을 만들었고, 레닌은 그것을 적용했다.』그리고『포드는 사회주의적
국가를 가능하게 한 일을 완성했다』라고 리베라는 그 벽화에 대해 설명
했다. 그러나 포드 또한 지옥에 대한 새로운 관점을 제공한 셈이었다.
제품뿐만 아니라 입맛과 사상, 그리고 교육에 이르기까지 동질성을 창조
하고 기초를 만드는 데 헌신했던 것이다. 앨더스 헉슬리(Aldous Huxley)의
풍자적인 소설《용감한 신세계(Brave New World)》는 1932년에 출판되
었는데, 「포드 기원 632년」의 내용을 그리고 있다. 거기에 등장하는 아
이들의 이름은 레니나(Lenina), 베니토(Benito), 모르가나(Morgana), 몬
드(Mond) 또는 마르크스(Marx) 등으로서, 자본주의와 공산주의가 통합
되어 완전히 통일성을 이루고 있는 세상에 살고 있다. 신세계의 지도자
들은 T자(역주 포드의 20번째 자동차 모델로서 대량생산된 첫번째 승용차)
글씨를 만들어 보이고는「오 포드여」라고 맹세했고, 학생들에게「역사는
부질없다」고 복습시킨다. 빅 헨리(Big Henry)라고 불리는 시계탑은 황금
트럼펫의 합성음악으로 시간을 알리고, 거기에 맞춰 군중들은『포드, 포
드, 포드!』라고 소리친다.

　포드주의에 대한 가장 격렬한 비판은 역설적으로 코미디를 통해 이뤄
졌다. 찰리 채플린(Charlie Chaplin : 1889~1977, 영국의 희극 영화배
우·각본가·감독·제작자)의 무성영화 〈모던 타임스(Modern Times,
1936)〉에는「산업사회 이야기 또는 개인의 독립성――행복의 추구를
위한 인간성의 훼손」이라는 부제가 달려 있다. 영화는 몇몇 장면이 지나

고, 곧 일렉트론 스틸 회사(Electron Steel Co.)의 근로자로서 조립 라인에서 일하는 채플린이 등장한다. 리듬에 맞춰 일해야 하고, 화장실에서 담배 피우는 것마저도 감시당한다. 관리자는 황급히 돌아가는 자동투입기계를 조작하면서 채플린의 얼굴에다 빵 한 조각을 던진다. 채플린은 기계의 부속품 속에 파묻혀 기름통과 함께 춤추고, 공산주의식 행진곡에 맞춰 행진하고, 레스토랑의 가수가 되어 폴레트 고다드([역주] Paulette Godard : 공연하는 여주인공)와 함께 성공과 행복을 맛보기도 전에 감옥으로 끌려가고 만다. 이 변덕스럽고 우스운 영화는 대량생산방식의 위험성을 어떤 경영전문가들의 경고보다도 더 강력하게 경고해주고 있다.

　포드의 성공은 개인의 자율성과 주체성을 완전히 희생한 대가로 이뤄졌기 때문에, 자신의 고객에게 헌신했던 숙련된 장인들의 전통——즉 19세기 동안 거의 모든 산업에 종사하는 장인들의 자긍심——을 철저하게 파괴해버렸다. 사실 그런 전통의 파괴는 이미 많은 산업에서 포드 이전에도 시작되고 있었다. 홈스테드(Homestead) 강철공장은 1892년 피츠버그에서 파업을 일으켰는데, 헨리 클레이 프릭(Henry Clay Frick : 1849~1919, 미국의 실업가)은 이를 무자비하게 진압해버렸다. 그것은 강철업자들이 싼 임금으로 노동자를 고용하여 강철을 만드는 데 항의한 늙은 장인들의 최후의 반항이었다. 그러나 포드의 조립 라인은 근로자와 고객 모두를 같은 규칙 속으로 몰아갔다. 그러고는 그들 사이의 연결고리, 즉 품질에 절대적인 영향을 준 연결관계를 끊어버렸다. 1776년 애덤 스미스는 다음과 같이 썼다. 『작업자에게 진정으로 영향을 미치는 효과적인 규범은, 자신이 속해 있는 회사로부터 오는 것이 아니라, 고객들로부터 온다.』 포드는 장인들에게 고객들과 만나거나 접촉할 수 있는 기회를 전혀 주지 않았다. 1989년 매사추세츠 공과대학(Massachusetts Institute of Technology : MIT)이 제출한 보고문에는 다음과 같이 쓰여 있었다.

　　대량생산방식의 승리는 너무 완전무결했으므로 다른 생산방식들을 완전
히 제거해버렸다. 장인의 전통, 즉 관리계층이 거의 없으며, 생산과정에
숙련된 근로자들이 직접 참여하고, 시장이 별로 크지 않은 제품이나 소량
주문에도 기꺼이 응하는 생산방식은 어느 구석에도 존재할 수 없었다.

　　관리자들의 통일성, 그리고 장인들의 해체는 융통성을 허용하지 않는
생산 시스템을 고착시켰고, 자주 변화하는 입맛과 기호에 맞는 품질을
제공하고 민감하게 대응할 수 있는 융통성을 제거해버렸다. 그에 반해
일본에서는 장인들의 전통이 살아 있었는데, 그것은 제2차 세계대전 후
작업자와 고객 모두에게 한층 더 폭넓은 선택(제11장에서 더 깊이 다룬
다)을 제공할 수 있는 자율성이 허용된 대량생산방식으로 연결되었다.
1970년대 세계시장이 등장하게 되자 고객들은 더욱 까다로워졌다. 그러
나 미국 자동차 산업의 관리자들은 일본의 도전에 응전하기에는 너무나
늦은 시점이 될 때까지 여전히 대량생산(mass-production)에, 그리고 더
욱이 대량생산 사고방식(mass-thinking)에 갇혀 있었다.

판매원들의 조직화

　　대량생산방식의 확산은 각종 산업에 근무하던 직장인들의 모습을 통일
시켰다. 예를 들면 공급업자 · 대리점 · 중개인, 그리고 무엇보다도 판매
원들에게는 더욱 그랬다. 행상들은 시장에서 만병통치약을 판매하는 중
세의 약장수에서부터, 역마차가 머무는 여관 같은 곳에서 견본을 보여주
고 물건을 파는 빅토리아 시대의 봇짐장사에 이르기까지 독특한 역사를
갖고 있었다. 19세기 중반 미국에서는, 그 당시 지배적인 사업가였던 도
매상들이 「북 치는 광고인」 또는 행인들을 유인하는 「인사꾼」을 고용하
고는 도시의 시장이나 호텔 또는 사람이 모이는 곳에 소매상을 끌어들였

다. 그러나 대규모 회사들은 훨씬 더 훈련된 판매원을 필요로 했다. 1880년대 「북 치는 광고인」은 철도 주변에서 자주 눈에 띄었다. 그들은 옷을 잘 차려입고 외향적인 성격에 술을 잘 마셨고 여자관계가 난잡했다. 그들은 자신의 장래에 대한 불안감이 외향적인 자신감과 모험심과 결합하여 알코올 중독자로 전락하곤 했다. 그런 얘기의 대표적인 예로 1889년 시카고를 무대로 한 드라이저의 소설 《시스터 캐리》에 등장하는 찰스 드루엣(Charles Drouet)이 있다.

그의 옷은 갈색의 양모로 만든 것으로 가로 세로로 무늬가 있었다. 그 당시로서는 새로운 것이었지만 그것은 곧 회사에 다니는 사람들에게 친숙한 무늬가 되었다. 조끼의 아랫가랑이는 흰색과 핑크색의 줄무늬가 놓인 빳빳한 셔츠를 받치고 있었다. 양복 소매에는 똑같은 모양의 린넨 손수건이 나와 있었고, 금박 입힌 큰 단추로 잠겨 있었다. 금단추에는 캐츠 아이(cat's eyes)로 불리는 노란 마노가 박혀 있었다. 손가락에는 여러 개의 반지가 끼워져 있었고——그 중 하나는 영구적으로 사용할 수 있는 도장이었다——조끼에는 조그만 금시곗줄이 걸려 있었으며, 엘크스 회(역주 Order of Elks : 미국의 자선·사교·애국단체) 비밀 휘장이 매달려 있었다.

판매업의 새로운 지도자들이 대륙을 가로질러 그들의 제품을 팔기 위해서는 개인주의 성향이 짙은 판매원들을 엄격히 통제할 필요가 있었다. 19세기 말엽 오하이오 주 데이턴의 존 헨리 패터슨(John Henry Patterson)은 「폭력적이고, 복수심에 불타는 천재」였는데, 그는 자신에게 「현대 세일즈맨의 아버지」라는 명칭을 안겨준 판매기법을 개발하기 시작했다. 패터슨은 NCR(National Cash Register)사를 설립하고는 가게 주인들에게는 필수불가결한 제품인 금전등록기를 독점적으로 공급했다. 그리고 그는 일단의 판매원들에게 고객 설득방법·화술 그리고 경쟁자를 깎아내리는 방법 등을 훈련시켰다. 패터슨은 세일즈맨들의 개성을 무시하는 방법을 알고 있었고, 그들을 완전히 의존적인 사람으로 만들었다. 그리고 나서 그들을 가부장적 인간관계로 다시 포장한 뒤에 독점이 제공할 수 있는 부(富)와 안전을 약속했다. 이기심을 버리게 하는 이런 판매기법은 군부대의 훈련방식으로부터 영향을 받았지만, 사실은 성직자들에게서 더 큰 영향을 받았다. 순회 전도사, 즉 믿지 않는 자들을 종교적 믿음으로 뜨겁게 달구고 영원한 구원을 약속하는 열정적인 설교사들이, 세속의 안전을 약속함으로써 거래를 따내는 세일즈맨으로 바뀌게 된 것이었다.

패터슨의 제자들 가운데는 야심만만하고도 청교도적인 젊은이 토머스 윗슨(Tomas Watson)이 있었다. 그는 이민 온 스코트랜드 출신 아일랜드 농부의 아들로서 나중에 그 지역에서 가장 성공적인 세일즈맨이 되었다. 패터슨은 윗슨에게 비밀임무를 맡겼다. 새로운 회사를 설립하여 겉으로는 아무런 관계도 없는 듯이 운영하면서 NCR와 경쟁관계에 있는 회사들의 영업비밀을 탐색하고 이를 미끼로 경쟁회사들을 헐값에 매수하려는 공작을 꾸몄다. 윗슨은, 파괴전략으로 희생된 경쟁회사들이 이를 연방정부에 악질적인 경쟁제한 행위로 제소할 때까지 파괴전략을 지속했다. 1912년 패터슨과 윗슨을 포함하여 30명의 NCR 직원들이 경쟁제한과 독점금지위반으로 기소되었는데, 검찰은 그들의 방법이 멕시코의 산적과 같다고 비유했다. 윗슨과 패터슨은 징역 1년을 언도받았으나 곧 보석으로 풀려났으며, 항소심이 허용되었다. 그러나 선고는 무한정 연기되었다.

그 후 윗슨은 NCR에서 물러났다. 빈털터리 윗슨에게 남은 것이라고는 젊은 부인밖에 없었다. 그러나 사무기기가 날개 돋친 듯 팔려나갈 시절에 윗슨은 경험이 풍부한 세일즈맨이 된 것이었다. 그 당시 찰스 플린트(Charles Flint)는 뛰어난 합병전문가이자 무기상인이었는데, 1890년 인구조사에 사용되었던 펀치카드 시스템을 이용해 컴퓨터 타뷸레이팅 레코딩(Computer Tabulating Recording : CTR)이라는 합병회사를 만들었다. 윗슨은 플린트를 찾아가 자신을 최고경영자로 임명해주고 순이익에서 5%의 배당을 달라며 설득했다. 윗슨은 패터슨에게서 배운 판매기법을 이용해 판매원들에게 동기를 부여하고 플린트로 하여금 사무기기 시장이 성장할 것이라는 기대감을 불러일으키게 했다. 포드와는 달리 윗슨은 자신의 부하 관리자들로부터 충성을 얻어내는 방법을 알았다. 종업원들이 회사에 몰입하는 대신 종신토록 직업상의 안전을 약속했던 것이다. IBM(International Business Machines)이라는 새로운 이름으로 출범한 윗슨의 회사는 통신기기와 컴퓨터 시장을 혁신했다. 그러나 IBM의 성공은 기술적 탁월성이라기보다는 판매원을 잘 조직해 판매에 성공한 것에 더 큰 원인이 있었다. 1889년 찰스 드루엣이 입었던 줄무늬 정장에 린넨 손수건, 그리고 금시곗줄을 대신하여, 검정색 정장에 흰색 와이셔츠를 받쳐 입은 IBM 판매원들의 유니폼은 산업사회 사무원의 표준복장이 되었다.

보이는 손

새로운 유형의 회사인간은, 그곳이 석유회사든 자동차회사든 사무기기회사든 간에, 이미 제1차 세계대전 이전에 형성되었다. 그리고 제1차 세계대전은 기업의 관리자들로 하여금 불가피하게 군수생산계획을 담당하도록 했으므로 관리자들은 한층 더 중요한 사람이 되었고, 그 결과 기업권력은 엄청나게 증대되었다. 1917년 미국이 제1차 세계대전에 참전하게 되자, 미국정부는 철도와 전신운영권을 국유화했고, 기업들에게 군수품 생산을 의뢰했으며, 긴급수송선단을 형성하기 위해 선박들을 주문했다. 기업인들은 자연스럽게 군사요원으로, 그리고 정부요원으로 동원되어 전쟁기기를 만드는 데 전례 없이 협조했고, 중앙집중식 생산분배방식은 연합군의 승리에 결정적인 역할을 했다. 평화시에는 그렇게도 개인의 자유를 억압하는 듯이 보였던 기업이, 그 당시에는 역설적으로 외국의 침략에 대항하는 필수적인 수단으로 등장했다. 그리고 기업의 많은 생산품들은 민주주의의 생명선이 되었다. 석유회사는 귀중한 석유를 공급함으로써 악마에서 영웅으로 탈바꿈했다. 스탠더드 오일 오브 뉴저지는 연합군의 전체 석유량 가운데 4분의 1이나 공급했음을 늘 자랑스럽게 생각했다. 휴전 성립 직후 영국의 전시내각에 근무했던 쿠존 경(Lord Curzon)은 석유회사들의 모임에서 『연합군은 석유 파도 위에 승리의 배를 띄웠다』라고 말했다.

제1차 세계대전이 끝날 무렵 20세기적 기업형태는 거의 완성되었고, 미국의 기업구조에서 19세기적인 요소는 거의 사라져 버렸다. 기업사가인 챈들러는 『1840년대 미국의 기업환경은, 그로부터 70년 후의 것보다는, 15세기 이탈리아의 것과 더 유사했다』라고 썼다. 점진적이고도 유기적인 성장을 거듭해온 가족기업과 지역기업들은 철도, 기업합병, 그리고 조립 라인 때문에 몰락의 길을 걸은 반면, 관리계층들은 뼈대처럼 단단해져 갔다. 그리고 회사인간은 예측할 수 없는 무역조건보다는 라팜과 같이 시장을 지배하고 무역을 좌지우지했던 가족 경영자에 의해 훨씬 더 큰 영향을 받았다. 1904년 소스타인 베블런(Thorstein Veblen : 1857~1929, 미국의 정치경제학자·사회학자)은 회사인간에 대해 다음과 같이 기록했다.

기업인은 지금, 마치 상인들이 생산자에서 소비자로 이전되는 물건에 투자하는 이치와는 달리, 그리고 계절의 영향과 기후변화로 인한 재난을 어렴풋이 예측하고 사전에 투자하는 것이 아니라, 산업의 논리로 투자하고 있다. 즉 거대한 기업가들이 통제하고 있는 산업의 논리에 따른 상호작용에서 오는 예측에 더 관심을 기울이는 것이다.

그들의 힘은, 「보이지 않는 손(invisible hand)」에 의해 분업이 이뤄지고 수요와 공급이 균형을 이룬다는 애덤 스미스의 자유기업이론에 도전했다. 기업의 경영자들은 대량시장에 대해 전문화된 제품을 계획하고 조정함으로써 「보이는 손(visible hand)」의 역할을 했다. 챈들러는 그의 고전적인 저서 《보이는 손(The Visible Hand)》에서 다음과 같이 기술했다. 『현대기업은 경영이라는 「보이는 손」이 시장이라는 「보이지 않는 손」보다 한층 더 효율적이라는 것을 증명함으로써 자생력 있는 기관이 되었다.』

그러나 대서양 양안, 즉 유럽과 미국 어디에서도 기업에 대한 개인들의 우려는 사라질 수 없었다. 왜냐하면 새로운 산업기관, 즉 회사들은 그 존재 근거를 제공하는 사회와 고객들로부터 점점 더 멀어져 갔고, 끊임없이 독재자와 악덕기업주에 의해 유린 당해왔기 때문이다. 그리고 회사인간은 그 스스로 안주하는 사무실 인생을 만들어갔다. 그러는 과정에 관료주의라는 질병을 앓게 되었는데, 그것은 그들로 하여금 정상적인 인간관계와 인간행동을 단절토록 했다. 그 대가는 20세기가 연륜을 더해가는 동안 점점 더 분명해지고 있었다.

제 4 장

기계와 여공

요즈음 젊은이들은 신부나 병사 또는 판사와 같은 명예를 추구하지
않는다. 다만, 사무실의 근로자일 뿐이다. 기업의 근로자들은
키플링의 소설에 나오는 멋지고 우아한 정글 속의
장교들처럼 군인들의 서류가 아니라 통신원들의
서류를 뒤지고 있다.
—*싱클레어 루이스[Sinclair Lewis, 《직업(The Job)》, 1916'*—

19세기 중반 새로운 회사인간들은 스스로 근로관습을 만들고 있었는
데, 그것은 당연히 남성적인 문화였으며 여성근로자와의 경쟁이나 도전
을 허용하지 않는 그런 것이었다. 빅토리아 시대의 사무실에는 대부분
남성들만이 근무했고, 주인의 서재를 약간 확장한 것에 지나지 않았다.
또한 안쪽에는 사무원 몇몇이 앉아서 일했고, 바깥 사무실에는 높은 책
상 앞에 서서 일하는 사람들도 있었다. 전형적인 사무원은 램이 활동하
던 시대 이후 그 위세를 잃어버렸으며, 디킨스는 그런 사무원의 퇴조를
《보즈의 스케치(Sketches by Boz)》에서 다음과 같이 묘사했다.

그는 구석지고도 작은 뒤켠 사무실로 매일 출근한다. 늘 같은 못에다 모
자를 걸고, 책상 밑으로 늘상 같은 자세로 다리를 뻗는다. 그러고는 1년 내
내 입었던 검정옷을 벗고 지난해에도 했던 일을 계속한다. 다음해에도 그
일을 확보하기 위해 하던 일을 계속한다. 그는 오후 5시까지 앉아 있는

다. 하루종일 벽난로 위의 시계처럼 같은 일을 한다. 그의 인생이 단조롭
기는 똑딱거리는 시계소리와도 같았다.

사무실의 근로자들은 급사 · 대필업무 · 법률서류 복사 등의 일을 하기
위해 고용되었다. 마치 허먼 멜빌(Herman Melville : 1819~91, 미국의
소설가)의 1853년 단편 소설 《바틀비(Bartleby)》에 묘사된, 겨우 목숨만
지탱해가는 그런 모습들이었다. 바틀비는 월 스트리트의 변호사를 위해
일하러 온, 창백한 얼굴의 고독한 대서사였다. 그리고 그는 사무실에서
일을 시작했고, 감옥에 가기 전까지는 다른 곳으로 옮기지 않았다. 그저
워싱턴에 있는 배달불능 우편취급소(Dead Letter Office)에서 태워버리게
되어 있는 한 더미의 편지를 베껴 썼다는 소문만 있을 뿐, 그가 어디에
서 죽었는지 아는 사람이 아무도 없었다.

그 당시 대부분의 사무실들은 공장의 한 부분이었다. 1890년 윌리엄
레버(William Lever : 1851~1925)가 리버풀에서 가까운 포트 선라이트
(Port Sunlight)에서 비누공장을 운영할 때 그의 사무실은 공장건물 한
가운데 있었는데, 그 사무실은 주변의 다른 사무실보다 약간 높은 곳에
있었고 유리벽으로 둘러싸여 있었다. 그 안에서 그는 사무원들의 행동을
감시했다. 실질적으로 모든 사람은 그의 머리 속에 들어 있었고 말로 지
시했다. 그런 관습은 관리자들이 공장을 떠나서 각자의 일을 수행하기
시작한 19세기 말엽, 즉 원가계산과 과학적 관리법이 등장할 때까지 계
속되었다. 데이비드 랜드스(David Landes)는 이렇게 표현했다. 『사무실
은 공장을 지배하기 시작했다. 이는 오직 시작일 뿐이었다.』

그러나 19세기 중엽이 되자 상업 서비스, 특히 보험과 은행 등에서는 사
무실 건물을 대도시로 옮겨갔다. 1819년 런던의 선보험(Sun Insurance)
사―― 세계에서 가장 오래 된 보험회사인데――는 멋진 맨션과 같은
본부 건물을 갖게 되었다. 그로부터 30년 후 700만 개의 보험증서를 취

급하고 있는 거대 생명보험회사인 프루덴셜(Prudential)은 지금의 홀본(Holborn)에 있는 그 자리에 고딕식 성과 같은 사무실 건물을 짓기 시작했다. 19세기 말이 되자 유럽과 미국의 도심 한 가운데는——뉴욕의 마천루들처럼——「상업 빌딩 지구」로 명명되었으며, 그 속에는 각종 단체와 사업체들이 들어섰다.

열악한 사무실 인생, 그리고 그로부터 탈출하고 싶은 열망은 많은 작가들에게 좋은 소재를 제공했다. 1902년 영국 소설가 샨 불록(Shan Bullock)은 해외여행이 꿈인 런던의 어느 사무원 이야기《루비 점프스의 추적(Mr Ruby Jumps the Traces)》을 발표했다. 『그가 앉아서 일하는 사람들이 북적거리는 큰 사무실은 무미건조했고, 사업밖에 모르는 그런 곳이었다. 마룻바닥에는 갈색의 리놀륨 바닥재가 깔려 있었고, 벽은 페인트로 도색되었으며, 책상과 선반, 그리고 탁자 위에는 종이조각과 전표, 그리고 각종 장부들이 어지럽게 널려 있었고, 매캐한 담배 냄새와 먼지로 숨막힐 듯한 분위기였다.』 템스 강을 따라 먼 곳으로 떠나는 배들을 보자, 그는 갑자기 지브롤터로 떠나고 싶은 충동을 느꼈다. 그러나 그것도 잠시였고 그는 곧 가족과 사무실이 요구하는 대로 하고 만다. 싱클레어 루이스(Sinclair Lewis : 1885~1951)의 처녀작, 《우리들의 렌(Our Mr Wrenn)》은 1910년 뉴욕이 그 무대인데, 어느 기념품회사의 신참 회계원에 관한 이야기다. 『그는 언제나 창고 바로 뒤에 있는 책상에 앉아서 전표를 뒤적이고 숫자를 맞추었다. 그는 온화하게 생긴 젊은 총각이었다——사람들의 눈길을 끌지 않는 기성복을 입었고 어울리지도 않는 콧수염을 기르고 있었다.』 그는 직속상사인 모티머 길포글(Mortimer Guilfogle)에게 복종했지만, 끝내는 자기의 갈 길을 가기로 결정했다. 『늙은 길포글은 제 자신도 돌보지 않는데 회사를 돌볼 리 있는가?』하고 말이다. 수천 달러를 상속받은 그는 퇴직을 하게 되는데, 독립하고 난 2주일 후에는 어쩔 줄 몰라 했다. 『어울릴 만한 사람들은 모두 주중에는 일을 하고 있었다.』그는 유럽으로 떠났지만, 몇 차례 시행착오를 거친 뒤 구사일생으로 맨해튼으로 되돌아와서는 「불타버린 거대한 상점과도 같이 안개 속에 솟아 있는 거창한 뉴욕의 마천루들」을 다시 만나게 되었다. 그리고 메트로폴리탄 타워와 타임스 빌딩 사이에 있는, 그 오래 된 낯익은 「기념품회사 사무실」을 보았다.

새로운 고층건물은 주변의 저층 사무실 건물과 비교해보면, 작업에 필요한 모든 것을 그 안에서 자체적으로 해결할 수 있었다. 거의 대부분 초기의 고층건물들은 투기목적으로 건설되었으며, 복도를 따라 개인에게 임대를 하는 조그만 독립적인 사무실이 있었다. 시카고의 작가 헨리 풀러는 1893년의 소설 《클리프의 거주자들》에서 가상적인 18층짜리 클리프턴 빌딩에서 4,000여 명의 사람들이 생활하는 모습을 그리고 있다. 그 빌딩에는 은행가·중개인·부동산 매매인·사무원·속기사·경비원·청소부 등등이 있었고, 이발소·담배가게와 10대의 엘리베이터가 있었으며, 지하에는 네 개의 거대한 보일러가 있었고, 맨 위층에는 식당이 있었다. 사무실 사이를 따라 늘어선 가게들과 넓은 복도는 마치 길거리의 축소판인 양 사회적으로 필요한 물건들을 취급했다. 그는 다음과 같이 설명했다. 『클리프턴은 그 스스로 완전한 것이 되고자 했다. 클리프의 거주자들이 살아가는 동안 겪는 간단한 에피소드들이 연속적으로 일어나는 한, 우리들은 먼 곳으로 또는 자주, 밖으로 나갈 필요가 없었다.』

그러나 마천루들은 곧 대기업들에게 맡겨졌으며, 건물운영에 엄격한 규칙이 적용되었다. 1904년 이미 프랭크 로이드 라이트(Frank Lloyd Wright : 1869~1959, 미국의 건축가)가 젊은 시절에 설계한 버팔로의 라킨 빌딩(Larkin Building)은 사무용 고층건물의 원형이 되었는데, 그것은 테일러 주의의 원칙에 맞추어, 공장과 같은 분위기 속에서, 우편주문을 처리하는 여자들에게 최고수준의 감독과 규율을 제공하고 있었다——

심지어 책상과 의자들은 동작을 최소화하도록 설계되었다.

여자들이 등장하고

진정한 사회혁명(social revolution)의 시작은 사무실에 여성들이 등장하면서부터였다. 19세기 거의 모든 중산층 가정의 여성들은 사무실 또는 공장 근처에는 얼씬도 하지 못했다. 결혼 적령기의 처녀들은 적당한 신랑감을 구해 가정을 만들고는 재정적으로 안정을 얻었다. 만약 처녀들이 시집을 못 가게 되면 입주 가정교사가 되거나, 일반교사가 되거나, 하녀가 되거나 했다. 마치 에디스 워튼(Edith Wharton : 1862~1937, 미국의 여류소설가)의 소설 《환락의 저택(The House of Mirth)》에 나오는 릴리 바트(Lily Bart)가 최면제를 과용하기 전까지는 여자 재봉사로 일했듯이, 처녀들은 절망적인 상태에 빠지거나 타락한 경우에만 공장이나 사무실에서 일했다.

그러나 1880년대에 와서는 이미 몇몇 중산층 가정의 여성들이 상업적 활동에 종사하고 있었고, 사업가들은 가게 보조원으로부터 판매원 또는 장부정리 등의 업무에 이르기까지 여성들을 채용함으로써 가정으로부터 탈출구를 열어주었다.

조지 기싱(George Gissing : 1857~1903, 영국의 작가)의 소설 《환희의 해(In the Year of Jubilee)》는 1887년 런던이 그 무대인데, 처음으로 사무실에 근무하기 시작한 여성을 묘사하고 있다. 멋쟁이 대머럴 부인(Mrs Dameral)은『이제 여성 모자 판매원, 그리고 여성복 판매원의 직함을 갖는 여자들이 근무하게 됐군. 그리고 계산대 뒤에 서 있는 여자 친구를 보는 것은 흔해지겠지?』라고 말한다. 여주인공 낸시 로드(Nancy Lord)는 아이 하나를 두고 남편과 헤어졌는데, 가정교사나 비서 일을 시작할 것을 곰곰이 생각했다.『그건 괜찮을 것 같은데, 그러나 열심히 해야지.』그런 일을 해낼 수 있을까 하는 무능력감이 그녀를 덮쳤다. 『사무실이나 또는 가게 같은 데서 누가 일자리를 줄런지······.』마침내 그녀는 얌전히 앉아서 묻는 말에 답변해줄 여자를 필요로 하는, 어느 여사장이 운영하는 옷가게에 취직했다——사실 낸시는 그 일자리를 탐탁하게 생각지 않았다. 『바보 같은 사람에게 패션을 이야기하고, 내가 무슨 패션 모델이나 된 듯이 그들 앞에 서야 한다니.』

미국에는 공업도시에 가서 한 밑천 잡아보려고 시골을 떠나는 야망있는 소녀들도 많았으나 대부분은 인생의 구렁텅이에 빠지고 만다. 드라이저의 소설 《시스터 캐리》에 나오는 여주인공은 1889년 시카고에 도착하고는, 1층에 큰 유리창문이 달린 어마어마한 사무실과 백화점 빌딩 숲을 보게 된다.

오가는 사람들은 깨끗이 닦아놓은 건물의 장식물과 희뿌연 유리창을 지나면서 그 안에서 열심히 일하는 사무원들을 볼 수 있었고, 정장을 잘 차려 입은 신사들이 깨끗한 린넨 덮개가 깔려 있는 탁자 주변에 삼삼오오 모여 있는 것을 볼 수 있었다. 각진 돌로 만든 입구에는 반질반질한 놋쇠 또는 니켈 간판이 그 회사의 이름과 사업내용을 간략하게 표시해주고 있었다. 도심은 일반사람들을 겁주고, 왜소하게 느끼도록 하는 높고도 강한 분위기를 갖고 있었으며, 가난과 성공 사이의 간격이 넓고도 깊다는 것을 보여주는 듯했다.

캐리는 여자들이 할 수 있는 직업을 찾아나서지만 대량생산공장의 거친 일밖에는 할 것이 없었다. 「기계와 여직공」뿐인 곳 말이다. 그녀는 아무런 기술이 없었으므로, 결국 구두공장에 취직하고는 가죽구두에 구멍 뚫는 일을 시작한다. 그러나 남자친구를 잘 만나 팔자를 고치고 극장의 여배우로서 성공한다.

19세기 말 두 가지의 발명품이 여자들로 하여금 사무실에 근무하는 기회를 넓혀주기 시작했다. 첫째는 타자기인데, 펜실베이니아의 저널리스트인 크리스토퍼 숄스(Christopher Sholes : 1819~90)가 발명한 것이었다. 숄스는 자신의 특허를 레밍턴 무기회사(Remington Arms Company)에 팔았고, 레밍턴은 1873년 최초로 제품을 판매하기 시작했다. 기업주들은 여자들이 타자기 업무에 적합하다는 것을 곧 알게 되었다──처음에는 타이피스트 그 자체를 기계로 묘사했다. 이미 여자들은 속기사 직업에는 많이 취업하고 있었으나 타이피스트로서도 남자들보다 수요가 더 커졌다. 1887년 런던의 신문은 「여자들이 타이프라이터로서 남자를 능가했다」라고 썼다. 드라이저의 소설 《타이탄》에 나오는 주인공 프랭크 코퍼우드는 1870년대 말 폴란드 태생의 예쁜 아가씨 앙투아네트(Antoinette)를 새로운 타이피스트로 채용한다. 그들 사이에는 곧 일이 벌어지게 되고, 놀랍게도 미국적 분위기로 변해가는 것을 보고는 그녀에게 한층 더 빠져든다.

버나드 쇼(Bernard Shaw : 1856~1950, 아일랜드 태생의 영국 극작가·비평가)의 1895년도 희극 〈칸디다(Candida)〉에 나오는 타이피스트 프로서핀 가넷(Proserpine Garnett)은 『30세 가량의 부지런하고 자그마한 여인으로 하층계급 출신이었으며, 깨끗하긴 하지만 값싼 검은색 메리노 스커트와 블라우스를 입었고, 약간 주제 넘은 빠른 말씨를 사용했다.』 그녀는 사무원 보조 역할을 하고 있었는데, 호기심 많은 방문객들에게 딱딱거리면서 자신의 타자기를 엄중히 보호했다. 『마치뱅크(Mr Marchbank) 씨 그 타자기를 가지고 장난하지 말아요. … 그것이 무슨 쇠로 된 오르간인지 아세요?』 그녀는 타이프를 일종의 무기처럼 이용할 수도 있었다. 거칠게 소리 내면서 타이프를 치거나 줄을 바꿀 때 기계를 탕 하고 치면서 말이다. 그러나 극중에 그녀의 역할이란 전통적인 하녀의 그것을 크게 벗어나지 않는다.

　매력적인 타이피스트들은 곧 가정의 구속으로부터 벗어나 새로운 사회적 지평을 발견하고, 평화스런 혼인관계를 위협하는 존재가 됐다. 1895년 영국에서 발간된 책 《결혼하는 법(How to get married)》에는 이미 『여성 타이피스트와 고용주 사이의 결혼이 너무나 잦아서 농담까지 생길 정도다』라고 썼다. 같은 해 미국, 하우얼스의 소설에 나오는 라팜은 아름다운 소녀 타이피스트 제릴라 듀이(Zerrilla Dewey)를 채용한다. 그녀는 먹고 살기 위해 일해야 하는 여느 아름다운 여인들과 같이 부정직한 습관을 갖고 있었다. 가끔 남편의 사업을 도와주던 라팜 부인은, 제릴라가 사무실에 근무하고부터, 남편의 옷이 걸린 옷걸이 옆에 제릴라의 모자와 핸드백이 걸려 있는 것을 보고는 솟아나는 질투심을 억제할 수 없었다. 「남편의 사업을 돌봐주지 않은 지 얼마나 되었는데, 벌써…」라는 느낌이 들었다.

　뉴욕이나 시카고같이 급변하는 사회에서 솜씨 좋은 타이피스트들은 야심적으로 돈 많은 상사에게 접근했다. 《클리프의 거주자들》에서 코넬리아 맥나브(Cornelia McNabb)는 클리프턴 빌딩 내에서 급사에서부터 타이피스트로 성장한다. 그녀는 신문의 사회면을 검토하고는 재무담당자 브레이나드(Brainard)에게 타이핑해준다. 『그는 매일 여러 통의 편지를 그녀에게 주고, 그녀는 철자를 고쳐주고 있음을 브레이나드의 딸 애비(Abbie)가 보게 된다. 그 뒤 곧 맥나브는 브레이나드의 아들과 약혼을 한다.』

　몇몇 타이피스트들은 꿈도 꾸지 못할 세계로 오르기도 했다. 반짝거리는 눈을 지닌 미모의 16세 소녀 에반젤린 코트(Evangeline Côté)는 1909년 디트로이트 포드 자동차의 속기부서에 취직했다. 3년 뒤 그녀는 그 부서의 책임자가 되었다. 그녀는 포드의 눈을 사로잡았고, 포드는 그녀를 밤늦도록 자신의 사무실에서 일을 시켰으며 가끔 그녀를 집까지 태워다 주었다. 그녀는 포드 자동차의 간부인 존 댈린저(John Dahlinger)와 결혼했으며, 6년 뒤 아들을 하나 낳았다. 그런데 많은 사람들은 그 아이의 실제 아버지가 포드라고 믿었다. 어떤 때는 포드는 그녀에게 궁전 같은 저택과 농장 그리고 주말 별장과 보트도 사주었다.

전화기는 회사로 하여금 더 많은 여자들을 끌어들이게 했다. 그 반향은 매우 컸고, 그것은 오늘날에도 여전히 사무실 인생을 변혁시키거나 뒤집어놓고 있다. 미국에서 전화기의 보급은 신속히 진행됐다. 1876년 최초로 전화가 가설된 지 4년 후 전화가입자 수가 5만 4,000명이나 되었다. 전화기는 곧 관리자들로 하여금 공장에서 떨어져 근무할 수 있도록 했다. 어느 전화 관련 역사가는 다음과 같이 기록했다. 『전화회사의 사무실은 어느 도시의 한 구역에 위치하면서 다른 곳의 멋없는 사업과는 관계 없이 그 스스로 독특한 성격을 형성하고 있었다.』

1871년 시카고의 대화재는 구상업지구를 완전히 소멸시켜버렸다. 그리고 그 자리에 다시 들어선 새로운 마천루들은 전화벨 소리로 가득한, 이른바 세계 최대의 전화기 도시가 되어버렸다. 전화기는 모든 대규모 조직들로 하여금 한층 더 집권화하도록 했다. 휴 토머스(Hugh Thomas)는 다음과 같이 썼다. 『목소리 큰 사람이 대중연설가가 될 수 있는 것처럼 전화기도 정부의 중앙집중화에 큰 도움이 되었다.』 그리고 전화기는 기업가들이 통제할 수 있는 범위와 사업영역을 넓혀주었다. 1910년 E. H. 해리먼(E. H. Harriman : 1848~1909, 미국의 자본가, 철도왕)은 자신의 집에서 받은 전화가 100통이었는데, 그 가운데 60통화는 장거리 전화였다.

전화는 대서양을 사이에 두고 사업 스타일의 차이를 확대시켰다. 유럽의 기업들은 전화기를 사적 생활에 대한 새로운 위협으로 인식하고 이를 도입하기를 꺼렸다. 영국의 사업가들은, 심지어 증권 중개인마저도 그 시끄러운 기계를 들여놓기를 꺼렸으며 창고나 화장실에 처넣고 말았다. 〈타임스(The Times)〉지는 『책상 위에 그 새로운 기계를 설치해놓고는,

「말이 난 김에 하는 말이지만」이라는 말로 시작하는 걸려온 전화에 상인
과 은행가들은 끊임없이 시달리고 있다」라고 썼다.

1879년 아직은 유명해지기 전의 버나드 쇼는 실제로 런던에 있는 에디
슨 전화회사(The Edison Telephone Co.)에 잠깐 근무한 적이 있었는
데, 그는 일반 가정을 돌면서 지붕 위로 전화선을 가설할 수 있도록 설
득하고 다녔다. 그는 『다른 사람의 지붕 위로 매우 효율적으로 사적인
통화를 할 수 있는 것이 전화기였다는 것을 발견했다.』 쇼는 그 시절의
경험을 초기의 소설 《비합리적인 크놋(The Irrational Knot, 1880)》에 써
먹었는데, 주인공 아일랜드계 미국인 전기기사는 전화기와 타자기, 그리
고 전기가 귀족적인 여가생활을 침범하기 시작한 것을 묘사했다. 영국의
극작가들마저도 나중에 무대장치의 필수품이 된 이 전화기를 받아들이기
를 주저하고 있었다. 아우구스트 스트린베리(August Strindberg : 1849~
1912, 스웨덴의 극작가·소설가·평론가)는 1887년 《아버지(The
Father)》의 무대에 처음으로 전화기를 소품으로 장치했고, 그 후 전화기
는 자주 등장하게 되었다. 그러나 스트린드베리는 전화기를 불길한 소식
을 전해주는 좋지 않은 것의 상징으로 취급했다.

그러나 전화기의 도입이 미친 중대한 영향은 수천 명의 여인들을 사무
실로 나가게 한 것이었다. 발명가 알렉산더 그레이엄 벨(Alexander
Graham Bell : 1847~1922, 영국 스코틀랜드 태생의 미국 과학자, 전화
를 발명)의 보조수 토머스 윗슨(Thomas A. Watson)은 전화기가 가장
뛰어난 웅변가마저도 할 말을 잊게 할 수 있다는 것을 관찰했고, 훌륭한
변호사마저도 잠시 쉬더니, 다만 『각종 장비를 준비하게. 그리고 우리가
가지』라고 말하는 것을 회고한 바 있다. 그러나 여성들은 전화를 쓰는
데 한층 더 적합했고, 전화교환수로서 유능하다는 것이 증명되었다.
1878년 보스턴에는 최초의 여성교환수의 뒤를 이어 교환수가 되기를 원
하는 여성들이 줄을 이었고, 전화교환대 근무가 살롱이나 당구장보다 훨

씬 더 존경받고 보호받을 직업이라는 것을 알아차렸다. 그리고 여성교환
수는 남성교환수보다도 잘 차려 입었고 장식적이었다. 벨 캐나다(Bell
Canada)사의 사장은 우아한 여성교환수들의 거동을 보고는 「자기 할머
니가 하프를 치는 것」이 연상되어 황홀한 느낌이 들었다고 했다. 1889년
처음으로 공중전화가 가설된 도쿄에서도 전화교환업무는 가난한 중산층
가정의 딸들에게 새로운 기회를 제공했다.

20세기에 접어들 무렵 기계(타자기와 전화기 등)를 가진 여인들은 사
무실을 한층 더 근무하고 싶은 곳으로, 그리고 전문적인 업무로 만들고
있었으며, 남편과 아내에게 휴식을 제공하는 가정의 대체물로 만들고 있
었다. 쇼의《비합리적인 크놋》에 나오는 모험심 많은 여주인공 매리온
(Marion)은 『출근할 사무실이 없는 남자와는—— 그 남자가 누구든 관
계 없이—— 임신을 해서는 안 돼』라고 말한다. 1861~1911년 사이 영
국의 사무직 남성근로자들은 다섯 배 증가했다. 그러나 여성 사무원들은
500배나 늘어났다. 1911년 발간된 모스틴 버드(Mostyn Bird)의 책《직
업여성(Women at Work)》은 지난 10년 간 런던 거리의 변화를 다음과
같이 묘사했다.

아침에도, 해질무렵에도, 그리고 점심시간에도 여성들은 사무실 건물 사
이의 골목골목으로부터 남성들만큼이나 많이 쏟아져 나왔다. 아침 기차는
여성들로 가득 찼으며, 저녁 무렵 퇴근길에도 마찬가지였다. 도시는 이제
더 이상 남성들만의 영역이 아니었다. 이제 여성들의 발걸음은 확실해졌고
상업활동의 보편적인 모습이 되었다. 심지어 가장 보수적인 기관인 정부의
사무실과 은행마저도 일정 비율로 여성들을 채용했다.

사무실은 많은 소녀들로 하여금 잔소리 많은 어머니, 그리고 질식할
것 같은 가정으로부터 탈출해 현실적이고도 합리적인 분위기의 생활로

전환할 수 있는 기회를 제공했다. 그러나 한계는 있었다. 새로운 일거리는 훨씬 깨끗했고, 공장이나 가정의 일보다는 쉬운 것이었지만 타이피스트에게는 전혀 자율성이 없었다. 타이피스트의 업무는 시키는 일만 하는 심부름꾼에 한층 더 가까웠다. 버드는 다음과 같이 강조했다.

> 그녀는 고용주의 마음에 들어야 했고 농담의 대상이 되었다. … 그녀가 수행하는 어떤 일에 대한 아이디어는 전혀 중요하지 않았다. 자기가 하는 일에 대한 그녀의 개성은 가정부의 역할보다도 영향을 미칠 수 없을 만큼 미미했다. 그것은 그저 기계적인 일이었고, 기억한 대로 손가락으로 타자기의 탭을 두드리는 것뿐이었다. 속기사의 임무는 고용주의 아이디어를 주의 깊게 듣고 정확하게 빠른 속도로 속기하거나 타이프로 옮겨 적는 일이었고, 그녀의 아이디어는 존재해서는 안 되는 것이었다.

그러나 그녀는, 이미 이론적으로는, 관리자가 될 훈련을 받을 기회를 잡았다.

> 상점에 근무하는 동안 여성들은 상거래 방법을 배울 수 있었고, 회계사 무소에서 여성들은 실제로 회계장부의 기장방법을 배웠다. 그런 일은 여성들이 작은 규모의 자영업을 하거나 어느 고용주 밑에서 관리자가 되는 데 큰 도움이 되었다. 편집업무나 출판회사에서 타이프를 치는 일 또한 여성들이 저널리스트가 되거나 편집장이 되는 첫걸음이기도 했다.

사회생활에서도 여비서들은 환영을 받았다. 『여비서의 수요는 점점 더 많아졌는데, 공무원과 사업가는 가정에서나 개인 사무실에서도 그들을 필요로 했다.』 접대를 전문으로 하는 뛰어난 미모의 비서들은 사교적으로뿐만 아니라 전문적인 역할로서도 단순한 사무업무 이상의 위세를 즐겼는데, 그녀들은 수입의 상당부분을 옷차림에 지출하곤 했다. 버드에 따르면『일과가 끝난 오후, 그리고 파티의 옷차림은 눈에 띌 정도로 사치스럽지는 않지만 충분히 유행에 맞는 것이어야 했다. 그녀의 옷매무새는 주위의 분위기에 맞게, 그리고 그녀가 여비서라는 것을 누가 알아차려서는 안 되며, 또한 사교적인 여인들의 사치스런 옷매무새와 같아서도 안 되었다.』

제1차 세계대전 때까지 규모가 큰 대부분의 사무실에서 여성들은 없어서는 안 될 존재가 되었다. 1900년 미국의 〈레이디스 홈 저널(Ladies' Home Journal)〉지는 여성들로 하여금 사무실에 근무하지 말 것을 종용했다. 그러나 1916년 이 잡지는『속기업무에 적합한 여성의 자질을 자랑스럽게 여겼으며, 남에게 관심을 보이고 호감을 얻고 예의바른 행동을 하는 능력을 찬양했다.』여비서나 여성 속기사 가운데 많은 사람들은 오히려 상사보다도 더 많은 교육을 받았으며 한층 더 똑똑했다. 루이스의 소설에 나오는 렌은 똑똑하지만 성미 급한 젊은 여비서에게 글을 받아적게 했다.『그것은 그녀가 친구에게 보여주고 싶은, 잘못된 영어의 전형이었다. 그녀는 불완전한 말들을 받아적고는 빈정거리는 기분으로 다음 말을 기다리곤 했다.』그러나 대부분의 비서들은 자신의 우월감을 숨기고 상사의 일을 도와주는 데 자신들의 재주를 쏟아부었다. 유능한 비서는 「사무실의 아내」처럼 비치기도 했는데, 그녀는 상사의 가정일까지 돌보아주었고, 상사의 아내와도 경쟁하는 입장에 있기도 했다. 대부분의 여비서는 아내보다도 더 젊었고, 더 예뻤고, 그리고 더 똑똑했다. 따라서 재혼은 종종 일어나는 유행이 되었다.

초기 사무실에 근무했던 여성들의 문제를 가장 감동적으로 묘사한 것은 루이스의 세번째 소설《직업(The Job, 1916)》이었다. 여자 주인공 우나 골덴(Una Golden)은 펜실베이니아의 조그마한 마을을 떠나 속기사가 되려고 1905년 뉴욕으로 온 생기발랄한 소녀였다. 그녀는 「펌블링 학

교에서 효율적인 일처리 방법과 대기업에 관한 이론들」을 배우기 시작했
다. 그녀는 자동차와 석유에 관한 잡지회사에 취직한 후 「사무실 인생의
드라마와 로맨스」를 처음으로 맛보았다.

책상과 타자기, 파일박스와 보험회사의 달력, 전화기, 그리고 꿈이란 어
리석은 것이라고 믿고 있는 대머리 남자로 구성된, 가장 멋진 모습의 세상
이었다. 여기는 지평선을 가로지르는 돛단배도 없으며, 잠옷차림으로 하녀
를 겁탈하는 철면피도 없다. 여기는 떠들썩한 카우보이도 없으며 유럽전쟁
(European War)의 영웅도 없다. 2A 연필과 2B 연필의 차이가 적어도 런던
과 티벳의 차이만큼이나 크다는 것을 배우지 않고는 사무실에 근무하는 사
람들의 위기를 알 수 없는 그런 세상이다. 정상적인 자제심을 갖춘 여직원
이 타자기 대신 현금계산기를 사용하게 되었기 때문에 일 주일 내내 불안해
하는 것을 이해하지 않고는 사무실의 세계를 알 수 없다. 음료수 냉각기를
사무실에서부터 바깥 포장실로 옮기는 것은 복사를 담당하는——아마도
딸각거리는 타자기 외에는 사람이라고는 볼 수 없는——사람에게는 하나
의 중요한 사건이 될 수도 있다. 그에게는 집도, 가정도, 그리고 사랑도 없
는 것 같았다. 그런 그에게 목이 V자로 파진 블라우스를 입은 새로운 여인
이 들어오면서 갑자기 자존심과 인!생의 경이로움, 그리고 변화가 일어나는
드라마가 멋있게 전개된다.

이런저런 사랑에 빠졌던 골덴은 사무실의 걸리적거리는 모든 것들——
출퇴근 관리 시계, 시간관리자, 여성 경쟁자들——을 극복하고, 가정생
활이 그리워 술이 센 세일즈맨과 결혼하게 된다. 남편은 곧 일자리를 잃
고 여자의 수입에 의존해서 산다는 것에 분개하게 된다. 『한 번 직장생
활을 한 적이 있는 여자는 가정생활에 적합지 않단 말이야. 당신은 너무
잘나서 남자를 도와주지 못한단 말이지.』 그녀는 남편을 떠나 직장으로

되돌아와서는 유능한 여비서가 된다. 2년 간의 결혼생활을 청산한 후 「사무실 세계가 가장 큰 존엄성」을 제공하는 곳임을 알았다. 그녀는 사무실이 주관하는 크리스마스 파티를 즐기면서, 온세상을 돌아다니는 세일즈 우먼으로부터 세상이야기를 듣는다. 그녀는 부동산 판매인으로 변신하고는 판매관리자로 승진하고 드디어 몇 개의 호텔을 운영하게 된다. 그녀는 사무실 세계에서 만난 첫번째 애인을 다시 만나고 그로부터 청혼을 받는다. 그러나 그녀는 사무실 인생과 가정생활 모두에 애착을 느낀다. 『나는 일을 계속할 거예요. 사무실 세계에 돌아온 이상 끝까지 할 거예요. 내가 부리는 종업원들에게 많은 시간을 줄 거예요』 하고 비즈니스 우먼은 고민했다.

사무실에서 일하게 된 모든 여성들은 자신들의 남성적인 가치를 먼저 받아들여야만 했고, 가정에서처럼 여성적인 면모는 버려야만 했다. 20세기 초 헨리 애덤스는 새로운 사무실 인생의 치열한 측면을 관찰하고는, 미국의 여자들이 여자들만의 사회를 만드는 데 실패하는 것을 보고 슬퍼했고, 또한 미국의 남자가 새로운 기계에 의해 자신들의 위치가 점점 더 공고해지면서, 여성의 가치를 발견하지 못하는 것을 보고 슬퍼했다. 『그는 자신의 기계와 한 여자를 모두 관리할 수 없었다. 그는 여자를 놓아주어야만 했다. 그것이 그의 아내라 하더라도 마찬가지로 그녀가 갈 길을 찾도록 말이다. 그리고 모든 세상이 그녀가 남자를 흉내내어 자신의 길을 가기 위해 노력하는 것을 보아야만 했다』라고 썼다.

유럽의 관료들

유럽인들은 귀족적·군사적 전통, 그리고 한층 더 안정된 공동체 때문에 새로운 사업가의 가치와 행동양식을 미국인들만큼 받아들일 준비가 돼 있지 않았다. 초기 사회의 기관들—— 시골의 장원, 군부대 또는 수도원 등—— 은 사라지기 시작했으나, 옛날 방식은 교묘히 위장되어 회사의 본사에서 다시 생겨났다. 독일 군대의 계급은 주식회사의 계층구조로 이식되었고, 나폴레옹 시절 그랑제콜(grandes écoles)의 관료들은 철도와 전기회사에도 적용되었다. 그리고 영국의 시골 장원의 생활방식은 새로운 회사건물에 재현되었는데, 새로운 회사건물은 시골귀족의 저택을 연상케 했다. 높은 입구는 사무실의 전면이 되었고, 큰 복도는 임원실로 가는 길이었으며, 문지기는 운전사가 되었다. 그런 한편 중산층의 가정부, 유모, 가정교사, 하녀와 청소부는 사무실의 관리자, 인사관리담당자, 개인적인 비서 또는 접대부로 변신했다.

그 때까지도 소설가들은 사무실 인생을 여전히 영혼이 없는 비인간적인 또는 단지 어리석은 것으로 묘사하고 있었으나, 중산층 사람들의 대부분은 사무실 인생을 가장 정상적인 삶의 방법으로 받아들였다. 1세기 전에는 농장이나 교회 또는 시골의 다락방이 자연스러웠던 것과 같이, 사무실을 활동의 중심으로 받아들였다. 그리고 가정 그 자체가 공동체의 중심으로서 갖고 있던 역할을 사무실에 넘겨주기 시작했다. 독일의 사업가 발터 라테나우(Walter Rathenau : 1867~1922, 독일의 사업가·정치가)는 제1차 세계대전 전에 일어났던 변화들을 회고하면서 『가게와 사무실이 어떻게 가정과 분리되어가는지, 그리고 근로시간이 길어지고, 사업가·종업원·학자 등등이 하루종일 자신의 주거지로부터 떨어져 일하는 모습, 즉 가정으로 구성되었던 공동체가 해체되는 과정』을 기록했다.

그러나 유럽의 여러 도시에서 성장한 거대규모의 기업조직에는 교회나 군대와 같은 곳에서 볼 수 있는 초기의 계층조직보다 훨씬 더 비인간적이고 이해할 수 없는 것이 많았다. 프랑스식 익명회사(sociétés anonymes)의 규정과 제도는 피라미드 구조의 아래위에 걸쳐 널려 있었고, 어느 한 사람이 분명하게 책임지는 것은 없었다. 그런 규정과 제도들은 프라하의 예리한 젊은 보험사무원이 가장 잘 묘사한 것과 같은, 몸서리치는 박해의 악몽을 창조할 수도 있었다. 프란츠 카프카(Franz Kafka : 1883~1924, 오스트리아의 작가)의 소설들은 세련되고도 상징적인 언어를 사용해 개인적으로 느끼는 괴로운 심정을 기록하고 있다. 그러나 그의 우아한 필치의 편지들은 사무실 인생의 질곡을 가장 잘 표현하고 있었다.

1907년 프라하에서 카프카는 그를 최초로 고용해준 이탈리아 보험회사 아시쿠라치오니 제네랄리(Assicurazioni Generali)——이 회사는 1831년 트리에스테(Trieste)에서 창설된 것으로 유럽 전역에 걸쳐 사업을 하고 있었다——에 입사했고, 이 회사는 아직도 운영되고 있다. 카프카는 웬체슬라스 광장(Wenceslas Square)에 위치한 묵직한 정문, 조각, 그리고 천장에는 지구의가 달린 숨막히는 사무실에서 근무했다. 그는 보험업무를 양심적으로, 그러나 별 재미는 느끼지 못하면서 처리했고, 토요일을 포함해 하루 8~9시간 가량 일했다. 『내가 일찍이 겪은 고통들이 발로 걸어갔다고 한다면, 지금의 고통들은 교묘하게 손으로 걸어간다고나 해야 할는지.』

기분 나쁘게 끈적거리며 흐르는 시간만큼이나 일에 대해 불평하려는 것은 아니다. 사실은 사무실의 근무시간을 쪼개어 쓸 수 없다는 것이다. 심지어 마지막 30분을 남겨두고도 지나간 8시간 동안의 압력이 처음과 마찬가지로 느껴졌다. 그것은 마치 밤새껏 달리는 기차여행과 같았다. 드디어 기진맥진해진 나머지 기관사의 노고에 대해서나 지나간 풍경, 즉 언덕과 평원에 대한 느낌도 없다. 다만, 언제나 손목에 차고 있던 당신의 시계 위로 지나간 모든 것에 대해 불평을 한다.

9개월 후 카프카는 보헤미아 왕국(Kingdom of Bohemia)의 근로자 산재보험기구로 전근했다. 그것은 프라하에 있는 거대한 건물 안에 있었는데, 정문에는 엄청난 수염을 기른 수위가 보험금을 타러 온 근로자들을 겁주고 있었다. 카프카는 어느 보험부서를 맡았고, 자동차 보험에 관한 보고서를 쓰고, 보험청구인에게 반론을 제기했다. 카프카의 상사는 다음과 같이 보고한 적이 있다. 『카프카는 모든 서류에 대해 매우 정열적으로 꼼꼼하게 정리하고 있다.』 그리고 카프카가 없다면 그 부서는 쓰러질 지경이라고 말했다.

그러나 카프카는 그 사무실을 마치 장례 예식장 같다고 생각했다. 그는 자기가 앉은 책상에서부터 각종 상자와 서류들이 움직이는 복도를 통해 시체를 보았다. 카프카는 여자친구 펠리스(Felice)에게 『그것이 지나갈 때마다, 그것은 나에게 꼭 맞는 것이고 나를 기다리고 있는 것이라고 생각했다.』 몇 년 후 카프카는 힘겨운 사무실 근무에서 물러나 건강을 회복하기 위해 하루 2시간씩 정원이 있는 상점에서 일했다. 그는 펠리스에게 이렇게 말했다. 『단 하나의 진정한 지옥은 바로 사무실 그 안에 있지. 다른 어떤 것도 겁나지 않아.』 14년 뒤 카프카는 사무실에서 영구적으로 떠났다. 사무실 청소원은 『그는 쥐처럼 조용히 들어왔다가 도로 나갔다』라고 했다. 어느 동료가 카프카의 책상 위에 있는 잡동사니들을 치웠는데, 그 곳에는 연필 두 자루와 펜이 꽂혀 있는 가느다란 유리병, 푸른색과 금색이 혼합된 찻잔, 우유를 마신 컵만 남아 있었다. 그러나 그 후 카프카의 개인적인 상상력은 세계적인 주목을 받았고, 강력한 힘으로 개인을 짓누르는 익명의 관료주의에 대한 공포를 묘사했다.

제 5 장

경영자와 기업 폭군

이 세상은 세상을 구원하겠다는 어떤 보편적인 제안에 대해서도
받아들일 준비가 되어 있지 않았으나, 이제는 분명히 아무런 거부감도 없이
과학과 기술이라는 종교를 감싸안을 준비를 하고 있다.
— 데이비드 랜드스(David Landes, 《족쇄 풀린 프로메테우스(The Unbound
Prometheus)》, 1969)—

　20세기 초 새롭게 등장하는 기업들은 그 때까지 법률적 불확실성 때문에 실체가 명확지 않았다. 실질적인 창업주나 소유주들은 기업경영권을 과학적인 경영 시스템을 확립한 회사인간에게 넘겨주었다. 왜냐하면 이론적인 소유주인 수천 명의 소액 주주들은 경영에 개입할 힘이 없었기 때문이다. 그러나 어떤 기업이 크면 클수록, 그 기업은 한층 더 결정적인 지도력을 필요로 했으며, 의사결정은 끊임없이 상위계층으로 올라가 최고위층에 도달되었다. 그리고 회사인간은 미국에서도 유럽에서도 모두 통제할 수 없는 폭군들로부터 시달렸다.

　제1차 세계대전 후 기업인들은 사회의 한 기능으로서 스스로 그 영향력을 확대했다. 어느 곳보다도 미국이 그러했다. 1916년 싱클레어 루이스가 묘사했듯이 『기업인들은 이제 상류계층이 자신들로 하여금 빵과 자동차, 그리고 책들을 만들고 판매할 수 있도록 해준 데 대해 더 이상 고마워하지 않는다. 더 이상 교회에 가서 자신의 착취적 행동에 대해 용서를 빌지도 않는다. 사업은 인정을 받고 있다── 그리고 스스로 그것을 인정하고 있다── 세계의 지배자로서 말이다.』

미국의 기업인들은 그들만의 사회적 연결망을 형성했으며, 각 도시에 지회가 있는 클럽을 만들어 매주 점심을 같이하곤 했다. 예를 들면 1905년 창설된 로터리 클럽(Rotary Club)은 1930년경에는 회원이 15만 명이나 되었다. 회사들은 차츰 교회를 대신하여 사회의 가장 중요한 연결망이 되어갔다. 역사가 프레더릭 앨런(Frederick Allen, 1890~1954, 미국의 언론인)은 1920년대를 회고하면서 『사업은 그 자체가 하나의 새로운 숭배대상으로 간주되었다』라고 기록했다. 『한때는 기업이 다른 지식직업에 비해 존엄성이 떨어지고 그다지 좋지 않은 것으로 취급되었으나, 지금은 사무원을 「좋은 비즈니스맨」이라 부르면서 높이 평가해주고 있다.』

매우 성공한 세일즈맨들은 성경을 마치 자신들의 교과서인 양, 그리고 예수를 선구자로 간주했다. 뉴욕을 창건한 프레드 F. 프렌치(Fred F. French)는 자신의 슬로건을 다음과 같이 써붙였다. 『두드려라. 그러면 너에게 열리리라──「역사상 가장 위대한 인간문제 전문가로부터.」』메트로폴리탄 재해보험회사(Metropolitan Casualty Insurance Co.)는 『모세는 역사상 가장 위대한 세일즈맨이자 부동산 개발업자 가운데 한 사람이다』라고 설명했다. 광고회사 BBDO의 공동창업자 브루스 바턴(Bruce Barton)은 예수에 관한 책 《아무도 모르는 사람(The Man Nobody Knows)》에서, 예수가 어떻게 「사회의 가장 낮은 계층에서 12사람을 뽑아 그들을 훈련시키고, 세계를 정복한 조직을 만들었는가」에 대해 기술했다.

유럽의 지식인들은 새로운 종류의 기업인들을 경탄스럽게 관찰했다. 길버트 카이스 체스터턴(역주 Gilbert Keith Chesterton : 1874~1938, 영국의 가톨릭 문필가 · 평론가 · 소설가 · 시인 · 저널리스트, 기발한 착상과 역설적인 필법으로 유명)은 1922년 미국을 방문한 후 다음과 같이 기록했다.

『그들은 근엄한 황색 인디안들이 평화의 담뱃대를 돌려가며 피우듯이 여럿이 둘러앉았다. 그러나 사실 그들은 대부분 권연을 피웠고 일부는 씹는 담배를 물고 있었다. … 거칠고 강한 얼굴을 한 그들은 안경을 끼고 면도를 했으며, 서로 닮아보이는 것이 재미있었다. 왜냐하면 그들은 자신들의 얼굴이 굳세게 보이는 것을 좋아하기 때문이다.』

한층 더 실무적인 일을 맡은 기업의 관리자들은 점점 더 전문화되어갔고 강도 높은 훈련을 받았다. 대학에서는 경영학 과정을 신설했고, 광고·마케팅·속기 등을 포함한 상업교육 과목에 학점과 학위를 부여했다. 경영대학은 번창했고 산업조직에 대한 과목도 개설되었다. 1881년 워튼 스쿨(Wharton School)에 이어 1908년 하버드 경영대학(Harvard Business School) 등이 선구자가 된 이래 많은 대학들이 그 뒤를 따랐다. 경영컨설턴트라는 새로운 직업이 기술자들로부터 개발되었다. 1921년 컨설팅회사 데이 & 짐머먼(Day & Zimmerman)이 GM의 내부조직 개편에 대해 조언을 해주었다. 4년 후 데이 & 짐머먼의 동업자였던 제임스 O. 매킨지(James O. Mckinsey)는 스스로 경영컨설팅회사를 차렸는데, 현재 세계 최고로 유명한 컨설팅회사가 되었다.

1920년대 7년 간의 호경기 동안 경제의 속도를 결정하고 그 전례 없었던 번영을 제공한 사람으로서의 영광을 누린 것은 기업가와 금융가들이었다. 그러나 1929년의 대공황은 그들을 뒷받침해주었던 투자를 감소시켰다. 또한 사람들은 그들의 거래를 신용하지 않았으며, 생산은 감소되었고, 사람들은 직업을 잃었다. 1930년대의 대공황은 경영자들에게 한층 더 큰 시련을 안겨주었다. 경영자들은 살아남기 위해 새로운 시장과 상품을 개발해야만 했다. 그런 한편 항공기, 라디오, 그리고 전화기 등과 같은 새로운 산업에서는 새로운 통신수단을 개척할 숙련된 기술자들을 필요로 하고 있었다.

대공황으로 인해 수많은 경영자들과 기술자들은 자신들을 성장시켜준 정치적·경제적 시스템에 대해 등을 돌리게 됐고, 그들이 주역이 될 수 있는 다른 대안을 물색해야 했다. 1921년 이미 소스타인 베블런은, 기술자들이 고용주들에게 반기를 들 것이며,『대규모의 부재 소유주(absentee ownership)들이 기득권의 소유를 허용하지 않을 것이며, 산업 시스템을 해체할 것이다』라고 예언했다. 베블런의 사상은, 생산성의 증가는 영구적으로 고용감소를 야기할 것이라고 주장한 전기기사 하워드 스콧(Howard Scott)에게 이어졌는데, 그는『산업사회는 그것을 부수기 위해 그들의 주인을 배반했다』라고 주장했다. 스콧은, 전문가들이 지배하는 기술가정치(technocracy)의 창설을 원했고, 금을 본위로 하는 화폐 대신 에너지를 본위로 하는 에르그와 줄(ergs and joules)이라고 불리는 화폐를 만들고 싶어했다. 대공황은 갑자기 스콧의 기술가정치로 관심이 모이도록 했다. 잠시 동안이긴 했지만 스콧이 주최하는 집회에 수많은 청중들이 모여들었다. 그러나 진지한 정치적 계획이 결여되었기 때문에 스콧의 주장은 곧 사그라졌다. 그러나 대공황시절의 과잉생산능력과 저생산량은 많은 기업가들로 하여금 중앙집중식 경제계획의 필요성을 받아들이게 했고, 그들의 시장을 보호하고 안정시키기 위해 담합과 카르텔을 고려하도록 부추겼다.

카르텔과 계획생산에 대한 추세는 최고위층의 독재자들을 고무시켰다. 한편 실업에 대한 불안은 회사인간들로 하여금 한층 더 독재자들에게 의존하도록 했으며, 어떤 종류의 일이라도 할 수만 있다면 그것을 고마워했다. 우리가 관찰했던 세 가지 산업 모두——석유, 자동차, 그리고 사무기기——선두 회사에서는 단일 지도자가 지배하기 시작했다.

스탠더드 오일 : 지배와 배반

스탠더드 오일 오브 뉴저지는, 비록 록펠러 가문이 더 이상 지배하지 않고 있었지만, 여전히 일종의 영지(領地)처럼 운영되고 있었다. 1917년 이 회사는 새로운 회장으로 월터 티글(Walter Teagle)을 임명했는데, 그의 아버지는 록펠러에게 사업을 넘기기 전까지 록펠러와 경쟁을 벌였던 전통적인 석유사업가였다. 티글은 소유주인 사업 1세대와 그 후 등장한 전문경영자 사이에 다리를 놓았다. 비록 그 자신은 족벌주의의 산물이었지만, 중역들로 하여금 친인척을 회사에 들여놓지 못하게 했으며 다른 회사에 추천하도록 했다. 그는 1929년『중역의 가장 중요한 임무는 유능한 경영의 계속성을 유지하는 데 있다』라고 말했다. 『자신의 후계자를 훈련시키기 전까지는 어떤 중역도 자신의 임무를 완수하지 못한 것이다.』그러나 역설적으로 티글은 후계자에 대한 생각을 그렇게 많이 하지 않으면서 회사를 경영했다. 그는 반복해서 회사를 재조직했고, 권한을 전문가들에게 위양했으며, 또한 자신의 개인적인 세력을 유지하면서 회사를 별도의 사업부로 쪼갰다── 이 회사는 사업부제도를 도입한 최초의 회사 가운데 하나다. 포드와 마찬가지로 회사의 조직도와 업무편람 등을 없애버렸고, 법률가들을 이사회에서 제외시켰으며, 주요한 의사결정은 위원회가 다루지 못하도록 주의시켰다. 그는 석유관련 업무를 하면서 그대로 승진하여 올라온 회사의 고참직원들과는 거리를 두었다. 그는 연 3개월 간의 휴가를 즐겼고 사냥과 낚시를 하면서 자신의 별장에서 지시사항을 내보냈다. 그는 사설 탐정 제임스 플래내건(James Flanagan)을 고용했으며, 프랭클린 루스벨트 미국 대통령과도 교분을 맺었다. 그는 석유의 과대생산과 가격경쟁을 막고 세계의 석유시장을 지배할 계획을 세우기 위해 세계무대의 경쟁자들── 디터딩(Deterding), 굴벤키안(Gulbenkian), 그리고 캐드먼(Cadman)── 과 만났을 때, 그의 부하들을 신뢰하지 않았다.

그러나 티글은 정치적 감각이 부족했다. 히틀러가 권력을 잡은 뒤에도, 티글은 스탠더드 오일에게 항공연료에 관해 귀중한 특허를 제공해준 독일의 화학 카르텔인 IG 파르벤(I. G. Farben)사와 비밀거래를 확대했다. 즉 특허를 사용하는 대가로 나치가 전쟁을 수행하는 데 결정적으로 필요한 합성고무에 관한 특허를 넘겨주었고, 스탠더드 오일의 과학자들은 나치가 유럽을 침공한 뒤에도 값진 정보를 계속 제공했다. 이듬해 워싱턴 당국의 반독점금지법 위원장인 서먼 아널드(Thurman Arnold)는 스탠더드 오일을 담합행위로 고소했고 티글을 격렬하게 비난했다. 티글은 당황하여 루스벨트에게 진정했으나 헛수고였다. 그 후 곧 상원의원 해리 S. 트루먼(Harry S. Truman : 1884~1972, 미국의 제33대 대통령)이 공격의 칼을 잡고는 스탠더드 오일을 반역자로 고소했다. 기소 내용은 강력하게 표현되었다. 아널드는 다음과 같이 썼다. 『이 사람들은, 전쟁은 일시적인 것으로, 그리고 사업은 영원한 것인 양 취급하려는 것이다.』 그러나 티글은 그것으로 끝이었다. 그는 사직한 후 1942년 죽을 때까지 신경과민으로 넋나간 사람처럼 살았다. 스탠더드 오일의 이사회는 추후 독재자는 피하기로 결정했다.

제너럴 모터스 : 집중화된 분권화

조직과 관련되어 가장 큰 어려움에 직면했던 것은 자동차 산업이었다. 자동차 산업은 GM의 형성과정을 통해 다른 모든 산업에 전문경영체제의 모델을 제공했다. GM은 1801년 델리웨어에서 총포화약회사를 설립하여 19세기 내내 뒤퐁(duPont) 가문에 의해 운영되던 오래 된 화학회사의 영향을 받았다. 뒤퐁 가문이 운영하는 화학회사는 플라스틱을 포함하여 다른 여러 제품군으로 사업영역을 확장했고, 전문경영체제와 잘 조직된 사업부제도를 도입했었다. 뒤퐁 가문은 딸들을 최고경영층 가문과 결혼시킴으로써 가문의 영향력을 부분적으로 유지했다. 제1차 세계대전 후 피에르 뒤퐁(Pierre duPont) 회장은 그 당시 곤경에 처해 있던 GM을 인수함으로써 자동차 산업에 뛰어들 기회를 맞았다.

GM은 뛰어난 능력의 독신주의자 윌리엄 듀란트(역주 William Durant : 1861~1947, GM의 창업자)와 동업했는데, 1920년의 불경기로 GM은 빚 더미에 올라앉았고 팔리지 않은 차들은 재고로 쌓였다. 그 결과 듀란트 는 경영권을 내놓아야만 했다. 뒤퐁은 주식의 36%를 사들이고는 회사의 재조직 임무를 경영의 대가 알프레드 P. 슬론(Alfred P. Sloan)에게 위임 했다. 슬론에게 기회를 준 것은 고객에게 선택의 기회를 주는 것을 거부 한 포드의 고집 센 전횡 때문이었다. 슬론은 자동차 산업의 초기 시대에 성장했다. 그는 포드와 같은 발명가적 기질은 없었고, 자동차를 갖고 싶 어하는 소비자적인 기질을 지니고 있었다. 『나는 자동차를 원했지만 살 여유가 없었다』라고 회고한 적이 있는 슬론은 MIT를 졸업하고 전기기술 자가 되었으나 고객의 중요성은 잊은 적이 없었다. 그는 다음과 같이 말 했다. 『자동차 제조업자가 경직되면, 그 회사가 얼마나 크든 간에, 그리 고 아무리 잘 조직되어 있다 하더라도 시장에서 혹독한 벌을 받게 된 다.』

슬론은 포드와는 정반대의 정책, 즉「모든 사람의 지갑과 목적에 맞는 자동차」라는 정책을 썼다. 그는 다섯 개의 별도 사업부를 만들어 가격대 별로 자동차를 만들게 했고, 포드 자동차가 하고 있는 것과는 거의 정반 대의 경영 시스템을 고안했다. 분권화, 즉 엄격히 규정되고 스스로 운영 되는 시스템을 도입했다. GM의 장기적 번영에 대해 슬론은「정신력과 실질적인 분권경영 덕분」이라고 밝혔다. 그리고 그는 순수한 집중화와 순수한 분권화 사이의 행복한 조정자가 되길 원했다.

그러나 그는 여전히 강력한 중심점을 요구했다. 그는 듀란트가 만든 소규모의 본부를 규모가 큰 본부로 만들고는 강력한 일선 경영층에게 수 많은 회계사들과 자문역들을 관리하게 했다. 또한 뒤퐁은 회장으로, 그 리고 슬론은 사장으로서 10명으로 구성된 경영위원회가 본부를 운영했다. 위원회는 장기 경영계획과 자원배분 등에 몰두했고 일상적인 경영관리 활동은 일선관리자와 재무부문에 맡겼다. GM의 이런 방식은 기본적으로 19세기 초 프러시아 군대 조직으로 거슬러 올라가는데, 프러시아 군대는 종합 참모본부의 권한을 일선사령관에게 위임했었다. 그러나 GM의 구조는 훨씬 더 복잡했다. 슬론은 3개 사업부 사이의 치열한 경쟁을 해결하기 위해「다기능 사업부」를 만들어 위원회 사이에 네트워크를 형성했다. 미국뿐만 아니라 유럽의 수많은 대기업들은 40여 년 동안 GM의 경영체제를 모방했다. 그리고 GM은 팀워크와 협상능력이 있는 위원회 방식에 적합한 회사인간을 처음으로 만들어냈다.

슬론은 23년 간 최고경영자의 자리를 지켰고, GM이 포드를 제치고 세계 최대 자동차 메이커가 됨으로써 전문경영자들의 영웅이 되었다. GM은 미국의 능률성과 번영의 최고 상징이 되었다. 그리고 민주당이든 공화당이든 간에, 모든 정치인들이 존경해 마지않았다. 1928년 대통령 선거 때 GM의 재무위원회 최고경영자 존 J. 라스코브(John J. Raskob)는 민주당 선거위원회 의장이었는데, 민주당의 본부를 뉴욕에 있는 GM 본사 —— 가장 이상적이고도 확실한 주소 —— 로 옮겨 유권자들에게 확신을 심어주었다.

GM의 경영체제에 대한 취약성이 분명히 나타난 것은 50년이 지난 뒤의 일이었다. GM의 경영구조는 유기적 성장에는 맞지 않는 기계적 구조의 전형이었다. 슬론이 말한 것처럼『그것은 목적을 위한 조직이었으며, 개인적·주관적 판단에 빠져들어 혼란을 겪게 되는 것과는 구분되었다.』그는 다음과 같이 경고했다. 『그것은 순전히 직관적인 경영자들에게는 적합지 않은 조직이다. 그러나 그것은 유능하고 합리적인 사람들에게는 효과적인 환경을 제공한다.』그러나 슬론 자신의 의사결정방식, 그리고 직원 채용방식은 종종 직관적이었다. 뿐만 아니라 그는 자신이 개인적인 권력을 휘두르고 있다는 것을 잘 알고 있었다. 『분권화하든 안하든 간에, 제조기업이 사회에서 가장 부드러운 형태의 조직은 아니다. 나는 최고경영자의 관리적 권한을 축소한 적이 없다.』 슬론과 같이 최고경영자가 정말로 천재적인 한 GM과 같은 시스템은 굴러가게 마련이다. 그러나 강력한 리더십 없이는 GM과 같은 조직은 평범한 것이 되고, 몰개성은 무책임으로 전락할 뿐만 아니라, 그것은 시장에서 매서운 벌을 받게 될 —— 슬론이 경고한 대로 —— 경직적 조직이 되어버리고 만다.

IBM : 생각하라(THINK)의 한계

토머스 윗슨은 갓 시작한 IBM을 훨씬 헌신적인 회사인간들로 구성된 그리고 한층 더 가부장적이고도 의존적인 회사로 만들었다. 피터 드러커가 묘사한 것과 같이 『윗슨은 1930년대에 탈 산업사회(post-industrial society)의 사회조직과 공장공동체를 만들었다.』 윗슨은 뉴욕 주의 작은 마을 엔디콧(Endicott)에서 규율이 매우 잘 잡힌 판매원과 관리자들을 훈련시켜 거의 독점에 가까웠던 그의 펀치카드 사업을 확장했고, 현대적인 공장마을을 창조했다.

엔디콧은 산업민주주의를 신봉하는 이상주의자인 조지 존슨(George Johnson)이 소유하는 구두공장 덕분에 이미 유명한 곳이었다. 존슨은 근로자들과 가까이 살았으며, 근로자들의 개인적인 문제에도 관심을 보였다. 그는 2만 5,000명의 종업원들을 고용하고 소속감과 목적의식을 심어주고자 했다. 그의 회사 엔디콧 존슨(Endicott-Johnson : EJ)은 처참한 동유럽 사람들을 고용하여 유명해졌는데, 엘리스 섬(역주 Ellis Island : 뉴욕 항 입구에 자유의 여신상이 있는 작은 섬으로 이민 오는 유럽인들이 최초로 내리게 되는 섬)에 도착한 그들이 할 수 있는 영어(전해지는 얘기로)라고는 오직 『EJ는 어느 쪽?』뿐이었다고 한다. 엔디콧을 방문하는 사람

은 지금도 존슨이 누린 평판의 증거를 볼 수 있는데, 메인 스트리트에
「스퀘어 딜 타운(Square Deal Town)으로 가는 입구 : EJ 종업원들이 건
립함」이라고 쓴 두 개의 아치가 그를 기념하고 있다. 윗슨은 존슨의 가
부장주의를 배웠지만 훨씬 더 청교도적 도덕적 규범을 강요했다. IBM의
관리자들과 판매원들은 검정색 정장과 흰색 와이셔츠를 입었고, 술을 마
시지 않았으며, 「생각하라(THINK)」라는 푯말을 책상 위에 놓아두었
다. 구두공장과 IBM은 극단적으로 대조적이었다. 그 고장에서 자란 소
설가 로버트 매닝(Robert Manning)은 다음과 같이 썼다.

> 유유상종이랄까. 길거리는 마치 벽을 갈라놓은 것 같았다. 매근무일의
> 퇴근시간이 되면 구두회사의 종업원들은 검정색 셔츠에다 회사마크가 새겨
> 진 스웨터 또는 유니폼을 입고는 사투리를 지껄이며 자기 회사 쪽의 인도로
> 떼지어 걸어갔다. 그들은 가까운 곳에서 볼링을 치거나 집으로 곧장 들어
> 가기 전에 선술집에서 한 잔 하곤 했다. 그들이 거리를 활보하다 보면 부득
> 이 건너편 길에 점잖은 정장에 넥타이를 매고 또는 멋있게 맞춰 입은 흰 셔
> 츠의 IBM 종업원들을 쳐다보게 되는데, 그 때는 합창이라도 하듯이 『자네
> 들이 생각(thinking)하고 있는 동안, 우리들은 마시고(drinking) 있지!』라
> 고 했다.

「생각하라」라는 슬로건은 우월적이고 과학적인 IBM 종업원의 기질을
강조하는 것이었다. 그러나 이는 회사에 전적으로 충성해야 한다는 것과
는 당연히 모순이었다. 윗슨은 종업원들에게 『충성심은 무엇을 해야 가
장 좋은 것인지를 매일매일 결정하는 데 드는 수고와 피곤을 경감케 해
준다』라고 했다. IBM의 종업원들은 충성스런 회사인간의 표본이 되었
고, 나중에 일본 회사들이 사가(社歌)를 부르면서 하는 것처럼 윗슨을
찬양하는 노래 속에 영구화되었다.

우리들은 여기에서 선구자를 축하하네,

그리고 자랑스럽게 축배를 들지.

「인간들 중의 인간」으로서 우리의 친구이자 지도하는 손.

그 이름 T. J. 윗슨은 아무도 막을 수 없는 용기를 뜻하지.

우리는 여기에서 「IBM」을 위해 축배 드는 것을 명예롭게 느끼지.

윗슨의 아들은 그 후 IBM을 이어받게 되지만, 아버지의 극단적 가부장주의를 보고는 당황해했다. 특히 IBM의 교향악단을 맡았을 때 그러했다. 그러나 그는 아무 반응을 보이지 않았다. 나중에 그는 다음과 같이 회고했다.

잡지의 만화가들은 IBM의 여러 가지 에피소드들을 우스갯거리로 삼았다. 그리고 IBM에 대한 비판자들은 그것들을 바보스럽게 취급했다. 『저런 원맨쇼 회사에서 누가 진정으로 「생각하라」를 제대로 따를 수 있을까?』하고 말이다. 그러나 IBM 내부의 모든 사람에게 그것이 주는 의미는 수정같이 분명했다. 머리만 쓰면 당신은 더 많은 기계를 팔고 더 빨리 성장할 수 있다는 것 말이다.

나는 신입사원들이 회사의 사훈을 자발적으로 받아들이는 것을 보고 놀라곤 했다. 내가 할 수 있는 말이라고는 아무도 슬로건이나 사가를 농담의 대상으로 삼지 않았다는 것이다. 그 때는 시절이 달랐다. 내 생각으로는 1937년에 진지하게 행동한다는 것은 오늘날과 같이 코웃음칠 일로 보이지는 않았던 것 같다. 물론 1930년대에 직업을 갖는다는 일은 아주 어려웠으므로, 사람들은 웬만한 것은 참았을 것이다.

윗슨은 판매의 대가였는데, 그는 자신의 경험을 통해 종업원들이 강한 동기부여와 보상을 필요로 한다는 것을 알고 있었다. 1939년 윗슨은 드러커를 만난 자리에서 『나는 IBM의 종업원들이 자신의 부인과 아이들로부터 존경받기를 원한다』라고 말했다. 그는 근면과 규율이라는 복음주의적 열정을 불어넣었다. 『매시간, 매분을 활용하는 사람은 매분마다 점점 더 성장하고, 좋은 사람이 된다.』 그는 판매원들에게 엄격한 목표를 제시했고 그것을 달성한 사람에게는 「100% 클럽」에서 축하를 해주었다. 축하연은 격려연설과 칭찬, 그리고 극진한 대접으로 이루어졌다. IBM의 기발한 행동은 1940년 뉴욕세계박람회의 「IBM의 날」에 내보이기 위해 1만 명의 종업원을 특별히 훈련시켰을 때 그 절정에 달했다. 윗슨 자신도 충분히 보상을 받았는데, IBM은 대공황 시절에도 이익을 냈었다. 1930년대 루스벨트 대통령의 뉴딜 정책은 정부로 하여금 새로운 사회보장제도를 수행하기 위해 필요한 많은 사무기계를 발주토록 했으므로, 연방정부는 IBM의 최대 고객이 되었다. 1934년이 되자 윗슨의 소득(주식배당을 포함해)은 미국에서 가장 많았으며, 윌 로저스(Will Rogers : 1879~1935, 미국의 배우 · 유머 작가)나 자넷 게이너(Janet Gaynor)와 같은 최고급 연예인 또는 슬론을 포함한 어떤 사업가보다도 소득이 높았다.

윗슨은 자신의 현대적 회사인간을 갈고 닦는 데 화려하게 성공했다. IBM의 종업원들은 확대되는 기술을 터득했고, 그것을 헌신적으로 팔았고, 그 결과 종신고용으로 보상받았다. 그러나 IBM 마을의 가부장주의는 윗슨의 독재 그리고 회사인간의 의존심과 통일성에 기초했으므로 IBM 자신이 확산시키기 위해 힘썼던 기술과는 끝내 보조를 맞출 수 없었다.

레버 : 위협을 통한 지배

영국은 가부장주의와 회사에 대한 충성의 전통을 물려받았었다. 그것은, 한편으로는 대규모 토지소유 또는 동인도회사와 같은 인가된 기

업들로부터, 또 다른 한편으로는 마음씨 좋은 기업주들로부터 유래한
다. 웨지우드(Wedgwoods), 캐드베리(Cadburys), 그리고 라운트리
(Rowntrees) 같은 가문들은, 그들의 종업원이 —— 아버지에서부터 아들
에게 이르기까지 —— 책임감을 느낄 만큼 모범적인 공장과 마을을 세웠
다. 영국정부가 전화, 방송, 그리고 석유(브리티시 페트롤륨을 통해) 사
업 등 새로이 등장하는 수많은 산업을 관리했기 때문에 영국에서 거대복
합기업의 발전은 느렸다. 그러나 대기업들은 지배적인 리더십이라는 관
점에서 똑같은 성향을 보였고, 유럽식 카르텔에 의해 그것은 더욱 공고
해졌다. 유닐레버(Unilever), 셸(Shell), 그리고 ICI와 같은 3대 기업들
은 세계적인 거래에 걸맞은 전형적인 경영체제의 모습을 갖추었다. 앞의
두 회사는 영국과 네덜란드의 합작회사이고, 세번째 것은 독일의 영향을
강하게 받았으나 셋 모두 영국의 국익을 위해 합작회사가 되었다. 한편
세 회사 모두 정교한 경영체제, 위원회, 그리고 전문경영인 팀과 같은
것을 만들었다. 그러나 그들은 한 명의 기업독재자에게 쉽사리 지배당하
기도 했다.

유닐레버의 영국측 운영권은 영국의 비누회사 사장 윌리엄 레버
(William Lever)에서 출발했다. 레버는 그의 비누회사를 리버풀 외항인
포트 선라이트에 세웠으며, 개인적인 능력으로 회사를 지배하며 키웠
다. 그는 재빠르게 다른 사업분야로 진출했다. 아프리카와 무역도 텄
고, 생선가게도 운영했다. 1920년 회사가 결손을 보게 되자 그는 고의적
으로 가혹하게 행동함으로써 관리자들을 해고했고 남은 사람들에게도 위
협을 가했다. 『지난 1921년부터 지금까지 생산성이 향상되었는가?』 3
년 후 그는 이렇게 물은 후 다음과 같이 설명했다. 『무능한 사람, 월급
이 너무 많은 사람, 나이가 많은 사람, 지난 3년 간 꾸준히 일거리가 줄
어든 사람들을 제거함으로써 생산성을 높일 수 있다. 나는, 이것이 남은
사람들의 마음에 그들이 유능해지지 않으면 다음은 자기들 차례라는 「위

협」을 야기했다고 확신한다.』

　지도자도 양성하지 않은 채 1925년 레버는 죽었다. 회사는 미국 및 유럽 기업과의 격심한 경쟁으로 거의 도산지경에 이르렀다. 5년 후 레버 형제회사는 네덜란드의 마가린 회사 유니(Unie)와 합병하여 거대기업 유닐레버(Unilever)가 되었다. 쿠퍼 브러더스(Cooper Brothers) 출신으로 레버의 전직 회계사였던 다치 쿠퍼(D'Arcy Cooper)가 회장을 맡고 영국과 네덜란드 사람들로 이사회를 구성했다. 지금도 본사건물로 쓰이고 있는 템스 강변 블랙 프라이어스(Black friars)의 새 건물에서 일하면서부터 전문경영자가 훨씬 더 효과적이라는 것이 판명되었다. 그러나 그 당시, 지금도 마찬가지이지만 유닐레버는 여전히 본사와 지사 사이에 발생하는 문제에 봉착하고 있었다. 처음에 쿠퍼는 모든 것을 집중화하려고 노력했다(어느 캐나다 중역이 불평했듯이). 『당신은 화장실에 갈 때도 런던에 전보를 쳐야 하네』라는 말이 나올 때까지 그랬다. 그들은 주의깊게 분권화된 구조를 고안하여 각국에 진출한 모든 자회사가 거의 자율성을 갖도록 했는데, 그것은 나중에 유럽기업의 전형이 되었다. 그러나 유닐레버는 신시내티 본사에서 집중적으로 통제하는 프록터 & 갬블(Procter & Gamble : P&G)로부터 점점 더 도전을 받게 되었다. 그리고 본사와 현지회사 사이의 긴장은 영원히 풀릴 것 같지 않았다.

ICI : 『그들은 나 없이는 할 수 없을 걸』

　한층 더 지속적이고 전제적인 지배는 거대화학 그룹인 임페리얼 케미컬 인더스트리(Imperial Chemical Industries : ICI)에서 볼 수 있는데, ICI는 1926년 독일의 경쟁기업 IG 파르벤에 대항해 애국적인 야심을 바탕으로 창설되었다. IG 파르벤은 그 당시 독일의 선도적 화학회사들, 즉 BASF, 바이엘(Bayer), 아그파(Agfa), 그리고 휙스트(Hoechst) 등이 갓 합병하여 만든 회사였다. ICI는 두 명의 강력한 재벌을 연결했다. 알프레드 몬드(Alfred Mond) —— 나중에 멜쳇(Melchett) 경이 된다 —— 는 허리까지 오는 코트 속에 묻혀 진한 녹일식 어조로 말을 했는데, 그는 아버지로부터 브루너 몬드 화학회사(Brunner Mond Chemical Co.)를 물려받아 노사관계를 개선하는 데 헌신했으며, 산업합리화 —— 공급을 수요에 맞추는 —— 도 추진했다. 해리 맥고원(Harry McGowan)은 노벨회사(Nobel Industries)의 지배권을 인수한 글래스웨지언(Glaswegian)의 사무실에서 급사로 일한 적이 있었다. 맥고원은 노벨회사를 다이나마이트에서부터 여러 산업으로 넓혀갔고 해외기업들과 전략적 제휴를 했는데, 그 가운데는 특히 뒤퐁 회사도 들어 있었다. 두 재벌은 1926년 10월26일 쿠나드 문서(Cunard Paper)에 따라 S. S. 아퀴태니아(S. S. Aquitania)의 합병을 계획했다. 그들은 ICI라는 이름을 야심적으로, 그리고 고의적으로 선택했다——「실제적으로도 제국이고 이름상으로도 제국으로」—— 거대기업 ICI가 대영제국의 경제적 구원자가 되리라는 확신을 가지고 말이다. 맥고원은, 몬드에게 말했듯이 경쟁이 효율성 제고에 필수적이라는 이론을 믿지 않았다.

　ICI는 제국(Imperial)이라는 이름에 걸맞은 목적을 달성하기 위해 독특한 경영체제를 구축하기로 결정하고 군대의 라인 조직을 바탕으로 조직을 만들었다. ICI는 중앙집권식 참모본부를 만들었다. 참모본부는 처음에는 육군 소장이 운영했고 그 뒤에는 해군 대령이 맡았다. 그리고 종업원들은 제1차 세계대전에 참전했던 퇴역군인들(필자의 부친과 마찬가지로)이었으므로 그들은 서로를 「소령」 또는 「대령」으로 불렀다. 공립학교 관련자들은 초빙되어 우수한 학생을 보내주도록 권유받았고, ICI의 인사위원회는 영국의 명문 고등학교인 이튼(Eton), 해로(Harrow), 윈체스터(Winchester) 등의 교장들로부터 충원업무를 위임받았다. ICI는 전문직 업인과 거래인을 구분하는 영국의 오래된 직업분류 관습을 따랐다. 영국의 「전문직업인」은 변호사 · 회계사 · 화학기사 등이었고, 거래인은 기술자와 상인 등이었다. 체셔(Cheshire)에 있는 ICI의 별장 위닝턴 홀(Winnington Hall)은 대규모의 사교중심지였는데, 옥스퍼드(Oxford) 출신과 회계사들이 주류를 이룬 한정적인 회원을 대상으로 하는 클럽을 운영했다. ICI는 가부장주의와 신분보장제도로도 유명했고, 과학적 관리에 관한 기록 또한 유명했지만, 거대한 규모와 독점이라는 약점을 피하지는 못했다. 멜쳇 자신도 사회주의적 사상을 공박하면서 이에 대해 경고했었다. 『어떤 기업도 일정 규모 이상이 되면 운영하는 것이 불가능해진다.』 ICI는 상업적으로 현실적 감각을 갖기에는 너무나 보호를 받고 있었다. 필자가 출생한 빌링햄 온 티스(Billingham-on-Tees)에 새로 건설된 니트로젠(Nitrogen) 공장은 마을을 지식인들뿐만 아니라 과학자들도 찬양할 만큼 전형적인 공업도시로 바꾸어놓았다. 1931년 이 마을을 방문한 헉슬리는 『예술적 관점으로 말하면 빌링햄은 거의 완전에 가깝다』라고 썼다. 『이 마을은 그 자체로 한 편의 거대한 시(詩)다.』 그러나 상업적인 관점에서 보면, 그것은 한 번도 실현된 적이 없는 제국의 시장들을 향한 하나의 애물단지였다.

겉보기에 ICI는 제국의 과학을 뒷받침하는 지주였다. 1928년 ICI는 템스 강가에 화려한 신축 본사 건물을 완공했는데 정문은 정교하게 니켈로 장식했고, 과학자들과 회장의 흉상이 조각되어 있었다. 그러나 내부적으로—— 회사의 사가(史家)가 40년 후에 폭로한 바에 의하면—— 맥고원 회장은 자신의 개인적 도박을 지원하기 위해 회사의 투자를 결정한 무모한 투기꾼이었다. 1937년 맥고원이 귀족으로 된 직후 공동경영자들은, 맥고원이 개인적으로 파산지경에 이른 것을 파악했다. 그들은 동업자인 멜쳇 경을 위해 맥고원을 축출하려고 노력했다. 그 당시 멜쳇은 심장병을 앓고 있었다. 맥고원은 약간 봉급이 깎였지만 새로운 경영위원회에 참가하면서 여전히 지배권을 유지했다. 그러나 그는 여전히 책임자인 양

주치 치과의사에게 이렇게 말했다. 『그들은 나 없이는 아무것도 할 수 없어.』

셸의 폭군

세번째의 대규모 합작회사 로열 더치 셸(Royal Dutch Shell)은 우수한 엘리트로 구성된 전문경영자들이 많았음에도 불구하고 개성이 강한 폭군이 지배했다. 셸 오일(Shell Oil)사는 러시아로부터 석유를 사기 위해 1898년 마커스 새뮤얼(Marcus Samuel)이 자신의 무역회사의 방계회사로서 설립했다. 마커스와 그의 동생 샘(Sam)은 회사를 일단의 사무원들과 함께 경영했다. 1901년에는 부유한 유태인 집안 출신으로 캠브리지 대학을 졸업한 로버트 월리코헨(Robert Waley-Cohen)이 동업자로 참가했다. 1906년 셸은 로열 더치(Royal Dutch)회사와 합병했는데, 월리코헨은 주로 셸의 미래 경영자들을 모집하는 업무를 맡았다. 월리코헨의 아버지는 캠브리지 대학의 추천위원회——이런 종류로는 최초였다——를 만드는 데도 협조했고, 월리코헨은 인도의 지배경험에 영향을 받아 영국 대학 출신자들은 헌신적이고도 부패하지 않는 이상적인 경영자가 될 것이라고 믿고 있었다. 그는, 기업은 신사가 할 그런 것이 아니라는 통념을 반대했다. 창업자 새뮤얼의 친구와 친척들의 반대에도 불구하고, 그는 위원회가 보낸 캠브리지 졸업생 20명을 선발했다. 셸의 중역들은 일종의 준외교적 신분(그들 가운데 일부는 영국 비밀정보부와 관련을 맺고 있었다)을 획득했고, 월급은 오히려 외교관보다 더 높았다. 월리코헨은 멜쳇과 마찬가지로 「합리화」의 강력한 주창자였으며, 『그의 귀중한 경영자들이, 상호경쟁을 통해 서로를 죽이는 데, 그들의 인생을 낭비하는 것을 바라지 않았다.』 합리화는 「영국민족의 전형적인 인물」과 같은 종류의 회사인간을 갖고 있는 산업에만 가능했다. 셸의 경영자들은 그들만의 스타일과 자신감을 가짐으로써 진정 영국의 회사인간의 모범이 되었다. 아시아의 각국 수도에 배치된 셸의 책임자들은 영국의 대사들과 멋지게 경쟁했다.

그러나 셸의 애국주의는 겉모양과는 꽤나 달랐다. 1906년의 합병으로 주식의 60%는 로열 더치가 소유하게 되었고, 로열 더치의 회장 헨리 디터딩(Henry Deterding : 1866~1939)은 점점 더 전횡을 부렸고, 반영국적으로 되어갔다. 영국측의 해외 사무소들은 은밀히 걱정을 하게 되었다. 『헨리의 말은 법이다』라고 1927년 어느 영국 외교관이 말했다. 『그는 로열 더치 셸 이사들의 동의도 없이, 그리고 알리지도 않고, 이사회를 중단시킬 수도 있다.』 1930년대에 이르러 70대의 디터딩은 한층 더 위험하고 전제적인 경영을 했다. 그는 아돌프 히틀러(Adolf Hitler)에 끌렸으며, 그의 세번째 부인이 된 독일 출신의 여비서와도 사랑에 빠졌다. 1935년 그는 나치와 1년치의 석유비축분을 신용으로 공급하는 협상을 맺었다. 1936년 셸에서 물러난 그는 독일로 은퇴했고 나치와는 더욱 가까워졌다. 1939년 디터딩이 죽자 히틀러와 헤르만 괴링(Hermann Goering : 1893~1946, 나치의 공군 총사령관) 모두 장례식에 애도의 뜻으로 조화를 보냈다. 그리고 나치는 디터딩의 지분을 이용해 셸의 세계적 석유 네트워크를 지배하려고 했다──그러나 그 계획은 주식을 재빠르게 재분산함으로써 무산되었다.

디터딩의 배반은 셸의 기업정서에 깊은 상처를 남겼다. 그의 흉상은 헤이그에 있는 본사 건물에서 철거되었고, 회사의 공식적 문서에도 여전히 기록으로 남아 있지 않다. 에소(스탠더드 오일 오브 뉴저지의 후신)와 마찬가지로 셸은 그런 실수를 되풀이하지 않기로 작정했다. 그 이후로는 60살이 되면 은퇴하도록 되어 있는 최고경영자 위원회가 셸을 지배하고 있다.

독일의 시련

기업 독재자로 인해 야기되는 문제는 독일에서 훨씬 더 심각했고, 그것은 다른 여러 나라에 경각심을 불러일으켰다. 19세기 중반부터 공업화가 급진전되면서 토마스 만의 소설에 나오는 부텐부르크 가문이 운영한 것처럼 마음씨 좋은 가족기업들은 급속히 몰락하고, 군대식 계층조직에 근거한 기계적 시스템을 강조하는 독재적인 기업가들이 등장했다. 대규모 전기회사의 공동창업자인 베르너 지멘스(Werner Siemens : 1816~92, 독일의 기술자·발명가)는 1856년 그의 동생 찰스(Charles)에게 자신의 지위를 공고히 하기 위해 다음과 같이 경고했다. 『항상 단호하고 거리낌없이 행동하라. 그것은 매우 중요하므로 늘 주의해야 한다. 만약 사적 이익에 기울어지기 시작하면 그 때부터는 유혹과 협잡의 곤경에 빠지게 되고 말 거야.』

1915년 독일의 사회학자 베르너 좀바르트는 대기업에 근무하는 현대의 경영자에 대해서 개인적인 판단을 해서는 안 된다고 생각했다. 『당신은 전혀 다른 원칙을 따르는 경영자의 개인적인 행동에 대해 판단을 내려서는 안 된다. 진정으로, 기업이란 개인의 머리가 전혀 없는 곳이야. 그것은 몰개인적인 유한책임회사라고 생각해야 한다. 왜냐하면 기업의 중역들은 수시로 바뀌기 때문이지. 그들의 개인적인 도덕심은 그들이 근무하는 기업과는 아무런 관계가 없다. 중요한 것은 회사의 「이름」뿐이야…….』

강력한 신흥 기업 왕국, 예를 들면 지멘스(Siemens)사와 크루프(Krupps)사는 스스로를 영국의 기업들보다 한층 더 강력한 것으로 간주하고 있었는데, 그것은 합작회사들의 단기적인 이익압력에 시달릴 필요 없이 장기적 책임을 지고 있었기 때문이다. 독일이 처한 궁지에 대해서

기업철학가인 발터 라테나우가 매우 열정적으로 논한 적이 있는데, 발터의 아버지 에밀(Emil)은 대규모 조직의 모델이 된 거대 전기회사 AEG (Allgemeine Elektrizitaet Gesellschaft)를 창설했다. AEG에 대해서는 다른 어떤 사람들보다도 특히 니콜라이 레닌(Nikolai Lenin : 1870~1924, 러시아의 혁명가)이 경탄해 마지않았다. 발터는 아버지의 오른팔 노릇을 했었고, 1909년에는 84개에 이르는 대규모 회사집단의 임원이 되었다. 발터는 「서로를 잘 아는 300명의 사람들이 유럽대륙의 경제적 운명을 통제하는 과정」을 서술했다. 그러나 발터는 그의 아버지보다는 좀더 영적인 인물로서 항상 질문하는 자세를 유지했고, 대규모 회사의 기계적 환경에 대해 지적으로 혐오감을 느끼고 있었다. 『인간의 역사상 어떤 사상체계도 이처럼 엄청나게 많은 사람들을 마치 기계처럼 통일적으로 통제한 적은 없었다.』 그는 합작회사의 몰인간적인 특성을 우려했었다.

소유권의 비개인화는 곧 소유하는 물건의 객관화를 의미한다. 소유권이 이렇게 분산되고 이동성이 높아지자 기업은 독자적인 활동을 하는 것처럼 인식되게 되었다. 마치 기업이 누구에게도 소속되지 않는 것처럼 말이다. 기업은 독자적 · 목적적인 존재양식을 띠게 된 것이다. … 기업은 변신하여 … 국가를 방불케 하는 기관으로 변모해갔다.

발터는 그 스스로는 사치스런 인생을 즐기면서, 대규모 산업이 개인의 자유에 미치는 영향에 대해 점점 더 걱정을 했다. 『기계화는 대규모 조직으로서 인간의 에너지를 필요로 하는데, 그것도 개별적인 단위로서가 아니라 전체적인 흐름으로서 필요하다.』 라테나우는 제1차 세계대전이 한창일 때 다음과 같이 기록했다. 『파라오(Pharaoh)의 피라미드를 건설했던 모든 노예들은 현대의 기업주를 위한 기계 · 공구 제조자들의 집단에도 미치지 못한다.』그러나 그는 전후 자신이 추진했던 정치적 영향력을 끝내 발휘하지 못했다. 1921년 라테나우는 AEG의 회장직에서 물러나 건설부 장관이 되었고, 나중에는 외무부 장관까지 지냈다. 그러나 그의 온건주의와 국제주의는 우익을 분노케 했으며 1922년 6월 암살당하고 만다.

제1차 세계대전 후 독일기업들은 군대의 규율에 크게 영향을 받았다. 많은 고위경영자들은 그들의 군국주의적 성향을 유지했으며, 옛날 군대 시절의 동료들을 의식적으로 고용했다. 한스 스파이어(Hans Speier)는 『1918년 이후 산업사회의 사무실 내에서 볼 수 있었던 군대정신의 직접적인 후견인은 인사관리부서를 우선적으로 맡았던 퇴역장교들이었다』라고 썼다. 『그들 바로 다음에는 학계의 경험이 있는 참모들이 뒤를 받치고 있었는데, 그들은 동료 간의 단체정신을 회사에 이식시켰다. 그들은 또한 동창애를 발휘해 옛날 동료들을 빈자리에다 추천하거나 취직시켰다.』

표현주의파 작가들이나 예술가들이 공장과 과학을 암울하게 표현한 것은 전혀 놀라운 일이 아니다. 1926년 영화제작자 프리츠 랭(Fritz Lang : 1890~1976, 오스트리아 출신 미국 영화감독)은 장엄한 무성영화 〈메트로폴리스(Metropolis)〉를 제작했는데, 그것은 2년 전 맨해튼을 방문한 데 크게 영향을 받은 것으로, 기업과 미래사회에 대한 무시무시한 상상력을 담고 있었다. 『메트로폴리스의 지배자는 사치한 생활을 하면서 수많은 톱니바퀴, 가스 분출구, 보일러, 그리고 대형 시계들로 가득 찬 거대한 지하공장을 지배하는데, 노동자들은 군대처럼 그들의 지하도시를 행진한다. 감독자는 정열적인 마리아(Maria)가 주도한 노동자의 태업을 감지한다. 어느 미친 과학자가 마리아를 닮은 로봇을 만들고는 노동자들 사이에 혼란을 일으킨다. 노동자들은 그들의 집을 부수고 도시를 파멸로 몰아간다. 세상이 붕괴되는데도 상류계층들은 야회복을 입고 춤을 춘다.』

마리아는 『가슴이 중재자로 행동하지 않으면 손과 머리는 절대 서로를 이해 못한다』라고 말한다. 이 영화는 허버트 조지 웰스를 포함해 동시대의 많은 지식인들에게는 우스꽝스럽게 보였다. 그러나 히틀러는—— 랭이 미국으로 떠나기 전에—— 랭에게 같이 일하자고 제안했다. 그리고 〈메트로폴리스〉의 무서운 이미지는 정당화돼야만 하는 독일 산업사회의 잔인성에 대한 우려를 표현했다.

히틀러는 자신의 전쟁무기를 지원하도록 기업가들을 위협하고, 감언이설로 속이고 달래기도 했다. IG 파르벤, 티센(Thyssen), 그리고 도이체방크(Deutsche Bank)를 포함해 독일의 거의 모든 거대기업들은 1933년 히틀러의 선거 캠페인에 자금을 후원하도록 설득당했다. 물론 가장 강력한 기업인 지멘스, AEG, 그리고 크루프 등 몇몇 기업들은 나치와 거리를 두었었다. 그러나 그들은 곧 다시 모였고 크루프는 히틀러의 가장 귀중한 산업동맹이 되었다. 에센(Essen) 주변의 크루프 공장은 히틀러의 병기창이었고, 세일즈맨들은 스파이 노릇을 했으며, 임원들은 히틀러의 친위대와 관련을 맺고 있었다. 크루프는 군대와 거의 구분할 수 없게 되었는데, 그 목적이 그랬으며, 엄격한 명령체계가 그랬고, 그 뒤에 깔려 있는 공포감도 그랬다. 그 대가로 크루프는 그들의 무기산업을 점령된 유럽으로 넓혀갔고, 동유럽의 노예들을 공장에다 투입했다. 그러는 동안 1943년 히틀러는 악명 높은 크루프 법(Lex Krupp)을 통과시키고, 크루프 가문이 영원히 지배할 수 있도록 허용했다. 히틀러가 패배하고 뉘렘베르크(Nuremberg)의 전범재판소는 알프리드 크루프(Alfried Krupp)를 전범으로 고소하고 감옥에 처넣었다. 전후 독일의 기업가들은 히틀러식 통치방식에 크게 반발했고, 전시 연합군에 의해 소개된 새로운 산업민주주의와 노사공동위원회를 받아들였다. 크루프 가문은 1969년 루치노 비스콘티(Luchino Visconti : 1906~76, 이탈리아 영화감독)의 영화 〈저주받은 자(The Damned)〉에서 독재자와 변태자로 가득 찬 왕조의 모델로서 희화화되어 역사의 무대 뒤로 사라지고 말았다.

그러나 전시 독일기업에서 한층 더 우려해야 할 문제점은 지도자들의 전제주의가 아니라, 수만 명의 평범한 관리자들이 그 전제주의를 받아들여 잔혹한 행위—— 노예노동 · 살인 · 끊임없는 상호감시와 배반——를 마치 아주 정상적인 행동처럼 했다는 점이다. 한나 아렌트(역주 Hannah Arendt : 1906∼75, 독일 태생의 미국 저술가 · 정치학자 · 교육자)는 이를 「평범성의 해악(the banality evil)」이라고 불렀다. 개인의 책임을 포기하는 것은, 「기업은 영혼이 없다」는 오래 된 원칙에 또 하나의 새로운 공포를 추가시킨 것이었다. 그 위험은 나치 독일보다도 더 커졌다. 그것은 카프카류의 악몽을 되살리는 것이며, 악의 힘으로 지배되는 익명의 관료제였다. 진정한 교훈은, 회사인간은 자기 자신의 도덕적 책임을 포기할 수 없다는 것이었다. 이에 대해 클라이브 스태플스 루이스(역주 Clive Staples Lewis : 1898∼1963, 영국의 영문학자 · 그리스도교 작가 · 동화작가)는 다음과 같이 썼다.

나는 경영의 시대(Managerial Age)에 산다. 달리 말해 관리의 세계(World of Admin)에 말이다. 지금 최대의 악은 디킨스가 즐겨 묘사했던 더러운 「악의 소굴」에서 저질러지고 있는 것이 아니다. 그것은 포로수용소나 노동수용소에서 저질러지지도 않는다. 그러한 곳에서는 악의 최종 결과만을 보는 것이다. 그러나 최대의 악은 깨끗하고 카펫이 깔려 있고, 따뜻하고 조명이 잘 된 사무실에서, 흰색 와이셔츠를 입고 손톱을 단정히 깎은, 그리고 잘 면도를 한 얼굴에다 전혀 큰 소리칠 필요가 없는 조용한 사람들에 의해 고안되고 명령되고 있다(전달되고, 조언을 듣고, 수행되고, 기록되었다). 그 후부터는, 매우 자연스런 일이지만, 경찰국가의 관료주의 또는 철저히 기업이익에만 관심을 쏟는 추악스런 사무실과 같은 것들이 「지옥」에 대한 나의 상징이 되었다.

제 6 장

공기 없는 새장

작가·배우·예술가들은 전혀 뭘 모르지,
그리고 많이 알지도 못하고 … 무엇을 하는 사람은
나보다 인내심이 많은 사람들이다.
하느님, 보험을 들어달라는 사람을 위하여!
—도로시 파커(*Dorothy Parker*, *(보헤미아(Bohemia)*)) —

그 스스로 가치와 가정(假定)을 가진 회사 빌딩이 점점 더 기업권력의 중심이 되어갔다. 그들은 그들 스스로 공동체가 되었고, 그전 세기들의 것과는 한층 더 다른 모습으로 되었——그것이 대가족이었든, 교회였든, 농장이었든 간에 말이다. 앤소니 트롤로프가 교회에 또는 디킨스가 법에 열정적으로 호소했던 것과 같이, 기업들은 소설가들에게 환영받지 못했다. 기업은 여자의 일생이나 아이, 그리고 가족과는 동떨어져 있었다. 또한, 기업은 그들의 과학적 구조를 인간의 드라마에도 적용했고, 기업 간의 동일성은 창의성을 억압했다. 그러나 기업은 점차 20세기 중산층 인생의 핵심이 되었다.

1920년대까지 미국의 사무실은 서재보다는 기계와 훨씬 더 많이 닮아갔다. 유리문 위에 문패를 단 작은 사무실, 그리고 그 속에서 일하고 있는 충성스런 비서들은 레이먼드 챈들러(Raymond Chandler)와 험프리 보가트(Humphrey Bogart)가 주연한 영화에서 보듯이 상투적인 모습을 하고 있었다. 그러나 보험회사 사무실, 은행, 그리고 회계사들은 전통적인 공동체와는 동떨어져 도시 속에서 그들만의 독자적 영역을 형성하고 있었다. 제1차 세계대전은 기계화에 새로운 충동을 제공했고, 계산기·도표 작성기·자동 주소 인식기·타자기 등이 쏟아져 나왔다. 1909년 미국의 새로운 직업, 즉 「사무실 경영자들」은 테일러의 이론에 영감을 얻어 그들 스스로 전국적인 협회를 만들었다.

새로운 기업의 가치는 1922년 싱클레어 루이스의 소설 《바빗(Babbitt)》에 잘 풍자되었는데, 이 소설은 바빗이라는 말을 사전에도 오르게 했다. 옥스퍼드 사전은 바빗을 「물질추구형이고 스스로 만족하는 회사원의 유형에 가장 일치하는 사람」으로 묘사했다. 바빗은 46세의 부동산 중개인으로 새로운 단어 부동산업(realtor)을 선전하는 역할을 하고 있었다(realtor라는 단어는 마치 정상적인 직업이라는 뜻의 regular profession과 비슷하게 들렸다). 『그는 강철로 된 간소한 탑·시멘트 그리고 석회석이 가득 찬 절벽처럼 깎아지른, 그리고 은으로 된 막대처럼 섬세한 제니스(Zenith) 시의 중서부에 살고 있었다. 그 곳에는 성채도 교회도 없었으나 검소하고도 아름다운 사무실 건물들이 많았다.』

자신의 집에서 밖을 쳐다보면 곧장 바빗의 눈에 띄는 큰 건물이 하나 있었다. 『그는 그 건물을 마치 기업이라는 종교의 첨탑인 양 쳐다보았다. 마치 열정적인 신념·환희 그리고 우월한 사람인 양 말이다.』 그가 소유한 리브스(Reeves) 빌딩은 그 자체가 하나의 마을이었다.

리브스 빌딩에 거주하는, 이름 모를 많은 작은 사람들——엘리베이터 관리자·건물관리인·기사·감독자 그리고 신문과 담배 판매대를 운영하고 있는 의심 많아보이는 절름발이 등——은 전혀 도시의 거주자들이 아니었다. 그들은 시골 사람들이었고 움푹 꺼진 계곡에서 살았으며, 자기들끼리만, 그리고 그 빌딩에만 관심을 가졌다. 그들의 주요 통행로는 돌로 장식된 바닥, 육중한 대리석 천장, 그리고 가게의 안쪽 창문이 있는 현관이었다.

바빗의 존재는 사무실 곳곳에서 느낄 수 있었다. 그의 안경은 『커다랗고 둥근, 테가 없는 최고급 안경이었다. 안경다리는 얇은 금으로 도금되어 있었다. 그것만으로도 그는 곧 현대의 기업인이었다. 사무원들에게 명령을 내리고, 자동차를 몰고, 간혹 골프도 치고, 그리고 판매원이라는 관점에서도 뛰어났다.』그의 주머니에는 최신식 메모장 · 만년필 · 은색 연필 · 시곗줄 · 주머니 칼 · 담배 자르는 은색의 기계 · 일곱 개의 열쇠와 고급 시계가 들어 있었다. 그의 사무실은 해적선과 같았고, 그의 자동차에는 『시가 있고, 비극이 있고, 사랑과 영웅적 행위가 있었다.』

바빗은 정통성을 자랑으로 삼았다. 『제니스 시에는 남자 같은 남자, 그리고 여자 같은 여자가 있고, 똑똑한 아이들이 사는 집이 있으며, 아주 정상적인 사람들이 절대다수였고, 그 스스로 하나의 계층을 형성하고 있었다.』그러던 중 그는 갑자기 자유주의에 물들어 반항하게 되고, 파업을 일으키는 사람들을 동정하고, 요염한 과부와 사랑에 빠진다. 그는 『그의 인생을 믿을 수 없을 만큼 기계적이라고 느끼게 된다. 기계적인 사업, 즉 아주 형편없이 지어진 집들을 많이 팔았고, 기계적인 종교—— 지루하고도 딱딱한, 그리고 길거리에서 진정으로 교회를 필요로 하는 사람과는 떨어져 있는 최상층의 존재, 그리고 기계적인 골프와 저녁 파티, 그리고 카드놀이와 대화로 가득 차 있었다.』그는 그의 사업상 동료를 적대시하고「선한 시민협회(Good Citizens' League)」에 가입하기를 거절한다. 그러나 그의 아내가 수술을 받게 되자 그는 선한 이웃의 필요성을 인식하고 협회에 가입하게 되고, 다시 친구의 신뢰를 얻게 된다.

기계화된 새로운 사무실 인생은, 제1차 세계대전에서 귀환한 제대군인들을 포함해 창의적인 미국인에게는 하나의 저주였다. 기업법률가의 아들인 존 도스 파소스(John Dos Passos)는 개인기업가의 꿈이 부서지는 과정을 소설로 썼다. 1936년 소설 《큰 돈(Big Money)》에서 일류 비행사 찰리 앤더슨(Charley Anderson)은 미국으로 돌아와 자신의 발명품을 장착한 비행기를 판매한다. 그는 증권시장에서 투기를 하고, 워싱턴에서 음모를 꾀하고, 디트로이트로 가서는 은행가의 딸과 결혼을 하고, 비행기회사의 부사장이 된다. 그러나 그의 가슴은 언제나 들뜬 기분의 개인주의자였고, 여배우와 염문을 뿌렸고, 기차와 경쟁하다가 건널목에서 충돌해 죽고 만다.

1920년 29세의 작가 지망생 헨리 밀러(Henry Miller : 1891~1980, 미국의 소설가)는 뉴욕에 있는 웨스턴 유니언(Western Union)사의 전신배달부서 고용관리자가 되었다.

처음에 그는 아침 8시부터 저녁 8시까지 자신의 업무를 진지하게 수행했다. 그는 훌륭한 제대군인들을 실망시키는 것을 안타까워한 나머지, 자신의 책상 위에 『이 곳에 들어오는 사람들은 희망을 버려서는 안 됩니다』라는 팻말을 놓았다. 그는 「전보전달 업무상 발생하는 문제의 해결방법」을 제안했는데, 그 내용은 「회사는 일하는 사람들이 자신을 단순히 큰 바퀴의 작은 부품 이상이라는 느끼도록」 해야 한다는 것이었다. 그리고 그는 회사의 인종차별정책을 거부하고 유태인 · 흑인 · 인도인뿐만 아니라 전과자들도 채용했다. 그러나 그가 점점 더 반항적으로 되어가자 회사 또한 한층 더 군대적인 규율을 강요했다. 회사는 밀러를 플래티론 빌딩(Flatiron Building)에 있는 새로운 사무실로 전근발령했다. 그는 새로운 사무실이 마치 『공기 없는 새장 같은 느낌이 들었다. 붕붕 소리를 내고 빛을 내는 감시장치로 둘러싸인 새장 말이다.』 그는 전보 전달꾼들에게 행사해야 하는 자신의 권력을 경멸했다. 『사람들이 이런 짓을 직업이라고 수치스럽게도 구걸해야 한다니 참혹한 생각이 들었다.』 새로 사귀게 된 여자친구 준 스미스(June Smith)는 그에게 회사를 그만두고 전업작가로 나서도록 권유했다. 그는 5년 뒤 갑자기 회사를 그만두고는 월급을 타러 가는 번거러움을 중단했고, 휘파람을 불면서 『내 스스로가 절대적인 주인이지』라고 중얼거렸다. 그 뒤 그는 《남회귀선(Tropic of Capricorn, 1939)》에서 「코스모데모닉 전신회사(Cosmodemonic Telegraph Company)」의 비인간적인 근로조건에 대해 묘사했다. 『나는 가능한 한 많은 사람들이, 먹고 살아야 하기 때문에 이 일이나 저 일을 해야만 한다고 둘러대는 짓을 못하게 하고 싶다. 그것은 진실이 아니다.』

기업조직의 세계, 즉 회계·엔지니어링 또는 공장관리 등은 개인이나 작가가 경험하기에는 점점 더 먼 대상으로 되어갔다. 존 오해러(John O'Hara : 1905~1970, 미국의 소설가)는 오랫동안 평가기사로 근무한 적이 있었는데, 1935년 소설 《버터필드 8(Butterfield 8)》의 주인공을 예일 대학교와 하버드 경영대학에 다닌 적이 있는 기사로 설정했다. 그 주인공은 조부가 창업한 제조회사의 지점 관리자가 되었다. 『그는 엔지니어링과 관련된 실질적 지식을 포기해버렸다. 그런데 솔직히, 그리고 때에 따라서는 약간 슬프게도, 그것은 기사들로 하여금 무장해제하게 하는 효과를 발휘했다. 그들은 그를, 마치 기사가 되기를 원했고 또한 좋은 기사가 될 수 있었던 젊은이 하나가 있다는 듯이 취급했다.』

작가들 대부분은 회사인생을 묘사하기를 기피했다. 심지어 어느 정도 회사인생에 대해 알고 있는 작가들도 마찬가지였다. 스콧 피츠제럴드 (Scott Fitzgerald : 1896~1940, 미국의 작가)의 부친은 조그만 가구회사를 경영했지만 끝내 도산하고 말았다. 1898년 피츠제럴드의 부친은 버팔로와 시러큐스(syracuse)에서 P&G의 판매원이 되었으나 피츠제럴드가 11살 되던 해에 해고당하고 말았다. 그 일은 어린 피츠제럴드에게 큰 충격을 주었다. 그는 나중에 『늙은이는 그 날 저녁 집으로 왔다. 완전히 파괴된 인간으로서 말이다』라고 썼다. 아버지는 피츠제럴드가 사업하기를 원했다. 그러나 어머니가 꽤 많은 돈을 갖고 있었기 때문에 피츠제럴드는 프린스턴 대학에 다니게 되었고, 그 때의 경험은 피츠제럴드의 최초 소설의 소재가 되었다.

광고는 타고난 자질을 필요로 하는 산업이었다. 따라서 광고산업은 가난한 작가와 시인들을 끌어들였다. 그러나 그 가운데 많은 이들은 광고가 진실을 왜곡하고, 품질수준을 저하시킨다며 경멸했다. 존 필립스 마콴드(John Philips Marquand : 1893~1960, 미국의 작가)의 대표 소설 《풀햄 경(H. M. Pulham Esquire, 1940》의 주인공 해리 풀햄(Harry Pulham)은 보스턴의 전통적인 가문출신으로 하버드 대학을 졸업했다. 어머니는『풀햄 할아버지는 매튜엔에서 여성의류의 혹과 단추를 만들었지』라고 아들에게 말했다. 『할아버지가 그런 유용한 것을 만든 데 대해 자랑스럽게 생각해야 돼.』하버드 대학을 졸업한 후 해리는 뉴욕에 있는 광고회사에 취직해 아버지를 놀라게 한다. 『광고말입니다! 』라고 하인이 말했다. 『요즘 신사가 해야 할 일이지요. 』해리는 예쁜 처녀들과 어울렸고, 코자 비누(Coza Soap)를 판촉하는 코미디도 즐겼으며, 끝내는 야심적이고 사업가 기질이 있는 카피라이터와 사랑에 빠진다. 그러나 그는 구식 여성과 결혼한 후 보스턴의 생활로 되돌아와서는 투자상담가로 변신하고 옛날 친구들과 어울린다. 해리는 모랫바람이 이는 지역의 농부나 판매원에 대한 현대적 소설들을 싫어한다. 그는 덤덤한 결혼생활을 회고하면서, 『나는 대체로, 정말 내게 꼭 맞는 그런 인생을 살았지』라고 말했다.

영국의 탐정소설가 도로시 L. 세이어스(Dorothy L. Sayers : 1893~1957, 영국의 여류저술가)는 한층 더 기분 나쁜 광고회사를 묘사했다. 1933년 세이어스는 소설 《살인은 광고를 해야만 한다(Murder Must Advertise)》를 출판하기 전에 광고회사 벤슨(Benson)에서 일했다. 소설의 주인공 피터 윔시 경(Lord Peter Wimsey)은 광고회사 핌(Pym)에서 일어난 종업원 살인사건을 해결하기 위해 그 회사에 취직한다. 그는 우둔한 카피라이터 우스터(Wooster)로 가장하고는, 옥스퍼드 출신 동료들이 우스운 슬로건을 만들어내고, 상한 음식과 엉터리 치료에 대한 터무니없는 서깃발을 보고, 슬거워한다. 언젠가 웝시는 『우리가 하고 있는 일은 지나치게 부도덕한 짓이라는 생각이 드네』라고 말하지만, 그의 동료는 다음과 같이 설명한다. 『뭘 모르는 일반 대중들을 속여서 값을 두 배로 내게 하는 것은 —— 한 번은 음식을 못 먹게 했다가는 그 다음에는 다시 먹도록 만드는 것 등 —— 장사의 수레바퀴를 계속 돌게 하는 거야. 당신이나 나를 포함해 수천 명에게 직업을 제공하는 일이기도 하다구.』 여느 부자들과 마찬가지로 웝시는 그 전까지 광고에 한번도 관심을 둔 적이 없었다.

그는 상대적으로 빈곤한 자들이 사업에 미치는 엄청난 중요성을 끝내 인식하지 못했다. 산업의 토대는, 원하는 것을 필요할 때에만 사는 부자들에 의해서만 창설되고 그 위에다 세워진 것이 아니라, 오히려 자신의 손이 닿지 않는 수준의 사치와 여가를 즐기고자 하는 사람들, 그리고 단 한 순간이라도 여가와 사치를 즐긴다는 환상을 줄 수 있는 것에다 얼마 안 되는 어렵게 번 돈을 쓰도록 위협받거나 속게 되는 사람들에 의해 창설되고 유지되고 있다.

웝시는 판매가 다섯 배나 늘어난 휘플렛(Whifflets) 담배의 판매촉진방안을 고안하면서 회사일에 몰입한다. 그러나 광고회사가 몸에 해로운 마약을 사용하고 있다는 사실을 알았을 때에도 그는 놀라지 않았다. 『내가 아는 한 모든 광고인들은 마약 상인들이야.』

모든 작가들이 사무실 인생을 싫어한 것은 아니었다. 특히 짧은 기간에 글을 쓰는 시인들은 간혹 안전한 회사근무에 꽤나 만족했다. 그리고 존 스튜어트 밀과 같은 사람은 자기가 하는 일을 「다른 지적 작업을 하는데 필요한 실질적인 휴식」으로 생각했다.

월리스 스티븐스(Wallace Stevens : 1879~1955, 미국의 시인)는 1916년부터 39년 간 코네티컷에 있는 하트퍼드(Hartford) 재해보험회사에서 보증채무 청구담당 법률가로 근무했으며, 나중에는 부사장까지 승진했다. 그의 동료들은 그의 시를 이해할 수 없었다── 어느 동료가 설명을 부탁하면, 그는『잊어버려. 시를 너무 곧이곧대로 이해하려니까 그렇지!』라고 대꾸했다. 스티븐스는 자신이 시인이라는 사실이「사업계의 바빗」으로서의 명성에 흠집을 남길까봐 염려했으며, 아내에게는 자신이 시인이라는 것을 남에게 알리지 못하도록 당부했다. 『이런 시구(詩句)를 짓는 것은 뭔가 어리석은 것 같아… 보다시피, 내 습관은 정말 숙녀같다고나 할까.』 그는 회사에서 일할 때와는 전혀 다른 모습으로 가정생활을 했다. 사무실에서의 그는 활기찬 인간으로서 서류철과 상자들을 깨끗이 관리했고 서류업무를 즐겁게 수행했다. 1938년 그는『가끔 그는 자신을 자신이 취급하는 서류와 혼동하는 때도 있었다. 그리고 자신과 서류가 하나의 같은 생물을 구성하는 손이나 눈이 되어 있다는 느낌이 들었다』라고 자기 자신에 대해 기록했다. 그러나 집에서는 그의 아내가 주도권을 쥐고 있었다. 그의 남자하인 존 로저스(John Rogers)── 나중에 흑인 역사에 대한 교수가 됐다── 는 다음과 같이 회상했다. 『스티븐스는 정말 거인이었고 그의 아내는 그저 평범한 사람이었어. 그녀가 부르거나 또는 무엇을 시키면 그는 즉각 따랐지.』

토머스 스턴스 엘리엇([역주] Thomas Sterns Eliot : 1888~1965, 미국 태생의 영국 시인 · 평론가 · 극작가, 1948년 노벨 문학상 수상) 또한 자신의 회사생활을 꽤나 만족해했다. 1917년 그는 비록 프랑스어와 이탈리아어라곤 단테(Dante)의 시구밖에 아는 것이 없었지만, 런던의 로이드 은행(Lloyds Bank)에 취직해 식민지 및 해외담당부서에서 번역가로 일했다. 그것은 일상적인 업무였고, 표를 만들거나 외국은행의 대차대조표를 해석하는 일이었다. 엘리엇은 간혹 그런 일에 불평도 했으나, 사실 엘리엇은 「돈의 과학」에 푹 빠졌다. 그리고 정력적인 사무실 인생에 확신감 같은 것도 느꼈다. 그의 전기작가 피터 애크로이드(Peter Ackroyd)는 『그는 자신의 창작적 본능에 익숙해지기 전에 「적당한」 직업상 규율이나 보호가 필요했다』라고 썼다. 1918년 비평가 I. A. 리처즈(I. A. Richards : 1893~1979, 영국의 문예평론가·언어연구가)가 엘리엇을 방문했을 때, 그는 엘리엇이 지하실에서 「마치 모이통 앞에 엎드린 새처럼, 모든 종류의 그리고 모든 규격의 외국 서류들로 가득 찬 큰 책상 위에 웅크리고 있는 것」을 보았다. 엘리엇은 은행에 근무하면서부터 다시 시를 쓰기 시작했고, 첫번째 시집도 출간했으며, 그 뒤 4개월 후에 〈알프레드 프루프록의 연시(The Love Song of J. Alfred Prufrock)〉도 발표했다. 애크로이드에 따르면, 그의 은행생활 9년은 『아마도 그의 창작생활에 가장 중요한 시기였다.』 〈황무지(The Waste Land)〉의 작가는, 옷을 극도로 단정하게 입고 아침 9시30분 출근하고 오후 5시30분에 퇴근하는 것 외에는 여느 회사원들과 다르지 않은, 은행의 책상 뒤에 앉아 있었던 사람이었다.

그러나 사무실이나 공장에서 실질적으로 일한 경험이 있는 영국의 작가들은 거의 없었다. 헨리 그린(Henry Green : 1905~73, 영국의 소설가·사업가)은 미들랜즈(Midlands)에 있는 부친의 공장을 상속받은 전업 사업가였는데, 그의 소설 가운데 하나인 《생활(Living, 1929)》은 공장생활에 관한 것이었다. 그의 작가 친구들은 헨리가 두 가지 생활을 모두 잘 해나가는 것을 보고 놀랐다. 그러나 사실 그는 능력이 부족한 경영자였음이 판명되었고, 끝내는 알코올 중독자로 여생을 마쳤다.

사무실 대 가정

여성들은 사무실을 사뭇 다른 눈으로 인식했다. 왜냐하면 작업장은 늘 남성이 지배했고, 남성 기준으로 운영되었으며, 푸른색의 서류 캐비닛과 검정색 나무 책상 등 준군대적 분위기의 장식물로 가득 찼기 때문이다. 그것은 또한 군대 막사처럼 가정과는 너무 달랐고, 여성들은 마치 외계인처럼 취급되어 항복하든지, 아니면 영원히 저항하는 존재로 인식되었다. 사무실과 가정 사이의 긴장은 일상생활에서 늘 일어나는 일이었고, 《여보 편지를 하세요(Take a Letter, Darling)》, 《아내냐 비서냐(Wife or Secretary)》, 그리고 《퇴근 후(After Hours)》 등과 같은 소설과 영화의 제목이 되었다.

그러나 미혼 여성에게 사무실이란 가정의 대체물이 될 수 있었고, 낭만적인 결혼을 하게 되는 흔치 않은 길이기도 했다. 부스 타킹턴(Booth Tarkington : 1869~1946, 미국의 소설가·극작가)의 미국 소설 《앨리스 애덤스(Alice Adams, 1921)》에 나오는 여주인공은 지위가 낮고 억압당한 사무원의 명랑한 딸이었다. 그녀는 핑크 경영대학(Fincke's Business School)을 공포감에 가득 찬 눈으로 바라본다. 그녀는 그 속에 있는 무시무시한 암흑을 상상하면서 「그것은 죽음처럼 황량하고도 영원한 것」으로 생각했다. 그녀는 『예쁜 여자 아이들이 위축되어 타자기 앞에서 일하게 된 것을, 그리고 늙은 하녀가 턱이 축 늘어진 남자가 부르는 말을 받아적는 것』을 상상했다. 앨리스는 어느 유능한 젊은이에게 마음을 빼앗긴다. 그러나 그녀의 아버지는 아교공장을 시작했으나 파산하게 되고, 오빠들은 갈 곳이 없어지고, 그녀 역시 아무것도 남은 것이 없었다. 그녀는 핑크의 정문을 열고 들어가서 어두운 계단에 이르게 된다. 앨리스는, 여자주인공이 신뢰성 없는 연인에게 배반당하고 수녀가 된 내용의 프랑스 연애소설을 상기한다.

생기발랄한 젊은 여성들은 소득을 보장해줄 뿐만 아니라 부모로부터 탈출하는 대안으로 사무실을 보기 시작했다. 그리고 사실 사무실은 점점 더 사회로 하여금 여인들을 수용하도록 했다. 존 도스 파소스의 소설

《42도 위선(The Forty Second Parallel, 1930)》의 주인공 재니 윌리엄스 (Janey Williams)는, 그녀가 속기사로 일하는 것을 알아차리고는 몹시 슬퍼하는 엄마를 보고『그러나 그 일은 재미있어, 엄마』라고 설득한다. 『엄마가 한창이던 시절에 그 일은 여자들이 할 일이라고 여겨지지 않았 고, 또한 천한 일이라고 간주되었지만요, 지금은 달라요.』

대서양을 가운데 두고 양쪽의 사무실은 연애소설에 묘사된 것과 같이 여자들에게 결혼의 문과 경력개발의 기회를 제공했다. 아널드 베넷 (Arnold Bennett : 1867~1931, 영국의 소설가)의 애정소설 《릴리안 (Lilian, 1922)》은 「서류로 가득 찬」 언더우즈(Underwoods) 사무실 빌딩 에 있는 광고회사 메이페어(Mayfair)에서 타이피스트로 일하는 예쁜 소 녀의 이야기다. 그 곳에는 주간근무와 야간근무를 정리하는 장부 · 원 장 · 청구서 등등이 있었고, 모든 기계에는 가격이 붙어 있었으며, 서로 사랑하거나 질투하고, 수치심도 없이 서로를 속이는 사람들이 있었다. 릴리안은 멋쟁이 주인 펠릭스 그리그(Felix Grig)의 눈에 들었다. 그는 릴리안과 사랑에 빠져 그녀를 리비에라(Riviera)에 데리고 간다. 거기서 그녀는『타이프를 치는 소녀에서 탈출해 여성의 세상으로 들어가기로 결 정한다.』그리그는 릴리안을 임신시키고 결혼했지만 죽고 만다. 결국 그 녀는 회사를 인수하고 타이피스트들의 업무를 지휘한다. 『그녀는 타이피 스트들이 보아왔던 사람 가운데 가장 로맨틱한 사례가 되었다. 그녀와 같은 이야기는 연재소설의 중심내용이 되었고, 영화의 주제가 되었을 뿐 만 아니라 현실세계에서도 일어났다.』

그러나 미국인들에 비해 영국인들은 그 때까지도 사무실 인생을 좋게 보지 않았으며, 실패하게 되어 있는 인생으로 취급했다. 조지 오웰 (George Orwell : 1903~50, 영국의 소설가 · 수필가)의 소설 《하늘로 오르다(Coming up for Air, 1939)》에 나오는 주인공 볼링(Mr Bowling)은 보험회사의 사무실에서 보낸 그의 일생을 묘사하고 있다.

드디어 나는 직업을 갖게 됐어. 그리고 내가 전에 말했듯이 직업이 나를 차지했지. 나는 거의 18년 간이나 날아다니는 샐러맨더(역주 Salamander : 불 속에 산다는 전설의 괴물)와 같이 살았어. 나는 사무실에서 첫출발을 했지. 그러나 지금 나는 검사원(Inspector) 노릇을 하고 있어. 좀 그럴 듯하게 들릴지도 모르겠네만 대리인이라고나 할까······.

돌이켜보건대 내게도 인생이 있었다고 한다면, 나의 진정한 인생은 16세 때 이미 끝났다는 것을 알았다네. 내게 진정으로 중요한 것은 그 이전에 다 일어났었지. ··· 음··· 행복한 사람들에게는 역사가 없다고들 하지. 보험회사에 근무하는 녀석들에게도 마찬가지야.

존 보인턴 프리스틀리(John Boynton Priestley : 1894~1984, 영국의 작가 · 비평가)는 《천사의 포장 길(Angel Pavement)》을 1930년에 발표했다. 그것은 외국과의 경쟁에서 뒤지지 않으려고 치열하게 노력하는, 가구용 합판과 상감 세공품을 판매하는 지저분한 사무실에 관한 이야기였다. 젊은 사무원들은 『자신들의 일부를 떼어놓고 사는 것같아 보였는데, 그것도 가장 중요한 것을 정문 바깥 어디에 두고 온 것 같았다.』뭔가에 홀린 듯이 살아가는 회계사 스미스(Mr Smeeth)만이 「사무실에서 일하는 나날을 중요하고도 재미있는 사건들로 가득 차 있다」라고 느꼈다. 여비서 릴리안 매트필드(Lilian Matfield)는 「인생에 대해 거대하고도 억제할 수 없는 어떤 슬픔」을 위로하고 있는 듯이 보였으며, 단정치 못한 데다 나약한 상사 더징엄(Mr Dersingham)을 경멸했다. 그러나 발틱 출신의 외향적인 사업가 제임스 골스피(James Golspie)가 나타나면서부터 사무실의 분위기는 갑자기 변하게 된다. 그는 합판을 싸게 살 수 있는 거래처를 발견함으로써 다 망해가는 회사를 살린다. 그는 회사를 활기차게 만들었으며, 그의 산적같이 생긴 부리부리한 눈에 매혹당한 매트필드와 사랑에 빠진다. 그러나 몇 달 후 그는 영국인들에게 실망하고 남미로 떠나버린다. 『그들은 반쯤 죽은 사람들이야. 거의 대부분이 반쯤 죽었어. 배짱도 없고……. 나는 모두가 살아 있는 그런 곳을 바래.』

　여비서의 인생이란 남자들이 즐겨 묘사했던 것처럼 그 정도로 천한 것은 아니었다. 소설가이자 시인이었던 스티비 스미스(Stevie Smith : 1902~71, 영국 태생)는 비서로서 30년 간을 보냈는데, 대부분을 네빌 피어슨 경(Sir Neville Pearson)과 함께 했다. 그래서 그녀는 출판사의 회장인 피어슨을 위해 일상적인 업무를 대행했고, 사모님을 대신해서 장보러 가는 일도 맡았다. 1935년 그녀는 첫번째 소설을 발표했는데, 그것은 사무실에서 타이프칠 때 복사지로 쓴 노란색 종이에다 틈틈이 쓴 것이었다. 그래서 그녀는 그 작품을 《황색 종이 위의 소설(Novel on Yellow Paper)》라고 명명했다. 소설의 내용은, 교외에 살면서 상사인 퓌부스 경(Sir Phoebus)을 위해 만족스럽게 일하는 여비서 폼페이 캐스밀러스(Pompey Casmilus)에 관한 것이었다. 여비서와 상사는 따분한 사무실 인생에 꽤 익숙해 있었다. 『우리 둘 사이의 가장 큰 유대는 우리 모두 곧 싫증을 느끼는 그 행복한 방식에 있지.』『나는 바로 이 순간 퓌부스 경을 존경한다. 나는 진심으로, 그리고 감사하는 마음으로 그를 사랑한다. 그는 내가 언제나 조심스럽게 대하는 유일한 사람이다―― 그는 나에게 그렇게 대하지는 않지만. 마치 순종하는 당나귀처럼, 한결같이 행복한 생물처럼, 늘 기분이 좋아서 그리고 만족스럽게 의무를 수행한다.』

　그러나 따뜻한 작은 사무실은 한층 더 기계화된 사무실로 변해갔고, 따라서 사람들 사이의 정서적 유대감은 줄어들었으며, 창의성도 사라져갔다. 펄햄 G. 우드하우스(역주 Pelham G. Wodehouse : 1881~1975, 영국의 풍자소설가)에서 헨리 밀러에 이르는 작가들의 염려, 즉 인간이 큰 바퀴 속의 하나의 작은 부품이 되는 것에 대한 두려움은 점점 더 공감대를 넓혀갔다. 공장들은 점차 사무실을 닮아가는 한편, 사무실은 더욱더 공장을 닮아갔다. 1953년 사회학자 C. 라이트 밀스(C. Wright Mills)는 다음과 같이 썼다.

마천루가 들어서면서 길거리에 늘어선 조그만 가게들을 밀어내었기 때문에, 사무실은 결국 가게들이 담당했던 자유시장을 떠맡은 셈이었다. 마천루 속의 모든 사무실들은 엄청난 서류함으로 꽉 들어찼고, 현대사회의 일상적인 모습을 결정지은 수십억 장의 종이를 생산하는 대표적인 공장의 한 부분과 같았다. 서류들이 중역의 사무실에서부터 공장 바닥에 이르기까지 거미줄처럼 연결되어 있었다. 당신이 만들지도 않았고 알지도 못하는 수천 가지의 규칙들이, 전혀 만난 적도 없고 만난 일도 없는 사람들에 의해, 당신에게 적용되고 있다.

제 7 장

조직인간

미국이 만약 그들의 천재성을 파괴하는 일이 있다면, 그것은 다른
사람들을 희생한 대가로 사회적 미덕을 강화하는 것 때문일 것이고, 개인으로
하여금 자신을 사회적 상식에 대한 인질로 간주하게 됨으로써 일어날
것이며, 결국 다수의 독재를 만들고 말 것이다.
— 알렉시스 드 토크빌[Alexis De Tocqueville, 《미국의 민주주의(Democracy in America)》] —

제2차 세계대전은 거대기업을 영구적 기관으로 만들었으며, 새로운 경
제적·사회적 실체로서 받아들이도록 촉진했다. 1946년 피터 드러커는
다음과 같이 썼다. 『미국이 거대기업을 수용하느냐의 여부가 미국 정치
의 핵심적인 과제로 등장한 것은 10년도 채 되지 않았다.』『오늘날 그런
질문은 바보 같은 질문은 아니지만 무의미한 것이다.』드러커는 규모가
큰 대량생산 공장을 사회적 현실, 즉「우리들의 꿈을 실현해주는 대표적
인 기관」으로 인식했다. 제2차 세계대전은 미국과 영국의 기업인 모두에
게 대공황 때의 인기추락을 만회하고, 높은 자신감과 아울러 합법성을
제공했다. 그들은 제1차 세계대전 때처럼 정부의 관료로서 근무하기도
했고, 다시 기업의 관리자로 이동하여 계획업무·재조직 업무·조언업
무 등에 종사했으나, 그 전처럼 대규모는 아니었다. 그들은 완전히 새로
운 도시들을 건설했으며, 전쟁에 이기기 위해 헌신적인 노력으로 이바지
했으며, 공동의 목적과 성과달성이라는 의도를 가지고, 대공황 이후 처

음으로 완전고용을 달성하는 데 협조했다. 미국에서 그들은 산업적「기적」을 달성했다—— 그것은 전후 모든 기적의 전조였다—— 즉 상상도 못할 수준의 생산량 증가를 이룩한 것이었다. 그 기적은 자원의 이용이라기보다는 사람을 활용한 결과였고, 그들에게 참여의식을 불어 넣음으로써 달성한 것이었다. 제2차 세계대전 후 회사들은 그들의 협동정신과 창의력을 곧 상실했다. 관리자들은 기계적 태도로 되돌아갔고, 자신들과 근로자들을 다른 부류로 갈라놓았으며, 근로자들과 상의하지도 않고 자신들의 규칙을 일방적으로 적용하기만 했다.

이론상 그 곳에서는 민주주의 의식이 더욱 확산되었다. 히틀러에 대항한 전쟁은 독재나 전제적인 규범에 대해 반항심을 불러일으켰으며, 그것은 정치에서뿐만 아니라 기업에서도 마찬가지로 경영참여와 위원회 활동을 장려했다. 그리고 히틀러가 패한 후 정부뿐만 아니라 기업들은, 국민들을 돌봐주는 민주적 기관이라는 점을 증명해야 하는 과제를 공산주의적·사회주의적 체제로부터 도전받고 있다고 느꼈다. 그러나 전쟁은 기업들을 한층 더 군대체제와 닮아가게 했고, 명령과 통제에 의한 계획을 받아들이도록 했다. 공산주의 블록과 대치하여 냉전에 돌입하게 되자, 기업의 구조는 더욱더 관료주의화되었고, 없애버리려고 노력했던 공산당 정치국원과도 닮아갔다.

미국의 기업들은 거대한 군대질서에서뿐만 아니라 군대식 방식, 예를 들면 장기계획과 물류체계 등에서도 영향을 받았다. 그리고 전쟁이 끝난 후 많은 회사들은 장군들과 제독들을 임원이나 회장으로 초빙했다. 1953년 급진적인 사회비평가 라이트 밀스는『경영의 기간요원들은 스스로 군대식으로 변해갔다』라며 다음과 같이 서술했다.『사실 기업경영의 최고 아이디어는 군경력이 있는 고위층 인사들로부터 나왔다—— 전쟁 중에 기업인들이 그렇게도 불평했던 그「관료들」로부터 말이다.』기업의 관리자들—— 그들 가운데 많은 수는 전직 장교들이었다—— 은 스태프를 평가

하고 승진시키는 데 군대 방식을 모방했고, 수많은 신병들과 다양한 지원자들을 분류하고 선발하기 위해 군대가 개발한 심리검사법을 채택했었다. 따라서 회사인간은 한층 더 군대인간을 닮아갔고, 군대인간은 기업계로 옮겨와서도 추후에 유용하게 이용될 가치 있는 연결고리를 유지할 수 있었다. 전후 급작스런 군대의 해산은 군대식 질서의 붕괴를 초래했다. 27년 전 제1차 세계대전이 끝났을 때와 마찬가지로 거대한 무기제조 공장과 항공산업은 잠재적인 파산에 직면했다. 그러나 공산주의의 위협과 한국전쟁은 질서유지에 대한 새로운 그리고 지속적인 요청으로 작용했다. 그것은 국방산업 분야에서 보면 전대미문의 보호장치였다. 전시 동안 연방정부와 거래를 맺고 있던 주요 공급자들은 냉전시대에도 그 위치를 그대로 유지했다. 드와이트 D. 아이젠하워(Dwight D. Eisenhower : 1890~1969, 미국의 제34대 대통령) 또는 그의 연설원고 작성자가 1961년 처음으로 쓰기 시작한「군산복합체」는,「장군들」과 같은 의미를 갖고 있는 제너럴이라는 말로 시작하는 회사들——GM, GE, 그리고 제너럴 다이내믹스(General Dynamics : GD)—— 을 포함해, 몇몇 회사들과 긴밀히 협조하고 있는 국방부와는 지속적인 동반자였다. 무기생산회사들은 개인들에게 자유기업을 설교했지만, 사실 그들은 모두 그들의 생존을 국가에 의존하고 있음을 알고 있었다. 버뱅크(Burbank)에 있는 록히드(Lockheed)사의 사원들은 세인트루이스(St. Louis)에 있는 맥도널(McDonnell)사의 사원들과 경쟁했으나, 규칙과 상(賞)은 워싱턴에서 결정되었다.

1950~60년대 최대 기업들이 미국경제에서 차지하는 비율이 한층 더 커지면서 권력 집중도 계속되었다. 1947년 200대 제조회사들은 모든 제조기업들의 총자산 가운데 47%를 소유했었다. 1963년에 이르러서는 56%로 늘어났고, 1968년에는 61%로 증가했다. 그들은 그들이 소재하는 도시에 있는 마천루에서 그들의 권력을 행사했다. 피츠버그의 걸프(Gulf)

본사에서, 휴스턴의 텍사코(Texaco) 타워에서, 윈스턴샐렘(Winston-Salem)의 레이놀즈(Reynolds) 빌딩에서 말이다. 지금은 그들의 영광을 맨해튼에서 겨루고 있다. 마치 대운하를 따라 늘어선 베니스의 궁전처럼 파크 애비뉴(Park Avenue) 또는 식스 애비뉴(Sixth Avenue)를 따라 그 웅장함을 겨루고 있다. 그러나 가장 우아한 마천루는 대개 기업의 위원회나 이사회에서 결정한 것이 아니라 개인들이 세운 것이었다. 시그램(Seagram)사의 회장 부인이 추진한 시그램 빌딩이 그렇고, 레버(Lever)사의 별난 최고경영자 찰스 러크먼(Charles Luckman)이 추진한 레버 빌딩도 그렇다. 그 직후 러크먼은 해고당했다. 전후에 건설된 마천루의 대부분은, 엑슨이나 시티뱅크(Citibank) 본사처럼, 그 회사를 운영했던 회사인간과 마찬가지로 누가 주인인가 하는 것은 중요하지 않았다.

경영혁명

거대회사의 법률적 소유주, 즉 주주는 지금은 거의 연금기금 그리고 보험회사 등과 같은 「기관들」인데, 그들은 대체로 회사경영에 개입할 의사가 없었다. 기업의 소유권에 대해 최초로 분석한 법률가 겸 정치인인 아돌프 벌리(Adolf Berle, 1895~ ?)는 『기관의 무간섭 정책이란, 기업의 임원들과 경영층들이 그 기업의 주식을 보유하고 있으므로, 그들의 위치는 점점 더 자신이 추천하게 되고 도전할 수 없는 것으로 되어간다는 것을 의미한다』라고 기록했다. 『그런 추세가 계속되면서, 그것은 기업경영에 있어 절대적인 권력을 고착시킨다.』

한때 트로츠키주의자였던 제임스 버넘(James Burnham : 1905~ , 미국의 철학자·사회평론가)은, 1940년 그 제목이 경영학의 일상용어가 된 바 있는 《경영혁명(The Managerial Revolution)》에서 변화하는 기업 소유권의 정치적·사회적 의미를 철저히 분석했다. 그는 소유권의 이동과정을 『지금까지 우리가 자본주의적 또는 부르주아적이라고 불렀던 그런 종류의 사회로부터, 「경영적」이라고 불렀던 그런 종류의 사회로 바뀐다』라고 서술했다. 그리고 새로운 경영자가 자본주의 국가와 공산주의 국가 모두에서 어떻게 지배계층이 되는가를 분석했다. 그는 다음과 같이 주장했다. 『현대사회의 지배계층인 자본가들은 그들의 지배권을 상실하고 있다. 왜냐하면 그들로 하여금 지배계층의 자리에 있게끔 한 사회구조가 변하고 있기 때문이다. 그리고 우리가 보는 바와 같이 그것은 내일의 일이 아니라, 지금 그렇게 되고 있다. 새로운 사회구조가 확립되면, 자본가들은 사라지고 말 것이다.』

자본가라는 말이 한물 가면서 자본가들도 눈에 띄지 않게 되었다. 기업에서 경영자의 모습은 매년 개최되는 주주총회에서 강하게 부각되었고, 그것은 공중관계를 향상하기 위해 점점 더 교묘하게 선전되고 사전 조정되었다. 주주총회의 회장은 만장일치의 결정을 선포했고, 기존 임원들에 의해 선발된 신규임원의 선출을 공표했다. 점점 더 소수의 주주들만이 회사의 계획에 대해 반발했고 좌절시키려 노력했다. 그러나 그들은 현상유지를 바라는 대주주·연금기금·보험회사들을 어찌할 수가 없었다. 책임소재의 불명에 대해서는 GE의 전 부사장 T. K. 퀸(T. K. Quinn)이 폭로했는데, 그는 1953년 《거대기업(Giant Business)》에서 다음과 같이 말했다. 『사실 그 당시 우리는 선출되지 않은, 자천한 경영자와 임원, 즉 민주주의적 방식과는 정반대로 구성된 사람들에 의해 통치되는 거대한 경제국가를 갖고 있었다.』

경영자들은 자신의 지위를 영구화하고 승진과 안정을 강화하기 위해 그들만의 왕국을 확고하게 만들었다. 「경영자 개발(management development)」은 새로운 유행이 되었고, 1955년까지 미국의 대기업 가운데 반은 경영자 개발을 위한 특수 프로그램을 갖게 되었다. 그것은 표면상으로는 기업의 영속성을 확보하기 위한 것이라고 했으나 근본적으로 경영계층을 영구화하려는 속셈이었다.

새로운 계층의 경영자들이 전임자들보다 기업가적 능력이 떨어지는 것은 놀랄 일이 아니었다. 1950년 마블 뉴코머(Mabel Newcomer)는 자산이 7,500만 달러 이상인 회사의 최고경영자들을 분석했는데, 그 결과 전형적인 최고경영자는 공화당원으로서 성공회 신자였으며, 나이는 61세로서 70세에는 은퇴할 예정이었다. 그는 회사주식의 0.1% 미만을 소유하고 있었고, 독자적으로 사업을 해본 경험이나 자신의 기업을 소유한 적이 없었다. 차라리 그의 부친은 그랬을런지도 모른다. 급성장하는 회사들의 사정은 훨씬 다양했다. 그들의 전형적인 최고경영자는 보다 폭넓은 경험을 했으며, 법률가나 기술자들은 비교적 적었고, 5년 정도 빨리 최고경영자의 자리에 올라갔다. 뉴코머는 오래 된 기업 사이에 볼 수 있는 관료화 징후에 대해서는 우려하지 않았다. 『그들의 전임자들과는 달리, 상상력과 대담성의 부족은 생산문제에 있어서는 한층 더 과학적 접근으로 해결했고, 계획과 연구활동을 강화함으로써 보완하는 것 같았다.』

그러나 소유주의 소멸은 책임 소재가 진정코 어디에 있는가 하는 의문을 남겼다. 경영자들이란 서로가 서로에 대해 책임을 지고 있었으므로, 자연히 그들의 승진이나 장래를 해칠 위험이 있는 일을 기피했다. 문학자 에드먼드 윌슨(Edmund Wilson : 1895~1972, 미국의 평론가)은 자본주의 사회를 「책임을 회피하는 광대한 체계」라고 정의했다. 그리고 사회학자 라이트 밀스는 다음과 같은 문구를 만들었다. 『모든 관리자들은 집단적인 책임을 지지 않도록 조직된 「중간관리자」들이다.』 밀스가 파악한 기업의 실체는 한층 더 황당한 것이었다. 『자본주의 정신은 관료화되었고, 기업은 무생물화되었다. …중요한 것은 회사 이름 그 자체였고, 그 이름은 회사 수뇌부의 개인적 특성과는 아무런 관계도 없었다. 회사 이름은 회사가 취급하는 제품과 관련이 있었고, 일반대중에게 잘 전달되도록 교묘하게 관리되었다.』

많은 기업가들뿐만 아니라 그들에 대한 비평가들마저도 새로운 회사인간의 통일성에 대해 염려했다. 교육학자 클라크 커(Clark Kerr : 1911~)는 1953년 7월 〈포천(Fortune)〉지에다 『개개인의 독립적인 영혼은 어디로 갔단 말인가?』하고 기고한 석이 있다. 그는 개인들이 「어떤 조직에 전적인 몰입」을 피하기 위해 스스로 보호장치를 개발하라고 촉구했다. 그의 관심은, 미국인들이 자신의 개인적 목적을 향한 「내적 충동」을 상실하고 있으며, 서로 기쁘게 해주려는 생각에만 빠져 있고, 「타인 지향(other-directed)」으로 되어가는 데 대한 우려였다. 「타인 지향」이라는 말은 법률가이자 사회학자인 데이비드 리스먼(David Riesman : 1909~)이 1950년 발간한 《고독한 군중(The Lonely Crowd)》에서 처음으로 사용한 용어였다. 그는 헨리 포드 시대 이후 기업인들이 기본적으로 어떻게 변해왔는지를 묘사했다. 즉 물질추구와 새로운 분야에 대한 일반적인 도전과 투쟁에서부터 동료들과의 관계에 이르기까지 기술했다. 변화는 그들의 제품에 포함된 회사의 이익을 잠식했다고 그는 경고했다. 기계공이든, 의사든, 저널리스트든간에 그들의 직업에서 성공한 장인들은 그들 자신의 기술을 버리고, 오래 된 능력을 사용할 필요 없이, 책상에 앉아 있는 관리자가 되면 더 많은 돈을 벌 수 있었다. 『어떤 사람이 자신의 직업에서 성공하게 되면, 그는 그 직업에서 떠나도록 강요받는다.』

전후 이상주의는 25년 전과 마찬가지로 통일성에 대한 분개를 폭발시켰다. 그것은 슬론 윌슨(Sloan Wilson)의 인기소설 《회색 플란넬 정장의 신사(The Man in the Gray Flannel Suit)》에 잘 표현되었다──그것은 또한 1956년 그레고리 펙(Gregory Peck)이 주인공 역을 맡은 영화 때문에 한층 더 유명해졌다. 그 책은 전쟁 중 사람을 죽이고, 이탈리아에 사생아를 두고 떠나온 죄책감에 사로잡힌 제대군인 톰 래스(Tom Rath)의 이야기였다. 그는 뉴욕에서 직업을 얻으려고 노력했는데, 직업은 자신의 본래 모습을 유지하고 그의 이상적인 아내로부터 존경을 받는 데 필수적이었다. 직업을 얻는 대신, 그는 성실한 성격의 방송재벌을 위해, 스스로 타당하다고 생각지도 않는 연설문 쓰는 일을 하게 되었다. 그러나 그는『나는 먹기를 원한다. 그것도 회색 플란넬 정장을 입은 다른 50만 명의 사람들과 같이 말이다. 나는 언제나 동의하는 체해야 할 것이다. 나의 생각을 정직하게 밝혀도 상심하지 않을 정도로 내 자신이 성장할 때까지는 말이다』라고 말했다. 기업가 기질을 갖춘 그의 상사는 톰의 자아정체성을 좋아했고, 그를 따뜻하게 그리고 힘껏 돌봐주었다. 톰은 아내에게 다음과 같이 말했다.

전쟁에서 돌아온 후 내가 원했던 것이 무엇인지 정말로 모르겠어. 그러나 내가 보는 것이라곤 유망한 젊은이들이 회색 플란넬 정장을 입고 뉴욕 거리를 지나 미친 듯이 어디론가 사라지는 것뿐인 것 같아. 내가 보기에 그들은 이상도 행복도 추구하는 것 같지 않아—— 그들은 일상을 쫓고만 있어. 오랫동안 나는 옆에 비켜서서 그 행렬을 보고만 있는 것 같아. 그리고 나 또한 회색 플란넬 정장을 입고 있는 것을 힐끗 쳐다보면 충격을 받지 않을 수 없어.

1956년 〈포천〉지의 젊은 편집자 윌리엄 H. 화이트(William H. Whyte)는 《조직인간(Organization Man)》을 출판했다. 이 책은 미국 회사인간들의 점증하는 통일성에 대한 사회학적인 증거를 제공했다. 화이트는 회색의 플란넬 정장과 같은「표면상의 통일성」을 우려한 것이 아니라, 뿌리 깊게 자리잡은 변화, 즉 미국의 전통적·청교도주의적 윤리가 사라지고 개인을 집단에 종속시키는「사회윤리」를 걱정했다—— 마치 중세시대처럼 소속에 대한 초기적 의미로 되돌아간 듯한 변화 말이다. 그는 사회적 통일성을 학교에서, 대학에서, 그리고 회사의 계층구조에서, 교외의 거주지에서 확인했다. 그는 일리노이 주 파크 포레스트(Park

Forest)에 있는 회사에서 상세한 면접을 실행했다. 거기에서 그는, 가정이 보다 큰 집단의 한 부분으로 되고, 「비과시적 소비」를 하도록 권장되고, 「조직의 아이들」을 생산하도록 조정되는 것을 파악했다. 화이트는, 사회윤리는 위험스러울 정도로 정적이고 자기파괴적이며, 미국적 혁신과 과학적 발견에 대한 장애물이라고 경고했다. 그는 손쉬운 해결책을 제시하지는 않았다——『개인과 사회의 갈등은 언제나 딜레마였다』—— 그러나 그는 조직인간에게 조직과 싸우도록 요청했다.

회색 플란넬 정장의 조직인간은 곧 기업신화에 빠져들고는 많은 최고경영자들로 하여금 그들이 사실상 개인들이라고 고백하도록 강요했다. 1959년 뒤퐁의 회장 크로퍼드 그린왈트(Crawford Greenewalt)—— 벌새에 관해 중요한 연구를 한 식견 높은 학자였다—— 는, 자신은 회색 플란넬 정장을 한 벌도 갖고 있지 않다고 하면서, 거대기업들은 통일적이라는 신념을 반박하는 연설을 했다. 그는 미국의 기업인들이 『역사가들로부터 무시당했고, 문학가들로부터 질책받았으며, 그리고 사회비평가들로부터 두들겨 맞았다』라고 불평했다. 그는 록펠러나 J. 피어포인트 모건(J. Pierpoint Morgan : 1837~1913, 미국의 실업가·은행가)과 같은 특색 있는 개척자들이 「어떤 올바른 익명의 사회기관들」에 계승되었고, 개인들의 노력은 점진적으로 집단의 노력으로 통합되었다는 것을 인정했다. 그는 또한 비인간화의 징후에 대해서도 관심을 쏟았다. 그는 『개인의 자질을 판단하는 데 심리 테스트 전문가들에게 의존하는 것은 개인의 존엄성을 해친다』라는 것을 알았다. 그러나 그는 개인성의 상실에 대해 우려하지는 않았다. 『중역이 유능하면 할수록 그의 정체성과 인간성은 그가 속한 조직의 배경 속으로 더욱 묻혀버린다.』 그리고 그는 기업이 중세시대의 단일성으로 환원되고 있다는 화이트의 주장을 확인하는 셈이었다. 『노동자 집단은 피라미드를 만들었고, 장인 집단은 중세시대의 교회를 만들었다. 그러나 지금은 처음으로 경영자 자신이 집단적 방향·집단적 주체성, 그리고 집단적 책임을 지려고 집단적으로 노력하고 있다.』

회사인간에 대한 비판은 저널리스트 밴스 패커드(Vance Packard : 1914~ , 미국의 사회비평가, 작가)에 의해 더욱 가혹하게 제기되었다. 그는 《숨은 설득자들(The Hidden Persuaders, 1957)》을 통해 무의식 광고를 공개함으로써 유명해졌다. 1959년 그는 《출세주의자(The Status Seekers)》에서 거대기업들이 거의 군대나 관료와 같은 계급을 이용해 경영계층과 지위를 만듦으로써 어떻게 새로운 국가적 계층구조를 창조했는가 하는 것을 묘사했다. 그들은 사무실 크기, 책상 크기, 자동차 크기 등으로 다양한 지위의 모습을 고안했다. 그런 한편 미국의 가정이 점점 더 이동적이 되면서 그들 회사의 계층구조를 지역공동체에다 한층 더 효과적으로 적용했다. 패커드는, 미국은 「광범위한 관료주의적 기관의 성장에 적응하려고 여전히 절망적으로 노력」하고 있다고 불평했다. 그는 4년 후 다시 공격을 했다. 《피라미드를 오르는 자(The Pyramid Climbers)》는 종업원들에 대한 회사의 간섭을 비판하는 것이었다. 그는 『사적 관료주의는 최근 중간관리계층 수준에서 개인에 대해 한층 더 위협적으로 간섭하고 있으며, 또한 개인을 한층 더 교묘하게 속이고 있다』라고 보고했다.

에소의 고립

미국의 거대기업들 대부분은 그당시 각종 위원회에 의해 제약받고 있었고, 그리고 그들의 공공 이미지에 대해 우려하고 있는 전문경영자들에 의해 경영되고 있었다. 석유회사는 해적과 같았던 선대의 창업자 시대보다 훨씬 더 얌전해졌으며, 최대의 석유회사 스탠더드 오일 오브 뉴저지 또는 에소는 1942년 월터 티글이 배신자로 기소당한──(기업사가에 의하면) 이사회의 사기를 산산이 부숴놓을 정도의 혼란을 야기한 —— 이후 특히 신경을 쓰고 있었다.

그들의 새로운 회장 프랭크 에이브럼스(Frank Abrams)는 과거 정유회사의 경영자였는데, 회사가 사회로부터 고립되는 것을 걱정했다. 그는 1946년 그의 동료들에게『이 나라, 그리고 또 다른 나라의 수백만 시민들은 우리들의 주주를 우리가 논의하고 숙고한 것과 똑같이 인식하고 있다』라고 말했다. 그로부터 3년 후 그는 기업인들이「이 나라의 사회적 질서가 근본적으로 변했다는 것」을 이해하고 있는지, 아니면「우리가 살아온 방식에 눈이 멀어 있는지」걱정했다. 그는 그와 그의 동료들을『매우 평범한 인간으로 출발했으나… 그러나 우리들은 우리가 출발한 그 평범한 인간들과의 관계를 유지하지 못했다』라고 설명했다.

에소의 최고경영자 유진 홀먼(Eugene Holman) —— 1960년까지 16년간 그 직위를 지켰다 —— 은 석유뿐만 아니라 스태프에 대해서도 장기계획을 수립한 지질학자였는데,「물질적 재산의 보유와도 비교할 수 있는 중요 인물들의 보유와 개발」을 위한 계획도 고안했다(이는 사람을「인적 자원(human resources)」으로 부르게 된 추세를 불러일으킨 한 원인이 되었다). 그러나 다른 석유회사 사람들과 마찬가지로 에소의 경영자들은 정유 외에는 폭넓은 경험을 지속적으로 쌓을 수 없었다. 제2차 세계대전 후 에소는 사우디아라비아와 이란의 회사들과 컨소시엄을 형성해 중동으로 진출함으로써 이익을 보았으나 정치적 분별력은 부족했다. 나중에 회장이 된 먼로 래스본(Monroe Rathbone)은 석유수출국기구(Organization of Petroleum Exporting Countries : OPEC)의 창설을 촉진한 1960년의 경솔한 석유가격 인하 결정에 대해 책임이 있었다.

GM의 위원회

GM은 그 어느 때보다도 거대기업의 원형 이상이었다. GM은 제2차 세계대전쟁 중에도 경영능력을 발휘했으며, 그 당시 50만 명의 종업원을 고용했었다. 분권적 경영구조의 설계사 알프레드 슬론은 1937년 사장에서 회장으로 승진했고, 그 후 20년 간 그 자리를 지켰으며, 80세 때 은퇴했다. 1941년 찰스 윌슨(Charles Wilson)은 사장자리를 물려받았고, 1953년 아이젠하워 대통령이 그를 국방장관으로 발탁할 때까지 그 자리에 있었다. 그는 국방장관 재직 중 미국에 새로운 고속도로를 건설하도록 조치했는데, 표면적으로는 국방상 목적이었지만, 그것은 자동차 산업에 새로운 기회를 제공했다. 그의 두 가지 경력은 GM과 미국정부의 긴밀한 관계를 상징적으로 나타내주는 것이었다. 그리고 그 관계는 그가 했다는 말, 즉 『몇 년 간 (그는 실제로 이런 말을 했다) 나는, 우리나라에게 좋은 것은 GM에도 좋으며 그 반대도 마찬가지라고 생각한다』로 요약되었다.

그러나 GM은 자신의 경영방식을 인간화하는 데는 실패했다. 전쟁중의 성과는 미숙련 근로자를 채용해 달성한 것이었으며, 관리자의 부족으로 미숙련 근로자들이 스스로 책임을 지게 한 결과였다. GM에 대한 보고서를 쓰도록 요청받은 드러커는 책임지는 근로자 그리고 자율경영공장의 아이디어는 GM이 개발했다고 강력히 충고했다. 윌슨은 그 보고서를 환영했고, 근로자들과 대화를 시작했으며, 「나의 일, 그리고 왜 나는 이 일을 좋아하는가」라는 보고서를 근로자들로 하여금 쓰게 했다. 그러나 노동조합은 이를 거절했으며, 파업을 일으키겠다고 위협했다. 한편 회장으로서 슬론은 책임지는 근로자에 대한 어떤 아이디어도 거부했다. 근로자와 경영자 모두 전통적인 구분을 선호했다. 『경영자는 경영하고, 근로자는 일한다.』1946년 드러커의 보고서는 《기업의 개념(Concept of the Corporation)》이라는 책으로 발간되었다. 그 책에서 그는, 노동은 자원으로 취급되어야 하고 비용으로 간주되어서는 안 된다고 주장했으며, 대기업은 사회에 대해 특별한 책임이 있다고 강조했다. 그는 고립적인 경영자의 한계와 「군대정신」에 토대를 둔 편협성을 예언적으로 경고했다.

그 책은 슬론을 포함해 GM의 경영자들을 분노케 했다. 슬론은 그 뒤 자신의 의견을 밝힌 책을 출판했다(제5장 참조). 그러나 드러커의 사상은 금방 포드 · GE 등을 포함한 많은 대기업들에 의해 수용되었고, 그의 책은 일본에서 재빨리 번역되어 도요타를 포함해 다수의 일본기업들에게 영향을 주었다. 슬론과 윌슨을 이어받은 회장들은——제임스 로셰(James Roche), 리처드 거스텐버그(Richard Gerstenberg), 토머스 머피(Thomas Murphy)——남의 눈에 잘 띄지 않는 사람들이었고, 외부인의 눈에 거의 드러나지 않았다. 그들은 모두 중서부 지역의 작은 도시출신으로 GM의 위원회를 통해 발탁되었고 전통적인 공화당 지지파였다. 그들은 슬론의 경영방식을 공고히 했고, 물론 인간적인 고려는 하지 않았다. 그럼에도 불구하고 GM은 여전히 집단적 의사결정과 위원회 방식을 통한 대기업 운영방식의 모델처럼 인식되고 있다. 이에 대해 어느 임원은 다음과 같이 묘사했다.

위원회가 바로 회사다. 그리고 회사에서 출세하는 방법 가운데 하나는 위원회 사람이 되는 것이다. 우선 위원회 구성원의 비서가 되어야 한다. 일반적으로 GM에서 성공한 사람은 일찍 회사에 들어와서 말단 자리부터 출발한 사람이다. 최고경영자까지 간다는 야심 같은 것도 없다. 그저 열심히 근무하고 몇몇은 마침내 최고경영자가 된다. 외부인의 눈으로 볼 때 그들은 그렇게 감동적이지도 않다. 그들은 인간으로서 그렇게 흥미롭지도 않다. 그들은 평범한 말로 이야기하는 경향이 있다. 그들이 아는 것이라고는 자동차 산업뿐이다.

IBM의 길들여진 오리

1960년대 IBM은 이미 GM을 대규모 조직의 모델로서 인식했고, GM의 동기부여방식 등을 본받았다. 그리고 그것을 엔디콧에 새로 지은 멋진 공장·연구실 그리고 야심적인 일단의 판매원들에게 적용했다. 토머스 윗슨은 폭발적인 컴퓨터 기술과 정보수요를 충분히 활용했고, 대학과 긴밀히 협력할 것을 모색했는데, 그것은 IBM이 컴퓨터로 가게 된 돌파구였다. IBM의 건물들은 공장보다는 대학 캠퍼스 형식을 채용했다. 아몬크(Armonk)에 지은 흰색 신축 본사건물은 중앙에 일본식 정원을 만들어 선(禪)을 할 때처럼 조용한 분위기와 평등주의적 분위기를 유지하고 있다. 점심식사를 하기 위해 간이식당으로 갔을 때 나는 회장 뒤에 줄을 서야만 했다. 윗슨은 IBM의 가장 중요한 믿음은 「개인에 대한 존중심」이라고 주장했다. 그리고 그는 「야생 오리」를 장려했다. 그는 쇠렌 키에르케고르(역주 Sören Kierkegaard : 1813~55, 덴마크의 신학적·철학적 사상가, 실존주의에 영향을 줌)의 비유, 즉 길들여진 오리가 살이 찌고 게을러져서 야생 오리들과 함께 날아가지 못한다는 이야기를 인용했다. 윗슨은 『당신은 야생 오리를 길들일 수 있다. 그러나 당신은 길든 오리를 다시는 야생으로 돌려보낼 수 없다. 그리고 IBM에서는 오리를 길들이려고 하지 않는다』라고 말했다.

그러나 IBM에는 길들여진 오리들로 가득 차 있었다. IBM은 여전히 회사인간에게 엄격한 통일성을 강조하고 있었는데, 그들의 흰색 와이셔츠와 검정색 정장은 대학 캠퍼스와 같은 열정 및 그 슬로건 「THINK」와는 서로 모순되었다. 소설가 피터 드 브리스(Peter de Vries)는 회사의 지시문을 문자 그대로 받아들인 회사중역의 이야기를 한 적이 있는데,

그에게 여러 가지 철학적 의문을 제시하여 그를 해고해버렸다는 그런 이야기였다. 『만약 내가 「생각」해보라는 푯말을 만나기라도 한다면, 나는 생각하기 전에 두번쯤 더 생각해볼 거야.』

1956년 윗슨이 사망하자 그의 아들 토머스 윗슨 2세(Thomas Watson Junior)가 회사를 계승했는데, 그는 훨씬 인간적이었고 감성적인 상사로서 개인성에 관해서는 회의적인 인물이었다. 그는 회사의 극단적인 중앙집중방식을 조정했고, GM의 라인과 스태프 방식을 채용했으며, 20명 가량의 경영팀을 임명했다. 그러나 원자탄을 개발하는 것보다도 더 많은 개발비용이 투입된 것으로 추정되는 거대한 360 컴퓨터를 포함해, 급속한 기술발전은 여전히 강력한 중앙집중식 의사결정을 필요로 했다. 그리고 IBM은 소규모 컴퓨터 회사를 죽이려고, 그리고 고성능 슈퍼컴퓨터를 개발한 컨트롤 데이터(Control Data)사와 같은 민첩한 경쟁자를 파멸시키기 위해 독점적 지위를 무자비하게 휘둘렀다. 컨트롤 데이터는 IBM을 반독점금지법 위반으로 고소했다. IBM은 1970년 윗슨 2세가 심장마비로 은퇴한 뒤에도 여전히 난공불락처럼 보였고 성장과 이익 면에서도 기록적이었다. 그러나 IBM은 이미 컴퓨터 하드웨어와 소프트웨어 부문에서 참신한 창의성의 물결을 잃어가기 시작했다.

기술관료 구조

1950~60년대 많은 경제학자들의 눈에 비친 미국의 기업들은 사회의 심장부에 있는 영원하고도 자율적인 권력으로 인식되었다. 이를 케네스 갤브레이스([역주] Kenneth Galbraith : 1908~ , 캐나다 태생의 미국 경제학자 · 외교관)는 1966년 그의 책 《새로운 산업국가(The New Industrial State)》에서 서술했다. 갤브레이스는 경영자 위원회 · 기술자 위원회 · 각종 전문가 위원회가 어떻게 「기술관료구조(technostructure)」를 만드는

지, 그리고 어떻게 대규모 생산조직이 「그가 봉사해야 할 시장을 지배하
게 되고, 더 나아가 고객이 필요한 것을 갖게 하는지」를 묘사했다. 그
는, 기업이 광고를 통해 소비자를 속여 제품을 사도록 하는 것에 대해
그리고 연구자금을 제공하고 학계를 설득해 길들여진 조직인간을 만들도
록 하는 것을 설명했다. 모든 구조는 이익을 유지하기 위한 것이었고,
산업 시스템은 대기업이 돈을 잃지 않도록 보장하기 위해 기술관료주의
를 채용했다. 1964년 미국의 100대 기업들은 모두 이익을 냈다. 1957년
약간의 불경기 때에도 적자를 기록한 회사는 없었다. 『주주에게 적당한
배당을 줄 수 있고 재투자를 위한 유보를 할 수 있을 정도의 이익이 나
는 한 경영권은 기술관료주의와 더불어 안전하게 유지된다.』 다른 많은
비평가들과 마찬가지로 갤브레이스는 대기업을, 그들의 단점에도 불구하
고 경제적 필수품이자 사회적 필수품으로 보았고, 기업은 과점을 통해
가격을 통제함으로써 이익을 올리고 미래의 연구개발을 위한 자금을 조
달할 수 있다고 생각했다. 소비자는 자신이 속고 있으며 선택의 여지가
적다고 불평하겠지만, 대체할 만한 다른 공급자가 없었다. 대기업은 그
들의 통제를 지속하기 위해 경영계층과 기술관료주의를 필요로 하는 것
같았다. 다수의 회사인간들이 생산적으로 고용되어 있지 않다는 사실을
인식하거나 염려한 비평가들은 거의 없었다. 회사들은, 자신들이 엉터리
직원들을 고용해 엉터리 제품을 만들고 있다는 것을 알아차린 것은
1970년대 국제적 경쟁이 치열해졌을 때였다.

　회장들은 기업의 이익을 최대화하는 데는 점점 더 흥미를 잃어갔고,
사회에 대한 그들의 책임과 의무에 대해 말하고 있었다——그 솔직성은
사람에 따라 다르지만——그것이 교육이든 공동체든 정치적 목적이든
간에 말이다. 그 대신 그들은 사회가 스스로 그들의 목적에 적응하기를
기대했다. 그들은 그들의 기업이 점점 더 사회와 긴밀하게 통합되는 과
정을 지켜보았다. 기업의 탐욕에 대해 비판했던 과거의 몇몇 사람들은

기업 심장부로부터 일고 있는 변화를 환영했다. 다른 사람들은 그것을 경영자들의 통제권을 확대하기 위한 것이라고 보았다. 아돌프 벌리가 말한 것처럼 『우리들의 조상은 기업은 양심이 없다고 두려워했다. 그러나 오늘날의 우리들은 어쩌면 기업이 양심이 있다는, 한층 더 차갑고 훨씬 더 현대적인 공포에 사로잡혀 있는 것 같다.』

기업들은 합리적인 것과는 거리가 멀뿐더러 경제학자들이 묘사한 대로 이익추구 조직이라는 점을 지적하는 일은 코미디나 풍자소설에 맡겨졌다. 그리고 군대와 마찬가지로, 심각한 경쟁에 도전받지 않을 때에는 기업 스스로 부패했으며, 부정한 짓도 도모했다.

사무실 인생에 대해 가장 기억에 남는 영화는 빌리 와일더(Billy Wilder : 1906~ , 오스트리아의 영화 시나리오 작가 · 감독)의 〈아파트(The Apartment, 1960)〉로서 잭 레먼(Jack Lemmon)이 뉴욕 주 어느 보험회사의 정신 나간 젊은 중역 역할을 맡았다. 『여기에는 아마도 많은 종업원들이 있겠지만, 우리 모두는 하나의 행복한 큰 가족이야.』 스태프들은 책상이 줄지어 있는 커다란 개방형 사무실에서 그들만이 알아들을 수 있는 용어를 쓰면서 일했다(프리미엄으로 말할 것 같으면… 청구서를 말할 것 같으면… 지난해 8월보다 18%나… 등등). 그러나 고위경영자들은 유리 칸막이로 된 사무실에서 비서들과 함께 성희롱을 즐기고 있었다. 주인공은, 고위경영자들이 정사를 즐길 수 있도록 자신의 아파트 열쇠를 빌려준다. 그 대가로 그는 임원보로 승진하고 중역 식당에서 점심을 먹을 수 있는 특권을 얻고, 칸막이 사무실과 중역만이 사용하는 화장실 열쇠를 확보하게 된다. 그러나 그는 마침내 회사의 도덕적 타락을 거절한다. 그는, 셜리 매클레인(Shirley Maclaine)이 역할을 맡은 엘리베이터 걸 큐벨릭(Kubelik)에게 『나는 사람이 되기로 마음먹었어. 무슨 뜻인지 알아? 인간 말이야, 인간』이라고 말한다. 그녀는 술에 취해 중얼거린다. 『과자로 말할 것 같으면, 그게 바로 부서지는 방법이지.』 회사에서 성공하는 방법을 가르쳐주는 인기 있는 지침은 뮤지컬 〈노력하지 않고 회사에서 성공하는 법(How to Succeed in Business Without Really Trying)〉에 잘 풍자되어 있다. 그것은 셰퍼드 미드(Shepherd Mead)의 소설을 바탕으로 한 것인데, 1967년에는 영화로도 제작되었다. 뮤지컬의 주인공은 빌딩의 창문닦이로 출발해서 사무실 빌딩 안을 훔쳐보곤 하다가 성공 안내자를 만난다. 그 안내자는 자신의 회사를 선택하는 방법을 가르쳐준다. 『확실히 해야 할 것은, 회사의 규모가 충분히 큰 것이어서 다른 사람이 뭘 하는지를 아무도 몰라야만 해.』그는 그 회사에 입사한다. 그 곳은 어디에서 만들었는지도 모를, 밀집모자를 쓴 채 음모를 꾸미는 중역으로 가득 차 있었다. 『뭐 이런 공장이 다 있어?』경박한 여비서들은 손톱에 매니큐어를 바르고 머리를 가다듬고 화장을 하고 커피 한 잔을 들고는 일을 시작한다. 임원들은 되풀이해서 노래한다. 『나는 회사방식대로 일하고 있어. 회사가 나를 어디로 보내든, 나는 그 곳에서 근무하지.』주인공은 안내자가 일러준 교훈을 따른다. 절대로 위험한 짓을 하지 않고, 언제나 잘못은 다른 사람 탓으로 돌리고, 다른 사람들의 아이디어를 훔친다. 그는 우편물 담당으로부터 시작하지만 상사와 상사의 멍청한 여자친구의 비위를 잘 맞추어 급속히 승진한다. 그는 상사와 같은 올드 아이비(Old Ivy) 대학 출신이라고 꾸며대지만, 마침내 창문닦이였다는 것을 실토한다. 이에 대해 회장은, 은퇴할 무렵, 자신도 역시 창문닦이로 출발했다는 것을 고백하고는 주인공을 그의 후계자로 당당하게 지명한다.

거대기업들이 점점 더 관료적으로, 그리고 익명성을 띠어가면서 창의성과 개인의 자율성과는 더욱더 멀어져 갔다. 조지프 헬러(Joseph Heller : 1923~ , 미국의 소설가)는 《캐치 22(Catch 22)》를 쓰기 전까지는 광고회사에 근무했는데, 1974년 그의 소설 《뭐가 일어났어(Something Happened)》에서 12명의 노인들이 운영하는 자동차사고 보험회사의 생활을 묘사했다. 그러나 주인공은 『누가 진실로 회사를 운영하는지 아무도 확실히 모른다』라고 말한다. 그 회사는 공포에 의해 유지되고 있다. 『이 회사의 모든 사람들은 회사의 다른 사람들을 두려워한다.』

소설가 커트 본굿(Kurt Vonnegut : 1922~ , 미국의 소설가)은 한때 GE에서 근무한 적도 있는데, 나중에 회사의 연례적인 하계집회를 「단체시합, 합창, 횃불과 불꽃놀이, 음탕한 놀이, 공짜 술과 담배로 가득 찬, 사기를 북돋우는 잔치」로 묘사했다. 그리고 그는 거대한 제조공장으로 일하러 가는 젊은 저널리스트에 관한 소설을 썼다. 그는 인사고과제도 ── 외형 · 충성심 또는 신속성을 기준으로 하는 ── 그리고 월급상승과 고참사원들을 위한 「4반 세기 클럽」 등에 대해 듣고는 분개한다. 그러다가 그는 회사의 경비원들에게 잡혀 연구실에 갇힌 야생사슴을 발견한다. 주인공은 담장을 무너뜨리고 사슴을 숲 속으로 도망치게 하고는, 자신도 그 뒤를 따라간다.

기업이 가장 빈번하게 비판받은 것은, 전후 그들이 미움을 사게 된 무자비한 행동에 대해서가 아니라, 기업의 자선행동 때문이었다. 앨런 해링턴(Alan Harrington)의 저서 《수정 궁전의 생활(Life in the Crystal Palace, 1959)》은 도스토예프스키(Feodor Dostoevsky : 1821~81)의 소설 《지하생활자의 수기(Notes from Underground)》에서 제목을 딴 것인데, 교외의 대기업에서 보낸 3년 간의 생활을 묘사한 것으로, 회사인간이 도저히 빠져나올 수 없는 자비로운 미로에 관한 내용을 다루었다. 소설에 등장하는 어느 인물은 『우리는 우리들의 직업에, 그리고 미래에 대해 걱정하지도 않을 뿐만 아니라, 다른 어떤 것에 대해서도 마찬가지다』라고 말했다. 해링턴은 모든 회사들이 자유기업에 대해 말하지만, 기업은 아무도 해고당하지 않는 국가관료주의와 닮았다는 것을 파악했다. 『나는, 회사 내의 상사들이 사회주의를 공박하는 것을 너무 자주 듣는다. 그러나 그것은 이상하게 보인다. 내 생각으로 우리 회사는 사적인 사회주의 체제와 매우 닮았다.』 해링턴의 책이 출판되자 과거의 많은 동료들이 이에 동의했다. 그러나 그로부터 오래지 않아 비평가들은 기업과 사회주의적 관료주의 사이는 근본적으로 훨씬 더 가깝다는 것을 알게 되었다. 기업과 사회주의적 관료주의 모두 창의성을 가로막고, 아래로부터의 아이디어를 억누르는, 위로부터의 명령에 의존해 있었다.

제 8 장

가족 대 관료

　제2차 세계대전 후 유럽에서 영국의 기업들은 폐허가 된 대륙의 경쟁
기업들보다 훨씬 앞서 있었다. 그러나 승자의 승리는 상업적 현실을 희
생한 대가였다. 영국기업들은 군사적 영광과 그들만의 산업체계에 얽매
여 있었다. 반면에 파괴된 대륙의 기업들은 폐허를 딛고 다시 시작하지
않을 수 없었고, 다시 생각하지 않을 수 없었다. 그리고 대륙의 기업가
문들은 전쟁 발발로 그들의 지배권과 동기가 되살아나자 다시 등장하게
되었고, 그들 가문의 계속성을 단언하면서 영국의 기업가문들보다도 더
한층 헌신적으로 생존하겠다는 의사를 표명했다.

　영국의 회사인간들은 전시 성과에서는 부차적인 역할을 한 것으로 간
주되었던 반면, 군대 지도자들은 기업경영의 경험이 부족했음에도 불구
하고 기업으로 진출했다. 브라이언 로버트슨(Brian Robertson) 장군은
영국철도(British Railway)를, 숄토 더글러스(Sholto Douglas) 공군 사령
관은 브리티시 유러피언 항공사(British European Airways)를, 위크스

(Weeks) 장군은 비커스(Vickers)를, 아이언 제이콥(Ian Jacob) 장군은 BBC의 회장직을, 포털 경(Lord Portal)은 브리티시 매치(British Match)사의 회장이 되었다. 다른 대기업들에도 기업 경험이 없는, 예를 들면 비커스의 크놀리스 경(Lord Knollys) 또는 코톨즈(Courtaulds)의 존 핸베리윌리엄스(John Hanbury-Williams)와 같은 제국의 귀족들이 회장 직을 맡았다.

그러나 여전히 창업주 가족의 자손들이 많은 대기업들의 회장직을 맡고 있거나 지배하고 있었다. 그 가운데는 웨지우드(Wedgwood), 필킹턴(Pilkington), 캐드베리(Cadbury), 바클레이스 은행(Barclays Bank)의 보와터(Bowater)와 퀘이커(Quaker) 가문 등이 있었다. 많은 기업가문들 —— 세인스베리 가(Sainsburys), 스와이어 가(Swires), 마크스와 스펜서 가문의 시프스 가(Sieffs), 자딘 마테슨의 케스윅 가(Keswicks) 등—— 은 창업시대의 정력을 보유하고 있었다. 그러나 또 다른 가족기업의 최고경영자들은 전문경영자들의 사기를 꺾어놓을 정도로 능력이 부족했다.

1945년 노동당 정권이 들어서자 영국의 회사인간들은 이익에 관계된 이야기하기를 주저했으며, 자신들을 산업에 종사하는 공무원으로 보았다. 어떤 경우에는 국영회사의 종업원들과 거의 구분할 수도 없게 되었다. 경영 컨설턴트 앨러스테어 먼트(Alastair Mant)는 『무엇을 하는 것이 아니라 그대로 있는 문화에서는, 기업의 경영자들은 전문가 계층으로서 행동하기보다는 자신의 지위에 그대로 머물러 있도록 강요받는다』라고 썼다. 경영계층은 해마다 늘어났고, 사무실에 깔린 카펫과 회사가 제공하는 자동차의 차별은 거의 모두 영국군대와 관청의 영향을 받은 것이었다. 1956년 노동문제전문가 앤소니 크로슬랜드(Anthony Crosland)는 다음과 같이 썼다. 『기본적인 것은, 공기업이든 사기업이든 간에, 대기업들이 근본적으로 비슷한 문제에 직면하고 있으며, 근본적으로 똑같은 방식으로 대응하고 있다는 점이다.』 그 뒤 크로슬랜드는 「셸과 ICI 등의 조직인간이 해파리처럼 반대방향」으로 가는 데 대해 경멸했다. 『그들의 조상은 주인같이 행동했지만, 그들은 그들의 공중관계 부서의 노예에 불과하다. 의회가 물고 늘어질 거리를 제공하지 않으려고, 공정거래위원회의 비위를 거슬리지 않으려고, 노조와의 관계를 악화시키지 않으려고, 또는 언론의 비판을 받지 않으려고 끊임없이 신경을 썼다.』

그러나 회사의 수뇌부들은, 불안한 세상임에도 불구하고, 그들의 지위와 위엄을 지키는 데 자신만만했고 단호했다. 우스꽝스럽게도 호사스런 경쟁은 1960년대 위기를 맞은 전기회사들 사이에 일어났다. 찬도스 경(Lord Chandos)은 전시내각의 장관을 지낸 귀족출신으로 전기사업의 황태자로 취급되었다. 그는 버킹엄 궁전(Buckingham Palace)이 내려다보이는 궁전 같은 사무실에서 어소시에이티드 일렉트리컬(Associated Electrical)사를 지배하고 있었다. 그 곳에는 아름다운 식당과 포도주 저장실이 있었고, 그의 시골 장원 트라팔가 하우스(Trafalgar House)는 회사로부터 보조를 받고 있었다. 넬슨 경(Lord Nelson)── 반쪽 넬슨이라고 불리던 ── 은 영국 전기(English Electric)사의 세습회장으로서 앨드위치(Aldwych)의 가이어티 극장(Gaiety Theatre) 자리에 사치스런 저택을 지어 가구를 베르사유 궁전처럼 꾸몄다. 1968년에 이르러 두 전기회사 모두 GE에 합병당하고 메이페어(Mayfair)의 어두컴컴하고도 작은 사무실 지역 출신인 아널드 웨인스톡(Arnold Weinstock)에 의해 그 후 25년간이나 운영되는 신세가 되었다. 기업 궁전의 운명은 기업본사에 대한 파킨슨 법칙(Parkinson's Law)을 증명하는 것이었다. 『계획된 설계의 완성은 붕괴지점에 도달한 기관에 의해서만 달성된다.』 이것은 토마스 만의 소설 《부텐부르크 일가》에 나오는 속담 『집이 완성되고 나면, 그 속으로 죽음이 찾아온다』라는 것의 변형이었다.

영국 회사들은 점차 미국의 경영사상을 받아들였다. 그것은 1948년 설립된 영미생산성협회(Anglo-American Council on Productivity)가 일

단의 경영자들과 노조지도자들을 미국에 보냈고, 에소·GM·IBM 등
영국에 사업을 확장한 미국 회사들의 영향을 받았기 때문이었다. 노동력
이 부족했고, 또한 장기간 호황기를 맞은 영국의 경영자들은 오랫동안
거부했던 테일러주의와 시간·동작연구를 진지하게 받아들였다. 스톱워
치는 노조지도자들에게는 괴물이나 마찬가지였는데, 그것은 존 불팅
(John Boulting)이 1959년 제작한 영화 《잭, 난 괜찮아(I'm All Right
Jack)》에서 아주 멋지게 풍자되었다. 그 영화에서 나약한 젊은 대졸사원과
스톱워치를 든 사람이 나타나면서 공장은 가동을 멈춘다. 나이젤 발친
(Nigel Balchin : 1908~70, 영국의 작가)의 1953년 소설 《여러 채권자들
(Sundry Creditors)》—— 기업에 대해 흔치 않은 가상적인 통찰력을 제시
한다—— 은 다정하지만 무능한 가족공장의 이야기로서, 늙은 회장은 종
업원들을 인간적으로 대접하지만 거친 대기업에 인수당한다. 그 과정에
서 대기업의 경영자들은 그 공장 직원들의 인간적 충성심에 놀란다. 『철
판과 결혼하고 가공공장과 감정적인 유대를 형성한다니!』인수한 기업
의 경영자들은 임금을 적절히 산정하기 위해 가족공장의 경영자가 벌벌
떨 정도로 근로자들에게 시간연구를 강요한다. 『그러나 당신네들은 여기
에서는 그렇게 할 수 없어요. 시계를 찰깍거리는 사람 뒤에는 아무도 서
있지 않아요.』

남과 똑같이 판에 박은 듯이 행동하는 정열적인 젊은 회사인간은 존
베처먼(역주 John Betjeman : 1906~84, 영국의 계관시인)과 같은 지적 작
가의 좋은 연구대상이 되었다. 베처먼은 빅토리아 시대 차[茶]판매대를
개발한 기업가문의 후손이었다.

나는 젊은 중역이야. 나의 옷소매보다 깨끗한 것은 없어. 내겐 얇은 서
류가방이 있지. 나는 회사의 코티나(Cortina) 자동차를 타지.

지방에서의 회사인간 생활에 대해서는 나중에 옥스퍼드 대학의 시문학 교수가 된 로이 풀러(Roy Fuller : 1912~, 영국의 시인 · 소설가)의 소설에서 우울하게 묘사되었다. 풀러는 울위치 빌딩협회(Woolwich Building Society)에서 다년간 변호사로서 근무했는데, 그는 마음이 내키지 않는 일에 부딪치고는 당황해했다. 풀러의 소설 《아버지의 희극(A Father's Comedy, 1961)》은 과거 노조지도자를 지냈던 사람이 회장직을 맡고 있는 대규모의 공공기관에 근무하는 주인공의 이야기로서, 그는 기사의 작위를 받고 사회적으로 인정받는 회사의 책임자가 되기를 갈망한다. 《사회의 이미지(Image of a Society, 1956)》에서 풀러는, 음모를 꾸며 승진하고 차고 부지를 탈취하고 은퇴를 두려워하는 중역이 주인공인 노스 컨트리(North Country) 빌딩협회의 폐쇄된 세상을 그리고 있다. 주인공 변호사 필립 위트(Philip Witt)는 문학적 야망을 갖고 있었는데, 자신의 진정한 자아와는 관계 없는 부서에서 일하는 것을 걱정했다. 지금 이것은 『희망 없이 비천하게 억지로 갖다붙인 것이란 말인가?』그는 제분소에서 상사의 매력적인 부인과 눈이 맞아 탈출할 기회를 맞게 되지만, 자신의 자제심 때문에 실행에 옮기지 못한다. 주인공과 경쟁관계에 있던 자가 헌신적으로 회사를 돌봄으로써 승리하게 되자 주인공은 다음과 같이 회상한다. 『이 곳에는 지역사회의 보존을 돕는 조직이 하나 있었는데, 그 조직은 달리 그렇게 하지 않았다면 삶에서 소외되었을 많은 사람들에게 안정과 검약을 안겨주었으며, 언제까지나 지속적으로 존재할 수 있는 이익을 스스로 만들었다.』

셸과 ICI

지방의 기업들과 오래 된 가족기업들은, 지금까지 우리가 관찰했고 또한 글로벌 경쟁을 해야 하는, 그래서 타기업의 모델이 되고 있는 대기업과는 다른 세상에 존재하고 있었다. 셸과 유닐레버(제10장에서 다시 다룬다)는 모두 영국·네덜란드 합작회사로서 최고경영층으로부터 국제화되도록 강요받았다. 그리고 그들은 전문경영자들과 조화를 이루는 제도도 개발했다.

셸은 디터딩의 전횡으로 겪은 재난 이후 권위주의적 최고경영자들을 회피하기로 결정했다. 전후에는 만장일치를 일궈내야 하는 회장 아래 일곱 명으로 구성된 위원회가 운영을 맡았다. 그리고 그들은 그 중 가장 강력한 임원, 그리고 디터딩과 꼭닮은 펠릭스 게핀(Felix Guepin)을 쫓아버렸다. 1957년 그들은 존 루돈(John Loudon)을 회장으로 선출했는데, 그는 해적이라기보다는 상업의 왕자였다. 그는 훌륭한 네덜란드의 가문출신으로 직전 회장의 아들이었으나 다른 네 명의 네덜란드인과 마찬가지로 강한 상인적 현실감각을 보유하고 있었다. 그는 또한 분권화를 지지하는 타고난 외교관이었고, 매킨지 컨설팅회사의 도움을 받아 셸을 재조직하고는 일곱 명의 위원회 구성원들이 주요 의사결정에 참여하지 않아도 되도록 교묘한 피라미드 조직을 만들었다. 셸은 기민한 외교적 체제를 수립했다—— 셸은 그것을 필요로 했다. 왜냐하면 다량의 석유가 개발도상국으로부터 채굴되었고, 또한 1938년 멕시코 정부가 갑자기 그들의 소중한 유전을 국유화한 적도 있기 때문이었다. 셸은 글로벌 「지역화」 계획(global programme of regionalization)을 수립했고, 아시아와 아프리카의 경영자들로 하여금 민족주의적 움직임에 적응할 수 있도록 했으며, 전후 반식민주의를 다루는 면에서 경쟁자, 즉 BP와 엑슨보다 훨씬 세심해졌다. 그러나 셸은 여전히 한층 더 복잡한 관료주의를 만들었고, 전세계에 걸친 500개 이상의 독자적인 관계회사들을 연결하기 위해 다른 조정자들을 조정하는 조정자들의 네트워크(network of coordinators coordinating other coodinators)를 형성했다. 그리고 영국 의회가 적당히 내려다보이는 런던에 새로 지은 멋있는 셸 센터가 이를 통제했다.

「셸 관료」들은 모든 회사인간들 가운데 가장 충성스러웠고 자신만만했다. 그들은 대학에서 신중하게 선발되었고, 잘 훈련되었으며, 급료도 많이 받았다. 그리고 그들의 아내들을 데리고 이 세상의 끝까지라도 갈 것으로 기대되었다. 어떤 사람들은 그들이 오직 하나의 충성심만을 갖도록 교묘하게 훈련받았다고 믿었다. 그리고 확실히 셸의 사원들은 뛰어난 충성심을 보였다. 어떤 사람이 내게 다음과 같은 불평을 했다. 『다른 사람들이 석유에 대해 말할 때 그것이 마치 하나의 신앙인 양 말하지 않았으면 해요. 사람들은 그것을 교회로 생각했는지…….』

ICI는 충성심과 전문경영자에 대해 거의 똑같이 관심을 가졌다. 그러나 ICI에게는 셸과 같은 국제적 도전력이 부족했다. ICI 또한 독재자들을 피하기로 결정했다. 1950년 전제적인 맥고원 경이 회장으로서 20년간 재직한 후 은퇴하자 사내에서 성장해온, 훨씬 더 위원회식 운영방식에 적합한 스코틀랜드 출신의 경영자들이 그 뒤를 이었다. 그러나 그들은 새롭고도 중요한 경영추세를 파악하는 데는 느렸다. 석유는 석탄과 경쟁하고 있었고, 리더십은 과학자들과 기업가들 사이에서 오락가락했다. 1953년 회장이 된 플렉 경(Lord Fleck)은 기업가라기보다는 연구원을 닮은 뛰어난 과학자였는데, ICI의 연구개발활동을 끈기 있게 후원했다(그 당시 필자의 부친도 순수연구에 참여하고 있었다). 1960년 이사회는 성격이 판이한, 전직 세무감찰관 출신의 폴 체임버스(Paul Chambers) 경을 회장으로 선출했다. 그는 유럽기업들과의 경쟁에 재빨리 대응했으며 석유화학과 섬유분야를 확대했다. 그러나 그는 과학자들을 달갑게 생각하지 않았고, 마침내 경쟁회사인 거대기업 코톨즈(Courtaulds)에 대한 적대적 매수에 나서게 되었는데, 코톨즈의 격렬한 반발에 직면하는 것 외에는 전혀 소득이 없었다.

ICI는 여전히 기업경영의 모범처럼 보였다. 지적이고 온화한 기업으로

172 · 회사인간의 흥망

말이다. 임원들 가운데 몇몇은 비칭 경(Lord Beeching)이 영국철도를 재조직한 것과 같이, 다른 기업들을 구원하러 갔다. ICI는 해마다 뛰어난 화학도들을 포함해 영국의 대학졸업생 중 5%를 채용했다. 그러나 ICI에 대한 과보호는 ICI의 능력을 훼손시켰고, 1926년 최초로 합병을 한 독일의 경쟁회사에 비해 ICI는 활력이 뒤떨어졌다. 독일의 합병기업 IG 파르벤은 제2차 세계대전 후 원래대로—— 바이엘·BASF·훽스트—— 세 개로 분할되었으며, 그들은 경쟁을 통해, 그리고 새로운 활력(40여 년 전 스탠더드 오일이 분할되었을 때와 같이)으로 재빨리 이익을 올렸다. 그로부터 20년 뒤 3개 회사는 모두 ICI보다도 더 커졌다. 1950년 ICI의 이사회는 회사 분할을 검토했으나 금속부문 자회사 IMI를 매각하는 것으로 그쳤다. 그들은 멜쳇 경의 경고를 잊었던 것이다. 『일정 규모 이상이 되면 어떤 기업이라도 통제하는 것은 불가능해.』

유럽의 회복

전후시대 영국의 많은 회사인간들은 전직 장교로서 군사적 영광에 도취된 경향이 있었고, 그것을 상업적 승리와 혼동하고는 그들의 해외시장을 당연한 것으로 인식했다. 그들은 개인의 동기와 능력이 물질적 부보다 더 중요하다는 것을 이해하기가 어려웠고, 폐허에서 딛고 일어선 유럽대륙의 연속적인 「기적들」을 보고는 당황했다. 유럽의 복구는 진정 의지력의 탁월한 본보기였다. 해군 장교로서 전후 함부르크에 근무한 적이 있는 필자는 파괴된 공장에서 재건된 폴크스바겐(Volkswagen)을 보고는 믿기지 않았다.

대륙의 기업인들은 영국의 기업인들보다도 한층 더 처참한 전쟁경험을 겪었다. 그들의 국가는 패배했으며, 공장은 징발당했거나 파괴되었고, 직업은 없어져 버렸다. 그러나 혼돈과 불안정은 훨씬 더 큰 현실주의와 긴급성을 초래했고, 그들이 살아남기 위해서는 물건을 만들고 수출하지 않으면 안 된다는 것을 깨달았다. 독일의 경영자들은 곧 인적 자원이 물질적 자원보다 더욱 중요하다는 것을 또 한번 증명했다. 1950년 중반이 되자 활기찬 기업들은 스스로 폐허에서 벗어나 한층 더 나은 기업의 모습으로 회생했다고 재선언했다. 왜냐하면 (일본기업들과 마찬가지로) 그들은 군산복합체로부터는 아무런 지원을 받지 못했기 때문이었다. 한편 연합군은 히틀러의 협조자들을 응징하기로 결정하고는 알프리드 크루프를 12년 간 강제노역 조치했다. 3년 뒤 크루프는 방면되었고 자신의 회사 경영권을 회복하여 강철과 석탄을 기초로 한 기업제국을 유지하려 했다. 그러나 크루프 그룹의 확장이 너무 빨리 진행된 나머지 1967년 끝내 은행으로 소유권이 넘어가게 되었다. 크루프의 아들은 기업에 대한 권리를 포기했고, 크루프 그룹은 은행가들과 경제전문가들이 이사회를 구성한 평범한 기업이 되어 우주산업·항공산업·핵발전소 등의 분야에 진출해 한정적인 성공을 거두고 있다.

독일 회사인간들의 새로운 세대는 새로 출발하는 자의 이점을 갖고 있었다. 사각 모퉁이에 위치한 요란스럽지 않은 그들의 사무실은 장원 같은 영국의 사무실보다는 훨씬 더 기능적인 자세를 보여주었고, 직위들 사이에 상징물도 없었고, 명령계통도 한층 더 잘 정의되었다. 또한 그들은 감독위원회제도——이것은 전후 연합군들이 장려했다——도 활용했다. 이는 근로자들로부터의 적개심을 완화시켰고 독재자들의 행동범위를 제한했다.

역사가 오래된 많은 기업가문들은 자신의 소유권을 다시 주장했으며, 한편에서는 부유한 신흥 기업가문도 등장했다. 히틀러를 처음으로 대기업들에게 소개한 티센 가는 유럽에서 가장 큰 강철집단의 주식 30%를 소유하고 있으며, 뒤셀도르프의 우아한 마천루에서 운영하고 있다. 플릭 가는 다임러벤츠(Daimler-Benz)의 주식 40%를, 퀀트 가는 1960년 벤츠의 경쟁자 BMW의 지배권을 인수했다. 뒤셀도르프의 비누왕 헨켈스 (Henkels) 가는 유닐레버와 P&G와 다시 경쟁에 나섰다. 독일의 기업가 문들은 최선을 다해 장기적 방향을 제시했고, 최고경영자에게 결정권을 줄 수 있었다. 한편 그들은 회사인간들로 하여금, 영국 회사인간들이 귀 족적인 겉치레를 하는 데 비해, 한층 더 전문화되고 이익추구적이 될 것 을 독려했다.

가족 영토

유럽 전역에 걸쳐 유럽의 기업가문들은 영국이나 미국에 비해 기업에 대한 지배권을 더 잘 유지했다. 그들은 종업원들에게 일체감과 연속성을 제공함으로써 전후 정치적 단절시대에의 충성심을 한층 더 유발했다.

이것은 기억할 만한 가치가 있는 것인데, 가족기업들은 정부나 국가보 다 훨씬 더 오랜 역사를 갖고 있었다. 가장 오래 된 기업은 718년 설립 되었다고 주장하고 있는 일본의 전통적인 호시(Hoshi) 호텔로서 지금은 46대가 운영하고 있다. 그러나 유럽에는, 그 창업이 4세기 이상이나 거 슬러 올라가는 많은 가족기업들이 있다. 예를 들면 이탈리안 안티노리 (Italian Antinori) 포도주회사(1385년 창업), 베레타(Beretta) 무기회사 (1526년 창업), 그리고 프랑스의 휴겔(Hugel) 회사(1639년)와 스페인의 코도르뉴(Codorniu) 회사(1551년 창업) 등과 같이 16~17세기경 많은 주류회사들이 창업되었다. 그들 대부분은 단 하나의 제품에 집중했고, 특히 포도주회사 가문들은 알코올이라는 위험에도 불구하고 생존율이 높 았다. 왜냐하면 포도재배에는 특별한 기술과 헌신적인 공동체가 존재해 야 했고, 끊임없는 성공의 비결인 제품에 대한 애정을 불어넣었기 때문 이었다.

나는 간혹 포도주 상인들이 무엇을 구매하는지 놀랍기만 하다. 반쯤은 그들이 팔고 있는 물건만큼이나 값비싼 것이었다.

영국에는 300년 이상 된 가족기업들이 꽤 있다. 기업주들은 마을에 있는 「300년 클럽」에서 만나곤 한다. 그 가운데는 켄트 지방에 있는 더트널(Durtnell) 부동산회사(1591년 창업)의 리처드 더트널(Richard Durtnell), 호어스(Hoare's) 은행(1672년 창업)의 크리스토퍼 호어(Christopher Hoare), 그리고 위트니(Witney)에 위치한 담요회사의 리처드 얼리(Richard Early) 등이 있는데, 이들은 모두 급속한 성장의 유혹을 뿌리쳤다. 그러나 가장 오래 된 영국의 기관은 병원과 같은 자선기관, 대학과 학교 등으로서 고정된 목표와 관리가능한 규모를 유지했고 그들의 창업가문보다 더 오래 살아남았다. 대부분의 영국 상업가문들은 2대가 지나고 나면 사업을 운영할 의사와 능력을 잃어버리거나 돔비와 그 아들의 경우처럼 계승의 문제에 부딪쳐 좌절되었다.

대륙에서는 더 많은 가족기업들이 지속되고 있었다. 영국과 비교해서 창업자의 아들·손자·증손자들이 훨씬 더 많이 기업에 남아 이를 운영하고 있었으며, 시골의 장원이나 신사적인 취향에 묻혀 지내는 경우는 적었다. 경제학자들과 역사가들은 전후 영국의 쇠퇴를 경제력 감소의 불가피한 결과라고 주장해왔었다. 그러나 영국의 상업적 활력이 떨어진 이유는 분명히 가족들의 동기부여가 쇠퇴한 것 때문이었다.

제2차 세계대전 동안 중립을 지킨 스웨덴은 전쟁이 끝나자 가장 강력한 기업왕국을 보유하게 되었다. 1968년 15대 가문들—— 왈렌버그 가(Wallenbergs), 브로스트롬 가(Brostroems), 켐프 가(Kempes), 보니어 가(Bonniers)를 선두로—— 은 스웨덴의 사기업 가운데 5분의 1을 지배했다. 그러나 전쟁에 할퀸 국가들에게 가족의 지속성은 더욱 중요했다. 그리고 C&A를 지배하고 있었던 브레닌크메이어 가(Brenninkmeyers)와 같은 영국의 강력한 가문들은 각자의 지분을 곧 회복할 수 있었다.

피아트 지배하의 이탈리아

이탈리아 부흥의 핵심역할을 한 것은 정부가 아니라 가족들이었다. 그들은 전혀 기대하지 못했던 유럽의 기적을 제공했다. 그 때까지도 「청교도 윤리」에 의해서만 나올 수 있는 상업적 능력이 가톨릭에게는 부족하다고 생각하고 있었던 영국인과 미국인들을 놀라게 하면서 말이다. 제노아(Genoa)의 선박가문과 같이 이탈리아의 오래 된 기업가문들은 몇 세기 동안 조직적으로 사기업을 운영해왔다. 그리고 1950년대 후반에 이르자 새로운 이탈리아의 기업들—— 영국에서는 거의 사라진 그런 강한 동기를 가진 기업들—— 이 그 당시 창설된 유럽 공동시장으로, 가장 극적으로 진입해 들어갔다. 그들은, 농장에서부터 마을로 몰려든 관리자들과 근로자들의 충성심을 촉발시킨 가부장주의적 방식으로, 그들의 기업이 소재하는 마을을 지배했다.

가장 포용적인 예가 튜린(Turin)의 피아트(Fiat)사였다. 피아트는 회사라기보다는 왕국에 더 가까웠고 가족의 권력에 대한 일종의 풍자를 제공했다. 1899년 새로운 자동차에 매혹당한 젊은 기병장교 조반니 아그넬리(역주 Giovanni Agnelli : 1866∼1945)가 회사를 설립한 후 기업제국으로 육성하여 45년 간이나 지배했고 어떤 정권 아래서도 자신의 역할을 수행했다. 그는 공장을 순회할 때마다 그의 핵심관리자들을 대동했고 회사의 지배권을 굳건하게 유지하면서도 많은 책임을 하부로 위양했다. 그는 죽기 전에 그 당시 23세의 젊은 손자 지안니(Gianni)를 불러 다음과 같이 말했다. 『너는 우리 가문 중에서 내가 믿는 유일한 사람이다. 네가 책임을 떠맡아야 한다.』 청년 지안니는 그 당시 무분별한 바람둥이였는데, 최고경영 책임을 발레타 교수(Professor Valletta)에게 맡기고 피아트를 떠났다. 그러나 1966년 그는 회사의 전권을 인수받았고, 그의 동생 움베르토(Umberto)를 끌어들였다. 그는 손색없는 타고난 자본가였고, 마치 회사를 잃는다 해도 두려울 것이 없다는 듯 그의 엄청난 기업제국에 대해 자신만만하게 말했다.

그는 『나는 이탈리아인들이 말하는 종탑지기다』라고 말했다. 『나는 마을의 종탑으로 간주한다. … 나는 항상 튜린이 의사결정의 중심지임을 보증하려고 노력했다.』 피아트는 자신의 대학을 갖고 있었고, 운동장과 유희장도 갖고 있었고, 나중에는 튜린의 주요 일간지 〈라 스탐파(La Stampa)〉를 인수했으며, 아그넬리가 끔찍히 아끼는 축구팀 유벤투스(Juventus)도 소유하고 있다. 그는 자신의 의사결정을 미국식과는 완전히 다른 방식으로 수행했다. 『나는 튜린의 지역발전에 해를 끼치는 어떤 결정도 내리지 않았다. 미국의 텍사스식 자본가라면 지방자치단체에 대해 별로 관심을 쏟지 않았을 것이다. 또한 연방정부에 대해서도 관심을 두지 않았을 것이다.』

아그넬리는 그의 가문의 영속성을 자랑스러워했다. 그런 반면 GM은 회사의 책임자를 3∼4년 만에 갈아치웠다. 아그넬리는 피아트를 28년 간 운영했다. 1983년 그는 『나는 내 자신을 우리 회사의 경영자들과 비교한 적이 한번도 없었다』라고 말했다. 『비록 내 자신이 몇몇 대규모의 재무적 의사결정을 내리고 신규투자도 결정했지만, 경영적 의사결정에는 한번도 간섭한 적이 없었다.』 그는 자신을 정부의 자질구레한 통제에 구애받지 않는 사람으로 간주했다. 그는 모든 정당에 정치헌금을 했고, 그의 경영자들은 로마에서 그들 스스로의 역할을 했다. 그러나 1990년대 세계화 시대에는 위험스럽게도 피아트의 부패, 그리고 수입금지로 인한 보호 등은 피아트를 매우 취약하게 만들었다(제20장 참조).

가부장주의자 대 관료주의자

기업가족들을 뒤이어 대륙의 회사인간들은, 영국의 회사인간들에 비해, 미국식 전문적 경영방식에 한층 더 영향을 받았다. 유럽인들은 하버드 대학의 분석적 체제와 사례방식을 모방하여 1959년 퐁텐블로(Fontainebleau)에 설립한 INSEAD를 필두로 그들 방식의 경영대학들을 설립했다. 사회주의적 이상주의자들은 새로운 경영교실에 다양한 배경의 계층들로부터 사람들이 올 것으로 기대했다. 그러나 실제로는 과거 전문직에 종사했던 사람들, 전통적인 유럽 상류계층 출신의 행정관료 또는 군대가문으로부터 사람들이 몰려왔다. 1966년 미셸 포스탕(Michael Postan)은『놀라운 것은 새로운 경영계층이 중산층 출신이란 점이야. 따라서 기업에 관해 최근에 수행된 어떤 사회학적 연구도 이를 파악할 수 없었을 거야』라고 썼다. 그들은 스칸디나비아의 사회주의적 민주주의자든 이탈리아의 보수주의적 가톨릭 교도든 간에, 한정된 계층으로부터 등장했다. 그리고 그들은 자연스럽게 자신들을 19세기의 생활방식과 접목시켰고, 정상적인 유희와 준군사적 예절, 그리고 위압적인 본사에 적응시켰다.

독일의 기업가 계층은 전후 혼란을 겪고는 초창기의 안정된 구조로 급속히 움츠러들었다. 1965년 사회학자 랄프 다렌돌프(Ralf Dahrendorf)가 그들을 이렇게 묘사했다.『독일기업의 최고위층에는 자수성가한 그리고 창업세대 기업가는 예외적이었다. 주요 기업가들 대부분은 상류사회 출신들이었고, 기업가나 전문가 가정에서 자랐고, 대학교육을 받았으며, 그것도 대개는 법률 또는 공학을 공부했다. 가톨릭 교회에서와 마찬가지로 기업가의 위치가 바뀌는 일은 거의 없었다.』

1960년대 중반이 되자 유럽의 기적을 갖다 준 처음의 그 정력과 융통성이 사라지고, 조직구조는 또다시 굳어져 정상적인 관료주의로 돌아가는 경향이 나타났다—— 영국인과 미국인들은 늘 그것을 프랑스병 또는 유럽병으로 취급했었다. 1872년 토머스 칼라일은 이를 「관료주의라고 불리는 그 대륙의 불치병」이라고 묘사했다. 초기의 관료들은 절대왕정의 국가권력 내에서 성장했지만, 그들의 방식은 곧 사기업으로 확대되었고, 대규모 경영에는 자신들의 역할이 필수불가결하다고 본 엔지니어링과 재무전문가 출신의 「관료들」에 의해 강화되었다. 프랑스에서는 그랑제콜에서 교육을 받은 나폴레옹식 엘리트들이 현대화되었고 숫자도 늘어나 공공부문과 사기업의 양쪽으로 관료들을 배출했다.

그것은 구조적 문제일 뿐만 아니라 마음의 상태였다. 유럽의 지식인들은 기업 관료들의 계층화를 무시했으나 그들 또한 구획당했다. 프랑스의 사회학자 미셸 크로지어(Michel Crozier)는 관료주의에 대해 선구적인 연구를 했는데, 그는 여섯 개의 보험회사에서 근무하고 있는 종업원들과 감독자들의 태도를 자신의 비교방식으로 연구했다. 그가 발견한 것은 『그들은 인기 있는 민속놀이 「작은 상자(little boxes)」에 갇혀 사는 남자와 여자의 최고 상징이었다.』 그러나 크로지어는 다음과 같은 생각을 하게 되었다. 『지적 발전과정에서 우리들은 모두 상자 속의 인간이 되었다.』

1950년대 후반 우리들 몇몇이 했던 것과 같이, 젊은 사람들은 조직인생이 우리들과 같은 불완전한 인간에게 어떤 이점도 제공한다는 것을 발견해야만 할 것이다. … 대중문화와 대중사회는 개인을 직접적으로 조건화할 수는 없는 것 같다. 대중문화와 대중사회는 개인들이 하는 게임을 통해서만 개인들을 조건화한다. 그 게임을 통해 개인들은 그들의 인생이 처한 상황을 이용해 자기 자신을 그런 게임의 어리석음으로부터 구분한다. 그러나 우리는 대중문화와 대중사회가 늘 존재했다는 것을 인정해야만 한다.

대륙적 관료주의 형식과 가족적 가부장주의는 다른 기업전통으로부터
발생하여 미국인 또는 영국인에게 전달되었다. 자본주의의 다양한 모습
들(제20장 참조)은, 만약 공산주의라는 공동의 적을 만나지 않았더라면
전혀 뭉치지 못했을 것이었다. 대륙의 대기업들은 주주들로부터는 큰 영
향을 받지 않았고, 차라리 은행과 국가가 더 큰 영향력을 행사했다. 따
라서 최고경영자들과 임원들은 자신을 지역사회와 종업원 또는 국가에
봉사하는 사람으로 치부하는 경향이 더 많았다. 그들의 봉사정신은 장기
적 계획과 안정성 면에서는 큰 이점을 제공했지만, 유연성이나 위험부담
이라는 측면에서는 단점이었다. 피아트의 아그넬리는 다음과 같이 표현
했다. 『오늘날 미국은 자본주의가 어느 곳보다도 한층 더 모험정신을 유
지하고 있는 국가다. 유럽은 훨씬 더 「안정된」 곳으로 정착되었다. 미국
은 훨씬 더 창조적이고… 우리 유럽 사회는 한층 더 「우리들의 방식」대
로 안정되었다. 개인이 독자적인 의사결정을 할 수 있는 분야는 훨씬 더
적어졌고, 우리는 꼼짝도 못하게 갇혀버렸다.』

유럽 기업들은 회사마을이라는 개념을 가부장주의와 함께 전세계의 개
발도상국들에게 전수했다. 그들은 그 곳에서 직업안정과 비교적 높은 수
입을 보장함으로써 실업자들을 먼 곳으로부터 끌어들였다. 아시아 또는
아프리카의 경영자와 국제기업의 매판자본가들은 자신과 현지 기업인 사
이를 구분해주는 특권을 즐겼다. 비크람 세스(Vikram Seth)의 소설《적
당한 소년(A Suitable Boy)》에 등장하는 주인공 하레시(Haresh)는
1950년대 인도로 발령받았다.

하레시는 왜 사람들이 임페리얼 타바코(Imperial Tabacco)사나 셸 또는
다른 해외기업에서 온 젊은이 —— 그 마을에 주재했든 또는 출장왔든 간에
—— 를 보고 안달하는지 간혹 의아해했다. 매판자본가 계층의 구성원과
같은 단순한 무역인이 그 시대를 앞서가는 중요한 사람이라는 것을 알지 못

하고 말이다. 외국기업의 젊은이는 대리점을 허가할 수도 해약할 수도 있었고, 사람들에게 행운을 줄 수도 있었고 막을 수도 있었다. 그는 늘 운전기사가 딸린 자동차로 여행을 했는데, 작은 마을에서 운전기사가 딸린 자동차란 굉장한 것이었다.

세스의 소설은 체코(역주 Czech : 보헤미아와 모라비아 중간에 사는 슬라브 민족)의 바타(Bata) 가문이 1894년 설립하여 지배하고 있는 다국적기업 바타신발회사(Bata Shoe Company)—— 이를 세스는 프라하(Praha)로 불렀다 —— 를 사실적으로 묘사했다. 제2차 세계대전 후 바타는 캐나다에서부터 전세계에 걸쳐 공장을 설립해 운영하고 있다. 하레시는 캘커타 교외의 프라하 공장단지를 방문하고 다음과 같이 서술했다.

끊임없이 이어진 근로자 주택, 사무실과 극장, 길가에 늘어선 야자나무와 잔디가 빽빽이 자란 운동장, 벽으로 둘러싸인 큰 공장—— 벽에는 프라하 신발공장이 최근 생산해낸 품목들을 예쁘게 광고하고 있었다. 관리자들(거의 체코인들이었다)의 거주지는 한층 더 높은 담으로 둘러싸여 있었고, 이런 모든 것들은 하레시에게 뜨겁고도 습기찬 아침의 불쾌하고도 우울한 기분을 더해주었다.

하레시는 그 회사에 취직하고 관리자들의 거주지 내에서 살게 되었다. 그의 예비신부 라타(Lata)는 공장단지를 방문하고는 무두질 공장의 악취와 조잡한 환경을 걱정스런 눈으로 바라보았다. 그러나 그녀의 어머니는 관리자들의 전용회관을 보고는 마음이 이끌려 관리자의 주거지를 「그녀의 손자들을 키우는 데 가장 적합한 장소」로 결정했다.

오늘날 실제로 바타신발회사는 여전히 창업자의 손자 토머스 바타(Thomas Bata)가 경영하고 있는데, 강한 「공통의 문화」가 스며 있지만 많은 비체코계 사람들이 지역별 상표를 운영하고 있고, 평생고용은 보장하지 못하고 있다. 『오늘날의 경제상황은 그런 정책을 쓰지 못하게 만든다.』

러시아의 보이지 않는 제국

제2차 세계대전 후 러시아의 승자들은 급변하는 세계환경 속에서 평화시의 산업에 대응하는 데 가장 무능했다. 러시아에는 기업가문들도 없었고, 오직 광범한 관료주의뿐이었다. 러시아의 관리자들은 군사적 성공과 상업적 성공을 영국인들보다도 훨씬 더 혼동했다. 한편 전제주의적 공산주의 구조와 이념 모두 세계경쟁이라는 현실을 이해하지 못하게 가로막았고, 그들 스스로 자유를 거부했다.

거대한 기업마을들이 러시아 산업의 기초가 되어왔었다. 그 가운데 몇몇은 19세기 외국인 기업가들에 의해 건설되었다. 니키타 흐루시초프(Nikita Khruschov : 소련의 전 총리, 1894~1971)는 야조프카(Yuzovka)라는 광산마을에서 자랐는데, 그 지역은 1869년 광업을 시작한 휴스(Hughes)라고 불리는 어느 웨일스 사람이 개발한 곳이었다. 흐루시초프는 『나는 독일인들이 소유한 공장에서 일했고, 프랑스인들이 소유한 탄광에서도 일했고, 벨기에인들이 소유한 화학공장에서도 일했다』라고 회고했다. 러시아 혁명 후 미시간의 거대한 포드 자동차 공장들과 독일의 AEG 전기공장들은 레닌으로 하여금 공산주의의 정의를 내리는 데 영감을 불어넣어 주었다. 「소비에트의 권력에다가 국가 전체의 전력화(電力化) 사업」으로 말이다. 기업마을은 스탈린이 중공업에 열중하자 더욱더 지배적인 모습으로 등장했다. 상업적 목적 또는 경쟁이라는 개념이 없었으므로 거대한 공장들의 관리는 서구의 공장에 비하면 엉망이었다. 돔과 뾰족탑으로 가득 찬 레닌그라드 궁전을 가로지르는 강 너머에는 10만 명의 근로자들이 한 공장에서 일할 수 있을 만큼 거대한 공단이 들어섰고, 그 그림자는 근로자들이 살고 있는 음침한 아파트 구역을 뒤덮었다. 근로자들은 여느 서구의 도시보다 이 곳에서 프리츠 랭의 《메트로폴리스》의 악몽 속에서 살고 있었다. 그들만의 분리된 지하세상에서 말이다.

그러나 전후「경영혁명」사상은 젊은 경영자들에게 해방의 희망을 제공했다. 왜냐하면 그것은 경영상 자율뿐만 아니라 정치적인 자율도 약속했기 때문이다. 서구의 일부 부유한 자본가들과 마찬가지로, 공산주의 지도자들은 그들이 통제하지도 이해하지도 못하는 회사들을 소유했으며, 그리고 그들은 지휘하지도 않으면서「지휘자의 높은 자리」에 앉아 있었다. 철의 장막 안이든 바깥이든 간에, 관리자들―― 모두 다 합리적 계획·자율·지속성에 관심을 가졌다――은 명목적인 지도자에 대항해 자신들을 주장할 필요성을 공감했고, 산업성장의 주역으로서 높은 지위를 만끽했다. 1950년 말 미국의 경영전문가 데이비드 그래닉(David Granick)이 공산주의 기업가들을 연구했을 때, 그들이 서구의 기업가들과 거의 유사한 것을 발견하고는 충격을 받았다. 그는 1960년《붉은 경영자(The Red Executive)》에서『기업경영자들은 자본주의와 공산주의 경제 양쪽 모두에서 주춧돌이다』라고 썼다.『영국에서는 훨씬 더 적절한 대우를 받고 있었다.』그래닉은 공산주의 경영자들이 훨씬 더 안전한 참호 속에서 보호받고 있다는 것을 확인했다.『잘 훈련받았고, 규율이 잘 서 있고, 정치적 감각도 있으며 적극적이므로, 붉은 경영자들은 영원히 권력의 의자에 앉아 있는 사람처럼 보인다.』

모스크바의 계획입안가들이 그들의 정책을 바꾸면서 공장은 지속성을 유지하는 데 더욱 중요한 존재가 되었다. 그래닉은『그것은 소비에트 산업에서 유일하게 안정된 구조였다』라고 썼다. 소련의 명령통제체제가 비효율적이라는 것이 명백해지면서, 개별공장 경영자들은 자치권의 확대가 효과를 볼 것이라고 압력을 가했다. 그러자 1957년 흐루시초프는 분권화를 촉진할 움직임을 보였는데, 이는 기업제국을 약화시키는 것이었다. 그러나 여전히 당간부들은 자신들을 위협하는 혁신을 봉쇄할 수 있었다. 그리고 당국이 제품 가격을 고정시켰기 때문에, 자유시장 없이는 개별공장 경영자들의 자치권은 매우 제한될 수밖에 없었다. 개별공장들과 중앙과의 싸움은 해결되지 않았다. 『러시아인들은 중앙통제를 유지하기 위한 해묵은 관리전쟁을 여전히 수행하고 있다.』

소련의 산업구조는 군대와 매우 닮았고, 고정된 계급과 느린 승진으로 위험부담을 지지도 않았다. 미국대사관의 어느 무관은 소련의 산업규칙을 다음과 같이 서술했다. 『체제에 저항말라. 파문을 일으키지 말라. 여분의 일을 하지 말라. 개혁을 하려고 들지 말라. 왜냐하면 그건 지금 하고 있는 방식을 바꾸는 것을 의미하기 때문이야. 그냥 네 앞가림이나 잘해.』 사실 그 점은 미국 육군도 마찬가지라고 그는 회고했다.

소련 군대는 소비재산업보다도 경쟁으로부터 더 큰 이익을 보았다. 군대 우선정책은 다른 분야를 압도했고, 소비자들이 요구할 수 없는 것을 군대는 요구할 수 있었다. 폴란드 출신의 미국 변호사 새뮤얼 피사르(Samuel Pisar)는 『군사부문은 소련경제에서 시장경제처럼 움직이는 단 하나의 부문이다. 고객이 원하는 무기를 시장기구를 통해 소련으로부터 살 수 있으니까 말이다』라고 밝혔다. 군대는 엄청난 경쟁력을 갖추고 있었는데, 소련은 1957년 최초의 달 우주선 스푸트니크(Sputnik)를 쏘아올리면서 그 힘을 과시했다. 그러나 그러한 승리는 서구로 하여금 소련의 다른 부문들도 경쟁력이 있는 것으로 오인케 했다.

거의 모든 산업에서 소련의 잠재적 혁신가는 GM의 발명가보다도 더 심한 장애물에 직면해 있었다. 그가 처한 난처한 입장은 블라디미르 두딘체프(Vladimir Dudintsev)가 1956년 출판한 그의 소설 《빵만으로는 (Not By Bread Alone)》에서 생생히 묘사했다. 그것은 흐루시초프가 제

20차 공산당회의 연설에서 스탈린주의는 끝났다고 선언한 지 몇 달 후의 일이었다. 소설의 주인공은 고독한 발명가 라포트킨(Lapotkin)으로서, 그는 멀리 떨어진 시베리아의 공장지대, 즉 콤비나트(Kombinat)에서 파이프로 주조하는 새로운 기계를 발명한다. 그의 상사 드로츠도프 (Drozdov)는 그를 방해하면서 다음과 같이 경고한다. 『고독한 늑대는 시대에 안 맞아. 우리의 새로운 기계들은 집단사고의 결과야.』그래서 라포트킨은 모스크바로 가지만 거기에서도 융통성 없는 기관, 거만한 과학자, 자만에 빠진 정부부서에게 거부당한다. 『거대한 배처럼 정부는 바람을 향해 전속력으로 달렸다. 모든 해군병사들은 성실하게 자신들의 위치를 지켰다. 아무도 쇠파이프 제조와 같은, 계획에 포함되어 있지 않은 임시적인 프로젝트에 말려드는 것을 원하지 않았다.』

라포트킨은 공식적인 기밀을 누설한 죄로 기소되고 노동수용소로 보내진다. 한편 몇몇 용감한 동료들이 그의 설계를 이용해 성공적으로 기계를 만들고는 그를 석방시킨다. 그러나 관료들은 여전히 구태의연한 성채 속에 머물면서 그보다 훨씬 못한 기계를 승인한다. 라포트킨은『이제 드디어 나는 관료주의의「보이지 않는 제국」을 본다』라고 말한다. 『나 말고는 시민들만이 그것을 볼 수 있다.』

소련 관료주의에 대한 두딘체프의 폭로는 소련에게는 큰 충격을 주었고, 서구에서는 저자를 놀라게 한 큰 성공을 안겨주었다. 그는 서구의 독자들에게『우리는 우리들의 결핍과 애로에 대해 대담하게, 그리고 솔직하게 말씀드립니다. 왜냐하면 그것은 부정이 없는 신세계를 낳는 산고이기 때문입니다』라고 설명했다. 새로운 소련은 끝내 태어나지 않았다. 그러나 관료주의의 악몽은 서구사람들이 생각했던 것보다 훨씬 더 보편적인 현상이 되었다. 서구의 회사인간들은, 세계경쟁이 한창인 때 겨우 그 문제점이 드러난,「그들 자신의 보이지 않는 제국」을 개발하고 있었던 것이다.

제 9 장

반 란

　제2차 세계대전 후에도 여전히 개인과 기업 사이의 관계는 불안정했다. 1960년대에 이르러 회사인간들은 실질적으로 거의 모든 서구국가에서 과격한 학생·인종차별주의자·거짓말쟁이 또는 사회의 문제아 등으로부터 격렬하게 비난받았다. 그것은 한층 더 큰 반란으로 이어져 대학과 정부, 그리고 일반적 의미의 서구사회 전반에 대한 반발의 일부가 되었다. 그것은 끝내 도가 지나치게 되었고, 그 후 지지를 잃고 우익의 반동을 야기했다. 그러나 반란은 하나의 분수령, 즉 기업들과 사회 사이의 합의의 종말이었다.

　전후 대부분의 사회운동과 마찬가지로, 그것은 미국에서 첫출발했다. 1964년 회사인간들은 이미 조기 경고를 받았는데, 기업권력의 남용에 대한 하나의 특별한 사건이 GM의 오만과 고립을 폭로했다. 십자군같이 젊은 변호사 랠프 네이더(Ralph Nader : 1934~ , 미국의 변호사·소비자보호운동가)는 최신형 자동차 가운데 특별히 GM의 콘베어(Convair)

에 대한 안전성 기록을 조사했고, 이를 《안전한 속도는 없다(Unsafe at Any Speed)》라는 책으로 펴냄으로써 엄청난 물의를 일으켰다. GM은 이에 놀라 네이더의 배경을 조사하기 위해 사설탐정을 고용하고, 심지어 그의 성생활까지 조사하는 등 미숙하게 행동했다. 네이더는 곧 이를 알고는 안전성에 관한 그의 주장을 검토하던 상원소위원회에 GM을 고발했다. 상원의원들은 GM의 관계자를 소환하여 해명을 요구했다. 제임스 M. 로셰(James M. Roche) 사장을 포함한 관계자들이 이를 사과했으나 사설탐정이 행한 불법적인 일에 대해 상세히 해명하지는 않았다. 그 때 드러난 것은 개인과 기업의 도덕성 사이에는 엄청난 격차가 있다는 사실이었다. GM의 변호사 아일린 머피(Eileen Murphy)는 네이더와 같은 일을 하는 사람들을 존경하지만 네이더의 조사는 전문적 직업에 대한 도전으로 간주했다. 『그것은 GM의 일이다. 버튼만 누르면 곧 원하는 것을 얻을 수 있다.』그녀는 워싱턴의 변호사이자 전직 FBI 요원 마이클 대너(Michael Danner)를 접촉했고, 대너는 네이더를 추적하기 위해 탐정을 고용했다. 대너는 네이더에 대해 『야구의 스크루 볼처럼 다루기 어려운 사람처럼 보인다』라고 했다. GM은 네이더의 약점을 잡고는 「머리카락이라도 붙잡는 심정으로 입을 다물게」 하고 싶었던 것이다.

네이더는 『나는 내 행동에 책임을 진다. 그러나 GM의 행동에 대해서는 누가 책임을 지는가?』라고 썼다. 그는 나중에 GM을 사생활침범으로 고발했고, GM은 42만 5,000달러의 배상금을 지급했다. 그 돈은 네이더로 하여금 이상에 충만한 젊은 변호사들과 기업권력남용에 대해 관심이 많은 자원봉사자들, 즉 「네이더의 추적자들(Naider's raiders)」을 고용하는 자금이 되었다. 네이더는 반자본주의자는 아니었다. 그는 자본주의의 단점을 고쳐서 그들이 소비자에게 봉사하도록 만들고 싶었던 것으로, 자신의 시대보다는 앞선 사상이었다. 그리고 그는 GM의 자기도취를 폭로했다. 드러커는 나중에 다음과 같이 썼다. 『GM이 대기업은 진실로 「공공의 이익에 영향을 받는다」라는 것을 수용했더라면, GM은 네이더를 뒷조사하기 위해 탐정을 고용하는 치명적인 실수는 범하지 않았을 것이다.」네이더의 십자군은, 대기업들이 더욱 비대해지는 시대에 기업의 행동과 가치에 대해 폭넓은 의문을 제기하는 유일한 징후였다. 1948~69년 사이 21년 간 미국의 상위 20개 기업들은 제조산업의 전체 자산지배율을 48％에서 58％로 증가시켰다. 이러한 생산력 집중은 베트남 전쟁 때문에 촉발된 새로운 합병과 인수열풍으로 가속화되었다. 합병과 인수 열풍 뒤에 숨은 재무관리자들은 이민자들이었거나 국외자들—— 제임스 링(James Ling), 찰스 블루돈(Charles Bluhdorn), 텍스 손턴 (Tex Thornton), 솔 스타인버그(Saul Steinberg), 해럴드 그린(Harold Green) 등 —— 로서 미국의 오래된 기업가문들과는 연결고리가 없었으나, 그들의 권력을 최대한 키울 준비가 되어 있었다. 그들은 그들의 주식 가격을 올리는 방법으로 다른 회사를 매입하고는 다양한 사업을 한층 더 집중통제하는 「거대복합기업(Conglomerate)」을 창조했다. 그 당시 주도적인 민주당 정치인들은 그 위험을 경고했다. 상원 반트러스트 위원회의 하트 의원(Senator Hart)은 『우리 사회에서는, 우리들은 권력의 분산을 정치적 민주주의 달성에 있어 최상의 수단으로 간주한다』라고 주장했다. 그러나 반트러스트 운동은 20세기 초부터는 효과가 적어졌고, 새로운 경제집중들은 대부분 허용되었다.

거대복합기업가들은 「시너지(synergy)」이론을 주장했는데 —— 이 용어는 약품을 배합하면서 처음으로 사용되었다 —— 합병을 하고 나면 그 성과는 합병하기 전의 기업 성과의 합보다는 크다는 것이었다. 간단히 말하면 「2＋2＝5」라는 것이었다. 회사인간들은 합병이 이뤄진 후 대량해고가 따르지 않을까 걱정했다. 《우리 복합기업에 오신 것을 환영합니다 —— 당신은 해고야! (Welcome to Our Conglomerate – You're Fired!)》라는 것은 이시도르 바마시의 책 제목이었다. 사실 복합기업은 사람을 줄이는 데는 놀랍게도 비효과적인 반면에, 한층 더 경비가 지출되는 재무통제를 가해야만 했다. 그들이 해외로 진출했을 때 상황은 더 나빴다 (제10장 참조). 재무관리자들은 그들이 생산하는 제품과는 여전히 거리를 두고 있었다——그로 인해 성숙산업의 경쟁력 약화가 촉진되었다.

거대복합기업들은 기업관료주의를 한층 더 강화했고, 또다시 풍자소설가들의 지각이 경제학자들보다도 한 발 더 빨랐다. 믿거나 말거나 식의 법칙과 원칙은 전후 영국에서 시작되었는데, 이는 스티븐 포터(Stephen Potter : 1900~69, 영국의 수필가 · 유머 작가)의 《게임스맨십(Games-manship)》, 《라이프맨십(Lifemanship)》, 《원업맨십(One Upmanship)》에 관한 풍자소설로부터 출발했다. 1957년 C. 노스코트 파킨슨(C. Northcote Parkinson : 1909~ , 영국의 역사가 · 경제학자) 교수는 처음으로 그의 유명한 법칙을 〈이코노미스트(The Economist)〉지에 발표했다. 『작업은 그것을 완성하는 데 필요한 시간을 채울 때까지 확대된다.』 1969년 로렌스 피터(Laurence Peter) 박사와 레이먼드 헐(Raymond Hull)은 포터와 파킨슨에게 헌정하는 책 《피터 원칙(The Peter Principle)》을 출판했는데, 이는 『조직계층구조에서 모든 종업원들은 그들의 무능수준까지 승진하는 경향이 있다』라는 내용이었다. 그러나 대기업에 대한 가장 신랄한 비판은 성공한 사업가 로버트 타운센드(Robert Townsend)로부터 나왔는데, 그는 1965년 거대기업 ITT가 인수할 때까지 애비스(Avis) 렌터카를 경영했다(그는 그 후 다음과 같이 충고했다. 『귀하가 만약 좋은 회사를 운영한다면 거대복합기업에는 팔지 마세요』). 타운센드는 자신의 경험을 살려 《조직에 활력을(Up the Organization)》이라는 책을 썼다. 그는 이 책에서 대기업은 『사람은 일을 하기 싫어한다, 일을 시켜야만 한다, 그리고 책임지기를 싫어한다』라는 틀린 가정에 기초한다고 주장했다. 『지난 200여 년 간 우리는 가톨릭 교회와 시저(Caesar)의 군대조직을 본따 우리의 조직을 만들었다.』 그는 거대주의에 대한 극적인 처방을 제시했다. 개인비서 없이 일하라, 조직도표를 없애버려라, 광고부와 구매부 직원 모두를 해고해버려라, 하버드 경영대학 출신을 채용하지 말라. 『만약 최고경영자가 5~6년 후 점잖게 은퇴하지 않으면 그 녀석을 차버려라.』 타운센드에 이어 애비스를 이어받은 버드 머로(Bud Morrow)는 그의 충고를 무시했다. 1972년 그는 내게 다음과 같이 말했다. 『그의 방식으로는 회사를 살릴 수도 운영할 수도 없다.』 『타운센드는 관리자가 아니다――그는 일관성이 없다――그는 예술가야. 그는 비서가 필요 없다. 왜냐하면 그는 다른 사람의 비서를 채용했거든. 내 비서가 그의 책을 타이핑해주었으니 말이지.』

풍자가들은 비록 인기는 높았지만, 여전히 확장과 중용의 원칙(laws of expansion and mediocrity)에 충실한 기업의 최고경영자들에게는 거의 영향을 미치지 못했다. 거대복합기업 경영자들은 호황기에 주가가 높이 유지되는 동안은 지속적으로 그들의 주주를 만족시켜줄 수 있었다. 그들의 기본적인 오류가 밝혀진 것은 1970년대 중반 경기가 하락하고 주가가 폭락하면서부터였다.

사람들이 일을 싫어한다는 가정은, 1960년대 이미 많은 기업인들이 부정했다. 그것은 「신인간관계론(neo-human relations)」을 통해 초기의 심리학적 이론에 영향을 받았기 때문이었다. AT&T의 컨설턴트였던 프레더릭 허츠버그(Frederick Herzberg)는 「직무충실(job enrichment)」과 개인의 자아개발을 역설했다. 더글러스 맥그리거(Douglas McGregor)는 「X이론(Theory X)」을 거부했는데, 이는 노동자들은 일을 하도록 강압적으로, 그리고 벌로써 다루어야 한다는 것이었다. 그는, 그 대신 근로자는 그들에게 동기를 부여하고 영감을 불어 넣는 관리자와 함께 즐겁게 일한다고 하는 「Y이론(Theory Y)」을 주창했다. 캘리포니아의 어느 전자공장에서 실험을 한 윌리엄 아우치(William Ouchi)는 「Z이론(Theory Z)」을 주창했는데, 근로자들은 안전한 조직구조를 필요로 하며 높은 표준과 목표를 달성하기 위해 방향감각을 갖고 있어야 한다고 했다.

많은 회사들은 종업원을 한층 더 행복하게 만듦으로써 생산성을 향상할 수 있도록 고안된 「조직개발(organizational development)」 프로그램을 채택했다. 최고경영자는 관리자를 팀 구축과정(team building)에 보내기 시작했고, 「감수성 훈련(sensitivity training)」을 받게 하여 종업원 상호간에 이해의 지평을 넓히고 의사소통을 원활히 하도록 했다. 집단분석과 집단치료의 개념은 캘리포니아의 실험에서 출발한 것으로서 이익추구형 기업의 의사결정에 신속히 채용되었다. 조용하고도 자신감 넘치는 경영자는 자신의 속셈을 드러내 놓아야만 했고, 그의 동료들이 자신을 어떻게 생각하고 있는지도 경청해야만 했다. 또한 자신이 젊은 시절에 잃어버린 개방성을 다시 확립하기 위해 간호 게임(nursery game)과 같은 역할연기도 했다. 그러나 팀 구축훈련에는 종종 상반되는 목표들도 있었다. 학계의 심리학자들은 자신들을 사람들의 직무를 기름지게 하는 존재로 인식했는가 하면, 고위경영자들은 간혹 부하들을 조작하여 자신들의 위치를 확고히 하려 했다. 이는 20세기 초의 테일러주의를 다시 해석했던 것이다. 영국의 어느 컨설턴트는 『자신들이 청구서를 지불하는 고객이 됨으로써, 관리자들은 지금까지 동의하지 않았던 조직개발 프로그램의 한층 더 평등주의적이고 인간적인 측면들을 잘 사용하게 되었다』라고 말했다.

유럽인들은, 그것이 X이론이든 Y이론이든 Z이론이든 간에, 심리적 이론에 대해서는 훨씬 회의적이었다. 그러나 1960년대 몇몇 대기업들은 팀 구축과정과 「T그룹(T-group)」 과정에 고위경영자를 참가시켰다. 나는, 셸에서 온 어느 관리자——그의 동료들이 처음으로 그에게 그의 약점을 말했던——가 그 지긋지긋한 T그룹을 끝내고는 급히 한 잔 하러 간 것을 기억한다. 유럽인들은 본시 비꼬기를 좋아했고 충실하지도 않았으므로, 미국인들만큼 팀 구축을 진지하게 받아들이지 않았다. 그러고는 그것을 농담 정도로 여겼고 그들의 전통적인 유대관계의 형식을 선호했다. 그러나 1990년대 많은 유럽 기업들은 팀 구축과정에 다시 관심을 갖기 시작했다.

학생들

대기업을 인간화하려는 시도는 새로운 학생세대들을 끌어들이기에는 충분하지 않았고, 학생들은 기업이 제공하는 사회적 혜택을 거부했다. 그리고 그들은 기업을 환경파괴자로, 소수민족을 억압하는 자로, 광고와 각종 후원으로 수요를 조작하는 자로 인식했다. 학생들은 그들의 부모세대보다는 실업을 덜 두려워했으며, 「소비자 사회(consumer society)」의 물질주의와 의존성에 환멸을 느꼈다. 유명한 철학자 허버트 마르쿠제(Herbert Marcuse : 1898~1979)는 다음과 같이 설명했다. 『사람들은 자신이 사용하는 물건 속에서 자신을 인식한다. 그들은 자동차 속에서, 전축 세트에서, 단층 집 부엌의 가구에서 스스로의 영혼을 확인한다.』 학생들은 기업인생에 갇히는 것을 두려워했고, 다른 대체 생활과 가치를 찾아 자신의 존재에 의미를 부여하려 했다. 학생들은 반항하면 할수록 기업의 억압으로부터 전적으로 해방된 반(反)문화의 이념에 매혹당했고, 인간의 마음을 창조적으로 확대하는 것을 허용했으며——섹스, 마약, 그리고 공동생활에 대한 새로운 시도를 하면서——1969년 데니스 호퍼(Dennis Hopper)의 영화 〈이지 라이더(Easy Rider)〉에서 잘 표현된 탈출의 미학으로 이어졌다.

학생들의 주요 관심사는 자신들을 징병하게 될지도 모를 베트남 전쟁이었으므로 그들의 첫번째 공격목표는 미국정부였다. 그리고 그들은 거대기업들을 전쟁의 공모자 또는 수혜자로 인식했다. 그들은 컴퓨터가 장착된 폭탄에 대해서는 IBM을 비난했고, 다우 케미컬(Dow Chemicals)사에 대해서는 적을 산 채로 화장시킬 소이탄(燒夷彈)을 비난했다. 군산복합체는 당시 미국의 국방장관으로서 테 없는 두꺼운 안경을 끼고 머리를 완전히 뒤로 빗어넘긴 외모를 한, 물류의 천재였던 로버트 맥나마라(Robert McNamara : 1916~ , 미국의 실업가, 국방장관, 세계은행총재)와 연관되어 한층 더 음흉한 의미를 갖게 되었다. 맥나마라는 적절한 인물이었다. 그는 거대기업과 거대정부 사이를 쉽게 이동했다. 그는 공군 재직시절 빼어난 분석능력을 과시했고, 1945년 이후 포드 자동차에서 명성을 날린 뛰어난 젊은이 가운데 하나였다. 1960년 이후 국방부에서 그는 자신의 모든 정력을 군대의 합리화에 바쳤고 베트남 전쟁을 확전시켰으며, 마침내 폭격만으로는 이길 수 없다는 것을 인식하고 국방부를 떠나 세계은행(World Bank)으로 옮겼다. 그 곳에서 그는 마치 베트남을 공격하듯이 성실하게 빈곤을 퇴치하려 했다. 그는 최고의 경영자였다. 1968년 그는 다음과 같이 썼다. 『민주주의에 대한 진정한 위협은 과대관리에서 오는 것이 아니라 과소관리에서 온다. 현실을 과소관리하는 것은 자유를 유지하는 것이 아니다. 그것은 단순히 이성이 아닌, 다른 세력이 현실을 형성하도록 허용하는 셈이다.』젊은 반항아들에게 그 말은 저주였다. 『그것은 기술적 전문가만이 해결할 수 있는, 이른바 삶이라고 말하는 조용한 상태로 인생을 한 단계 내려놓는 것이다』라고 시오도어 로스잭(Theodore Roszak)은 말했다. 맥나마라는 한때 자신이 주도했던 군산복합체의 위험을 전혀 인식하지 못했다. 그 반면 거대정부와 연결된 거대기업에 대한 젊은이들의 공포감을 대변했던 것이다. 「깨끗하고, 카펫이 깔린, 따뜻하고도 조명이 잘된 사무실」에서 악을 저지르면서 말이다.

학생들은 자신들의 바로 앞날을 가로막는 베트남 전쟁에 반대하는 집회를 가졌다. 그러나 또한 그들은, 역설적이지만 전쟁 그 자체 때문에 달성된 비교적 완전고용시대의 산업사회 본질에 대해, 그리고 일자리를 거부하는 반란을 일으킨 것이다. 학생과 근로자 모두 체제를 쉽게 거부할 수 있다는 듯이 느꼈고, 그들의 상사를 변화시킬 수 있다고 느꼈으며, 거대 자동차회사들은 전례 없는 높은 결근율 때문에, 그리고 작업조건을 증오했던 젊은 근로자들의 열악한 근로정신 때문에 고통을 받았다. GM은 오하이오 주 로드스타운(Lordstown)에 훨씬 자동화된 신공장을 세우고는 디트로이트의 작업조건을 싫어했던 젊은 근로자들을 끌어들이려고 애썼다. 그러나 근로자들은 자동화를 한층 더 비인간적인 조치로 받아들이고 1972년 봄 파업을 일으켰는데, 그 결과 경영자들은 더더욱 의기소침해졌다. 사실 여느 자동차회사들과 마찬가지로 GM의 공장들은, 일본 자동차회사에서 훨씬 전부터 실시하고 있었던 인간관계의 개선과 종업원 참여를 촉진시킬 조치를 전혀 취하지 않았었다. 로드스타운의 자동화는 기계식 모델의 단순한 확장에 지나지 않는 것으로, 그것은 근로자들과 학생 모두에게 저주였던 것이다.

산업사회에 대한 폭넓은 공격은 미국에서 유럽으로 퍼져갔고, 학생들의 폭동이 확산되어 마침내 동시에 폭발한 것이었다. 유럽의 학생들은 베트남 전쟁으로 인해 직접적인 위협은 받지 않았지만, 미국의 학생들과 마찬가지로 몇 년 간의 번영에 뒤이어 독점기업에 염증을 느꼈다. 그러고는 실업에 대한 두려움도 사라졌다. 바로 그 때 미국 학생들이 불을 붙인 것이다. 폭동은 종종 대학에 대한 반발로 시작되었는데, 그것은 쉬운 목표였다. 그 후에는 물질주의와 사회억압의 폭넓은 고발로 옮겨갔다.

그 당시 나는 유럽에 관한 책을 찾고 있었는데, 기업현장의 변화를 관찰할 수 있었다. 1967년 후반 나는 르노 자동차(Renault)사의 모범공장을 돌아본 적이 있었다. 나를 안내했던 자신만만한 관리자들은 5주 간의 유급휴가와 종업원 식당의 3개 코스 식사 메뉴를 설명해주었다. 그로부터 몇 달 후 르노 자동차는 급진적 학생들의 주요 공격목표가 되었고,

학생들은 근로자들로 하여금 파업을 하도록 설득했다. 그리고 나는 1968년 5월 파리에 있는 르노 자동차의 최대공장을 방문했는데, 그 당시 그 공장은 근로자들에게 점거되어 폐쇄 중이었다. 그 뒤를 이어 전국의 모든 공장들이 위협을 받고 있는 것 같았다. 리용(Lyons)에서는 벌리트(Berliet) 트럭공장의 종업원들이 파업을 했고, 벌리트의 광고간판을 자유라는 뜻의 「LIBERTE」로 바꾸어놓았다. 독일에서는 만하임에 있는 다임러벤츠 자동차공장의 근로자 가운데 일부가 폭동에 가담했다. 그 후 프랑크푸르트 근교의 훽스트 화학에서도 폭동이 일어났다. 가장 극적인 반란은 1969년 더운 여름날 이탈리아에서 일어났는데, 튜린의 피아트 공장 종업원들은 「독재자 조립 라인」에 항거하는 시위 중에 실제로 자동차를 불태웠다.

근로자들의 불만은 학생들의 폭동에 비해 훨씬 더 경제적인 의미가 담겨 있었다. 왜냐하면 그들은 전후 국민적 합의의 종말을 기록하게된 「전 세계적 임금폭발」의 일부분이었기 때문이다. 역사가 에릭 홉스바움(Eric Hobsbawm)은 『20년 후 새로운 세대는 어른이 되었는데, 그들에게 있어 전쟁 중에 겪은 경험—— 대량실업 · 고용불안 · 안정된 또는 하락하는 가격 등—— 은 역사였지만 경험의 일부는 아니었다』라고 썼다. 그러나 공장에서 일어난 극적인 폭동은 그리 오래 가지 못했다. 왜냐하면 근로자들은 학생들이 주장한 반물질주의에 거의 동의하지 않았기 때문이다. 프랑스의 학생운동 리더인 다니엘 콩방디(Daniel CohnBendit)는 훗날 『근로자들에게 자동차란 하나의 물신(物神)이었다』라고 불평을 했다. 프랑스에서는 드골(de Gaulle) 대통령과 퐁피두(Pompidou) 대통령이 처음으로 항거자들에게 양보했고 대규모의 임금인상을 승인했다. 그러나 드골은, 군대가 자신을 지지한 후 곧 자신의 권위를 다시 휘둘렀다.

그러나 유럽의 회사인간들은 충격을 받았고, 폭발하는 분노를 사전에

탐지하는 데 실패했다. 그리고 그들은, 문제가 근로자들이 아니라 관리
자들에게 한층 더 크다는 것을 알았다. 대륙을 다시 방문하면서, 나는
폭동이 경영자의 태도를 얼마나 바꾸어놓았는지를 인식하게 되었다. 튜
린에서 피아트는 새로운 개방성과 비공식성을 급작스럽게 인정했다. 공
중관계를 담당하고 있던 젊은 여사원은 그들의 회사를 농담의 대상으로
삼았다. 지안니 아그넬리 회장은 근로자들의 열악한 근로조건에 대해 자
신의 견해를 설명했다——『전체 공장 가운데 가장 불결한 직무를 보시
겠어요?』 그리고 그는 자동차의 미래에 대해서도 회의적이었다. 『자동
차 문명이 최고도로 발달한 나라에서 서서히 거부과정이 일어나고 있
다.』

사회 민주주의적 여론이 지배했던 스웨덴에서는, 학생들과 긴밀한 관
계를 갖고 있다며 자신감에 차 있던 최고경영자들에게 학생들의 폭동은
큰 충격이었다. 연구조사기관 SNS의 조사에 의하면 학생 중 4분의 1만
이 사기업에 근무하고 싶다고 답변했다. 1969년 여름 스웨덴 기업의 회
장들은 틸로샌드(Tylosand)에서 위기를 토론하기 위한 회의를 가졌다.
그 회의에는 학생대표들, 그리고 필자와 같은 여러 사람들이 참석했다.
그들은 그들의 고압적 태도와 물질주의, 그리고 전제주의에 대해 쏟아진
격렬한 비판을 분명하고도 겸손한 자세로 경청했다. 그리고 그들의 회사
가 어떻게 하면 학생들에게 수용될 수 있을지에 대해서도 논의했다. 그
다음해 볼보(Volvo)와 또 다른 스웨덴 회사들이 조립 라인의 단조로움을
극복하기 위해 새로운 팀워크를 개발하는 데 앞장섰다.

영국에서 폭동의 강도는 훨씬 덜 했다. 영국의 학생들은 한층 나은 특
권을 누리고 있었고, 이상을 믿지 않았으며, 문화적으로 이미 해방되어 있
었고, 사회를 뒤집어놓은 1960년대 이후 이미 오래 된 기성사회의 정체를
폭로했기 때문이다. 콩방디가 런던 경제대학(London School of Econo-
mics)을 자극하려고 노력했지만, 청중들은 무관심과 회의감으로 그를

맞았다. 그러나 영국의 학생들마저도 대기업들을 격렬하게 공격했고, 대기업과 대학과의 연계도 비난했다. 그 가운데 새로운 워윅 대학교(University of Warwick)가 가장 대표적인 것이었다. 선견지명이 있었던 기업들은 재빨리 주의를 기울였다. 셸은 가장 민감하게 대처했던 기업 가운데 하나였다. 셸은 경영자들로 하여금 회사의 연수원에서 개최된 세미나에서 비판적인 학생들과 토론을 벌이도록 했다. 그러나 셸은 한층 반항적이고도 제멋대로인 잠재적인 근로자들을 거부했으며, 훨씬 더 둔하지만 전통적인 근로자들을 우선적으로 채용했다. 1970년대 채용인원을 줄인 데 이어, 반항아들의 채용거부는 셸과 기타 여러 회사들로 하여금 그 당시 학생세대들이 최고경영층에 도달했을 무렵인 20년 후 값비싼 대가를 치르도록 했다. 1993년 내가 만난 인사담당임원은 『1968년 이후 우리는 최우수 졸업생들을 채용하지 못했다』라고 설명했다. 『우리는 지나치게 교만했고, 학생들의 태도변화를 이해하지 못했다. 우리는 단지 괴짜들을 채용하지 못했을 뿐만 아니라, 현명하고도 정상적인 학생들도 놓쳤던 것이다. 그 결과 우리는 지금 고통받고 있다.』

「치욕의 10년」 동안 기업이 최우수 인재들을 유치하는 데 실패하고 일본으로부터의 도전에 직면하자 그 피해는 더욱 분명해졌다. 찰스 햄프덴 터너(Charles Hampden-Turner)와 폰스 트롬페나스(Fons Trompenaars)는 그들의 공저 《자본주의의 일곱 가지 문화(The Seven Cultures of Capitalism)》에서 다음과 같이 기술했다.

일본경제가 매년 8~10%씩 성장했던 그 시기에, 북미의 학생들과 서유럽의 많은 학생들은 경영활동에 참여하기를 거부했다. 그리고 특히 엘리트 교육기관 출신들은 대부분 존 F. 케네디(John F. Kennedy) 대통령과 린든 B. 존슨(Lyndon B. Johnson) 대통령이 주창한 사회적 도전에 몰입했다. 「치욕의 10년」이 경제에 끼친 영향은 앞으로 계산해보아야만 한다. 왜냐하면 그 당시 기업 참여를 거부했던 사람들이 지금은 주요 기업들을 운영하고 있기 때문이다.

1970년대 중반까지 학생반란은 서구 전반에 걸쳐 소진되었다. 실업률이 높아지면서 대학졸업자들은 어떤 직업이든 갖기 위해 안달이었다. 반물질주의(anti-materialism)는 소비자주의(consumerism)에 길을 내주었고, 젊은이들은 길거리에서 움직이는 광고인이 되었으며, 맥주를 선전하거나 티셔츠나 자동차 부착물 등을 통해 휴일 리조트 또는 사치성 물품을 선전했다. 1970년대 초 절정에 이른 반문화(counter-culture)는 시골 생활로 이어졌다. 사람들은 캘리포니아의 히피 촌으로 몰려들었고, 일단의 가족들은 선한 생활을 추구하는 영국의 시골마을로 달려갔다. 1970년대의 불경기는 오일 쇼크로 가속되었고, 전후 4반 세기에 걸친 서구의 호황에 종지부를 찍었다—— 그것은 장기간 지속되었던 빅토리아 시대의 호경기가 끝난 지 100년 후의 일이었다. 홉스바움이 표현한 대로 학생반란은『서구사회의 문제를 영원히 해결했다고 반쯤은 믿었던 세대에게 경고를 준 것이며, 일종의 사망선고를 내렸던 것이다.』

보수적인 기업인들은 대학졸업자들이 직업을 갖기 위해 다시 경쟁하는 것을 보고 안도의 가슴을 쓸어내렸다. 그리고 학생반란이 광신자와 무정부주의자들에 의해, 미국의 웨더먼(역주 Weatherman : 1960년대 투쟁적 혁명청년조직의 한 사람)에 의해, 독일의 바더 마인호프(Baader-Meinhof) 또는 이탈리아의 적군(Red Brigade)에 의해 그 순수성이 훼손되는 것을 관찰했다. 그들은 정부로부터의 새로운 강경대응을 유발했고 우익정치의 역류를 초래했다.

그러나 반란은 언제나 정치적일 뿐만 아니라 문화적인 것으로서, 심각한 혁명이라기보다는 새로운 낭만적인 운동에 한층 더 가까웠다. 대부분의 반란은 전제주의적 체제에 대한 거부, 그리고 새로운 산업사회의 기계적 통제——「구부리거나, 접거나 또는 자르지 마세요」라는 크레디트 카드로 대변되는—— 에 대한 거부만큼이나 반자본주의적인 것은 아니었다. 학생들의 반란은 기계적 조직(mechanical organization)을 거부하는 개인들이 벌인 전쟁역사에 또 하나의 장을 기록했다. 베트남 전쟁에 참전했던 미국의 변호사 윌리엄 O. 더글러스(William O. Douglas : 1898~1980, 미국 자유주의파의 법률가, 대법원 판사)는 1970년 다음과 같이 경고했다. 『오늘날의 젊은이가 추구하는 것은 기계—— 그리고 기계를 사용하는 기업국가(corporation state)와 정부의 광범한 관료주의——를 인간의 하인으로 만드는 방법과 수단을 찾는 것이다. 그것은 다가올 혁명이다.』

그들이 느낀 두려움 중 대부분은 1970년 찰스 라이히(Charles Reich)의 저서《미국의 녹색화(The Greening of America)》에 표현되었다. 그 책은, 정부가 기업들 그리고 통제불능의 기술과 연합해 인위적 문화(artificial culture)와 의미 없는 작업을 창조하는 기업국가를 묘사하고 있다. 라이히는, 국가와 기업은 미국을 광범한 반(反)공동체로 만들고, 가족들로부터 그 기능들을 빼앗고, 비극적인 자아상실을 유발할 수 있다고 경고했다. 라이히는 자아인식의 세 단계를 추적했다. 인식 1단계에서는 도둑귀족들(robber barons)의 무제한 경쟁이 대공황과 같은 사회적 혼란을 초래했다. 인식 2단계는 뉴딜정책으로 시작하여 제2차 세계대전 후 확고해졌는데, 공동선(common good)이라고 가정된 것을 위해 개인이 대량산업과 대량조직에 희생되었다. 그러나 결과는 심각한 자아상실뿐이었다. 『사람의 모습은 오직 조직이 요구하는 것만을 시행하는 사람에 지나지 않았다.』 그러나 인식 3단계에서는, 1960년대 후반 인간성의 상실에 배신당하고 베트남 전쟁의 공포에서 벗어나기 위해 새로운 세대가 출현했다. 그들은 그들의 내면적인 자아를 회복하려 했고, 자기 방식으로 옷을 입고, 말하고, 살아가기로 결정했다. 『개인은 해방되었다. 그리고 이제 선택권은 그들의 것이다.』

선택은 옷차림이나 말처럼 폭이 넓지는 않았다. 새로운 세대의 많은 사람들은 그들의 비전통적인 생활방식을 유지하면서 스스로 회사를 창업했다. 그들은 「히피 자본주의」가 1950년대의 그런 통일성이 없이도 굴러간다는 것을 보여주었다. 또 다른 사람들은 평범한 회사인생을 택했고 특별한 창의성을 발휘했다. 그러나 거의 대부분은 그들의 이상을 잃어버렸다. 1970년대 초 하버드 대학의 심리분석학자 마이클 매코비(Michael Maccoby)는 12개 주요회사들의 성공적인 임원 250명을 면접하고 조사했다. 그는 그들을 네 가지 형태로, 즉 「장인(craftsman)」, 「정글 투사 (jungle fighter)」, 「회사인간(company man)」── 화이트(Whyte)의 조직인간(organization man)과 유사한── 그리고 「게임 인간(games man)」으로 분류했다. 특히 게임 인간은 매코비의 주요 연구대상이었다. 게임 인간은 변화를 즐기고 그 방향에── 기업과 관련하여── 영향을 미치려는, 동적이고 위험추구형의 최고경영자다. 컴퓨터를 포함한 하이테크 산업은 고도의 경쟁적인 게임 인간들을 양산했고, 그들은 그들의 팀과 회사 목표에 맞추어 그들의 개성을 조정했다. 그러나 간혹 그들의 정열은 수그러들거나 정서적 불안, 그리고 사기저하로 이어지기도 했다. 게임 인간은 고도로 도덕적인 존재는 아니었다. 그는 환경을 오염시키기도 했고, 사생활을 침범하기도 했으며, 다른 사람들 눈에 그들은 게임의 규칙을 정하는 사람으로 보였다. 매코비의 결론은 부정적이었다. 『우리들의 사회적·경제적 시스템을 탐욕의 자극, 통제와 예측 가능성에 대한 적응, 정의와 창의적 인간 개발보다는 권력과 특권을 더 높이 평가하는 것 등이라고 전제하는 한, 공정한 태도의 게임 인간은 우리가 기업의 지도자로서 기대해도 좋은 것이다.』

물론 학생반란은 그들이 바랐던 정치적 해방을 성취하지 못했다. 오히려 그 반대였다. 1970년대 초반까지 워싱턴과 런던에 보수적인 정부들이 복귀했다. 가장 오래 지속된 프랑스 학생들의 성취는 프랑스 공산당의 「진부화된 공산주의」를 훼손시켰고, 그 결과 많은 지식인들의 지지를 잃어버리게 했다.

1980년대 이르러 미국과 영국에서도 제2차 세계대전 후 국민적 합의에 대한 급진적인 공격은 그 목표를 우익으로 바꾸었다. 신자본주의자들(neo capitalists)은 국가를 공격했는데, 그것은 국가의 전제주의적 억압에 대해서가 아니라, 높은 세금과 복지지출, 그리고 자유기업에 대한 간섭을 없애라는 내용이었다. 어느 역사가가 묘사했듯이 신우익(new Right)은 『1960년대의 반관료주의적 · 반국가적 · 해방주의적 경로를 추구했고, 이를 머리 속에 담아두고는 민중주의적 자본주의 정치(populist-style capitalistic politic)에 주입시키려 했다.』 앞으로 보게 되겠지만, 회사인간들은 좌익보다도 우익을 더욱더 두려워해야만 했다.

그러나 학생들에게 당한 후, 유럽 기업들은 전과 같은 평온으로는 다시 돌아가지 못했다—— 많은 학생들은 회사인간의 자식들이었기 때문이었다. 그리고 1960년대 들어 처음으로 발생한 두 가지 강력한 운동(환경운동과 여성해방운동)은 기업의 전반적인 사고방식을 변화시킬 때까지 힘을 발휘했다.

녹색운동은 비록 그 뿌리가 더 깊었지만, 학생반란의 덕을 보았다. 독일에서 콩방디는 환경운동을 지원했고, 루디 두츠케(Rudi Dutschke)는 공교롭게도 그가 사망한 1980년에 녹색당의 창설을 협조했다. 화학적 오염 또는 기름유출사고에 대한 최초의 항거는 서구전역에 걸쳐 한층 더 폭넓고 지속적인 캠페인으로 확대되었다. 그 결과 주요 기업들은 환경관리자를 배치하게 되었다. 아울러 새로운 공장·선박 그리고 송유관 건설 부문에서는 전혀 다른 사고(思考)를 하게 했다.

여성해방운동은, 부분적으로는 학생집단이 남성들에 의해 지배되는 것을 거부하면서 시작되었다. 독일에서 급진적인 독일 사회주의 학생연대

(Sozialistischer Deutscher Studentenbund : SDS)의 여성회원들은 스스로 여성행동위원회를 결성하여 저항했다. 그들은 남성회원들에게 토마토를 던졌고, 지도자들에게 계급투쟁뿐만 아니라 성행위의 절정감도 논의해야 한다고 주장했다. 미국에서 여성들은 「그들의」 민주주의 사회를 위한 학생회(Students for a Democratic Society : SDS)를 치욕으로 인식하고 부숴버렸다. 그녀들 가운데 한 명이었던 바바라 하버(Barbara Haber)는 『SDS는 정말로 내가 가본 곳 중에서 가장 성적인 장소였다』라고 말했다. 호전적인 여성들은 자신의 표현과 자아인식에서 마침내 남성들보다도 한층 더 적극적이었다. 그리고 여성해방운동은 공중관계 담당임원 자리에 여성들을 앉혔고, 그들은 사무실의 태도를 변화시키는 데 도움을 주었다(제19장 참조).

기업 그 자체에서의 반란은 새로운 에너지와 창의성을 유발시켰다. 그리고 미국에서는 새로운 컴퓨터를 발명케 한 온상이었다(제13장 참조). 대형 컴퓨터는 군산복합체의 도움으로 처음 개발되었고, 훗날 대규모 조직을 확고히 하는 데 도움이 되었다. 그러나 1970년대에는 미니 컴퓨터를, 1980년대에는 개인용 컴퓨터를 개발했던 젊은 컴퓨터 엔지니어들과 프로그래머들은 베트남 전쟁과 통일성이라는 거대기업의 거대환상을 거부하면서 성장했다. 그들 대부분은 공격적인 자본주의자였고, 그들의 업무에 성실했으나, 자아표현의 확대에는 관심이 없었다. 그러나 그들은 기업에 관해 부모세대가 갖고 있던 전통적인 가정을 거부했고, 일어나지 말았어야 할 1960년대의 의문에 대해서도 관심이 없었다.

68세대(soixante-huitards)의 정신은 유럽과 미국에 살아 있었다. 지역사회와 공장에서뿐만 아니라, 가게에서 식당에서 설계실에서, 그리고 마케팅 활동에서 표현된 바와 같이 훨씬 더 상업적이고도 창의적인 혁신으로 나타났다. 한층 더 개방적인 자세의 젊은 사업가들은 그들의 정력을 새로운 작업방식으로, 자연식품·환경친화적 제품 또는 민속적 의상 시장으로 연결시킬 수 있었다. 꽃무늬 셔츠를 입은 히피족 출신 사업가는 흰색 셔츠를 입은 회사인간만큼이나 돈벌이에 열중한다는 것이 증명되었다. 그러면서도 그들은 더 많은 개인의 자유를 누렸는데, 이는 오락산업과 통신산업의 발달에 중요한 요소가 되었다. 그리고 가장 예민한 경영자들은 반항적인 젊은이 문화를 대규모 조직의 규범과 연결시킬 줄 알았다.

항공회사와 브랜슨

항공사들은 신사고에 특별한 도전을 제공했고, 수백만의 젊은 여행가들을 유혹했다. 대서양 횡단 시장은 특히 경쟁이 심했다. 1977년 프레디 레이커(Freddie Laker)는, 영국의 전세기들을 경영하는 대담한 흥행사로서, 자신의 스카이트레인(Skytrain)을 대서양 횡단항로에 띄우고는 기내 서비스를 제공하지 않는 대신 싼 가격을 제시했고 한층 더 북적거리게 했다. 그러나 거대 항공사들이 항공료를 인하하자 그는 곧 뒤따라 무리를 했고 4년 후에는 도산하고 말았다. 그런 뒤 1981년 미국의 젊은 사업가 도널드 버(Donald Burr)는 피플 익스프레스(People Express)사를 출범시키고는 또다시 대서양 횡단 운임을 깎고 서비스를 줄였다. 버는 훨씬 더 진지한 자본주의적 혁신가였고, 팬암(PanAm) 항공사와 같이 어쩔 수 없이 많은 직원들을 고용했던 기존 항공사들과 경쟁했다. 버는 내게 다음과 같이 말했다. 『당신이 진지하게 경쟁하려면 개인과 기업 사이에 조정할 필요가 있답니다.』 그러면서 그는 자신의 젊은 종업원들에게 책임감을 심어주었고 주식을 배분했다. 그는 《조직에 활력을》에서 제시된 바와 같은 비공식적 방법 —— 비서도 없이 또는 사무실도 없이 —— 으로 항공사를 운영했는데, 일정기간 동안 낭만적인 성공을 거두었다. 10대들은 피플 익스프레스로 몰려들었고 주식을 배당받은 호스티스들은 백만장

자가 되었다. 그러나 버는 과도한 확장과 거대 항공사의 재도전을 견뎌
낼 수 없었고, 끝내 피플 익스프레스는 도산했다. 성공적이고도 인기 있
는 항공사의 출범은 한층 더 놀랄 만한 영국인에게 넘겨졌다. 그는 젊은
이의 과시욕과 상업적 규범을 통합하는 새로운 역할 모델을 제공했다.
리처드 브랜슨(Richard Branson)은 1960년대 경이의 소년으로 출발했
다. 필자가 그를 처음 만난 것은 그가 16세 때 〈학생(Student)〉이라는
잡지를 출판하기 위해 자문을 구하러 왔을 때였다. 그는 활기차고도 순
박한 소년이었으나 보기 드문 진정한 기업가로서의 특성을 갖고 있음이
판명되었다. 그는 학교를 일찍 그만두었고, 모든 규칙을 무시했으며, 야
심적인 어머니의 도움을 받아 무제한의 자신감을 갖고 있었다. 그는 곧
재미를 즐기고 계층의식이 없는 히피의 이미지를 개발했고, 해적과 같은
수염을 기르고 후줄근한 스웨터를 입었으며, 세상 일에는 관심이 없다는
듯 집배(역주 barge : 바닥이 평평한 주거용 배)에서 살면서 일했다. 그러
나 그는 진실로 성실한 일벌레였으며, 공립학교 스토(Stowe)에서 자극받
아 돈에 대한 욕심도 대단했는데, 그것은 흥행사와 기업가로서 성공하기
위한 기본적인 바탕이 되었다. 잡지에 실패하자 브랜슨은 버진 레코드
(Virgin Record)사를 개업하고 보이 조지(Boy George)에서부터 섹스 피
스톨(Sex Pistols)에 이르는 이색적인 스타들과 유리한 계약을 맺었다.
또한 젊은 스태프들에게 돈보다는 책임감과 매력을 발산함으로써 동기를
부여하는 방법도 배웠다. 1984년 브랜슨이 버진항공사(Virgin airline)를
출범시켰을 때 그것은 경솔하고도 놀라운 변신처럼 보였다. 『피플 익스
프레스를 만나려고 이틀 간이나 노력하면서 나는 또 다른 항공사를 차려
도 될 것이라고 결정했다』라고 그는 그의 집배에서 나에게 말했다. 『그
것은 내가 시장을 조사한 결과다.』 그러나 그는 그의 어머니로부터 영향
을 받았는데, 그녀는 여성 승무원의 선구자였다. 그는 항공기 좌석에다
멋진 손님을 앉혀놓을 수 있는 쇼맨십도 필요하다는 것을 알고 있었다.

그의 비행기가 처녀 비행을 할 때, 필자는 처음으로 브랜슨의 탁월한 광고능력을 알게 되었다. 그는 점보기를 띄울 때마다 기자들과 함께 샴페인을 터뜨렸고, 비행기 내에는 인기 스타들과 저명인사들을 태웠고, 그 자신 또한 승무원석의 조종사처럼 옷을 입었다. 그는 평범한 보잉 747을 여행객과 의욕적인 종업원들 모두를 끌어들일 수 있는 멋진 대상으로 바꾸어놓는 재능이 있었다. 그리고 그는 일상적인 덤덤한 사업에다가 비디오 영화를 상영하고 새로운 상류계층을 태우는 등 상상력을 불어넣었고 혁신을 이룩했다. 그는 브리티시 항공사(British Airways : BA)라는 골리앗에 도전하는 다윗과 같았다. 그 점은 그의 선구자 레이커와 마찬가지였으나 그는 한층 더 기민했다. 브리티시 항공이 버진 항공에 대해 속임수를 쓰자 그는 공중관계를 이용하여 브리티시 항공을 꼼짝 못하도록 고소했다.

브랜슨의 선전술은 전통적인 은행가들과 많은 동료들로 하여금 경계심을 갖도록 했다. 제임스 골드스미스 경(Sir James Goldsmith)은 그가 소유한 멕시코 성(城)의 수영장에다 자신을 떠밀어 넣는 것을 용서하지 않았다. 그러나 그는 훨씬 주의 깊었고 1980년대 인기를 끌었던 영웅, 예를 들면 론슨(Ronson), 래트너(Ratner), 핼펀(Halpern), 그리고 나디르(Nadir) 등보다 훨씬 더 오래 사업을 지속했다. 1988년 버진 항공을 공개했을 때 대규모 투자기금들은 버진 항공을 기피했고, 그가 위험스런 대서양 횡단 여행을 결정하자 주가는 폭락했다. 그는 2년 뒤『사업가가 된다는 것과 공개회사의 회장이 된다는 것은 서로 별개야』라고 결정하고는 버진 항공의 주식들을 되사들였다. 그러나 그는 그의 음악산업을 4억 파운드나 되는 개인적인 이익을 보고는 팔아버렸고, 항공산업의 확장에 집중했다.

브랜슨은 경영 리더십에 대한 아이디어를 미리 예견했다. 그는 이미 잘 알려진 그의 얼굴을 모든 사업에다 광고함으로써 통합적 감각과 개성을 제공했고, 그의 교활한 거래활동을 위장하는 방법으로 캐주얼한 옷차림을 이용했다. 그는 창의성을 상업적 성공으로 연결시키는 방법을 잘 알고 있었다. 그의 영업담당임원 폴 그리피스(Paul Griffiths)는 음악학 박사였고, 인사관리담당임원 닉 포츠(Nick Potts)는 오페라 가수로 출발했었다. 포츠는 1990년대 유행어가 된 바 있는, 권한위양 또는 권한강화(empowerment)는 「전형적으로 젊음·정력 그리고 소규모 조직」에 존재한다고 주장했다. 그러나 브랜슨의 진정한 성공은 1960년대의 환상과 다음 세기의 냉정한 상업주의적 현실을 연결시킨 데 있었다.

제 10 장

다국적 기업인간

1960년대 초가 되자 서구에는 20년 전쯤에는 생각지도 못했던 이동습관이 있는 신 회사인간이 진화되어 나타났다. 그는 7시간 만에 논스톱으로 대서양을 건너올 수 있었다. 그리고 외국에서 단 하루만, 그것도 자신의 본국에서 익숙하게 접할 수 있는 호텔에서 자고 올 수 있었다. 직통전화로 본사 사람들과 또는 집에 있는 아내와 대화할 수도 있었다. 그는 증기선이나 철도로 여행했던 그 전의 어떤 기업인들보다도 폭넓게 여행했다. 그는 자유세계를 하나의 단일 행정단위로 보기 시작했다 ── 마치 반체제 학생들이 『국경을 허물어라』라고 고함쳤던 것과 같이 말이다.

그러나 느린 여행자들과 비교하면, 그의 통신범위는 오히려 한정되어 있었다. 다른 나라에 대한 그의 진정한 경험은 더더욱 한정적이었다. 그는 현지 거주자들과는 거의 접촉이 없었고, 여행을 멀리하면 할수록 그는 점점 더 자신의 본사에 의존했다. 가끔 그는 자신이 최종적으로 충성해야 할 곳이 어디인지 확실히 알 수도 없었다. 그것이 국가인지, 아니면 회사인지? 그리고 끊임없이 움직여야 했기 때문에 자신의 또 다른 안전한 피신처인 집에서 가족 등과 함께 시간을 보내기가 어려워졌다. 군대 장교의 아내, 선장의 아내, 그리고 무역상인의 아내들은 남편이 돌아오기를 기다리면서 남편의 지위나 남편이 타고 온 구조물을 구분할 수 있었다. 그러나 제트기를 타고 여행하는 기업인의 아내는 남편이 어디에 타고 있는지 구분하기가 훨씬 어려워졌다.

국제 기업인이라고 해서 전혀 새로운 것은 아니다. 18세기 동인도회사의 간부들은 영국의 주주들뿐만 아니라 네덜란드·포르투갈의 주주들을 위해 지구의 반을 항해하여 지점으로 갔다. 19세기 싱어(Singer)사는 뉴욕에 본사가 있었지만 가장 규모가 큰 재봉틀 제조공장은 스코틀랜드에 있었고, 스탠더드 오일은 중국에 자회사들을 두고 있었으며, 스웨덴의 알프레드 노벨(Alfred Nobel : 1833~96, 스웨덴의 화학자, 다이너마이트 발명자)은 다이너마이트를 만들기 위해 유럽 전역에 공장을 건립했다. 1907년 로열 더치 셸은 네덜란드와 영국의 합자회사가 되었다. 1911년 포드는 영국의 맨체스터(Manchester)에 공장을 세우고, 그 당시 이미 기업은 국경에 구애를 받지 않는다고 인식했다.

그러나 그러한 초기의 기업가들은 모두 행운을 빌어야만 했고, 그들이 살아남으려면 그 지역의 조건에 적응해야만 했었다. 그런 반면 새로운 다국적 기업인들은 제트기를 타고 전화기를 이용해 곧바로 전대미문의 통일적 방법으로 일을 할 수 있었다. 1956년 유럽공동체(Euripean Community : EC)가 형성되자 미국의 기업인들은 그 덕을 톡톡히 보았는데, 그들은 프랑스 파리와 이탈리아의 로마를 날아다니면서 그 속도와 직접적인 접촉능력으로 유럽인들을 놀래주기도 하고 즐겁게 해주기도 했다. 그들은 1969년도의 영화 〈화요일엔 벨기에에서(If it's Tuesday, this Must be Belgium)〉에 나오는 성급한 여행객들처럼 외국의 언어와 관습을

몰랐지만 눈부신 활약을 했다. 그들은 서유럽을 미국과 마찬가지로 단일
대륙시장으로 가정했다. 피아트의 아그넬리는 필자에게 다음과 같이 불
평을 늘어놓은 적이 있다. 『미국인들은 남유럽에 관한 것들을 계속 얘기
하고 있다(역주 미국인들이 이탈리아를 이탈리아로 인식하지 않고, 단일 유
럽의 남쪽지방처럼 언행한 데 대한 불만).』그들은 그들의 제품을 국가별
차이도 없이 어느 곳에서나 팔 수 있다고 생각했다. 또한 그것은 자주
먹혀들었다.

제트기를 타고 다니는 기업인들은 시차에 대한 경고를 무시했다. 제트
기가 나온 지 얼마 되지 않았을 때만 해도 회사소속 의사들은 오랜 시간
비행기를 타고 온 최고경영자를 보고는 시차를 극복하기 위해 하루쯤 쉬
어야만 한다고 주장했었다. 몇몇 회사들은 대서양을 여행하는 종업원들
에게 시차적응을 위해 귀로에는 배를 이용할 것을 권장했다. 1970년대가
되자 대부분의 기업인들은 여행시간의 단축을 당연한 것으로 받아들였
다. 또한 많은 기업인들은 그들의 시간을 본국의 시간으로 그대로 두었
고, 대서양을 횡단하는 야간 비행기를 타고 돌아와서는 곧장 회의에 참
석했다. 그러나 그들은 한 곳에 머물면서 살아가는 사람들── 그들의
고객들도 포함하여── 의 생활과는 어쩔 수 없이 한층 더 멀어져 갔
다. 또한 그들은 정상적인 인생살이── 예를 들면 사고방식·독서 또
는 수면 등──를 할 수가 없었다.

필자가 그들의 업무를 추적해보려고 시도했을 때, 기업인들의 글로벌
생활방식에는 불가피하게 커다란 한계점이 있다는 것을 알게 되었다. 그
들은 점보기를 타고 빈번히 날짜변경선을 넘나들고, L자 모양의 호텔 방
을 옮겨다니면서 시간과 장소가 좁아진다는 느낌을 체험했다. 갤브레이
스가 『이동과 생각을 혼동하는 것은 쉽다』라고 표현했듯이, 끊임없이 이
동하는 습관은 그 자체로 종말을 맞았다. 스스로 하나의 세계를 형성하
고 있는 호텔들과 공항들은 현실처럼 보이기 시작했고, 주변의 배후지는

비현실적으로 보였다(어느 항공사 사장은 심지어 자신의 사무실을 보잉 747의 계기판처럼 장식하여 편안한 느낌이 들도록 했다). 공항의 라운지는 19세기 역마차 손님들이 모이는 여관과 같은 역할을 하게 되었고, 사방으로 끊임없이 여행하는 사람들의 회합장소가 되었다——그러나 그곳에는 그 지역의 분위기나 정보를 알려주는 현지인은 아무도 없었다.

이처럼 많은 새로운 유목민들은 놀랍게도 그들이 여행 중인 국가와의 관계에서 아무런 어려움도 느끼지 않았다. 1960년대 많은 최고경영자들은 어떤 초국가적 권위에 의해 민족주의가 사라지게 되는 새로운 세계질서를 예견했었다. IBM의 국제사업본부 책임자였고 새로운 글로벌 인간의 모델이었던 프랑스인 자크 메이슨루지(Jacques Maisonrouge)는『세계의 정치적 구조는 완전히 진부해졌다』라고 말했다. 퍼스트 내셔널 시티 코포레이션(First National City Corporation)의 윌리엄 I. 스펜서(William I. Spencer)는『국민국가의 정치적 경계는 너무 좁아 현대기업의 영역과 활동을 결정하기에는 지나치게 제한적이다』라고 했다. 어떤 최고경영자들은 진정한 초국가적인 존재의 출현을 예견했다. 뱅크 오브 아메리카(Bank of America)사의 사장 톰 클라우센(Tom Clausen)은 캘리포니아 토박이지만,「모든 민족적인 정체감과는 단절된 국제적인 기업」을 예견했다. 다우 케미컬의 회장 칼 A. 거스태커(Carl A. Gerstacker)는 한층 더 성급했다.『나는 오래 전부터 어느 국가에도 속하지 않는 섬을 하나 사려는 꿈을 꾸어왔다. 그러고는 그 섬 위에 어떤 국가나 사회의 간섭을 받지 않는 진실로 중립적인 다우 케미컬의 세계본사를 건설하고 싶었다.』피지에서 가까운 미네르바(Minerva) 환초가 구입 물망에 올랐으나 피지 정부가 너무 보수적이어서 거절했다.『그들은 정부에 실망했다.』거스태커는 여러 민족과 현지 거주자들로 임원을 구성한「무국적」기업을 상상하기도 했다.『어떤 점에서는 유엔 안전보장이사회의 청년이사회와 비슷하게 말이다.』이러한 그의 구상들은 훗날 폴 오레피스

(Paul Orrefice) 회장을 당황하게 만들었는데, 1983년 그는 『거스태거는 정말로 「전세계에 걸쳐 동일한 방식」으로 사업하고 싶어했다』라고 설명 했다.

글로벌과 관련된 언사에는 속임수도 섞여 있었다. 대부분의 해외 미국 기업들은 미국시민들이 완전히 지배하고 있으며, 미국의 대외정책과 국방계약에 영향을 받고 있었다. 가장 멀리 해외로 진출한 유럽 기업들은 가장 「자기민족지향적」이었다. 예를 들면, 항공사들이 그랬고 그리고 중역은 모두 스위스 시민이어야만 하는 스위스의 거대식품회사 네슬레 (Nestlé)처럼 말이다. 그러나 가장 역동적인 미국의 다국적 기업들은 의심할 것도 없이 국가적 경계를 없애려고 노력하기 시작했다. 그들은 유럽 국적의 기업보다는 훨씬 더 실적 위주였고, 덜 계층적이었고, 덜 가족지향적이었다. 그리고 미국의 다국적기업의 유럽지사 관리자들은 자국에서보다는 바깥에서 승진의 기회가 더 많았고, 그 속박에서도 벗어날 수 있었다. 미국의 다국적기업은 그 전의 세계적 조직체, 예를 들면 가톨릭 교회 · 적십자 또는 해외주둔군보다도 더욱 철저히 다국적이었다. 피아트의 중역 아우렐리오 페치(Aurelio Peccei)는 다음과 같은 어느 정도 일리 있는 주장을 했다. 『글로벌 기업은 사회의 국제화를 촉진하는 가장 강력한 촉매자다.』

EC를 추진했던 이상주의자들보다 유럽의 기업들이 새로운 유럽을 통합하는 데 훨씬 더 큰 기여를 했다. 그들은 종업원들을 여러 국가에 교차 근무시켰다. 예를 들면 네덜란드인을 영국에, 프랑스인을 미국에, 독일인을 프랑스에 근무시키기도 했다. 그들은 브뤼셀에 근무하는 EC 관료들보다 훨씬 더 순수한 무국적 체제를 창조했던 것이다. GM을 포함하여 포드, IBM, 그리고 ITT 등과 같은 초거대 기업들은 부품과 인력을 상호교환할 수 있는 유럽 자회사의 네트워크를 형성했다. EC의 창설자인 장 모네(Jean Monnet : 1888~1979, 프랑스의 경제학자)는, 자유무

역과 상호주의는 점진적으로 국가들을 통합해 공통의 이익을 추구하는
연결체로 만들 것으로 내다보았다. 그러나 다국적기업들은 국경을
초월해 그들의 충성심을 확대함으로써 그 속도를 가속시켰다. 1969년
필자가 파리에서 이 점을 강조했을 때(필자와도 알고 있었고 존경했
던) 모네가 청중 속에 끼여 있었는데, 나중에 모네는 필자에게 동감이라
고 말했다.

이런 새로운 회사인간들은「세계 경영자(world manager)」로 태어나기
시작했다. 1974년 리처드 R. 바넷(Richard J. Barnet)과 로널드 G. 밀
러(Ronald G. Miller)는 그들의 공저《글로벌 리치(Global Reach)》에서
다음과 같이 묘사했다.『그들은 세계역사상 최초로 조직·기술·자금
그리고 이상을 가지고 세계를 하나의 통합된 단위인 것처럼 경영하는 믿
을 만한 시도를 했다.』국민국가의 정부는 그들의 권력이 점점 더 양면
적으로 되어가는 것을 지켜보았다. 한편으로는 새로운 수출품과 신기술
에 대해 중요한 요소를 갖고 있었고, 어느 정부보다도 더 큰 자원을 갖
고 후원했다. 앤드류 숀필드(Andrew Shonfield)는 그들의 구호가『당신
이 할 수 있는 것은 무엇이든지 간에, 우리가 더 잘 할 수 있다』라고 소
개했다. 또 다른 한편으로 그들은 국가주권의 영역에 도전했고, 조세회
피를 포함해 국가의 통제를 회피했다. 그리고 가장 야심적인 회사들은
스스로 대외정책을 추구하기 시작했다.

다국적기업은 지역의 침범자들을 퇴치할 수 있었던 그 성곽 안쪽에서
도 난공불락인 것처럼 여겨졌다. 군대와 마찬가지로 내부폭로에 부딪혔
을 때도 비밀을 유지하고, 충성심을 강요하기 위해 결속력을 높였고, 엄
격한 처벌로 대응했다——「스탠더드 오일 옷깃」을 강요했던 스탠더드
오일(제13장 참조), 그리고 네이더를 추적했던 GM을 포함해 초기의 거
대기업들처럼 말이다. 그 당시에는, 그들이 권력을 남용했다 하더라도,
심지어 수백 명의 종업원들이 그 사실을 알고 있었다 하더라도, 이를 문

제삼는 사람들은 매우 적었다. 이처럼 동일한 성향은 외부인들에게 경각심을 불러일으켰다. 다우 케미컬은 치명적인 살충제 에이전트 오렌지(Agent Orange)를 생산하면서도 아무런 문제에 부딪치지 않았다. 이에 대해 어느 변호사는 『거기에 무슨 잘못하는 일이 있다고 믿는 사람은 아무도 없었기 때문이다』라고 불평했다. 드물기는 하지만, 워싱턴에서의 회청문회를 통해 정치적인 공격을 할 경우에만 기업 행동에 대한 단면을 때때로 엿볼 수 있었다.

유럽인들은 회사의 기밀유지에 관해 한층 더 강한 전통을 갖고 있었고, 비밀을 노출했을 때 그 벌은 더욱 엄했다. 가장 끔찍한 예는 스탠리 애덤스(Stanley Adams) 사건으로서, 그는 스위스 바젤에 있는 제약회사 호프만 라 로셰(Hoffman La Roche)에 근무하던 중 그의 회사가 경쟁제한금지 규정을 위반했다고 브뤼셀에 있는 EC에 폭로했다. 스위스 법에 따라 애덤스는 체포되어, 감옥으로 보내졌으며 사실상 파멸되었다. 그것은 로셰가 미래의 정보유출자에 대해 경고를 발한 것이었다. 실형을 마친 애덤스는 『거기에는 그들의 양심에 따르는 다른 사람들은 하나도 없는가 하는 생각이 들었다. 그러나 나와는 달리, 그 후 그런 짓은 한번도 일어나지 않았다』라고 말했다. 애덤스는 폭력적인 남자였고, 그의 박해적 행동은 그를 더욱 고립시켰고 불안정하게 만들었다. 몇 년 뒤 그는 자신의 두번째 부인의 살해미수혐의로 기소되어 복역했다.

1960년대에 이르러서는 다국적 기업의 점증하는 권력에 대해 다양한 우려들이 나타났다. 1968년 와튼 스쿨의 멋쟁이 교수 하워드 펄무터(Howard Perlmutter)는 『1985년에는 200~300개쯤 되는 기업들이 세계의 산업생산을 지배할 것이다』라고 예언했다. 여러 논평가들은 약해져가는 국민국가가 직면할 중요한 문제들을 예견했다. 1971년 크리스토퍼 투겐다트(Christopher Tugendhat)는 『국제기업의 역할과 영향력이 증가되면서 정부와의 사이에 일어나는 긴장은 한층 더 악화될 것이다』라고 썼

다. 휴 스티븐슨(Hugh Stephenson)은 1972년 그의 저서 《다가오는 충돌
(The Coming Clash)》에서 다음과 같이 썼다.『20세기의 후반 역사가 쓰
여질 때에는, 지난 3세기 동안 인간의 조건을 절대적으로 지배했던 국민
국가를 훼손시킨 것은 그 무엇보다도 기업의 활동이었다고 쓰여질 것임
이 분명하다.』

거대기업들은 점점 더 강력하고도 알 수 없는 존재가 되어갔다. IBM·
ITT·포드·모빌 등의 이름은 도심의 한 가운데서 볼 수 있었고, 침략
군대의 상징인 양 공항을 빠져나가는 고속도로에서도 볼 수 있었다. 이
러한 회사명이 남의 눈에 잘 띄게 되자, 그들은 속죄양이 되는 데 안성
맞춤이었다. 즉 1세기 전의 스탠더드 오일처럼, 1970년대의 오일 쇼크
이후 한층 더 불안해하고 당황했던 지역주민들의 모든 좌절과 우려에 대
한 속죄양으로서 말이다. 미국인들의 분노는 패디 차예프스키(Paddy
Chayevsky)가 쓰고 시드니 루멧(Sydney Lumet)이 감독한 1976년의 영화
〈네트워크(Network)〉에서 멋지게 희화화되었다. 이 영화의 소재는 상승
하는 유가와 치솟는 아랍인들의 재산, 그리고 서구의 치욕이었다. 주인
공 하워드 빌(Howard Beale)은 방송 해설가였는데, 스크린에서 다음과
같이 불평했다.『나는 불경기와 물가상승, 그리고 러시아 사람들과 거리
의 범죄에 대해서는 어찌할 바를 모르겠다.』모든 시청자들에게 창문 밖
으로 머리를 내밀고『나는 지옥에 있는 사람처럼 미쳤고 더 이상은 못
참아』라고 소리치도록 요청하는 순간 그는 국민적 영웅이 된다. 그러나
끝내 그의 상사는 그를 불러 새로운 경제현실에 대한 해설을 하도록 조
치했다.

자네는 자네의 조그만 21인치 TV 스크린에서 벌떡 일어나 미국과 민주
주의를 떠들고 있군. 미국은 없어. 민주주의도 없고. 다만 IBM, ITT,
AT&T, 뒤퐁, 유니온 카바이드, 엑슨 등등이 있을 뿐이지. 그게 오늘날

세계의 국가라구. … 빌, 우리는 더 이상 국가들의 세계, 그리고 이념의 세계에 살고 있지 않네. 세계는 기업으로 구성된 하나의 대학이라네, 전적으로 기업의 자체 규정에 따라 결정될 따름이야. 세계는 기업이야, 빌. 사람이 진흙에서 빚어나왔을 때부터 계속 그랬어.

제닌 기계

새로운 글로벌 기업 가운데 가장 악명 높았던 것은 ITT였다. ITT는 1960년대 수백 개의 기업들을 들어삼킨 새로운 거대기업 가운데 가장 규모가 컸다. ITT는 재무통제를 위한 체제를 강력히 갖추고, 정부들——특히 자신이 속해 있는 정부를—— 을 위협할 수 있는 강한 정치적 세력을 가진 규모가 큰 다국적기업으로 발전했다. 그리고 ITT는 곧 다국적 기업인간의 무책임성에 대한 공포의 대상이 되었다.

ITT는 외관상 지극히 미국적이었다. 그러나 사실 ITT는 본국에 아무런 뿌리도 없는 국외자였으며, 해외의 섬에서 출발한 기업(다우 케미컬의 거스태커가 꿈꾸었던 종류)의 예외적인 경우였다. ITT의 출생지는 푸에르토리코였는데, 1920년 네덜란드-프랑스계의 사탕수수 중개인이었던 젊은 소스텐스 벤(Sosthenes Behn)이 1920년 도산한 소규모 전화회사를 인수해서 고의적으로 AT&T와 이름을 비슷하게 바꾸고는 국제적 기업으로 육성하기 시작했던 것이다. 벤은 남미와 유럽에서 「국제체제」를 갖추었으며, 스페인의 프랑코(Franco) 총독, 독일의 히틀러와 같은 그 지역의 독재자들과도 손을 잡았다. 그는 모든 사람에게 통하는 그 무엇이었다. ITT의 독일지사는 나치의 전쟁수행에 중요한 역할을 한 폭탄제조회사 포케 불프(Focke Wulf)에 투자했다. 그러나 히틀러가 패배하자, ITT는 연합군의 폭격으로 파괴된 포케 불프 공장의 보상금을 청구하고는 배상받았다.

1957년 벤이 사망하자 ITT의 이사회는 재편되었는데, 그들은 논란 끝에 또 다른 독재자 해럴드 제닌(Harold Geneen)을 회장으로 선출했다. 제닌은 유능한 회계사로서 벤과 같은 카리스마는 없었으나, 안경을 쓴 그의 머리 속에는 해적과 같은 충동이 숨겨져 있었다. 그는 ITT를 다각화하기로 결정했다. 표면상으로는 전화회사의 불확실한 미래에 대처한다는 것이었지만 근본적으로는 자신의 권력을 강화하려는 것이었다. 그는 주가를 올리는 방법으로 애비스 렌터카에서부터 레빗(Levitt) 부동산, 래이오니어(Rayonnier) 삼림, 컨티넨털 제빵(Continental Baking), 셰라톤(Sheraton) 호텔 등을 매수했다. 1970년이 되자 ITT는 70여 개국에서 400여 개의 독립적인 회사를 운영하는 한편, 위험스런 정치적 뒷거래도 제공하고 있었다. 그 이듬해 거대복합기업에 관한 미의회의 보고서는 『ITT는, 자신이 서비스를 제공하는 어떤 국가들의 영역 바깥에 존재하고 또한 행동하는 독자적인 기업구조를 실질적으로 창조했다』라고 경고했다.

제닌은 휘하의 경영자들에게 강력한 헌신과 복종을 요구했다. 1972년 필자가 브뤼셀에서 그와 인터뷰했을 때, 그는 요술나라에 나오는 요정, 즉 실을 뽑아 금으로 만들고 자신의 부하들에게 마법을 거는 요정처럼 보였다. 그는 회계제도를 최대로 활용한 「제닌 기계」(Geneen Machine)를 고안하고는 자신의 회사인간들을 통제하고 동기를 부여했──그들은 이곳 저곳 전근다녀야 했고 여행해야 했기 때문에 한층 더 본사에 의존하게 되었다. 보잉 707은 매달 한번씩 뉴욕에 있는 ITT의 최고경영자들을 브뤼셀로 날랐고, 그 곳에서는 주요한 국제회의가 열렸다. 필자도 그 회의에 참석한 적이 있었는데, 그들은 침침한 조명이 비치는 커다란 타원형 탁자에 둘러앉아 제닌의 엄한 얼굴을 쳐다보고 있었다. 거대한 스크린은 자회사들의 경영통계자료를 보여주었고, 화살표시가 움직이더니 중요한 숫자── 큰 손실 또는 당초 계획과의 차이를 표시하는── 위에 멈추었다. 그러자 제닌은 그 분야를 책임지는 경영자에게 냉정하게 질문했고, 심한 경우 그에게 모욕을 주기도 했다. 그것은 몇몇 관리자들이 육체적으로 병을 얻을 수 있을 만큼 끔찍한 시련이었다. 그러나 제닌의 기계는 제닌이 요구한 통제를 제공했고, 어떠한 초과지출이나 과도한 비용 또는 실수도 밝혀냈다. 『나는 놀랄 일을 원치 않아.』

ITT의 회사인간들은 대우받는 경영자들이었다. 그들은 높은 급료를 받았고, 어떤 회사에서보다도 많은 경험을 할 수 있었다. 그리고 다른 회사들이 ITT의 경영기법들을 흉내내기 시작했다. 그러나 제닌은 기형의 통제자였다. 공포와 지배에 기초한 운영체제는 관리자들로 하여금 가족과 지역사회에 우선하여 회사에 충성할 것을 요구했으므로 가정생활에 문제가 생기고 이혼이 줄을 이었다. ITT의 전직 경영자에게 퇴직한 사유를 물었더니, 그는 『나는 다시 인간으로 돌아가고 싶었다』라고 답했다.

제닌의 야망은, 자신이 정부를 그것도 처음에는 미국을, 그리고 나중에는 다른 국가들을 통제하려고 시도하면서 그 스스로 한계를 넘어서 버렸다. 1969년 워싱턴의 새로운 반트러스트 주창자 리처드 맥라렌 (Richard McLaren)은 경제력 집중을 중단시키려고 마음먹고는, ITT에 대해 이를 적용하려고 했다. 그 당시 ITT는 국민들로부터 존경받고 있는 기업 하트퍼드 보험회사(Hartford Insurance)를 상대로 최대규모의 매수를 추진하고 있었다. 하트퍼드에는 시인 월리스 스티븐스(Wallace Stevens)가 근무하고 있었다. 제닌은 물러서지 않고 로비스트들을 동원했으며, 공화당원들이 샌디에이고에서 전당대회를 치르는데 필요한 40만 달러를 지불했다. 그 뒤 곧 반트러스트 소송은, ITT가 하트퍼드를 소유할 수 있도록 결론을 냈다. 그러나 그 때 ITT의 최고 로비스트 디타 비어드(Dita Beard)에 관한 서류가 폭로되었는데, 그것은 공화당 전당대회 경비와 관련된 것이었다. ITT의 뇌물은 워터게이트가 한창 시끄러운 때였으므로 민주당원들에게는 새로운 선물이 되었다. 상원위원회는 그것을 문제삼고 나왔다. 직접적인 연결고리는 증명하지 못했으나 제닌의 무모한 로비자금 사용이 드러났다. 상원의원 하트(Hart)는 다음과 같이 말했다. 『우리 사회가 이런 지경에까지 이르렀는가? 그들의 무소불위한 권력 때문에 공공의 정책을 그들에게 적용할 수 없을 정도로 사적인 권력이 집중되도록 허용되었단 말인가?』

ITT는 칠레에서는 더욱더 성급하게 개입했고 자신의 대외정책을 적용했다. 제닌은 라틴아메리카에 있는 ITT 소유 회사 가운데 가장 규모가 큰 칠레전화회사(Chile Telephone)가 살바도르 아옌데(Salvador Allende)가 집권하면 국유화되지 않을까 하는 우려를 하고 있었다. 제닌은 휘하의 경영자 가운데 전직 CIA 책임자 존 매콘(John McCone)을 통해 CIA와 접촉했다. 제닌은 나중에 밝혔듯이 다음과 같이 제안했다. 『우리가 같이 계획을 꾸미면 어떻겠는가? 돈은 우리가 대고……』그는 아옌데를 제거하는 데 100만 달러를 약속했다. 그 당시 국무부 장관이었던 헨리 키신저(Henry Kissinger)도 아옌데를 제거할 생각을 하고 있었지만 그 제안을 거절했다. 그러나 칠레에 있는 ITT의 회사인간들은 CIA요원들과 밀접히 행동했다. 그럼에도 불구하고 아옌데가 선출되고 전화회사의 국유화를 진행하자, 제닌은 보상을 받는 쪽으로 전략을 바꾸었다. 그러던 중 1972년 3월 ITT의 통신문이 외부로 새나갔고, ITT가 CIA와 긴밀히 협조하고 있다는 것이 밝혀지자 워싱턴 당국과 칠레는 격노했다. 훗날 미국 증권거래위원회(Securities and Exchange Commission : SEC)는 ITT가 전세계에 걸쳐 불법활동에 870만 달러를 썼다고 폭로했는데, 그 대상 국가에는 인도네시아·이란·필리핀·알제리·멕시코·이탈리아·터키 등이 포함되어 있었다.

그 후 ITT는 다시는 전과 같지 못했다. ITT의 국제신용도는 각종 구설수에 휘말려 떨어졌고, 뒤이은 불경기 동안 매수한 기업들의 수익성도 떨어졌다. 2년 동안 ITT의 주가는 「구설수 여파」로 80달러에서 12달러로 내려갔다. 이제 제닌의 전제주의는 부채로 변했던 것이다. 따라서 그는 더 이상 그 자리에 머무르기가 어려웠다. 1977년 그는 이사회 회장으로 밀려났으며, 조금은 덜 독단적인 후임 최고경영자 리먼 해밀턴 (Lyman Hamilton)은 거꾸로 자회사들을 처분하기 시작했다. 그런 지 2년 후 제닌은 다시 돌아왔고 해밀턴은 해고되었다. 그리고 자신이 새로이 총애했던 랜드 애러스코그(Rand Araskog)를 그 다음 후임자로 결정했다—— 애러스코그는 냉정하고도 유능한 스웨덴계 미국인으로서 최고 권력자의 위세를 휘두르지는 않았다. 1980년 제닌은 영원히 은퇴한 후 자신이 설립한 투자회사를 운영했다. 애러스코그는 수익성 없는 ITT의 자회사들을 계속 매각하는 한편, ITT의 전문영역인 최첨단 통신분야에 집중했다—— 그리고 그것은 가장 성장이 빠른 분야임을 보여주었다. 제닌의 강박적인 야망이 없이는 ITT 제국은 무능했다. 자회사들은 별도로 분리경영됐을 때 훨씬 더 유리하다는 것을 증명했고, ITT는 「탈거대복합기업화(deconglomerating)」를 시작했다.

제닌 기계의 복잡한 구조는 집권화된 다국적 거대복합기업의 극단적인 사례였고, 그것은 작동될 수 없다는 것을 증명한 셈이었다. 제닌에 의해 훈련된 ITT의 회사인간들은 우수한 재무관리자였고, 특별한 능력의 소유자였다. 그러나 인간에 대한 신뢰와 창의성이 부족하고, 엄청난 감독비용이 드는 상태에서 광범한 제국을 통제한다는 것은 현실적이지 못했다. 중앙에서의 강력한 통제는 사라지고, 주변부에서는 공포에 떨었으므로, 제국은 서서히 부서져갔다.

ITT의 스캔들은 미국 상원의원으로 하여금 특수 목적의 조사기관, 즉 다국적기업에 대한 소위원회를 만들도록 했다. 그 소위원회는 프랭크 처치(Frank Church) 상원의원이 위원장직을 맡았다. 그는 아이다호 출신으로 웅변에 뛰어난 인민주의자(populist)로서, 이미 다국적 기업에 대해 우려를 해왔으나 이제 실제로 그들이 어떻게 움직이는지를 알게 되었던 것이다. 그는 유능한 검사 제롬 레빈슨(Jerome Levinson)의 도움을 받아 ITT 관계자들을 소환했다. 제닌이 얼마나 무모하게 로비스트와 스파이, 그리고 공중관계 종업원들을 이용해 자신의 이익을 추구했는가를 폭로하게 된 것은 소위원회가 ITT를 조사했기 때문이었다. 그리고 그들이 제공한 수많은 증거를 토대로 글로벌 기업들이 어떻게 그들의 중역을 이용해 정치적 권력을 획득하는가에 대해 전례 없는 보고서를 만들었다.

지금은 다른 다국적 기업들도 문제에 직면해 있다. 1973년 오일 쇼크 이후 아랍의 석유에 대한 서구의 의존도는 극도로 높아졌고, 많은 정치가들은 석유회사 종업원들——그들이 영국인이든 미국인이든 간에——의 궁극적인 충성심을 의심하기 시작했다. 상원의원 처치는『우리는 석유회사에 좋은 것은 미국에도 좋다는 가정을 재검토해야만 한다』라고 말했다. 그의 소위원회는「일곱개의 석유 다국적기업들」의 외교적 역할에 대해 매우 상세히 기록했다. 거대 다국적 석유기업들은 OPEC의 창설을 촉진했고, 싼 가격의 석유천국이라는 근시안적 전략으로 중동에서 그들 스스로 외교정책을 수행했다. 그들은 진실로「세계 경영자들」로서 아랍의 족장 및 왕자들과 협상했으며, 때에 따라 자국정부의 도움이나 지원을 받았다.

그런 한편 워터게이트 스캔들은 공화당과 다른 당에 대해 기업들이 제공한 비밀 정치자금을 상세히 밝혔다. 그 가운데 노스롭(Northrop)과 록히드 두 항공사들이 제공한 뇌물은 처치의 소위원회로 하여금 모든 회사인간들 가운데 가장 비밀스러운 국제 무기판매인들을 조사하도록 빌미를 제공했다. 수천 매에 이르는 소환장은, 그들이 어떻게 이 세상의 고귀한 자들을 부패시켰는지 폭로했다. 그 가운데는 네덜란드의 베른하르드(Bernhard) 왕자도 포함되어 있었는데, 그 사실이 밝혀지자 그는 당분간 모든 공직에서 물러나지 않을 수 없었다. 다나카 가쿠에이(田中角榮:

1918~) 일본 총리도 훗날 사직했다. 그러나 소환장에는 또한 무기상들의 문제점도 밝혔는데, 그들은 그들의 기업에 대한 강렬한 충성심을 발휘하여 공장이 계속 가동될 수 있도록 주문을 얻어내는 데 광적으로 노력했다. 호텔 방에서 대기하면서 경쟁 무기상들이 자신보다 더 큰 뇌물을 제공하지 않는지 걱정했고, 「검은 커튼」 뒤로 들어가기 위해 보이지 않는 중개인들을 이용하기도 했으며, 현금을 제공함으로써 거래를 끝내기도 했다. 그들이 해외에서 근무하면 할수록 그들은 본국의 상사들에게 더욱 의존했다.

워터게이트 파문이 진행되는 동안, 처치 소위원회는 제2차 세계대전 이후 어떤 조사보다도 더욱 철저히 회사의 비밀을 밝힐 수 있었다. 산허리를 덮고 있던 구름이 걷히자 정상에는 미국기업들의 권력의 실체가 드러났다. 소환장에 첨부된 서류와 선서를 한 증거 등 신빙성 있는 상세한 자료들과 함께 말이다. 그러나 그 광경은 그렇게 오래도록 분명히 남아 있지는 않았다. 1975년 처치는 자신의 조사방향을 국제적 은행 쪽으로 바꾸었는데, 그들이 수탁하고 있는 아랍의 자금이 외교정책에 영향을 미치는지를 밝히려는 것이었다. 그러나 최고상위에 있는 은행가들은 개인 고객의 구좌에 대한 공개를 거부했고, 워싱턴으로 가서는 청문회를 중단시키려 노력했다. 미국의 상원의원들은, 미국의 유권자들이 당면한 경제적 위기와 해외 경쟁자들 때문에 예민해져 있었던 것만큼이나 이미 조심성 있게 행동하고 있었다. 그 후 처치 위원회는 곧 해산되었다. 조사를 맡았던 저널리스트의 보고서 또한 새로운 애국적 분위기에 편승해 그 강도가 줄어들었다. 기업의 최고경영자들은 더욱 신중해졌고, 범죄를 입증할 만한 서류들을 파기했다. 한편 새로운 미국 법률은 기업의 부패에 대해 한층 더 엄격해졌다. 구름은 다시 되돌아왔고 전망은 흐려졌다.

유럽인 대 미국인

1960년대 유럽인들은 다국적기업을 마치 미국의 독점적 현상으로 묘사했다. 그것은 많은 유럽 기업들로 하여금 오판을 하게 했다. 특히 미국에 대규모의 자회사들을 두고 있었던 영국과 네덜란드 회사들이 그랬다. 그러나 미국인들은 더 자주 눈에 띄게 되었다. 왜냐하면 그들의 급속한 확장뿐만 아니라 해외기업들에게 더 한층 동일한 경영방식을 강요했기 때문이다. 마치 가는 곳마다 ITT라는 똑같은 간판을 보기 좋아했던 제닌과 같이 말이다. 유럽의 거대기업들은 유럽 대륙에서도 국가 간 다양성에 익숙해 있었으므로 외국과의 거래에서는 한결 신중했으며, 현지 경영자들에게 더 많은 권한을 위양했다. 1956년 EC가 창설되고, 국경을 가로질러 물물교환이 점더 자유로워지자, 각국의 제품관리자들은 자신을 식품에 관한 자국민의 습관과 기호, 음료와 의복, 또는 향기 등에 대한 전문가로 인식했다. 꼭 같아보이는 상표, 예를 들면 인스턴트 커피, 마가린 또는 비누 등은 나라마다 그 향기에 미묘한 차이가 났다. 그러나 많은 유럽 기업들은 「외국인들은 대량광고와 판매촉진을 통해 미국의 기호품을 사용할 수 있으리라」고 인식한 미국인들을 만나게 되자 충격을 받았다.

전형적인 전쟁은 비누·탈취제를 생산하는 두 개의 거대회사들 사이에서 일어났다. 영국과 네덜란드의 합자회사로서 런던과 로테르담 (Rotterdam)에 본사를 두고 있는 유닐레버는 글로벌 본사와 현지 경영자들 사이에 미묘한 균형을 유지하고 있는 점을 자랑으로 여기고 있었다. 1961년 사원채용을 위한 광고는 다음과 같은 방식으로 낸다는 결론이 내려졌다.

유닐레버의 새를 모집함(관리자들).

깃털 : 매우 다양함. 습관 : 수없이 많음. 둥지 : 세계. 특징 : 고공비행. 유닐레버를 경영하는 새들의 모습은 매우 다양하며 크기도 제각각입니다 …….

유닐레버의 종업원들은 각 지방의 기호를 잘 구분했고, 그들이 생산하는 분말제품 오모(Omo)의 미세한 색깔도 차별화했다. 그러나 EC의 탄생은 P&G의 대규모적인 진출을 유발시켰다. P&G는 신시내티에 본사를 두고 있는 오랜 역사의 비누회사로서 미대륙에 진출한 유닐레버를 물리친 경험을 이미 갖고 있었다. 고도로 훈련된 P&G의 판매원들——그들은 「프록토이즈(Proctoids)」로 불렸다——은 국가별 차이에 대해 아랑곳하지 않았다. 그들은 다즈(Daz) 또는 타이드(Tide) 등과 같이 똑같은 상품들을 유럽 시장에다 똑같은 처방 그대로 판매했고, 가게나 새로 시작하는 슈퍼마켓 등에서 미국과 똑같이 적극적으로 판촉활동을 전개했다. 그러는 동안 유닐레버의 지역 국가별 책임 경영자들은 전격전에 당황하기만 했다. 마침내 유닐레버는 특별경영자(super manager)를 지명하고는, 그들을 코디네이터(coordinator)로 신중하게 명명했다. 코디네이터는 각각의 제품을 세계적 규격으로 통합하도록 했는데, 그것은 불가피하게 회사가 P&G처럼 한층 더 집권화하도록 했다.

훗날 서로 경쟁하는 두 거인들은 끊임없이 자신들의 모습을 바꾸었고 서로 다른 방향으로 집권화하고 분권화하기도 했다. 유닐레버는 여전히 섬세한 지역의 경영자들 때문에 이익을 올렸는데, 특히 개발도상국에서는 더 그랬다. 그 곳에서 그들은 새로운 아이디어와 제품을 구석구석까지 전달할 수 있었다——예를 들면 티모테이(Timotei)와 같이 핀랜드에서 개발했으나 판매에 실패한 탈취제를 그 후 세계적인 샴푸로 성공시키기도 했다. 그러나 1992년 유럽 시장이 단일화되자 유닐레버는 유럽에서 더욱 집권화하지 않을 수 없었고, 그 반면 P&G는 지역적 차이를 파악하기 위해 종업원들을 해외로 더 많이 내보냈다. 1990년 중반이 되자 경쟁방식은 서로간에 한층 더 비슷해졌고, (유닐레버의 어느 중역이 표현한 것과 같이) 『그들 사이에는 종이 한 장 차이밖에 없을 때까지』 닮아갔다.

그러나 1960년대 말로 되돌아가 생각해보면, 그 당시 많은 유럽인들은 미국의 다국적기업들이 경쟁자들을 뛰어넘어 기업을 매입하는 것을 보고는 그들의 점증하는 권력에 두려움을 느꼈다. 그들의 두려움은 1967년 장 자크 세르방 슈라이버(Jean Jacques Servan Schreiber) ── 프랑스의 재무전문가 겸 정치인으로 당시 〈렉스프레스(L'Express)〉 지를 소유하고 있었다 ── 에 의해 집중적으로 조명되었고 확대되었다. 그는 호평을 받았던 그의 저서 《미국의 도전(The American Challenge)》을 통해 베트남 전쟁 이후, 군사적 전쟁이 기술전쟁으로 대체되는 새로운 시대를 정확하게 묘사했다. 『지금 우리는 우리들의 사고와 행동을 지배했던 20년 간의 식민지 전쟁으로 가려져 있는 사실을 간파하기 시작했다. 문명의 충돌은 이제 기술의 전장에서 일어날 것이고, 과학과 경영의 세계에서 일어날 것이다.』

슈라이버는, 미국인들은 논리적 도구와 과학과 경영에 통달했다고 믿었다. 반면에 유럽의 경영자들은 여전히 가족기업에 의해, 그리고 체계적 사고 대신에 직감에 의한, 비합리적인 전통에 의해 손해를 보고 있다고 믿었다. 그는 미국기업의 최고경영자들이 전략과 기술이라는 지렛대를 이용해 미국의 경제적 권력을 정치적 권력으로 변신시켜가는 과정을 보았다. 미국인들은 이미 우주탐사를 완료했으며 초음속 여행도 가능하게 했다. 그러나 유럽인들은 미국의 도전에 대해 ── 미국인들이 아직 그 중요성을 인식하지 못하는 ── 정보 시스템을 훈련시켜 대응할 수 있다고 주장했다.

그 도전은 유럽인들을 놀라게 했고 흥분시켰다. 특히 초음속 여객기 콩코드(Concorde)가 미국의 초음속 여객기 계획으로 도전받는 것을 보고 있던 프랑스 사람들에겐 더더욱 그랬다. 그러나 사실 위기는 미국이 유럽에 미친 영향력이 절정에 달했을 때 더욱 분명해졌다. 1970년대가 되자 투자는 이미 정반대 방향으로 이뤄지고 있었는데, 그것은 달러 가치에 대한 도전과 하락 때문에 촉진되었다. 유럽의 다국적기업들은 미국의 기업들을 값싸게 사들이기 시작했고, 때에 따라서는 잘 알지도 못하는 사업에 뛰어들어 치명적인 손실을 보기도 했다. 영미 담배회사(British American Tobacco)는 삭스 핍스 애비뉴(Saks Fifth Avenue), 김블스(Gimbels), 마셜 필즈(Marshall Fields) 등과 같은 미국 소매업체를 사들였는데, 예상했던 것만큼 수익을 올리지 못했다. 한편 임페리얼 담배회사(Imperial Tobacco)는 하워드 존슨(Howard Johnson) 레스토랑 체인을 높은 가격을 지불하고 사들였다. 1980년대 중반이 되자 미국인들은 점증하는 외국인들의 소유권과 통제에 대해 불평하기 시작했다——특히 일본의 진출이 뚜렷해졌는데, 그것은 슈라이버가 예견하지 못했던 도전이었다.

세계의 경영자들

1980년대 들어 유럽과 미국의 다국적기업들은, 자신들이 속해 있는 국가의 경제력이 점점 취약해지고 있는 가운데, 한층 더 많은 자원으로 무장하고 등장한 일본기업들과 세계 전역에 걸쳐 경쟁을 벌였다. 각국 정부는 점점 더 불안정해졌고, 내부지향적이었고, 국가 간의 결속을 다지고 있었으므로 다국적기업을 통제하기가 더욱 어려워졌다. 리처드 바넷은 그의 저서 《글로벌 리치》를 출판한 지 20년이 지난 뒤 다음과 같이 썼다. 『20세기를 마감하는 해에 세계경제는 글로벌리제이션이 진행되는 가운데, 세계정치는 「탈글로벌리제이션(deglobalization)」이 일어날 것이다.」 부유한 국가의 기업들이 좀더 임금이 싼 곳으로 공장을 이전하기 때문에 노동조합은 더 이상 임금수준을 유지할 수 없었다. 미국의 근로자들은 이제 더 이상 『GM에게 좋은 것은 미국에도 좋다』라고 가정할 수 없게 되었다.

다국적기업들과의 충돌은 전혀 일어나지 않았다. 사실 거의 모든 국가들——그리고 국가 내의 지역들——은 다국적기업을 끌어들이려고 한사코 경쟁했다. 귀중한 투자대상으로, 일거리를 늘리고 그리고 기술을 얻기 위해 말이다. 글로벌 시장이 형성되면 될수록 다국적 기업인간들은 정부와 지역을 서로 싸움붙이고는, 가장 값싼 임금을 제공하고 활동의 자유를 보장하고 가장 세율이 낮은 곳을 선택했다. 1960년대 개발도상국들은 다국적기업을 공격하고 그들의 자산을 국유화했었지만, 지금은 그들을 끌어들이려 가장 몸이 달아 있다. 개발도상국들은 『다국적기업에 착취되는 것보다 더 나쁜 것이 하나 있다면, 그것은 착취당하지 않는 것이다』라는, 고통스런 교훈을 배웠던 것이다. 지난 10년 간 욕을 먹었던 세계의 경영자들은 다음 세대에 접어들면서 초대받는 손님이 되었던 것이다.

그러나 서구의 다국적 기업들은 상호간에 치열한 경쟁을 하고 있으므로 그 전보다 위세가 줄어들고 있다. 과거 군대식의 대규모적인 본사체제를 기초로 하는 명령구조는 시대에 뒤떨어졌다. 그리고 철저한 통제를 기초로 하는 ITT의 모델 또한 효과가 없다는 것이 증명되었다. 1980년대 말이 되자——제14장에서 다시 논의하겠지만——많은 대기업들은 한층 더 작은 기업들의 연합체처럼 변모해갔다. 의사소통이 빨라지고 개방적으로 되어가자 꽤 규모가 적은 기업들이 전문적 능력과 특별한 기술을 이용해 전 지구를 대상으로 서비스를 제공할 수 있었다. 1970년 UN의 초국적기업센터(UN Center on Transnationals)에 따르면 그 당시 전

세계적으로 7,000개의 다국적기업들이 있었고, 그 가운데 반 이상은 미국과 영국에 소재해 있었다. 1990년대가 되자 그 숫자는 3만 5,000개로 늘어났고, 그 가운데 수백 개는 개발도상국가들의 것이었다. 그리고 새로운 다국적기업들은 글로벌 시장에 경험이 있는 개인들—은행가 · 변호사 · 회계사 · 세일즈맨 등—의 네트워크도 형성하고 있었다.

지금 어떤 사회와 정부를 훼손시키고 있는 것은, 다국적기업들이라기보다도, 끊임없이 어떤 나라의 통화와 채권을 투기의 대상으로 삼고 있는 자본의 유입이다. 세계무역으로 가장 큰 혜택을 보는 사람은 회사인간들이 아니라 딜러들이다. 톰 울프(Tom Wolfe)가 《허영의 불꽃놀이(Bonfire of the Vanities, 1988)》에서 묘사한 「지구의 통제자(Masters of Universe)」와 같이 전세계를 상대로 하루종일 수십억 달러어치의 채권을 팔기 위해 소리치고 거짓 약속을 해대는 중개인들 말이다. 울프는 다음과 같이 말했다. 『1970년대 초 아랍인들이 갑자기 석유가격을 올리자 모두가 덩달아 일어났다. 모든 종류의 상품시장은 곧 판돈을 높이는 도박판이 되었다. 금 · 은 · 동 · 화폐 · 은행보증서 · 기업채권, 심지어 무보증채권마저도 도박의 대상이 되었다.』 1980년대 후반에는 하루 4,000억 달러가 국경을 넘어 거래되었으며, 투자가와 투기꾼들에게 투자기회를 제공했다. 그들은 어느 대륙의 저축을 이용해 지구의 다른 쪽을 넘나들면서 자산을 사고 팔았다. 지역사회는 자신들의 운명이 지구 저편에 있는 중개인들의 손에 달려 있다는 것을 알게 되었다. 중개인들은 공장 하나를 완전히 문 닫게 할 수 있었고, 따라서 한 마을의 운명도 좌지우지할 수 있었다.

가장 성공적인 국제금융전문가는 조지 소로스와 같은 개인 투자가들이었다. 소로스는 헝가리 태생의 미국인으로서 1993년도의 개인소득이 10억 달러가 넘었고, 그 스스로 최고의 다국적기업이었다. 소로스는 고정자산에 대한 투자에는 관심이 없었다—그는 농담조로 「투자가(investor)란 실패한 투기꾼(speculator)」(역주 장기적인 투자를 투자라 하고 단기적인 투자를 투기라 한다면, 단기적인 투기에 실패하여 결과적으로 장기 투자하게 된다는 의미)이라고 했다── 그리고 그는 통화와 자본의 불안정성을 이용해 재산을 모았다. 그러나 그 또한 동유럽에 안정적인 민주주의적 기구를 설립하는 데 적극적으로 협조했고 자신의 시간과 자산의 대부분을 바쳤다. 그리고 그는 1994년 6월 런던에서 서구의 정부들이 자신에게 협조해 주지 않는 데 대해 실망했다고 말했다. 그러나 정부 또한 기업과 마찬가지로 단기적인 압력에 시달리게 되었다. 마치 투기꾼들처럼 먼 곳에 있는 나라들을 위해 장기적인 약속을 하기를 꺼렸던 것이다.

*　　*　　*

생활의 속도가 빨라지면서 다국적 기업인간들은 이곳 저곳의 국제회의 장과 전시회에 참가하고, 호텔을 전전하느라 한층 더 일반대중의 삶과 멀어져 갔다. 그들에게 지역사회라는 단어는 더 이상 이웃이나 일정 구역을 의미하는 것이 아니었으며, 법률가들의 모임 또는 의료계 인사들의 단체와 같은 특수한 전문가 집단을 의미했다. 그들을 구분지어주는 것은 국경이 아니라 전문적 기술이었다. 그들은 세계 시장과는 거리가 먼 자국의 국민들보다도, 다른 나라에 살지만, 같은 부류의 전문가들에게서 오히려 더 많은 공통의 관심사를 갖고 있다. 로버트 라이시(Robert Reich)는 미국 노동부장관에 취임하기 전인 1991년 다음과 같이 썼다. 『최고경영자는 세계 경제와 전례 없이 단단히 연결되어 있으므로, 능력이 그 전과 같지 않은 자국민들의 성과와 잠재력에 덜 의존하게 된다.』
「세계의 경영자들」은 어느 면에서 보면 1914년 이전의 세계로 되돌아가고 있는 듯하다. 제1차 세계대전으로 인해 파괴되기 전의 세상으로 말이다. 그 당시 유럽의 은행가들은 본국의 사업에 대해서는 관심이 적었고, 바다 건너 투자대상에 돈을 빌려주거나 투자하는 데 훨씬 더 관심이 많았다. 에드워드 시대(역주 Edward 7세 : 재위 1901~10, 적극적인 외교 정책을 폈고, 영국·프랑스·러시아 삼국동맹을 맺었다) 영국의 자본가들은 글래스고(Glasgow)나 리즈(Leeds)보다도 남아프리카의 요하네스버그와 아르헨티나의 부에노스아이레스에 대해 더 많이 알고 있었다. 그 이후 개발도상국의 산업은 급속히 발전했던 반면, 유럽의 산업은 상대적으로 위축되었다. 그리고 국제투자의 가장 큰 공급자는 더 이상 영국이나 미국이 아니라, 1914년 이후 겨우 등장한 나라, 즉 일본이었다.

제 11 장

동쪽에서 부는 바람

1970년대 서로 다투었던 미국과 유럽의 다국적 회사인간들은 제3의 대륙으로부터 온 침입자들을 재빨리 알아채지 못했으며, 침입자들은 1980년대가 되자 훨씬 더 심각한 도전자가 되었다. 그들에 대한 미국인들의 무관심은 더욱 놀라운 일이었다. 왜냐하면 미국인들은 제2차 세계대전 이후 일본의 기업을 부흥시키고, 경영을 미국 방식으로 개혁시키기 위해 엄청난 노력을 기울인 뒤였기 때문이었다. 독일에 주둔한 영국인들처럼, 미국인들은 일본의 정치 시스템을 민주적으로 바꾸기로 결정했고, 전전의 카르텔을 해체했으며, 전시에 협조했던 경영자들을 해고했고, 방위산업을 금지했다. 미국인들은 그런 복합적 조치들이 엄청난 산업부흥의 이상적인 온상 역할을 하리라는 것을 인식하지 못했다. 전쟁의 폐해는 이미 일본을 단련시킨 바 있는 그런 종류의 「창조적 패배 (creative defeat)」——마치 1923년 발생한 관동대지진 뒤에 대규모 경기부양이 뒤따랐던 것과 같이——의 조건을 제공했다. 미국인들은 또한 일본 기업들이 현대화되고 동기수준이 높은 회사인간들에 의해 운영되도록 조치를 취했다.

일본의 전통적인 소유주 가족들은 그들의 주식을 종합상사나 19세기 또는 그 이전에 창업된 미쓰이 · 미쓰비시 그리고 스미토모와 같은 재벌에게 팔도록 강요당했다. 그러나 오래된 연결망은 표면상으로 드러나지 않았지만 여전히 암약하고 있었으며, 일본의 회사들은 곧 한층 더 강력한 형태로 다시 나타났다. 자본은 없지만 대학을 졸업한 젊은 경영자들이 기업을 경영했고, 그들은 주주들과 관련을 맺었으며, 주식의 교환을 주선해주었고, 실질적으로 기업들을 탈취해버렸던 것이다. 모리시마 교수는 『일본의 기업세계는 부자들의 클럽으로부터 대학을 졸업한 기업인들의 서클이 되었다』라고 썼다. 그리고 미국 점령군들이 물러나자 게이레츠(계열)라고 불리는 새로운 기업집단들이 정부와 밀접한 관계를 재정립했다. 그들은 일본의 통산성, 즉 MITI의 도움을 받으면서 일본경제를 튼튼하게 만든 수출산업을 주도했다. 어느 미국인의 조사에 의하면, 게이레츠는 「지금까지 고안된 것 가운데 가장 강력하고도 효과적인 기업재무 시스템」이 되었다.

이런 새로운 회사인간들은 순수한 능력주의자로서 과거 가족주의 시절보다는 계급의식이 부족했으며, 회사들이 선호하는 대학에서 치열한 경쟁시험을 거쳐 선발되었다. 미쓰비시는 늘 도쿄 대학을, 스미토모는 교토 대학과 지역적 연대를, 미쓰이는 게이오 대학과 관계를 맺고 있었다. 일본의 대학은 옥스퍼드나 캠브리지보다 훨씬 더 현실적이었다. 일본의 대학은, 공업과 상업이 양반에게는 맞지 않는다는 공자의 사상을 따르지 않았고, 과학뿐만 아니라 기술도 받아들였다. 그들은 프랑스의 그랑제콜처럼 능력에 기초했다. 이에 대해 로널드 도어(Ronald Dore)는 다음과 같이 묘사했다. 『일본의 대학들은 산업화를 추진하는 국가를 위해 설립되었고, 특히 제조업을 위해 설립되었다.』 대학들은 온실이나 강력한 추진기관은 아니었다. 그들은 이익의 세계와는 거리를 두었고, 일본의 대학졸업자들을 눈에 띄게 게으르도록 만들었다. 그러나 대학들은 회사로 하여금 유능한 기술자와 경영자를 훈련시켜 동류의식을 가진 친구들의 네트워크를 만들도록 촉진하는 역할을 했다. 대학 동창들 간의 우애는 가족 간의 연대를 대신했고, 집단 사이의 정보체제를 강화했다. 일본의 가장 유능한 최고경영자들은 영국 또는 프랑스의 최고경영자들보다 세상 돌아가는 사정에 대해 훨씬 더 많은 정보를 갖고 있었다. 서로 경쟁하는 기업집단의 회사인간들도 필요할 경우 긴밀히 협조하면서 일할 수 있었고, 그들의 회장끼리는 조찬 또는 만찬을 통해 연결되었으며, 국가적인 위기에 봉착했을 때는——예를 들면 1973년 오일 쇼크와 같은——재빨리 위기대응 계획을 작동할 수 있었다.

방위산업의 부족은 일본에게 큰 장점으로 작용했다. 그것은 대기업들로 하여금 정부로부터의 안전한 주문심리를 사전에 차단했고, 경쟁이 치열한 해외로 눈을 돌리도록 했다. 전시에 완전히 재산을 날린 부유한 사업가의 아들이었던 모리타 아키오는 조그만 전자회사를 창업했는데, 그것은 훗날 소니(Sony)로 성장했다. 모리타는 수출시장밖에 희망이 없다는 것을 인식했다. 1988년 모리타는 필자에게 다음과 같이 말했다. 『우리가 방위산업에서 목표를 달성하게 된다면, 우리는 원가에 그렇게 신경을 쓰지 않아도 된다. 그러나 소비재산업에서라면 우리는 적당한 원가로 새로운 제품을 창조하지 않으면 안 된다. 따라서 우리에게는 방위산업보다 더 많은 창의성이 필요하다.』소니는 눈부신 혁신을 통해 서서히 세계시장으로 진출했고, 전자산업의 거인 마쓰시타(또는 파나소닉)와 경쟁하면서, 드디어 세계시장의 선두주자가 되었다. 미국과 영국의 거대기계회사들은 수지맞는 방위산업의 주문에 쉽게 만족하고 있었던 반면, 일본 기업들은 새로운 민수용 제품 기술개발에 전념했다. 과거 군사관계 기술자들은 민간부문의 과제를 맡았고, 고속철도의 선구자격인 탄환열차를 개발하는 등 그 결과는 괄목할 만했다. 「탄환열차(bullet train)」라는 이름은—— 일본인들이 좋아하는 이름인데—— 전시의 야망이 평화적 목적으로 전환된 것을 상징하는 듯했다. 전쟁을 치를 때 소속된 군대와 전함에 대한 자부심은 회사로 전환되었고, 경영대학들은 판매원을 교육하면서 공격성을 주로 강조했다. 군대인간이 회사인간으로 변신했던 것이다.

사업을 하나의 전쟁으로 보는 태도는 19세기 미국 기업가들의 시대를 반영하는 것이었다. 록펠러나 카네기는 사락선([역주] privateer : 전시에 적의 상선을 나포할 수 있는 허가를 받은 민간 무장선) 또는 해적처럼 행동했다. 그러나 일본기업들의 접근방식은 또한 뿌리 깊은 동양적 방식에 기초를 둔 것이었다. 2500여 년 전 병법의 권위자였던 순자의 가르침은 일본기업 최고경영자들의 지침이 되었고, 현대의 기업에 대해서도 적절한 조언을 제공했다.

모든 전쟁은 속임수다.
적을 알고 자신을 알면 천 번을 싸워도 두렵지 않다.
힘이란 당긴 활과 같고, 의사결정이란 활의 시위를 놓는 것과 같다.
현명한 무사는 집단의 힘을 강조하며, 개개인의 능력에 크게 의존하지 않는다.
부하들을 자식처럼 취급하면, 그들은 가장 깊은 계곡까지도 따라갈 것이다.
군대를 끊임없이 움직이되 계획은 숨겨라.
교활하게 행동하라! 모든 사업에 밀정을 이용하라.

서구의 많은 기업들은 일본의 공격적인 전략을, 군사적 승리를 상업적 지배로 대체하기 위한, 일본의 비밀스런 음모의 한 부분으로 간주했다.

그러나 일본인들의 동기부여는, 인구가 과밀하고 천연자원이 부족한 섬나라에서 살기 위해서는, 수출밖에 없는 당연한 현실로부터 자연스럽게 우러나온 것이었다. 수출에 대한 긴박한 필요성은 일본의 회사인간들로 하여금 전세계 소비자들의 정확한 요구에 예민하게 반응하도록 만들었다. 그들은 전세계 소비자의 모든 유행이나 기호의 변화를 알려주는 정교한 시장조사 및 정보체제를 갖추었다. 더욱이 외국의 소비자들을 내국인들과 마찬가지로 철저히 연구했고, 타자기·컴퓨터 그리고 전자계산기 등을 그들에게 알맞도록 디자인했다. 그것은 미국의 기업들이 매긴 우선순위와는 정반대였다. 미국인들은 수지맞는 자국시장에 초점을 맞추었고, 그 뒤 해외시장으로 진출했다.

전쟁의 파괴로부터 다시 일어선 일본의 기업들은 서구의 기업들보다 늘 사기가 충만했다. 일본에서 활동한 두 명의 컨설턴트, 즉 제임스 아베글렌(James Abegglen)과 조지 스토크(George Stalk)는 네 가지 주요한 일본기업들의 특성을 관찰했다. ① 그들은 끊임없이 성장할 것을 결정했다. ② 그들은 경쟁자들을 고려에 넣고 있었다. ③ 그들은 경쟁우위를 확보하기 위해 국내에서는 무자비하게 허리띠를 졸라맸다. ④ 그들은 성장을 위해 필요한 자본을 엄청나게 차입할 수 있었다.

또한 그들은, 대부분의 서구 기업들에 비하면, 종신고용에 대한 보장을 한층 더 굳건히 약속했는데, 그것은 기업들을 성장하게 했고 일자리를 제공할 수 있도록 했다. 그 대신 일본의 종업원들은 서구의 종업원들보다 훨씬 더 높은 유동성이 기대되었고, 필요한 경우 새로운 산업으로 전환되었다. 고용이 안정되면 될수록 그들은 한층 더 잘 적응했다. 종신고용은 제2차 세계대전 후 대기업들 사이에서만 채용되었는데, 그것은 부분적으로는 사회주의적 노동조합운동에 대응한 것이었고, 노동력이 부족한 시대에 기업측의 장기고용정책이었다. 종신고용제도 아래 채용된 사람들은 전체노동력 가운데 3분의 1 정도나 되었다. 그러나 그것은 대기업들에게 일본의 오래된 전통인 가족회사와 가부장적 상사(上司)를 엄청나게 강화시켰다. 근로자와 관리자들은, 아버지가 자식들을 돌보아 주듯 회사는 자신들을 돌봐야 한다고 알고 있었다. 그리고 엔디콧의 IBM 사람들과 마찬가지로 그들은 기꺼이 단합대회에 참석했고 사가를 불렀다.

새로운 일본의 건설을 위해,
우리들의 몸과 마음을 바치자.
생산을 증진시키기 위해 최선을 다하고
기업은 성장하라, 성장하라, 성장하라!
단결과 성실!
마쓰시타 전기 만세!

서구인들의 눈에 일본의 회사인간들은 우스꽝스럽도록 서로 닮았고 통일적이었으며, 엄격한 계층구조를 잘 따랐다. 계층구조의 제일 아랫부분에 있는 젊은이들은 급료수준이 낮았고 윗사람에게 복종했다. 최고위층의 늙은이들은 부하들에게 둘러싸여 있었다. 서열은 나이에 영향을 받는 것 같았다. 1960년대 일본 대기업의 사장과 회장들의 연령은 62~66세 사이로서, 미국에 비해 열 살 가량 더 많았다. 그들의 평균 재임기간은 13.4년이었고 미국은 5.7년이었다. 중간계층은 「샐러리맨」으로서 모두 검정색의 정장을 입었고, 서로 인사를 잘 했으며, 명함을 교환하며 집단을 이루어 함께 걸어갔다. 1960년대 말 일본에는 2,500만 명의 샐러리맨들이 있는 것으로 추정되었다. 비록 공장의 근로자들이었지만, 근무복을 입고 행진할 때나 작업을 하러 갈 때 보면, 그들은 철저히 군대적이었고 잘 복종했다.

그 모습은 일본에 대한 서구의 전통적인 가정(假定)과도 잘 부합되었다. 일본인들은 진정한 개성이나 독자성이 없는, 마치 개미와 같은——1991년 프랑스의 총리 에디스 크레송(Edith Cresson)이 자주 되뇌었던——집단적인 두뇌를 가진 사람들로서, 서구의 사상을 이해하지도 못하면서도 흉내를 냈다. 그러나 겉만 보고는 속을 알 수 없는 것이다. 일본 기업의 근본적인 문화는 서구의 모델에서 나온 것이 아니라, 일본이 개방하기 전부터 있었던, 오래된 가족기업의 구조에서 나온 것이었다. 일본의 가족기업에서는 장인(匠人)도 가족의 구성원 안에 포함되었다. 일본기업에서 가족적 분위기는 가부장주의와 충성심 이상으로 작용했다. 그것은 종업원 사이에 의사소통을 용이하게 했으며, 늙은 세대의 안정성과 젊은 세대의 정력을 균형 잡아 주었다. 일본의 기업들은 노인들에 의해 운영되는 것처럼 보였지만 최고위층에는 소수의 노인들만 있었다. 고위 경영자들은 젊은이들에게 새로운 기술을 배울 수 있는 많은 기회를 제공했고, 각종 아이디어와 제안이 아래위로 소통되도록 했으며, 중간관리자들은 위아래의 아이디어들을 흡수했다. 이른바「상의하달·하의상달 혼합경영」이었다. 혼다(Honda) 자동차의 구메 다다시는 다음과 같이 설명했다. 『상사와 부하들로부터 나오는 두 가지의 견해를 통합할 책임은 중간관리층에 있다. 그런 통합이 없이는 진보는 없다.』

일본인들은 기계에 매혹당하고 있었지만, 미국인이나 심지어 유럽인들보다는 회사에 대한 태도가 훨씬 더 유기적이고 또한 덜 기계적이었다. 그들은 가족 또는 자연으로부터 비유하기를 좋아했는데, 특히 숲에 대한 비유를 이용해, 회사를 가지와 뿌리를 가진 나무로 묘사하는 것을 좋아했다. 《자본주의의 일곱 가지 문화》에는 다음과 같은 인용문이 있다. 『회사는 태어나서 자라는 생물과 닮았다. 뿐만 아니라 그것은 깊고도 애정 어린 유대로 뭉쳐진 가족과 같다.』

순자의 병법처럼 일본의 기업들은 보이는 것과는 달리 융통성이 많았고 재빠르게 움직였다. 대담한 의사결정을 할 준비도 되어 있었고 빨리 행동할 수도 있었다. 그들은 서구인들이 말하는 「80 대 20 법칙」을 따르는 것 같았다. 그들은 의사결정에 이르는 과정에 80%의 노력을 기울이고, 그것을 수행하는 데 20%를 썼다——서구는 그 반대였다. 그들은 공식적인 조직도표를 갖고 있지 않았고, 범위가 좁은 전문화를 피했으며, 직무기술서도 없었다. 그들은 제너럴리스트들(generalists)에 의해 경영되었는데, 이들은 사내 여러 부서들을 두루 거쳐 승진한 사람들이었다. 그들은 서구인들의 눈에 신비하게 보일지도 모르는 엄격한 합의과정을 통해 소집단으로 긴밀히 업무를 수행했다. 그들은 진정 어떻게 합의에 도달하는가? 일본기업에서 일하는 서구인들은 당황할 때가 많다. 어떤 사람이 필자에게 다음과 같이 말했다. 『그들의 책상이나 사무실을 보고 서열이나 계급을 말할 수는 없다——그들은 늘 옮겨다니기 때문이다. 그러나 그들은 남이 어떻게 생각하는가에 대해 매우 민감하다. 그리고 그들은 매일 아침 만나는 소집단에 대해서는 놀라울 정도로 솔직하다. 그들은 고집스러울지는 몰라도 이기주의자들 같지는 않다. 그들은 진실로 공통의 정신을 갖고 있는 것 같다. 그들은 혼자 결정하기를 매우 꺼린다.』

1960년대가 되자 일본기업들은 라디오에서 텔레비전, 모터사이클, 그리고 발동기에 이르기까지 산업 전체를 통틀어 이미 서구의 경쟁자들을 앞지르고 있었다. 그들의 성공은 처음에는 값싼 노동력과 「규모의 경제」에 의존한 것처럼 보였다. 그러나 그들은, 미국에서는 늦게까지 인정을 받지 못한 품질전문가 에드워즈 데밍의 도움을 받아 품질과 신뢰도를 끊임없이 향상하는 방법을 배웠다. 그들은, 대량생산 제품의 하자는 종업원들에게 제대로 동기를 부여하지 못한 관리자들의 책임이라는 데밍의 가르침을 받아들였다. 그들은 근로자들에게 더 많은 책임감을 부여했고 참여를 촉구했다. 1970년대까지 일본의 기업들은 꾸준히 그들의 품질을 향상해나갔다. 그들은, 다른 나라 사람들은 자신들의 경영 시스템을 흉

내내지 못할 것으로 자신만만해했다. 마쓰시타 고노스케는 1979년 5월 방문한 서구인들에게 다음과 같이 말했다.

우리가 이기게 되어 있고 산업화된 서구가 지게 되어 있다. 서구사람들이 할 수 있는 것은 별로 많지 않다. 왜냐하면 당신네들이 실패한 이유는 당신 자신들에게 있기 때문이다. … 서구인들의 경영 핵심은 상사의 머리로부터 아이디어가 나오고, 그것을 종업원들의 손으로 집행하는 것이다. 그러나 일본인들의 경영 핵심은 회사에 근무하는 모든 종업원들의 지적 자원을 활용하고 통합하는 예술이다. 새로운 기술적·경제적 도전의 범위에서 우리들은 서구인들보다 더 잘 측정했기 때문에, 몇몇 훌륭한 기술관료들의 지식이 아무리 뛰어나다 하더라도 더 이상 현실적으로 성공하기는 어렵다는 것을 우리는 알고 있다.

도요타 인간

1970년대가 되자 일본의 기업들은, 미국의 기업들이 만드는 모든 제품들, 심지어 자동차까지 포함해 미국기업들과 경쟁할 수 있었다. 그리고 마침내는 회사 경영방식에 대해서도 세상사람들의 사고방식을 바꿀 만큼 성공을 거두었다. 그 성공담은 단 하나의 기업, 즉 도요타 (Toyota)의 사례로 들려줄 수 있다. 도요다(豊田) 가문은——그들은 회사 이름을 Toyoda에서 Toyota로 바꾸었는데, 그 이유는 가문의 이름이 「풍요한 논」이기 때문이었다——비록 보잘것 없는 수량이었지만, 제2차 세계대전 전에 이미 자동차를 만들기 시작했다. 그들은 전후에도 사업을 계속하기로 결정했다. 1950년 창업주의 조카 도요다 에이지(豊田英二)는, 그 당시 많은 서구의 사업가들이 대량생산의 비밀을 파악하려고 그랬던 것처럼, 디트로이트의 포드 자동차를 방문했다. 포드 공장을

3개월 간 견학한 뒤 에이지는 포드의 경직된 시스템을 개선할 수 있을 것으로 판단했다. 그리고 일본으로 되돌아와 그의 뛰어난 기술자 오노 다이이치에게—— 한층 다양하고도 더욱더 신뢰할 수 있는 자동차를 원하는—— 일본의 소비자들과 여전히 장인정신에 물들어 있으면서 단순 반복적인 업무를 싫어하는 일본의 근로자 모두에게 걸맞은 방식을 고안하도록 지시했다[역주 이 부분에 대해서는 역자의 《리엔지니어링과 카이젠》(21세기 북스, 1994), 제7장 참조].

오노는 근로자들에게 개인적인 책임감을 느낄 수 있도록 함으로써 다양한 자동차를 생산하는 약간 종류가 다른 조립 라인을 제안했다. 그는 빠른 속도로 금형—— 자동차의 부품을 만들기 위해 철판을 자르는—— 을 바꿀 수 있는 방법도 고안했다. 그 방식은 생산 라인을 정지시키지 않고도 금형을 교환할 수 있게 했다. 그는 종업원들의 책임범위를 훨씬 더 확대했고, 조립 라인의 각 단계에서 품질에 대한 책임을 팀에게 지도록 했으며, 어떤 하자를 발견했을 때는 조립 라인을 정지시킬 수 있는 권한도 부여했다. 오노가 회고한 것처럼, 노동조합을 설득하는 것은 쉬운 일은 아니었다. 『비록 일의 양이나 일하는 시간이 늘어나는 것은 아니었지만, 그 당시 숙련공들은 장인정신에 투철한 사람들로서 변화를 거부했다. 그들은 한 사람당 하나의 기계를 맡는 시스템에서부터 공정의 변화에 따라 한 사람당 여러 기계를 맡는 시스템으로 쉽게 변화하지는 않았다.』

오노는 근로자들의 협조를 얻는 데 성공했고, 근로자들은 곧 자발적으로 문제해결방법을 제안했으며 깊숙이 참여했다. 오노는 거대한 부품 재고수준을 줄이기 위해 혁신적인 방식을 고안했는데, 그것은 부품이 필요할 때에 공급자들에게 빈 상자를 보내 주문하는 방식이었다. 그것은 이른바 칸반방식(Kanban system)으로서 서구인들은 이를 「저스트 인 타임(just in time : JIT)」 방식이라고 불렀다. 그것은 새로운 「도요타 생산방식」에서 가장 중요한 특징이 되었다. JIT는 자동차공장을 어수선하게 했던 거대한 부품재고를 축소시켰고 낭비를 제거했다. 그것은 가혹한 규범으로서 부품공급자들로 하여금 한층 더 싸고 훨씬 더 빨리 부품을 생산하도록 했다. 그 결과 도요타는 「자동차 왕국의 우울한 암흑(gloomy darkness of the auto kingdom)」이라는 보고서에서 「절망의 공장(the factory of desfair)」이라고 비난받았다. 그러나 도요타의 진정한 비결은 개인, 즉 고객과 근로자 모두에 대한 좀더 깊은 관심에 있었다. 고객은 추가비용 부담 없이 자신의 특별한 자동차를 주문할 수 있었고, 근로자는 품질개선에 한층 더 관심을 기울였으며 「산업사회에서 훨씬 더 해방되었고」 일반적으로 더 높은 수준의 교육을 받았다. 근로자는 기계의 팀이 아니라, 인간으로 구성된 팀의 한 부분이었던 것이다. 컨베이어벨트는 자동차도 다르게 만들었을 뿐만 아니라 회사인간도 다르게 만들었다.

도쿄에서 서쪽으로 200km 떨어진, 나고야 외곽에 거대한 규모의 자동차공장 단지로 이뤄진 도요타 시는 서구의 구식 공장들과는 다르다는 것을 즉각 알 수 있다. 그 곳은 지금 서구의 자동차 메이커들에게는, 마치 20년 전에 디트로이트가 그랬던 것과 같이, 벤치마킹의 대상지가 되고 있다. 그 곳은 세계에서 가장 큰 회사마을 가운데 하나로서 30만 명의 주민 중 7만 3,000명이 도요타 공장에서 근무하고 있다. 그 곳은 처음 구로모 시라고 불렸으나, 자동차공장이 들어온 뒤 1959년 도요타 시로 개명됐고, 그 해 도요타는 성공적인 모델 크라운(Crown)을 생산할 모토마치 공장——4분마다 1대씩 생산——을 건설했다. 일본회사들은 그들의 자동차에다 영어식 이름 붙이기를 계속했는데, 신기한 느낌이 드는 글로리아(Gloria)와 세드릭(Cedric) 등은 외국인들로 하여금 일본인들이 자동차산업 전체를 서구에서 본따온 것인 양 생각케 하는 혼란을 야기했다.

　도요타의 생산 시스템은 모토마치 조립공장에 완전히 정착되었다. 공장 바깥에는 공급자들의 트럭이 별도의 부품 보관장소에 부품상자들을 내려놓고 있었고, 「제때에」 다시 갖고 오기 위해 빈 상자들을 싣고 있었다. 공장 안쪽에서는 넓은 작업장이 마치 전시장이나 테마파크같아 보였고, 천장에는 「좋은 제품」이라는 표어가 쓰여 있는 휘장들이 걸려 있었다. 방문객들은 긴 복도를 따라 최종적으로 완성차로 변하게 될 멋있는 부분품들을 내려다볼 수 있었다. 다양한 페인트 색깔—— 대부분 일본인들이 선호하는 흰색으로서—— 의 텅 빈 차체는 공장바닥을 서서히 굴러갔고, 자동차 문이 다른 라인으로부터 와서는 장착되었다. 자동차의 차체가 조립 라인을 따라 지나갔고——그 곳은 부품·나사·각종 공구를 수집해놓은 예술가의 가게를 닮았다—— 종업원들은 그 위로 올라갔다. 의자·계기판·휘발유통들을 조립했고, 마지막 단계에 엔진을 차체에 장착했다. 각 자동차의 작업지시서는 각종 심벌, 예를 들면 추운 날씨를 알려주는 눈사람, 미국으로 수출하기 위한 사각 표지판, 파워 윈도를 표시하는 P자 등이 가득 차 있었다. 작업장의 끝부분에는 조립 라인을 통과한 완성차들이 검사를 기다리고 있었고, 방수 검사를 받기 위해 물보라실을 지나갔으며, 주행시험도 거쳤다. 그러고는 손님을 기다렸다. 나고야의 교통지옥에 갇혀 꼼짝도 않게 될 것인데도 말이다.

　스피커에서는 두 시간마다 도요타의 사가가 흘러나왔다(「우리 회사는 젊고도 힘차다」). 그러면 근로자들은 팀 단위로 조그만 테이블 주위에 둘러앉아 10분 간 휴식을 취하면서 담배도 피우고 차를 마시기도 했다. 어떤 종업원들은 등에 「도요타」라는 글씨가 쓰인 셔츠를 입고 있었으나 대부분은 캐주얼 복장이었다. 그 곳은 집 같은 느낌이 들었고, 마치 그들 자신이 소유하는 듯 경영층에 대한 의존심은 어디에도 없었다. 그들이 이렇게 말하는 것을 들었다. 『우리는 블루 칼라나 화이트 칼라 모두 같다고 생각한다. 미국에서는 블루 칼라들이 경영층으로 승진할 수 없는 반면, 경영학 석사들은 곧바로 중간관리자가 된다. 그것은 뭔가 잘못된 것이다.』

왜 도요타는 그다지도 개방적이고, 또한 외국인들에게 그들의 비결을 보여줄 준비가 되어 있을까? 필자를 안내하던 이노우에 이사오에게 질문했다. 그는 『우리는 자신만만하니까 공개할 수 있는 거지요. 다른 기업들이 우리 방식을 모방하는 데는 5년 정도가 걸릴 것으로 알고 있습니다. 우리가 자신 없다면 폐쇄적으로 되겠죠. 우리들은 끊임없는 개선을 해야 합니다. 만약 우리가 더 이상 개선할 것이 없다고 생각하면 그 때는 도요타 생산방식이 사라질 겁니다』라고 대답했다.

인간이 작업하는 현장으로부터 공장이 어느 정도 멀어질 수 있을까? 필자는 공장책임자 기타노 미키오 이사에게 질문했다. 그는 구레나룻을 길게 기른 얼굴에다 말없이 씩 웃는 건장한 사람이었다. 『그들은 나를 오랑우탄으로 간주하지요. 그 때마다 나도 인간인 것을 증명해야 하구요.』그는 더 이상 사람을 줄이는 데는 회의적이었다. 그는 『자동화율을 대폭 높일 수는 없다』라고 대답했다. 『조립 라인은 인간을 위한 것일 뿐 기계가 사람을 대체할 수는 없다. 생산방식은 수학적이거나 시스템적이지는 않다. 그것은 분위기의 문제다── 그것은 대량생산방식과는 상당히 다른 분위기다. 도요타 사람이라고 해서 특수한 사람은 아니고 그저 자연적인 인간일 따름이다.』안내자 이노우에도 같은 견해를 갖고 있었다. 『GM이 로드스타운에 로봇을 장치했을 때 큰 피해를 입었다. 왜냐하면 그들은 로봇을 통제할 수 있도록 사람들을 훈련시키지 않았기 때문이었다. 자동차의 최종완성은 사람에 달려 있다.』

미국을 공략하고

1970년대 내내 일본의 자동차들은 전자제품을 뒤따라 미국과 유럽으로 진출했다. 1979년까지 도요타는 1,000만 대의 자동차를 수출했다.
1980년대 일본기업들은 점점 더 많은 공장을 해외에 건설했다. 소비자
시장으로 한층 더 다가갔으며, 보호주의를 사전에 피하고자 했다. 그리
고 1985년 이후 엔고와 저금리는 복합적으로 작용해 일본기업들을 해외
건설과 부동산 구입의 열풍으로 몰아 넣었다. 1980년대 동안 일본기업들
은 2,800억 달러를 해외에 투자했다. 그것은 오스트레일리아 전체 경제
를 살 수 있는 규모였다. 자동차공장에 대한 투자는 그 절반에 해당했
다. 1982년부터 10년 간 일본기업들은 미국의 중서부지역에 영국 · 이탈
리아 · 스페인보다도 규모가 큰 자동차산업을 건설했다. 그 성과를 조사
하러 온 MIT의 연구팀 말을 빌리면, 「산업사회의 역사에 전례 없었던」
일이었다. 1982년 오하이오 주 매리스빌(Marysville)에 공장을 세운 혼다
자동차는 1989년 어코드(Accord) 모델이 미국에서 가장 많이 팔린 자동
차가 됨으로써, 가장 눈부신 성공을 거두었다. 그러나 여전히 도요타가
가장 큰 일본회사로 남아 있다.

　순수한 일본의 공장들이 미국의 잔디밭 위에 건설되었고, 영국과 다른
나라에서도 사정은 마찬가지였다. 오래된 서구산업의 심장부에 일본의
방식을 심으면서 말이다. 공장에 뒤이어 일단의 일본 회사인간들이 따라
왔다. 그들은 지역사회 근로자들의 생산성을 극적으로 향상시켰다. 20여
년 전 열심히 귀기울였던 수수께끼 같은 사람들이 이제는 서구경제의 핵
심이 되었다. 1990년대 초 해외에 근무하는 일본의 경영자들은――〈이
코노미스트〉지의 빌 에못(Bill Emmott)에 의하면――30만 명이나 되었
다. 그들 대부분은 가족과 함께 나갔고, 3~5년 가량 근무했다. 그들은
겸손했고 지역주민들과는 거리를 유지하면서 신중하게 행동했다. 또한
그들은 좋아하는 호텔에 머물렀고, 일본식 식당을 이용했으며, 공장으로
부터 가까운 곳에서 살았다. 그러나 이보다 더 큰 성공은 눈에 잘 띄는
부동산 구매열풍 때문에 분명해졌다. 특히 미국에서 소니가 매입한 컬럼

비아 영화사(Columbia Pictures), 마쓰시타가 사들인 MCA(유니버설 스튜디오를 포함) 등 두 개의 영화사로 절정에 이르렀다. 마치 1960년대 미국의 다국적기업들이 유럽인들에게 그랬던 것처럼, 1980년대 일본의 다국적기업들은 미국인들에게는 괴물로 보였다.

　일본의 회사인간은, 그들이 서구에 더 나은 근로생활을 제공했다는 점에서 자부심을 가졌다. 그들의 대량생산 시스템은 여전히 조립 라인에 의존하고 있다. 그러나 그것은 채플린의 《모던 타임스》, 랭의 《메트로폴리스》 또는 헉슬리의 《용감한 신세계》에서 표현한 악몽을 물리칠 정도로 인간적 요소를 더 많이 제공했다. 사실상 그것은 포드주의의 종말이었다. 그리고 포드의 끔찍한 가정, 즉 『대기업은 진실로 너무 커서 인간적인 것이 될 수 없다』라는 가정에 종언을 고하는 것이었다. 그것은 프레더릭 테일러가 묘사한 초기 산업사회의 조화로운—— 디트로이트의 횡포에 타락하고 야만스럽게 되기 전의—— 모습으로 되돌아가는 것 같았다. 아이러니는 놀라운 것이었다. 서구인들은 진정한 의미의 개성도 없는 집단적인 개미 무리처럼 일본인들을 묘사했지만, 일본인들은—— 서구인들의 공장보다—— 개인, 즉 근로자와 고객 모두에게 한층 더 폭넓은 삶을 제공할 수 있는 대량생산방식을 창안했던 것이다. 그리고 그것은 너무나 성공적이어서 미국의 자동차 회사들은 일본의 수입차에 대한 할당제를 적용함으로써 겨우 생존할 수 있었다. 그것은 일본을 따라잡기 위한 숨 돌릴 여지를 제공했다.

유럽에 진출한 일본기업들

　유럽 기업들에 대한 일본의 영향은 그렇게 극적이지도, 충격적이지도 않았다. 왜냐하면 유럽은 그들의 경제적 지배능력을 오래 전에 잃어버렸기 때문이었다. 영국은 일본의 대 EC 투자로부터 가장 큰 혜택을 보고 있었다. 1990년 영국은 37.6%로서 24%의 네덜란드, 그리고 8.2%의 독일과 비교해보면 그 규모를 알 수 있다. 그리고 영국은 제2차 세계대전의 추억을 되뇌이는 대신에, 쇠퇴해가는 영국의 산업지역에 공장을 지을 준비를 하고 있는 일본인들에게 상당히 호감을 가졌다. 소니의 모리타 아키오는 웨일스 지방에 공장을 짓도록 권유하는 웨일스 왕자(역주 찰스 황태자)의 요청을 받아들여 1974년 공장을 준공했다. 황태자는 모리타를 처음 만난 후 다음과 같이 말했다. 『나보다 더 놀란 사람은 없을 것이다. 알 수 없는 표정을 짓는 일본 회장의 얼굴에 웃음이 스쳐간 지 2년 후, 남부 웨일스에는 진짜로 공장이 들어섰으니 말이다.』

소니, 그리고 다른 일본의 전자회사들은 영국에 대한 투자를 두 배로 늘렸다. 그러나 1980년대 후반 미국에서와 마찬가지로 자동차산업이 가장 큰 영향을 미쳤다. 닛산(Nissan)은 과거 희망도 없이 노사 간에 격렬한 투쟁을 벌였던 동북지역의 선더랜드(Sunderland) 근처에 공장을 세웠다. 혼다는 스윈든(Swindon)에 공장을 세우고는 곧 그 규모를 두 배로 늘렸다. 그리고 도요타는 더비(Derby)에 공장을 세웠다. 일본의 경제력은 런던에서도 완연했는데, 일본 식당인 부시하우스 그리고 이제는 노무라 증권의 멋진 본사가 되어버린 런던의 오래된 중앙우편국 건물을 볼 수 있다. 미쓰코시 백화점이 운영하는 일본식 식당과 가게들은 런던 전역에서 성업 중이다.

일본의 이익은 생각만큼 크지 않았다. 그들이 영국을 선택한 것은 영국 근로자들의 임금이 대부분의 유럽 지역보다 더 쌌기 때문이었고, 지루한 일을 할 준비가 더 잘 되어 있었기 때문이었다. 그러나 일본의 관리자들은 영국의 관리자들을 얼마나 개선시킬 수 있었는지를 설명했다. 그들은 회사에 대한 충성심을 더 많이 유도했다. 수없이 분쟁을 야기하는 복수 노동조합 대신 단일노조를 채용토록 협상했다. 영국의 근로자들은 생산성을 급속히 상승시켰고 파업도 없었다. 몇몇 공장들은 곧 일본에 있는 같은 규모의 공장들과 경쟁할 수 있게 되었다. 1980년대가 되자 일본의 영향력은 많은 산업에서 영국의 관리자들과 근로자들 사이의 관계를 변화시키기 시작했다. 코톨즈의 크리스토퍼 혹(Christopher Hogg) 회장은 다음과 같이 말했다.

일본에 고마움을 표시한다. 우리는 근로자들의 참여가 필요하다는 것을 알고 있다. 일본기업들은 노동력에 대한 영국관리자들의 사고방식을 완전히 바꾸어놓았다. 그들은 동기부여와 직무몰입에 대해 전보다 훨씬 더 신경을 쓰고 있다. 30여 년 전 내가 하버드 경영대학에 다닐 때 그들은 생산성을 올리기 위해서는 근로자들을 최대로 전문화시켜야 한다고들 했다. 그것은 테일러주의의 극단적인 형태였고, 매우 착취적인 방식이었다. 지금은 일본기업이 종업원들에게 어떻게 동기부여하는지 모두가 잘 알고 있다.

영국인 소유의 자동차공장들은 이미 1970년대에 황폐화되고 말았으며, 겨우 일본기업들과의 제휴를 통해 명맥을 유지하고 있었다. 그러나 피아트·폴크스바겐 그리고 르노와 같은 유럽의 대기업들은 처음에 일본방식을 받아들이는 데 그렇게 압력을 받지는 않았다. 그러나 1960년대에 이르기까지 그들은 50년이나 뒤진 디트로이트식 대량생산방식에 완전히 빠져 있었다. 일본기업들은 새로운 방식을 채용했고, 품질과 효율성을 제고하기 위해 팀 방식으로 작업한다는 것을 거의 인식하지 못하고 있었다. 유럽인들은 자동차생산에서 그들의 전통적인 수공업적 방식에 당연히 자부심을 갖고 있었지만, 이제는 그들이 그렇게도 경멸했던 미국 방식에 빠져 있었던 것이다. 1990년대 초 마침내 세계적 경쟁의 소용돌이에 휘말릴 즈음 그들은 연속적으로 일시해고조치를 취했고, 정치적·사회적 파탄에 직면하게 되었다(제17장 참조).

일본의 회사인간들의 성공은 불가피하게 유럽 및 미국 회사인간들과의 충돌을 야기했다. 그들은 재빨리 현지 종업원을 일본식으로 바꾸려고 유도했으나, 현지 관리자들을 고위직에 승진·배치하는 데는 인색했다. 나고야에 있는 도요타의 본사건물은 디트로이트의 포드 자동차 본사 또는 런던에 있는 셸 본사보다 훨씬 더 먼 곳에 있는 것처럼 보였다. 그리고 일본식 생활방식과 언어 또한 높은 장벽이었다.

1980년대가 되자 일본의 다국적 기업인간들은 서구의 소설 또는 《흑우(Black Rain)》와 같은 영화에 악역으로 등장하기 시작했다. 마치 그보다 10년 전 미국의 다국적 기업인간들이 《네트워크(Network)》에 등장한 것처럼 말이다. 최근 미국인들이 가장 두려워하는 것들이 1991년 출판된 마이클 크라이턴(Michael Crichton)의 소설 《떠오르는 태양(Rising Sun)》에 잘 반영되었는데, 이 소설은 영화로도 성공했다. 이 소설은 로스앤젤레스에 있는 나카모토회사(Nakamoto Co.)의 거대한 본사 내부에서 일어난 미스터리 살인사건을 다룬 것으로서, 본사 건물에는 보안장치가 깔려 있었고, 미국의 정치인들에게 뇌물을 주고 경찰과 신문기자들을 구워 삶는 무모한 최고경영자들로 가득 차 있었다. 크라이턴은 이 소설에서 일본 회사인간들의 음흉한 기술, 예를 들면 서로간의 밀접한 관계, 속을 알 수 없는 얼굴표정, 끊임없는 기술개발 노력, 그리고 오직 한정적으로만 승진할 수 있는 외국인들에 대한 거부반응 등을 묘사하고 있다. 미국인들은 자신의 운명을 통제해야 한다. 그렇지 않으면 압도당하고 만다. 크라이턴은 소설의 마지막 장에『일본은 서구적인 산업국가가 아니다. 일본은 상당히 다르게 조직되어 있다』라고 쓰고 있다.『그리고 일본은 새로운 무역방식을 발명했다── 적대적 무역, 전쟁과 같은 무역, 즉 경쟁 자체를 없애버리는 것을 목적으로 하는 무역 말이다 ── 미국은 그것을 이해하는 데 수십 년이나 걸렸던 것이다.』그러나 사실 적대적 무역에서 새로운 것이란 없었다. 미국인들이 실패한 곳에서는 세계적 경쟁이 가속화되고 있었다.

이제 일본은 서구의 공상과학소설 작가들과 풍자가들에게 악몽 같은 미래의 모습을 제공하고 있다. 슈퍼컴퓨터에 의해 조작되는 인간이 등장하고, 바이오테크에 의해 돌연변이가 일어나고, 황폐한 도시 위로 새로운 지구가 나타나는 등등. 윌리엄 깁슨(William Gibson)의《불타는 크롬(Burning Chrome)》은 산업 스파이와 기업범죄 그리고 두뇌전쟁을 하는 동양의 다국적기업들에 지배되고 있는 세상을 묘사하고 있다. 이 소설의 주인공은 도쿄의 공항외곽에 있는 호텔에서 관처럼 생긴 플라스틱 캡슐에서 수면을 취한다. 그러나 일본은 일본의 악몽을 서구에 수출하고 있었다. 성을 대상으로 하는 난폭한 코미디, 탱크 걸(Tank Girls)과 슈퍼 킬러(Super-Killers)에 대한 만화 비디오, 영화〈철인, 테츠이(Tetsui, the Iron Man)〉── 인간의 피부가 금속으로 변한다 ── 같이 인간과 기계가 혼합된 섬뜩한 얘기들 말이다.

서구가 일본으로부터 영향을 받은 것보다는, 일본이 서구로부터 훨씬 더 큰 영향을 받았다. 일본 대도시들의 표면적인 변화는 숨막힐 지경이었다. 1975년 필자가 처음으로 도쿄를 방문했을 때 그 곳은 아직 외국인들에게는 낯선 곳이었다. 한자 간판과 게시판이 붙은 나즈막한 건물들이 즐비했고, 영문글씨나 외국인에게 길을 안내할 수 있는 사람은 거의 없었다. 그로부터 20년 후 도쿄의 스카이라인은 전혀 알아볼 수 없었다. 마천루들과 새로 들어선 멋진 건물들⋯⋯. 건널목마다 일본어뿐만 아니라 영어로 된 도로이름·지하철 안내도·가게 안내도 등이 붙어 있었고, 던킨 도너츠·켄터키 프라이드 치킨·프랑스식 레스토랑·이탈리아식 레스토랑 등 거리는 해외에서 찾아오는 여행객들이 좋아하는 것으로 가득 차 있었다. 어떤 거리의 풍경은 맨해튼의 거리와 착각할 정도였고, 마천루 사이의 폭 좁은 길들은 초밥집과 카페가 들어서 있었으며, 외국인들로 북적거렸다.

일본인들의 태도 변화는 한층 더 의미 있었다. 해외에서 몇 년 간 근무한 많은 회사인간들은 지금과 같은 글로벌화된 세계에 그 당시 알았던 외국인들과 계속 접촉했고, 일본의 전통적인 생활방식과는 괴리된 듯한 느낌을 갖고 있었다. 해외에서 살면서 그들은 한층 더 유연한 생활방식에 익숙해졌고, 그들의 아내들은 고국에서보다 훨씬 더 자유를 누렸으며, 그들의 아이들은 일본에서와는 달리 학교에서 달달 볶이지도 않았다. 그들은「귀환자」로서 한층 제약된 환경에 충격을 느꼈고, 엄격한 일본학교로 되돌아갔으며, 세대 간의 차이를 나타내는 사회적 단절에 적응해야만 했다. 도요타 시에는 되돌아온 해외주재원들이 약 700명 있었는데, 그 가운데 많은 사람들은 심리적 장애를 앓고 있었다. 어느 도요타 종업원은 『일본문화에 다시 적응하는 데 2년이나 걸렸다』라고 토로했다. 『5~10세 사이의 아이들에게는 매우 어려운 일이었다.』그러나 코스모폴리탄적 취향과 자세를 갖고 있는 귀환 해외주재원들은, 특히 도쿄에 사는 경우, 자부심도 갖고 있었다. 왜냐하면 그들은 전세계를 상대로 한 자본과 기술의 수출역군으로서, 차세대 일본 경제성장의 열쇠를 쥐고 있기 때문이었다.

제 12 장
레이더스

산업의 지도자가 수행하는 영웅적인 역할은
과도한 경영관리를 해방시키는 것이다.
그는 최고의 기업인들에 의해 만들어진
기업인들의 모형이다.
―*소스타인 베블런(Thorstein Veblen, 〈기업이론(The Theory of Business Enterprise〉)*, 1904) ―

1980년대 미국과 영국의 회사인간들은, 아시아의 경쟁자들뿐만 아니라 정치적 분위기가 급진적으로 변하면서, 기업의 관료주의에 근본적인 의문이 제기됨에 따라 자신들의 안전이 크게 위협받고 있음을 알게 되었다. 그들은 1960∼70년대에는 사회를 조작하고 개인의 자유를 거부하고 군대와 협조했다는 이유로 좌익으로부터 집중적인 공격을 받았다. 그러나 지금은 관료주의적이고 세계경쟁에 직면해서도 안이하게 대처한다는 이유로 우익으로부터 강력한 비난을 받고 있다. 기업가(entrepreneur)는 신보수주의자들(neo-conservatives)의 동맹군이었고, 회사인간은 신보수주의자들의 적군이 된 셈이었다.

자본주의와 자본가라는 말은 승리자가 되어 되돌아왔다. 제2차 세계대전 후 수십 년 간 자유기업의 선두주자들은 수세적인 처지였고, 전세계적으로 사회주의와 공산주의, 그리고 다른 많은 이념들이 훨씬 더 활발히 주장되었고, 자신만만한 세력임을 알고 있었다. 신보수주의적 경제학자 조지 길더(George Gilder)는 1984년 다음과 같이 썼다. 『자본주의의 주요 이론은 하나의 중심적이고도 무능한 약점 때문에 도전받고 있다. 그것은 자본가에 대한 심각한 불신과 이해부족이다.』 1986년 정치학자인 피터 버거(Peter Berger)는 다음과 같이 불평했다. 『하나의 제도적 장치로서, 자본주의는 그럴 듯한 신화를 유일하게 피하고 있다. 그런 반면 현대적 조건하에서 자본주의의 대안으로서 사회주의는 신화를 창조하는 능력에 기초한다.』 겨우 몇몇 모험가들, 예를 들면 〈포브스(Forbes)〉지의 소유주로서 자기선전에 능한 말콤 포브스(Malcolm Forbes) 같은 사람들이 원래 모습의 자본주의를 찬양했다. 1965년 포브스는 이미 그의 잡지를 「자본주의의 도구」──그는 자신의 요트로 전세계를 누비며 무료 쇼핑백에다 이 문구를 인쇄하고 다녔다── 로 선전했다.

1970년대가 되자 신보수주의자들은 고삐 풀린 자본가들의 귀환을 알리기 시작했다. 1980년 로널드 레이건(Ronald Reagan)의 당선──그 한 해 전 마가렛 대처(Margaret Thatcher)에 이어── 은 자본가들의 부활을 알리는 주요한 단서였다. 자본가는 영웅적인 삶의 모습으로, 성장의 촉진자로서, 자신뿐만 아니라 다른 사람들에게도 혁신과 부를 가져다주는 사람으로서, 속물근성과 탐욕이라기보다는 선행과 관용을 의미하는 것으로 재해석되었다. 길더가 설명했듯이 『자본주의는 다른 사람들의 욕구를 끊임없이 분석한 뒤에, 선물제공 충동을 의의 있는 창조적 투자과정으로 전환시킨다.』

이 새로운 연극에서 중심적인 역할을 하는 영웅이 레이더(raider)로서, 그들은 높은 주가와 많은 배당을 원하지만 힘 없는 주주들을 대신해 거대기업의 본거지를 공격하는 주인공 노릇을 했다. 그리고 회사인간은 갑자기 레이더스와 정치가들 모두에게로부터 공격받게 되었다. 레이건 대통령 아래에서 재무차관을 지낸 리처드 다먼(Richard Darman)은 미국 경제 부진의 책임은 자신의 안녕과 회사의 이익에만 전념하는 「기업관료주의(corpocracy)」에 있다고 비난했다. 10년 전만 하더라도 강력한 산업의 조타수로 인정받았던 회사인간들이 이제는 기업관료(corpocrats)로서 조롱거리가 되었고, 국력이 쇠퇴하면서 정부관료와 함께 도매금으로 비난받았다.

승리자로서 새로운 기업가들은 사회적 진화론자인 허버트 스펜서(Herbert Spencer : 1820~1903, 영국의 철학자)의「적자생존(the survival of the fittest)」이론에 영향을 받은 19세기 후반의 오래된 신화로 복귀했다. 자본가들은 밀림과 대양의 비유, 즉 먹이를 쫓고 약탈하는 사자 · 독수리 또는 상어 이야기를 다시 한번 원용했다. 1986년 영국의 기업가 오웬 그린(Owen Green) 경이 거대기업 BTR의 회장직을 은퇴했을 때, 그는 코끼리 모형의 돌조각을 선물받고는 아직도 그것을 그의 저택 벽난로 옆에 보관하고 있다. 거기에는「산업 밀림의 왕(King of the Industrial Jungle)」이라는 글귀가 새겨져 있었다. 그린은 말했다.『그 곳은 산업 밀림이지. 그러나 그 곳에는 법률이라는 틀이 있어야만 해.』

기업가들이 영광스런 자리에 복귀하게 된 것은 경제가 되살아난 데에 큰 이유가 있었다. 즉 세계시장 경쟁에서 서구 기업들의 패배, 탈규제의 물결, 그리고 전자산업과 컴퓨터 산업에서 새로운 성장기회를 발견했기 때문이다. 그러나 또한 사회적 분위기가 심각하게 변화해 회사인간의 집단적 책임이라는 가정에 등을 돌리게 된 데에도 원인이 있었다. 또한 드라마틱한 인상과 개인적인 투쟁의 모습이 기업의 이야기를 한층 더 흥미 있게 만들었다.

정치적 상황 또한 다윈의 자연선택(적자생존)이론을 유전자의 특별 선택으로 확장한 동물학자들의 발상의 전환과도 우연히 일치했다. 그것은 1976년 최초로 출판된 리처드 도킨스(Richard Dawkins)의 저서《이기적인 유전자들(The Selfish Genes)》로 유명해졌는데 많은 기업가들, 특히 실리콘 밸리의 기업가들로부터 지지를 받았다. 도킨스는 로버트 오드리

(Robert Ardrey)의 《사회적 계약(The Social Contract)》과 같은 책에서 주장한 집단선택이론을 반박했다. 도킨스에 의하면, 사회계약설이 인기를 끈 것은 그것이 「우리 대부분이 공유하고 있는 도덕적·정치적 사상과 완전히 일치」하기 때문이었다. 그 반면 도킨스는 다음과 같이 주장했다.

우리, 그리고 모든 다른 동물들은, 우리들의 유전자가 창조한 기계들이다. 시카고의 성공적인 갱 집단처럼 우리의 유전자는 지금껏 살아왔다. 어떤 경우에는 수백만 년 동안이나, 아주 경쟁이 치열한 세상에서 말이다. 그것은 우리로 하여금 우리의 유전자에 어떤 특수능력이 있다고 믿도록 한다. 내 생각으로는, 어떤 성공적인 유전자에 남다른 능력이 있다고 한다면, 그것은 무자비하게 이기적인 것이다. 유전자의 이기심은 일반적으로 인간행동의 이기심으로 나타날 것이다.

신다윈주의 이론은 또한 사회학자들에 의해서도 받아들여졌다. 소문에 의하면, 미국의 트럭노조 지도자 지미 호파(역주 Jimmy Hoffa : 동명의 영화가 잭 니콜슨 주연으로 상영되었다)는 『인생이 정글이 아니라고 생각하는 사람은 없다』라고 했다 한다. 그리고 1993년 영국의 주요한 사회학자 W.G. 룬시먼경(W.G. Runciman)은 그것을 경쟁에 관한 그의 강의교재에 인용했다. 그는 『모든 인간의 사회에는, 심지어 가장 계급차별이 없는 깡패 집단 내에서도, 생산과 설득 그리고 강압의 수단을 지배하기 위한 경쟁이 있다』라고 했다. 그러나 룬시먼은, 경쟁이 어떤 종결적인 상태로 나아간다는 증거는 발견하지 못했다. 20세기 후반 새로운 기업가들은 한 세기 전의 선구자들과 마찬가지로, 자신들을 거대한 사회적 목적의 한 부분으로 과시하기를 좋아했다. 그러나 룬시먼은 인간의 경쟁을 다른 동물왕국과 마찬가지로 무작위적 과정으로 보았다. 『자연은 이빨과 발톱 앞에 벌거벗고 드러나 있다. 따라서 인류도 공룡들과 마찬가지로 우연한 진화의 결과다』라는 것을 우리들은 받아들여야 한다.

레이더스의 전쟁

레이더스에게 근본적인 기회는 1970년대 고인플레 이후 대기업들의 주식이 저평가되었다는 점에 있었다. 그런 반면 새로운 차입방법과 자본 조달 방법은 정크본드(junk bonds)를 포함해 대기업들의 주식을 매수할 수 있을 만큼 전례 없는 많은 자금을 조달할 수 있도록 해주었다.

가장 매력적인 먹이는 「7자매」(역주 Seven Sisters : 오일 쇼크를 배경으로 한 일곱 개의 다국적 석유회사들의 암투를 그린 필자의 소설 이름이기도 하다) —— 이들 가운데 세 개는 같은 조부, 즉 스탠더드 오일에게서 물려받은 것이다 —— 를 포함한 석유회사였다. 1970년대 전세계적으로 석유부족 사태에 직면하자 석유회사들은 수십억 달러를 쏟아 부으면서 유정을 개발했으나, 수익보다 비용이 많이 들었으며, 간혹 허탕을 치기도 했다. 한편 그들이 보유하고 있는 비축석유의 가치는 엄청나게 상승했으나 주식시장에서 주가로 반영되지는 않았다. 주주들은 분명한 이의를 제기했으나 석유회사의 이사회는 그런 현실을 무시했다.

이 기회를 최초로 활용한 것은 텍사스의 무법자 분 피큰스(Boone Pickens)였는데, 그는 필립스 석유(Phillips Petroleum)사에서 경력을 쌓기 시작했고, 그 후 메사 석유(Mesa Petroleum)사를 설립해 독립했다. 그는 수백만 달러를 투입해 멕시코 만에서 유정을 탐사했으나 실패한 후, 1983년 자신의 말대로 『월 스트리트에서 석유를 사는 것이 밖으로 찾아 나서는 것보다 훨씬 싸다는 것』을 알았다. 그리고 그는 일련의 기업 매수작전을 펼쳤다. 비록 그 결과가 실패로 끝난 경우에도 주가를 올려놓았기 때문에 그는 많은 이익을 남겼다. 피큰스는 자신을 대중의 영웅으로서, 「한때 잘 나갔던 거대기업의 녀석들」──이른바 「4개의 P」, 즉 높은 봉급(pay)·각종 수당(perks)·권력(power)·명성(prestige)을 가지고, 회사의 비행기·요트·별장들을 이용했던── 에 대항해 주주의 이익을 찾아주는 영웅으로 부각시켰다. 피큰스는 『그것은 제국주의의 징후다. 경영자들은 자신의 생존과 그들 회사의 성장만 생각한다』라고 했다.

피큰스는 한때 자신이 근무했던 필립스 석유를 매수하려다 실패했다. 그 후 곧바로 7자매 가운데 하나이자 멜론(Mellon) 가문이 20세기 초에 설립한 후 피츠버그의 호화스런 30층 건물의 본사에서 지금까지 운영하고 있는, 유서 깊은 걸프 오일(Gulf Oil)사를 공개매수하기 시작했다. 그 당시 걸프 오일은 쿠웨이트의 준독점사업을 잃은 후 7자매 가운데 가장 약한 상태에 있었다. 피큰스는 또다시 경영권 인수에 실패했으나 걸프 오일의 주가가 상승했기 때문에 즉각 5억 달러의 이익을 벌어들였다. 샌프란시스코에 본사를 두고 사우디아라비아에서 큰 돈을 번 세브론(Chevron)과 그 밖의 석유회사들이 피큰스보다 더 높은 가격을 제시했으므로 걸프 오일은 세브론으로 넘어갔다. 걸프 오일은 피츠버그에서 사라졌고, 본사건물은 뉴욕의 투자가들에게 팔렸다.

7자매 가운데 다른 하나가 더 큰 수모를 당했다. 텍사코(Texaco)사는 다른 석유회사들과 마찬가지로 비축석유의 감소와 시추의 실패로 고통을 겪어왔는데, 게티(Getty) 가문이 붕괴된 후 위기를 맞고 있었던 게티 오일(Getty Oil)사를 매수하기 위해 입찰에 참가했다. 텍사코는 「원칙적인 합의」를 막 끝낸 텍사스의 석유회사 펜츠오일(Pennzoil)보다 높은 가격을 제시했다. 그러나 펜츠오일은 게티 오일과의 합의를 준수할 것을 주장하며 텍사코를 제소했다. 텍사코는 재판에 짐으로써 기록적인 손실을 입게 되었다. 나중에 30억 달러로 하향조정됐다. 텍사코는 독립적인 회사로 존재하고는 있지만, 파산지경이 되어 주요한 자산을 매각하고 비교적 규모가 적은 석유회사로서 재기를 노리고 있다. 5자매만은 그대로 남아 있지만, 자신들을 급속히 재조직함으로써 좀더 날씬하고 합리적인 조직체로 만늘었다(제14장 참조).

오래된 석유회사를 공략한 레이더스는 광범한 매수파동 확산의 선구자들이었다. 1980년대 중반 레이더스는 회사의 소유권에 도전함으로써 미국과 영국의 모든 회사인간들을 불안하게 만들기 시작했다. 새로운 재무전문가들은 복잡한 거래관행에 통달해 있었고, 높은 이자를 받을 수 있는 대출처를 찾는 은행들로부터 보증을 받았다. 그리고 감옥으로 가기 전 연간 5만 달러를 벌어들인「위대한 요술사」마이클 밀켄(Michael Milken)은 미국의 레이더스에게 자금을 제공하기 위해 마법을 부려 높은 이자율의 정크 본드를 고안했다. 재무전문가들은 기업들의 지원을 받은 것이 아니라,「매수와 합병」으로 큰 이익을 보았고 회사의 임원들보다 더 큰 기회를 잡을 수 있다고 인식했던, 공격적인 법률회사와 투자은행가들로부터 지원을 받았다. 변호사들은 회계사·공중관계 전문가·사설탐정으로 구성된 팀을 지휘하며 종종 전쟁과 비유될 정도로 매수목표 회사를 철저히 무자비하게 공략했다. 그들은 군자금을 가득 갖고, 새벽에 출격 나갔고, 적에게 총알세례를 퍼부었으며, 포로는 데려오지 않았다는 등 전쟁 용어를 즐겨 사용했다.

전통적인 법률가와 투자은행가들은 젊은 전사들을 내키지 않는 마음으로 쳐다보았다. 변호사이자 소설가인 루이스 오친로스(Louis Auchinloss : 1917~   )는 그의 저서《존경받는 인간(Honorable Men, 1985)》에서 어떤 회사 중역의 사생활을 조사하기 위해 사설탐정을 고용한 법률회사의 포악한 매수활동을 묘사했다. 주인공 칩(Chip)은 화장실에서 급사를 겁탈한 중역에 대해 큰소리로 보고서를 읽는다. 그의 친구 라스(Lars)는 소리친다.『전쟁이 끝난 후 자네가 이토록 흥분하는 것을 본 적이 없네.』칩은『그러나 이건 전쟁이야』라고 되받는다.『이 친구들은 우리가 마지막으로 싸웠던 놈들보다도 더 치사해.」 오친로스의 후속 소설《어느 여피의 일기(Diary of a Yuppy)》에서는 「주인 없는 재산」──범죄를 증명할 서류를 찾기 위해 쓰레기통을 뒤지는 은어──을 조사하는 등 비도덕적인 변호사의 매수활동을 묘사하고 있다. 그는 경쟁회사의 사장이 회사돈을 횡령한 알코올 중독자 동생을 보호해주고 있다는 것을 발견한다. 그는 이 정보를 이용하기로 마음먹고 결벽증이 있는 아내에게 이 사실을 알려 실망시키게 만든다. 변호사들이 기업전쟁이나 대신하는 해적이 되면서 그들은 대중들로부터 인기를 잃었고, 존 그리셤(John Grisham)의 소설《법률회사(The Firm)》의 모델이 되기도 했다.

합병과 매수에는 그 전에 이미 네 번의 물결이 있었다. 첫번째는 19세기 후반 스탠더드 오일과 같은 거대기업들을 만들었다. 두번째는 1920년대 새로운 거대기업, 예를 들면 GM과 ICI를 창조했다. 세번째는 1960년대 거대복합기업을 만들었는데, ITT의 제닌과 같은 공격적인 투자가들이 주도했다. 그러나 네번째 물결은 거대복합기업을 만들거나 제국을 건설하는 것에는 관심이 없었다. 그들은 매수한 기업들을 재편해야만 했고, 그들이 빌린 거액의 차입금을 갚기 위해 회사인간들을 해고해야만 했다. 그들의 첫번째 역할은 재무전문가였고, 기업가는 두번째 역할이었다.

가장 지속적인 성공을 거둔 사람은 칼 아이칸(Garl Icahn)이었다. 그는 월 스트리트의 중개인으로서 위세를 부리거나 카리스마는 없었지만, 회사를 매수하기 시작했고 텍사코의 입찰에 참가한 사람들 가운데 하나였다. 그는 기업관료에 대해서는 피큰스보다도 훨씬 더 비판적이었다. 『텍사코는 잘못을 저지르는 미국기업들의 모델이다』라고 일단의 투자분석가들에게 말했다. 『이 나라는 기업복지국가(corporate welfare state)다. 그것이 바로 우리가 경쟁할 수 없는 이유다.』 그는 텍사코의 매수에는 실패했으나, 20여 년 전 세계최대의 항공회사로서 지금도 도산위기에 있는 TWA를 매수하는 데는 성공했다. 그는 TWA를 대규모로 재조직했고, 노조와 협상을 벌였으며, 계속 비행기를 띄울 수 있도록 했다. 그의 경쟁자들도 놀란 일이지만, 그는 미국기업들의 「카지노 의식구조」와 기본적인 서비스의 축소를 개탄하기 시작했다. 『사회간접자본은 파괴되고 있고, 새로운 것은 건설되지 않으며, 옛 것은 수리도 되지 않는다.』 그러나 TWA는 파산의 벼랑에 몰려 있으면서도 여전히 비행기를 띄우고 있으나 단기적 회생에 너무 열중하다 보니, 장기적 계획을 세우기에는 기력이 모자랐다(역주 이 글을 번역하던 중 1996년 7월17일 TWA 800이 공중폭파되는 사건이 있었다).

골드스미스

레이더스 가운데 가장 용감한 사람은, 아이칸보다도 더 극적인 인물이었고 언론에도 관심을 가졌던, 할리우드식 멋쟁이었다. 왜냐하면 그들은 주주를 끌어들이고 자금을 조달하기 위해서는 명성이 필요했기 때문이었다. 그들의 공격적 행위를 관찰하는 사람은 —— 프랑스의 경제학자 미셸 알베르(Michel Albert)에 의하면 ——『아마도 그 또는 그녀가 어느 영화 촬영장에서 우연히 만난 사람이라고 느껴도 좋을 지경이었다.』

영화에 나옴직한 가장 멋진 사람은 영국 출신 프랑스 재무전문가 제임스 골드스미스(James Goldsmith)였는데, 그는 모든 레이더스의 대변자가 되었다. 그는 산업혁명 당시 자금을 제공한 적이 있는 독일계 유태인 가족의 후예로서, 그리고 유럽인으로서 그 자신의 역사적인 관점을 갖고 있었다. 그리고 그는 지금 구식의 조직구조를 변혁시키게 될 통신과 정보에 기초한 새로운 혁명 집행자로서의 역할을 자임하고 있다. 그는 레이더스 또는 기업인수자들이 자만하고 있는 경영자들로부터 기업을 해방시키고, 주주의 이익을 위해 경영자들이 이익향상에 전력을 다하도록 압력을 넣을 수 있는 그럴 듯한 사례를 제시했다. 그는 1960년대, 그보다 앞선 합병의 물결이 지나간 뒤 이업종 합병(conglomeration)에 대해 단호히 비판했다. 『그들은 성장도, 수익성도, 자본투자도, 고용창출과 혁신에서도 훨씬 부진했었다.』그는 거대기업들을 파괴하는 데에서 기회를 찾았고, 그 부분품들을 한층 더 수익성 있도록 만들었다. 그는, 기업인수자의 역할은 『인수를 통해 불만스런 기업들을 개선하고, 건강한 기업들을 전략적으로 성장할 수 있도록 하는 것이다』라고 말했다.

골드스미스는 모든 관료들을 경멸했는데, 특히 기업관료들을 싫어했다. 1989년 그는 필자에게 다음과 같이 말했다. 『현미경으로 보면 GM · 국방부 · 크레믈린 · 바티칸, 그리고 또 다른 주요한 관료주의적 조직들의 관료들에게 어떤 차이가 있다고 생각지 않는다.』그는 세계의 밀림에서 약탈자의 역할을 즐기고 있었고, 회사들을 동물학적 용어로 표현하기를 좋아했으며, 회사들을 소생시키기 위해 끊임없는 도전을 했었다. 그는 다음과 같이 말했다. 『자연의 기본적인 법칙 가운데 하나는, 인류라는 유기체도 포함하여, 모든 유기체는 생존하기 위해 필요한 최소한의 활동을 한다는 것이다. 사람은 압력을 받으면 매우 다르게 행동한다.』골드스미스는 스스로 창조한 무대의 주인공으로서 큰 키에다 매력적인 눈을 갖고 있었다. 그는 기업인들뿐만 아니라 여인들도 유혹할 수 있었다. 그는 여러 명의 아내와 정부를 위해 여러 채의 주택을 보유하기도 했다. 그는 마치 스콧 피츠제럴드의 소설 《최후의 타이쿤(Last Tycoon)》의 주인공처럼 매력과 자신감에 가득 찬 로맨틱한 소설의 모델이 살아나온 것 같았다. 다른 많은 멋진 사람들과 마찬가지로 그는 냉정하게 자랐다. 아마도 12세 때부터, 특별한 정신력을 갖고 있는 사람들에게는 공통적인 것들은 모두 거부하고 말이다. 『이걸 봐. 이건 모두 틀리잖아―― 복잡하긴――. 복잡하다고. 또 모두 거짓말이야. 그리고 속임수라구.』그는 그 모든 것을 쓸어버렸다. 그런 유형의 사람들이 그런 것처럼.

1980년대 초 골드스미스는 자신의 본거지를 미국으로 옮겼는데, 그 이유는 유럽의 규제, 특히 영국의 규제가 싫었기 때문이었다. 그는 월스트리트에서 엄청난 도박을 했다. 경제회복을 기대하고는 저평가된 기업들을 사들였다. 그는 삼림을 포함해 주택경기가 회복되면 가치가 올라갈 목재회사들에 투자했다. 그는 또한 다이아몬드 코포레이션(Diamond Corporation)도 매수했는데, 그것은 1882년 미국에 처음으로 안전시계(safety match)를 소개한 회사로서 다각화에 실패했던 회사였다. 골드스미스는 이 회사 자산을 매각하고 5억 달러를 벌었다. 그는 또 다른 목재회사 세인트 레지스(St Resis)를 매수하려 했으나 중도에 포기하고 5,000만 달러를 남겼다. 그 뒤 그는 크라운 젤러바흐(Crown Zellerbach)사의 주식 중 반을 매입한 후 회장이 되었고 몇 달 만에 장부상 4억 달러를 벌었다. 그의 목재사업은 침략자가 숲을 잘라내는 내용의 오래된 유럽 신화를 현대판으로 재현한 것 같았다. 그는 혁신을 하거나 생산을 개선하기보다는 자연적 자원을 개발했다. 역설적으로, 1990년대 그는 환경주의자로서 다시 등장했다. 세계의 자원을 보호하는 것을 도와달라는 동생 테디(Teddy)의 설득을 받아들이고서 말이다.

골드스미스의 가장 극적인 매수사건은 굿이어 타이어(Goodyear Tire)사로서, 행복한 회사인간을 위협하는 외국의 요괴를 다룬 일종의 요정이야기 같은 사건이었다. 오래된 이 타이어 회사는 오하이오 주 애크런(Akron)의 고무마을에서 100년 전 설립되었다. 그 후 이 회사는 디트로이트에 자동차공장이 들어서면서 큰 돈을 벌었다. 굿이어는 지금 미국인이 소유하는 유일한 주요 타이어 회사로서 28개국에 13만 3,000명의 종업원을 고용하고 있다. 애크런에서 굿이어 종업원들의 아들과 손자들은 가부장주의를 즐기고 있으며, 거대한 고무 비행선 블림프(Blimp)로 상징되듯이 애향심을 갖고 있다. 굿이어에서 33년 간이나 근무하고 있는 회장 로버트 머서(Robert Mercer)는 전형적인 회사인간이었다. 1986년 당시 골드스미스는 굿이어의 주식 12%를 매수했다. 머서는 골드스미스를 회사마을을 위협하는 포악한 악당으로 묘사했다. 『당신은 블림프를 쏘아 맞출 수는 없어. 그리고 다른 데로 가져갈 수도 없고.』머서는 지역사회를 움직여 정의로운 십자군이 되도록 했고, 지방의회의 의원이자 굿이어 타이어 창업자의 손자의 협조를 얻었다. 그는 골드스미스가 가한 공격의 충격을 진주만의 그것에다 비교했다. 굿이어는 이 사건을 오하이오 주에다 제소했고, 외국의 침략자에 반대하는 정치적 분위기를 유발했다.

또한 굿이어는 그 사건을 워싱턴에까지 끌고 갔는데, 그 당시 하원은 이미 레이더스에 대한 청문회를 열고 있었다. 골드스미스도 반격했다. 굿이어는 수치스럽게도 본업을 무시했고 엉터리 같은 송유관 프로젝트를 포함해 위험한 프로젝트에 돈을 낭비했다고 주장했다. 그는 자신을 「주주권과 경영권 사이에 생명을 이어주는 연결고리」를 복구해주는 구세주로 표현했고, 실패한 복합기업들로부터 많은 기업들을 구원한 장본인이라고 했다. 『이 나라의 이곳 저곳에서, 과거 대규모의 관료적 기업들이 갖고 있던 수백 개의 침체된 산업분야를 독립시켰다.』자신의 이익만을 추구한다고 제소를 당하자, 그는 다음과 같이 대꾸했다. 『사업을 하는 데 또 다른 이유가 있다고 생각지 않는다… 미국은 그 이념을 바탕으로 건국되었는데, 나는 그 이념에 충실하라고 강력히 권고한다.』머서는 골드스미스가 굿이어로 하여금 단기적 이익을 위해 장기계획을 포기하라고 압력을 넣었다고 비난했다. 머서는 골드스미스의 영웅적인 스타일과 경쟁할 수가 없었다.

그러나 골드스미스는 오하이오 주 의회와 워싱턴 하원의 거부, 그리고 법을 위반한 재무전문가 이반 보에스키(Ivan Boesky)의 체포 이후 정치적인 분위기가 자신에게 불리하게 돌아가는 것을 눈치챘다. 그는 타협하기로 결정하고, 9,000만 달러의 이익을 남기고는 자신의 주식을 굿이어에 되팔았다. 굿이어는 승리를 축하하는 집회를 가졌다. 그러나 머서는, 회사가 일찍 우주산업부문과 석유부문을 처분하고 막대한 규모의 부채를 축소했다면, 레이더의 공격을 피할 수 있었을 텐데 하고 후회했나. 그러나 사실 굿이어에는 여전히 관료주의가 팽배해 있었고, 머서의 보좌관 톰 바렛(Tom Barrett)이 회장으로 취임하자 그는 곧 다음과 같이 불평했다. 『여전히 너무 많은 계층의 중역들이 있었다. 우리는 굿이어에서 몇 년 간 누적되어온 매트릭스 조직을 파괴해야만 했다.』

골드스미스와 굿이어 사이의 연극 같은 사건—— 회사마을을 침범한 고독한 레이더—— 은 기업에 대해 두 가지의 극단적인 태도를 유발시켰다. 방어자로서 공격자에게 도전받는 가부장적 기업과 세계적인 투기자 말이다. 어느 쪽도 그 자체로서는 의미가 없었다. 회사인간들은 세계적 거래의 속도에 맞춰 신속하게 대응할 수 없었고, 골드스미스 역시 언제나 거래자였지 건설자가 될 수는 없었다.

그리고 흐르는 돈의 파도를 타는 레이더로서의 골드스미스와 정착민의 환경을 보호하려는 보수주의자로서의 골드스미스 사이에는 근본적인 모순이 그대로 남아 있었다. 1989년 10월 그는 다음과 같이 말했다. 『기술의 진보가 아무리 뛰어나다 하더라도, 경제적·정치적 주도권이 아무리 유용하다 하더라도, 사람이 세상은 인간중심으로 되어 있다는 망상을 버리고, 그가 살 곳을 자연 속에서 찾으려 노력하고, 자신의 우주와 조화롭게 살 수 있는 그런 장소를 찾으려고 노력할 때만 우리에게 희망이 있다.』

기업 전쟁의 어머니

1980년대 후반이 되자 레이더스는 정치권으로부터의 지원도 줄어들었고 경제적인 타당성도 감소되었으나, 여전히 인기는 유지하고 있었다. 그리고 여전히 큰 돈도 벌었다. 최대로 영광을 누릴 무렵, 보에스키는 버클리 대학의 대학원생들에게 다음과 같이 말했다. 『당신들은 욕심을 부릴 수 있다. 그리고도 여전히 자기 자신을 자랑스럽게 느낄 수 있을 것이다.』 보에스키는 몰락한 후, 1987년 증권시장이 붕괴된 시점에 적절히 개봉된 영화 〈월 스트리트(Wall Street)〉의 주인공 모델이 되었다. 마이클 더글러스(Michael Douglas)가 그 역을 맡은 주인공 고든 게코(Gordon Gekko)는 주주들에게 『탐욕이란 좋은 것이다』라고 안심시켰다. 보에스키와 마찬가지로 게코는 내부정보를 이용해 속임수를 쓰다 감옥으로 간다. 그러나 그는 만족한 회사인간들보다도 한층 더 창의적인 사람처럼 보였다. 1980년대 기업의 경영자들과 임원들은 주 법원을 통해 레이더스에게 반격했으며, 「상어 퇴치기」 또는 「독약」이라고 불리는 법적 장치로 자신들을 보호했다. 그러나 오히려 상어들이 상어 퇴치기보다 훨씬 더 인기 있었고, 당시 회사에 대한 충성심의 개념은 평가절하되고 있었다.

1987년 증권시장의 붕괴는 다시 자제와 우려를 낳았으나 레이더스는 여전히 공격을 계속했으며, 한층 더 열정적으로, 그리고 합리적으로 따져보지도 않고 투기를 했다. 1987~89년 사이 합병의 신기록이 세워졌다. 미국에서 2,730개의 회사들이 매수되었고, 그 시장가격은 8,600억 달러에 이르렀다. 그리고 1988년 RJR와 내비스코(Nabisco)사의 특별전쟁, 즉 담배와 과자의 거인들은 돈과 쇼가 통합된 듯이 인기절정의 볼거리를 제공했다.

담배회사 R. J. 레이널즈(Reynolds)는 그 뿌리가 19세기로 거슬러 올라가는데, 노스 캐롤라이나(North Carolina)의 윈스턴샐렘(Winston-Salem)에 본거지를 두고 있었다. 1913년 RJR는 카멜(Camel) 담배를 선보였고, 그 후 담배산업으로 엄청난 이득을 보았으며, 22층짜리 본사건물에서 회사마을을 지배해왔다. 그러나 1970년대 금연운동이 일어나자 여느 담배회사들과 마찬가지로 RJR는 더 실력 있는 동업자를 찾기 시작했으며, 1985년 거대 제과회사인 내비스코를 흡수하게 되었다. 내비스코는 1898년 「비스킷 트러스트(biscuit trust)」를 통해 창설된 회사였다. 내비스코의 보수적인 경영방식은 새로운 최고경영자 로스 존슨(Ross Johnson)이 이미 지적하고 있었다. 존슨은 예쁘고도 젊은 아내를 둔, 느긋하고도 인생을 즐기는 캐나다 출신의 회계사로서, 신종 「비회사인간(non-company man)」으로 묘사될 만한 인물이었다. 그는 비스킷에 염증을 느꼈고 회사가 제공하는 각종 혜택·사치스런 아파트·비행기 그리고 골프 휴가를 즐겼다. 그는 이사회를 좌지우지할 뛰어난 음모가였으며, 비스킷 회사를 합병한 후에 두 회사의 회장직을 동시에 맡았다.

존슨은 오래된 담배마을에 조급증이 났다. 그는 낡은 담배 생산라인 몇 개를 팔았고, 본사를 애틀랜타로 옮겼으며, 많은 시간을 뉴욕에서 친구들과 사회적 명사들과 보냈다. 그는 더 많은 재무적 활동을 하고 싶어했다. 1987년 은행가 헨리 크래비스(Henry Kravis)는 차입을 이용한 매입방식(leveraged buy-out), 즉 거대한 규모의 자금을 빌려서 투자하는 방식을 제안했는데, 그 결과 존슨과 여섯 명의 임원들은 20억 달러에 해당하는 경영권과 개인소득을 얻었다. 그것은 개인적 야심이 집단적 책임을 압도한 승리였다.

기업 전쟁의 어머니를 따라, 1980년대에는 쇼맨십을 겸비한 수많은 금융전문가들이 등장했다. 존슨은 그의 최초 입찰을 시어슨 리먼(Shearson Lehman)사의 젊은 회장 피터 코헨(Peter Cohen)을 통해서 했다. 그 후 시어슨 리먼은 아메리칸 익스프레스(American Express)사의 제임스 로빈슨 3세(James Robinson Ⅲ)에게 넘어갔고, 샐로먼 브러더(Salomons)사의 존 구트프로인트(John Guttfreund)도 입찰에 가담했다. 그러자 소외된 데 대해 분노를 느낀 크래비스도 다시 싸움에 뛰어들었다. 존슨과 코헨은 그들의 가격을 올렸다. 그러나 최후에 크래비스는 하나의 제안을 했고 임원들은 수락했다. 존슨은 5,300만 달러나 되는 황금 낙하산을 타고 회사를 떠나는 신세가 되었다.

크래비스는 190억 달러를 현금으로 지급하고 거대기업을 인수했다. 그는 엄청난 규모의 부채를 상환하기 위해 회사 자산의 일부를 매각했고, 아메리칸 익스프레스의 루이스 거스트너(Louis Gerstner)를 영입해 새로운 최고경영자로 앉혔다. 거스트너는 매킨지 컨설팅 출신의 경영자들을 채용했고, 컨설턴트들은 본사를 뉴욕으로 옮기도록 건의했으며, 수많은 관리자들을 해고했다. 살아남은 회사인간들마저도 거의 제자리를 찾을 수 없었다. 어느 관리자는『더 이상 회사를 위해 일할 맛이 안나. 앞으로는 투자가를 위해 일할 거야』라고 불만을 토로했다.

RJR-내비스코 전쟁은 광적인 레이더 활동의 절정기를 이루었다. 그 후 곧 마이클 밀켄은 감옥으로 갔고, 의회는 탈세에 대한 조치를 취했으며, 은행은 대출을 중단했고, 흡수와 합병은 거의 중단되었다. 그로부터 5년 후 흡수와 합병의 주요 주역들은 거의 모두 몰락하고 말았다. 시어슨 리먼은 거의 부도직전의 위기에 몰렸고, 코헨은 로빈슨 3세에 의해 해고당했으며, 로빈슨 3세 또한 아메리칸 익스프레스에서 축출당했다. 크래비스는 아들이 죽는 비운을 당하고는 사람의 눈에 띄지 않는 곳으로 은퇴했고, 그의 의상 디자이너였던 아내와도 이혼했다. 구트프로인트도 자사주에 고정가격으로 입찰하는 사건 이후 샐로먼 브러더스로부터 쫓겨났다. 오직 존슨만이 무사한 듯 보였다. 5,300만 달러로 즐기고, 여행하고, 골프치고, 투자하고, 자신의 탐욕에 대한 비난에도 별로 아랑곳하지 않았다. 존슨은 5년 후 베스트셀러《정문의 야만인들(Barbarians at the Gate)》──이 책에서 존슨은 혹독한 인간으로 묘사돼 있다──의 공저자 브라이언 버로(Bryan Burrough)에게 다음과 같이 말했다.『나는 악명을 즐기지. 이제는 모두가 나를 알고 있다구. 나는 만나는 사람들에게 여전히 사인을 해주지.』

회사는 몇 개의 생산 라인을 처분했고, 수천 명의 종업원들을 해고했으며, 도산직전까지 갔으나 지금까지 단촐한 조직구조를 연명하고 있다. 그러나 많은 투자가들은 비스킷과 담배를 함께 경영한다는 생각에 의문을 품었다. 그들은 RJR와 내비스코를 분할하고 19세기에 설립된 핵심사업에 전념할 것을 제의했다.

영국의 영웅들

1980년대 영국인들의 태도변화는 한층 더 극적이었다. 30여 년 전 찰스 클로어(Charles Clore), 아이작 울프슨(Isaac Wolfson), 맥스웰 조셉(Maxwell Joseph)을 포함한 소규모 레이더 집단은 존경받는 기업가문을 도산시켰다고 비난받았으며, 종업원들을 착취하고 정글의 법칙으로 되돌아갔다고 욕을 먹었다. 노동당 출신으로서 영국총리를 지냈던 애틀리 경(Lord Attlee)은 이를 「이빨과 발톱 앞에 드러난 정글, 특히 클로어」라고 말했다. 그러나 1979년 대처가 권좌에 오르자, 기업들을 민영화했고 기업에 관한 분위기를 바꾸어놓았다. 1980년대 레이더스는 언론에 의해 국민적 영웅으로 묘사되었으며, 과잉고용의 관료주의에서 기업을 해방시킨 사람으로 등장했다. 훗날 사이프러스로 도피한 터키 출신의 사이프러스인 아실 나디르(Asil Nadir)를 포함한 일단의 무모한 도박꾼들마저도 화려한 금융전문가로 인식되었다. 오스트레일리아 출신의 억만장자 앨런 본드(Alan Bond)는 끝내 파산했고, 협잡꾼 같은 신문 소유주 로버트 맥스웰(Robert Maxwell)은 그 뒤 자신의 요트에서 자살했다.

그러나 수많은 진지한 기업가들은 복합기업을 꾸준히 성장시키는 한편, 한층 더 역동적으로 운영했으나, 회사인간들은 심기가 편치 못했다. 가장 큰 영향력을 발휘한 사람은 스탁턴 온 티스 출신의 전직회계사 오웬 그린경으로서, 그는 자신의 고무회사 BTR를 확대하고 자신이 잘 아는 관심분야에 집중해 틈새시장을 노리는 기업집단을 만들었다. 그는 이를 「인접기업군(contiguity)」이라고 명명했다. 그린은 ITT──『그것은 현금젖소에서 단지 우유만 짜먹는 꼴이야. 주주에게 돌아가는 이익을 막기 위해 회사를 매수하다니.』── 와 같은 초기의 재무적 복합기업을 경멸했다. 그리고 그는 리더십과 동기부여에 큰 관심을 보였다. 그는 나에게 다음과 같이 말했다. 『경영의 비밀은 성장에 대한 약속이지요. 그건 정적이어서는 안 돼요. 나는 25세까지의 청년들, 즉 무엇이라도 할 수 있을 것 같은 사람들의 가장 정열적인 시간을 재생산하려고 해요. 회사에서도 그런 시절을 이용할 수 있어요. 성장의욕을 불러일으켜서 높이 날아갈 수 있지요. 경영자들의 사기는 그들의 자아 정체감에 크게 의존합니다. 즉 그들이 필요한 존재라고 스스로 느끼는 것 말입니다. 그런 느낌 때문에 그들은 열심히 노력하지요.』

언론에 가장 자주 등장한 영국의 레이더는 제임스 핸슨(James Hanson)이었는데, 그는 해럴드 윌슨(Harold Wilson) 총리에게서 기사작위(Knight)를 받았고, 1983년 대처 총리에 의해 귀족의 반열에 올랐다. 골드스미스처럼 그는 멋쟁이였고 사교계에도 눈부시게 등장했다. 그는 한때 영화배우 오드리 헵번(Audrey Hepburn)과 약혼한 적도 있었다. 그는 마차운송사업으로 출발해 1984년 국유화될 때까지 도로보수사업을 경영한 요크셔 가문 출신이었다. 그러나 1980년대 민영화 시기에 그는 자신의 사업가적 혈통을 재확인할 수 있었다. 그는 몇 차례의 대담한 경매에 참가해 에버 레디(Ever Ready), 임페리얼 타바코, 골드 필즈(Gold Fields)와 같은 영국의 오래된 기업들을 획득했고, 관리자들과 각종 간접경비 등을 줄였으며, 일부 자산을 매각함으로써 이익을 제고시켰다. 그의 연출능력을 뒷받침하는 것으로서, 그는 늘 숫자를 꼼꼼히 챙겼다. 그는 어느 회사를 인수하면서 필자에게 다음과 같이 말했다. 『우리는 6개월 간 아무것도 하지 않습니다. 그동안 족제비를 풀어놓지요.』그의 족제비, 즉 컨설팅 회사 언스트 & 영(Ernst & Young)의 회계사들은 어떻게 하면 최대의 이익을 올릴지 그에게 말해준다. 그는 임페리얼 타바코에서 경쟁력 없는 상표의 담배를 축소함으로써 종업원을 밖으로 줄였다.

핸슨은 동료 고든 화이트(Gordon White) —— 훗날 경의 칭호를 받았다 —— 와 함께 대서양 건너까지 사업을 확장했고, 미국 기업들의 경영권을 사들였다. 자신의 설명에 따르면, 핸슨은 회사인간을 지배하지 않았고 해방했다. 핸슨의 부회장 마틴 테일러(Martin Taylor)는 필자에게 다음과 같이 말했다. 『경영자를 결정하는 것은 사장이 아니라, 시장이다.』런던에 있는 핸슨의 본사에는 직원이 겨우 100명뿐이며 뉴저지에 150명이 더 있다. 그는, 자신의 복합기업은 유능한 경영자들에게 개별적인 기업들이 여태까지 해왔던 것보다 훨씬 더 많은 기회를 제공한다고 주장했다. 『만약 사람들이 10년의 세월을 어디에서 보내야 할지 물으면, 나는 어떤 산업이라고 말해줄 수가 없다. 어느 것이 상승하면 다른 것이 하락한다. 「가는 것이 있으면, 오는 것도 있으니까.」』

영국의 회사인간들은 주주들의 이익을 우선시하는 레이더스 눈에는 취약한 존재로 느껴졌고, 불필요하고 무능한 존재로 보였다. 1989년 3월 영국은행(Bank of England)에서 개최한 「공개매수는 기업에 불리하다」라는 주제의 토론회에서 논쟁은 극적으로 전개되었는데, 청중들(그 가운데 필자도 있었다)은 대부분 금융전문가들과 기업가들이었다. 주제발표는 ICI의 전 회장 존 하비존스 경(Sir John Harvey-Jones)과 복스 그룹(Vaux Group)의 폴 니콜슨(Paul Nicholson)이 했고, 반대 토론자로는 골드스미스와 핸슨의 테일러가 참가했다. 하비존스는 레이더스의 도움없이도 잘 하고 있는 일본과 독일의 기업을 지적했고, 기업은 카지노가 아니라고 주장했다. 즉 기업은 연구와 개발을 위해 장기적 안정이 필요한데, 그래야만 영국의 장점이 보강된다는 것이었다. 반면 골드스미스는 안락한 관료주의 아래 모든 영국기업들이 어떻게 나약해졌는지를 설명했다. 그리고 레이더스가 혁신과 부를 창조하는 길을 만들었다고 주장했다 ──테일러도 그의 의견에 맞장구쳤다. 청중들은 날카로운 질문공세에 힘을 얻어 곧 레이더스 편이 되었다. 그린 경은 회사인간들이 쓸데없이 많이 회사에 근무한다고 공격했고, 기업인수는 경쟁보다도 더 철저히 그들을 흔들어놓았다고 주장했다. BP의 로버트 호턴(Robert Horton)은 놀고 먹는 자들이 공공의 이익을 들먹이면서 최후 도피처를 찾고 있다고 생각했다. CBI의 중역 존 밴햄 경(Sir John Banham)마저도 경영층은 잠 재적인 레이더스의「총구」앞에 노출되어야 한다고 인정했다── 물론 레이더스도 일정한 규범을 지켜야 하겠지만. 토론회가 종결될 무렵 실시된 거수표결은 레이더스에 대한 지지가 압도적으로 많았다──그 결과에 대해서는 골드스미스마저도 놀랐다. 그러나 그 결과가 산업의 조타수들(회사인간들)에 대한 거부만큼이나 레이더스에 대한 지지를 나타낸 것은 아니었다. 훗날 그린 경에 의하면『그들 모두 수비적인 분위기였다. 그들 모두 자신들의 리더십 부재를 보여주었다. 대기업은 여전히 너무 관료적이었다. 회사인간들은 수 년 뒤 자신의 경력이 어떻게 될 것이라는 점을 예측할 수 있었다.』사기업이든 공기업이든 간에, 시간이 경과하면서 덕을 보는 자는 관료들이었다. 그 후 골드스미스는 필자에게 다음과 같이 말했다.『조직들은 내재적으로 쇠퇴해지는 경향이 있다. 그점은 정부도, 정당도, 국제 조직도, 자선기관도, 노동조합도, 그리고 기업도 마찬가지다. 이런 조직이 쇠퇴기에 접어들면 일반적인 쇠약의 징후, 즉 중앙통제식 관료주의가 눈덩이처럼 확대되는 것이다.』

그러나 극단적인 매수·합병, 그리고 해고는 미국에서뿐만 아니라 영국에서도 위험을 초래했다. 그들은 회사를 살리기보다는 회사를 사고 파는 데 더 많은 관심을 기울였다. 라자드(Lazards) 출신 전직 은행가 스탠리 라이트(Stanley Wright)는 다음과 같이 썼다.『새로운 자산을 창출하기보다는 기존의 유무형 자산을 거래하는 데 더 큰 관심을 갖는 시스템은 장기적으로 볼 때 역동적으로 기능할 수가 없다.』 그리고 그들은 모든 제품을 동일한 조건으로 파악하는 경향이 있는 회계사들보다 제품생산 전문가를 당연히 저평가했다. 소비재 산업은 그 제품에는 별 관심이 없는 경영자들의 손에 넘어갔다. 마시지도 않는 음료를 생산하는 회사의 경영자, 담배를 피우지 않는 담배회사의 경영자, 책을 읽지도 않는 출판사 경영자들 손으로 말이다. 위스키 전문가들은 치약이나 초콜릿을 파는 전문가들로 대체되었다. 레이더스는 뒤떨어진 품질에는 아랑곳하지 않았다. 핸슨은 자신이 소유하고 있는 미국의 석탄회사를 석탄에 대한 권위자가 운영하고 있다고 설명했다. 그러나 자신이 취급하는 제품에 자부심을 갖고 있었던 사람들은 곧 족제비들 때문에 사기가 떨어졌다. 자부심이 대단했던 많은 영국의 전통들이 회계사들의 지배 아래 짓밟히고 말았다. 심지어 전통 깊은 영국의 맥주마저도 더 나은 판촉활동을 벌이는, 경쟁자인 오스트레일리아·벨기에 그리고 심지어 멕시코 맥주에게 밀려났다. 그리고 제조업에서 제품의 무시는 더더욱 위험스런 것이었다. 왜냐하면 그것은 일본인들의 손에 놀아나게 되는 결과를 초래했는데, 일본인들은 그들의 품질에 과도하게 관심을 기울였기 때문이었다.

그러나 적대적 매수와 합리화는 회사의 유연성에 큰 위험을 초래했다. 그것은 최고경영자에게 권력을 더 한층 집중시켰기 때문이었다. 아무리 중간관리자들이 자유롭고 분권화되었다 하더라도, 재무적 권력은 한층 강화되어 단 한 명의 기업가에게 집중되었다. 최고경영자의 개인적 성격, 상급 경영자들의 축출, 외부 컨설턴트들의 영입 등은 모두 최고위층에 있는 한 명의 실력자를 강화하는 경향이 있었다. 1950~60년대의 각종 위원회는 우유부단하고 자만심에 가득 차 있긴 했지만, 때때로 그 반대의 극단적인 성향의 사람들로 대체되기도 했고, 예스맨과 교만한 하수인들에게 둘러싸인 강력한 지도자에 의해 대체되기도 했다. 공화국이 왕정으로 바뀌었듯이 말이다.

회사와 지역사회

1990년 미국과 영국을 휩쓸었던 합병의 큰 파도── 역사상 가장 규모가 컸고 길었던── 는 끝이 났다. 레이더스에 대한 미국 대중의 우려는 1991년 노먼 제위슨(Norman Jewison)의 영화 〈타인의 돈(Other People's Money)〉에서 극적으로 표현되었는데, 이 영화는 대니 드 비토(Danny De Vito)가 OPM 지주회사의 사장역을 맡아 오래 된 전선회사를 매수하는 내용을 그리고 있다. 그레고리 펙(Gregory Peck)이 분한 회사의 회장은 주주들에게 자신을 지지해달라고 했고, 레이더스를 「다른 사람들의 돈으로 하느님같이 놀아나는 사람」으로 비난하지만 아무런 호응을 얻지 못한다. 레이더스는 『나는 아무것도 만들지 않아요. 나는 돈을 만들어요』라면서 주주들을 설득해 웃돈을 얹어주고 자신에게 주식을 팔게 한다. 그 마을은 결국 공기주머니를 만들기 위해 공장을 사버린 일본인들의 손에 넘어간다.

적대적 매수는 대기업의 권력의 균형을 변화시키려고 노력하는 경제적 세력의 보다 깊은 파동의 한 부분이었다. 1980년대 중반 높은 이자율은 자본비용을 엄청나게 상승시켰고, 현금흐름의 중요성을 한층 더 증가시켰다. 회사들은 주주들에게 더 많은 돈을 배당하도록 자본시장으로부터 압력을 받았다. 레이더스는 부채를 대규모로 늘렸다. 결과적으로 그것은 은행가들이 회사를 지배하는 것을 막기 위해 경영자들로 하여금 성과를 향상하도록 압력을 넣는 요인으로 작용했다. 그리고 대주주들, 예를 들면 보험회사와 연금기금 등은 투자기업에 대한 지배에 훨씬 더 관심을 갖게 되었다. 그것은 기업과 관련된 여러 이해집단들── 경영자·고객·지역사회 등── 의 관심사와 매우 다른 것이었다.

단기적 이익에 대한 압력은 사회적으로 책임을 지는 기업이라는 개념을 무너뜨렸다. 1960년대 애크런의 굿이어 또는 브리스톨의 임페리얼 타바코와 같은 가부장적 회사들은 그들의 미래를 지역사회와 관련지어 계획했다. 그 곳에서 작업을 했고, 헌금을 제공했으며, 예술가와 학교를 지원했다. 지금은 그런 모든 관계들이 주주를 기쁘게 하고, 레이더스의 위협에 대처해야 하기 때문에 파괴되고 있는 중이다. 골드스미스와 굿이어의 충돌은 한층 더 높은 수익률을 요구하는 자본가들과 양보할 수 없는 방어적 입장의 지역사회 간에 일어나는 폭넓은 갈등의 한 부분에 지나지 않았다. 미국의 경제학자 마가렛 M. 블레어(Margaret M. Blair)는 《10년 간의 거래(The Deal Decade)》에서 다음과 같이 썼다. 『주주에 대한 배당 증가는 기업의 여러 사회적 목표들을 희생한 대가였다.』 두 개념 사이에는 분명한 모순이 있었다. 미국인 로이드 커틀러(Lloyd Cutler)는 『우리는, 비록 회사가 날씬하게 되기를 원한다 하더라도, 회사가 인색해지는 것은 바라지 않는다』라고 말했다.

세상 어디에서나 그런 것은 아니었다. 적대적 매수의 광란, 합병, 그리고 인수 등은 대부분 미국과 영국에 국한된 것이었다. 일본과 유럽 대륙은 그것을 차츰 걱정스런 눈으로 쳐다보았고, 레이더스는 주주들의 단기적 이익을 부추기는 사람으로 인식됐으며, 지역사회와 기업의 장기적 이익에는 관심이 없는 것으로 여겨졌다.

독일의 회사들은 대규모 주식을 소유하고 이사회를 장악하고 있는 거대은행의 보호를 받고 있었으므로, 영국이나 미국에 비해 주주들의 압력을 비교적 적게 받았다. 또한 대부분의 유럽 기업들은 미국형보다는 독일형과 더 유사했다. 그러나 1980년대 미국기업들의 부상은 상당히 다른 역사적 기원과 사회적 가정 아래 출발한 자본주의의 여러 갈래 사이에 차이점을 확대시켜놓았다. 그들을 같은 테두리 내에 묶어놓은 것은 오직 공산주의라는 공통의 적 때문이었다. 따라서 공산주의가 사라진 이상 그들은 서로 경쟁하게 되었고, 훨씬 달라보였다. 프랑스의 경제학자이자

기업체 사장인 미셸 알베르는 1991년 그의 저서 《자본주의 대 자본주의
(Capitalism against Capitalism)》에서 유럽의 차이점을 묘사했다. 알베르
는 레이건 대통령 치하의 새로운 미국식 자본주의 모형과 독일·스위
스·네덜란드를 포함하는 「라인 모델」(Rhine Model)로 구분했다. 새로
운 미국식 모델은 영국에 큰 영향을 끼쳤다. 라인 모델은 회사를 사회적
기관과 지속적인 공동체로 인식했으며, 회사는 지역사회에 관심을 보이
고 보호하는 대신 그 구성원들로부터 충성심과 애정을 확보했다.

　알베르는 미국의 적대적 매수와 재무조작을 경각심을 갖고 관찰했으
며, 미국의 산업이 쇠퇴하는 광범한 배경, 무법상태, 마약, 그리고 확대
되는 빈부의 격차를 우려했다. 그는 톰 울프의 《허영의 불꽃놀이》를 그
의 교과서로 삼았다. 그는 한때 유행했던 투기열풍의 영향을 산업의 규
범을 파괴하고 기업가들을 부패시키는 자본주의의 풍자로 보았다. 『그들
은 극중의 인물이 되었다. 그리고 그들은 극본대로 살아가지 않으면 안
된다. 그렇지 않으면 수백만 명의 관객들을 좌절시킬 테니까 말이다.』
그는 프랑스 기업인간들은 두 가지 모델 사이에 분열되고 있다고 생각했
으며, 라인 모델을 선택하라고 촉구했다. 그러나 그는 대서양 저편 금융
전문가들의 매력이 근검하고도 자제하고 있는 라인 모델의 회사인간을
또는 「취리히 은행가의 신중한 태도」를 이미 부패시키지나 않았는지 걱
정했다. 그는 다음과 같이 탄식했다. 『라인 모델은 시골에서 올라온 초
라한 옷차림의, 시집도 안 간 사촌 여동생쯤으로도 대접받지 못한다. 어
줍잖은 낡은 도덕만 고수하면서도 조심성·인내심·정열과 같은 웃기는
미덕만을 쫓는 아이 말이다.』

　알베르가 묘사한 라인 모델의 자본가는 너무 과대평가한 것이었다. 조
심성과 인내심은 엄청난 안락과 경직성을 감추는 것일 수도 있는데,
1990년대 독일 회사들이 일본의 도전을 막아내는 데 실패한 것처럼 그
증거는 매우 많다. 그리고 알베르는 일본식 자본주의 모델을 거의 무시

했었다. 일본식 모델은 독일식 모델보다 훨씬 더 유연하게, 그리고 민감하게 지역사회에 대해 책임을 질 수 있었다. 그러나 그는, 기업들은 항상 그들이 활동하고 있는 사회의 한 부분이라는 사실을 상기시키는 중요한 경고를 했던 것이다. 그는 레이더스가 르네상스 시대 때 처음으로 등장한 기업의 개념을 변화시키는 과정을 관찰했던 것이다.

회사라는 뜻의 company의 어원은 이익의 공동체 · 상호이익을 추구하는 고용주들 · 종업원들 그리고 투자자들의 동반자 관계를 의미하는 것으로서 처음 이 용어를 쓰기 시작한 후 세상은 엄청나게 변했다. 기업체에 암묵적으로 존재했던 단체정신은 사라졌다. 회사란 이제 단지 현금흐름 기계이고, 변덕스런 돈의 생리에 순응해야 하고, 그리고 가장 잔인한 주식시장의 투기 앞에 노출되었다.

제 13 장

컴퓨터 : 명령인가 도피인가 ?

미래를 예측하는 가장 손쉬운 방법은 미래 그 자체를 창조하는 것이다.
— 제록스 팔로알토 리서치 센터(PARC)의 슬로건(1970) —

레이더스와 아시아의 경쟁자들이 외부에서 회사인간들을 두들기고 있는 동안, 한층 더 교활한 힘이 회사인간들의 본거지를 내부에서 서서히 손상시키고 있었다. 컴퓨터는 일자리를 놓고 회사인간과 경쟁했을 뿐만 아니라, 조직에 대한 존경심이나 충성심 따위도 없는, 분명코 무정부적 혼돈상태에서 자란 예의 없는 젊은이들에게 새로운 종류의 회사를 창조할 수 있는 수단을 제공했다. 1980년대 회사의 변화를 평가하기 전에, 그 변화에 결정적으로 작용했던 도구의 영향을 살펴보는 것은 중요하다.

컴퓨터라는 요술단지는 처음에는 인간 대 기계라는 오랫동안 지속된 드라마의 연장처럼 보였다. 제2차 세계대전 후 많은 전문가들은 컴퓨터가 끼칠 사회적 영향에 대해 경고했다. 1950년 사이버네틱스——커뮤니케이션을 제어하는 이론——라는 새로운 과학을 창조하고 이름까지 지은 뛰어난 수학자 노버트 위너 [역주] Norbert Wiener : 1864~1928, 미국의 수학자·전기공학자)는 《인간본성의 인간적 이용(The Human Use of Human Beings)》이라는 책을 저술했는데, 그는 컴퓨터의 힘이 인간의 우월성과 의사결정 능력을 추월할 수 있으며, 미국인들의 기술력에 대한 숭배가 목적의식을 압도할 수 있다고 경고했다. 『우리가 내릴 의사결정의 임무를 금속으로 된 기계에 맡기든지, 아니면 관료집단·방대한 실험실·군대·회사와 같은 살과 피를 가진 인간이라는 기계에 맡기든지 간에, 우리들이 옳은 질문을 하지 않는 한 우리는 절대로 옳은 답을 얻을 수 없을 것이다.』

그 뒤 20여 년 동안 컴퓨터는 소규모 조직보다는 대규모 조직에 더 큰 이점——투입된 비용을 합리화하기 위해서는 대규모 이익이 필요했기 때문에——을 제공했고, 최고경영층에게는 독재적 경영을 가능케 했다. 컴퓨터는 주요 의사결정에서 비인간적인 판단을 가능케 했다——그런 경향은 베트남 전쟁에서 컴퓨터로 제어된 폭격으로 절정에 이르렀다. 그리고 대형 컴퓨터 회사들 스스로 순종주의자로, 그리고 계층구조에 적합해지는 경향이 있었다. IBM은 준독점적 시장을 효과적으로 유지했으며, 360 컴퓨터에 대규모 투자를 한 후에는 더더욱 그랬다. 컴퓨터 산업은 간혹 「IBM과 일곱난장이」로 불리곤 했다. 1970년대 내내 독점의 폐해를 주장하는 미국의 관료들이 IBM의 독점을 문제삼았지만, IBM은 많은 변호사들을 동원해 저항했으며, 1980년 IBM은 끝내 승리를 거두었다.

새로운 산업은 초기에는 순종적인 회사인간을 필요로 했다. 훗날 대통령 후보로 출마하기도 한 로스 페로(Ross Perot)는 해군에서 제대한 뒤 세일즈맨으로 IBM에 합류했으나, 자신의 업무범위가 줄어들자 〈리더스 다이제스트(Reader's Digest)〉가 인용한 헨리 데이비드 소로(역주 Henry David Thoreau : 1817~62, 미국의 사상가, 《시민불복종》 등의 저서가 있다)의 명언 『대부분의 사람들은 절망 속에서 조용히 살아가고 있다』를 읽고는 IBM을 떠났다. 페로는 나중에 『내가 만일 IBM에 계속 머물러 있었다면, 머리가 희끗희끗한 골칫거리 중간관리자가 되었을지도 모른다』라고 노로한 적이 있다. 1962년 페로는 IBM 컴퓨터와 시스템을 파는 일렉트로닉 데이터 시스템(Electronic Data Systems : EDS)사를 설립했으며, EDS가 청바지에다 목걸이를 하고 슬리퍼를 끌고다니는 농땡이 또는 대학중퇴자로 가득 찬 회사라는 이미지를 풍기지 않게 하려고 작정했다. 그는 해군과 육군출신 장교들을 많이 채용했고, 남자사원들은 모두 (IBM인간들처럼) 짙은색 양복과 흰 셔츠를, 여자사원들은 스커트를 입도록 고집했다. 그의 독재적 운영은 소기의 성과를 냈다. 그는 1960년대 막 싹트기 시작한 미국의 복지제도를 위해 컴퓨터를 납품함으로써 큰 돈을 모았고——역설적이지만 훗날 그의 정치적 관점과는 달리 말이다——38세에 이미 억만장자가 되어 있었다.

그러나 1960년대 중반이 되자 트랜지스터와 실리콘 칩의 발명에 뒤이어 IBM 컴퓨터보다 크기는 작지만 융통성이 많은 미니 컴퓨터(mini computer)가 출현했다. 미니 컴퓨터는 한층 반항적인 젊은 프로그래머와 기업가들—— 대부분 베트남 전쟁에 대해 반감을 가졌던—— 에게 폭넓은 기회를 제공하게 되었다. 미니 컴퓨터의 개척자였던 디지털 이퀴프먼트 코퍼레이션(Digital Equipment Corporation : DEC)은 DEC를 그만두고 나온 사람들이 1968년 창설한, 데이터 제너럴(Data General)사로부터 곧 도전을 받았다——그 해는 경기도 좋았고, 베트남 전쟁은 공세를 취했으며, 학생들은 폭동을 일으켰다.

데이터 제너럴의 관리자들과 프로그래머들의 독특한 행동은 트레이시 키더(Tracy Kidder)가 쓴 《새로운 기계의 영혼(The Soul of a New Machine, 1982)》에 생생히 묘사되었다. 그들은 마치 어린 학생들처럼 컴퓨터 언어의 비밀을 찾아냈으며, 여전히 고독한 아이들이 즐기는 환상의 세계와 공상과학 속에 살고 있었다. 그들은 두 가지 종류의 컴퓨터

원형을 만들고는, 하나는 「코크(Coke)」 그리고 다른 하나는 톨킨(역주
J. Tolkien : 1892~1973, 남아프리카의 아동문학가)의 소설 《마법의 반지
이야기(Lord of the Rings)》에 나오는 괴물의 이름을 따서 「골룸
(Gollum)」으로 정했다. 그들은 상사를 영화 〈스타워즈(Star Wars)〉에
나오는 악당을 본따 「다스 베이더(Darth Vader)」라고 불렀다. 그들은 사
람보다는 기계로부터 더 많은 도전을 받았다. 그들 가운데 어느 엔지니
어는 일에 몰두할 때 느끼는 흥분을 스티븐 스필버그(Steven Spielberg)
의 초기 영화 〈결투(Duel, 1971)〉에 비교했다—— 이 영화에서 승용차
운전사는 자기가 한번도 본적이 없는 사람이 운전하는, 엄청나게 큰 트
럭으로부터 무자비하게 추격당한다. 그들의 인생관은 두 개 중 하나만
받아들이는 컴퓨터의 이진법에 영향을 받았다. 즉 옳고 그른 것 가운데
하나만 말이다. 키더는 이렇게 썼다. 『그것은 이진법의 세계다. 컴퓨터
는 하나의 패러다임일 수도 있다. 그리고 많은 엔지니어들은 그 속에 들
어 있는 이진법적 인간이 되기를 열망하는 듯이 보였다.』

　데이터 제너럴의 지도자 톰 웨스트(Tom West)는 커피점에서 기타를
연주하기 위해 앰허스트(Amherst)사를 1년 간 휴직했었고, 부분적으로
는 베트남 전쟁의 징집을 피하기 위해, 또한 부분적으로는 복잡한 것을
간단히 통제해보고 싶어서 컴퓨터 엔지니어가 되었던 것이다. 그는 다음
과 같이 말했다. 『나는 어떻게 복잡한 일들이 일어나는가를 알고 싶었
다. 내 생각으로는 최소한 사건이 어떻게 결합되는지 이해한다면, 우리
들은 혼란으로 가득 찬 세상으로부터 어느 정도 제어의 개념을 이끌어낼
수 있다고 생각한다.』 그는 강박관념에 사로잡힌 컴퓨터의 천재들에게서
나타나는 모든 증상들을 보여주었다. 집에서도 그는 기계와 주문한 도구
로 가득 찬 지하실에서 일했고, 아내가 보도록 다음과 같은 쪽지를 붙여
두었다. 『이런 곳이 당신과 같은 멋진 여인에게 해줄 수 있는 것이 무엇
인가?』

컴퓨터는 진정 그 영향력이라는 측면에서는 혁명적이라고까지 할 만한 것은 아니었다. 기본적으로 컴퓨터는 현상유지를 지지했다고 키더는 결론내렸다. 그러나 그는, 30여 년 전 컴퓨터는 『선과 악에 구애받지 않을 가능성을 제공했다』라는 위너의 견해를 인정했다. 그리고 그는 예언자처럼 다음과 같이 경고했다. 『컴퓨터는 효율성 제고에만 몰두하는 최고경영자들의 역할을 증대시키는 데 광범하게 사용될 것이다. 따라서 즐겁고도 흥미 있는 작업들의 마지막 남은 부분마저도 파괴하는 도구로 쓰이게 될 것이다.』

실리콘 밸리

컴퓨터 분야의 새로운 폭발적인 혁신이 수십 명의 젊은 발명가들로 하여금 기존의 회사구조를 무시할 수 있는 기회를 준 것은 1970년대 들어와서다. 그들은 실리콘 밸리로 알려진 샌프란시스코 남부의 한 지역으로 몰려들었는데, 그 곳은 신종 회사인간의 세계적 중심지가 되었다. 새로운 회사인간의 정신은 새너제이(San Jose)의 조그만 전시관 건물에 있는 「첨단 혁신 박물관」에 잘 나타나 있다. 그 곳은 젊은 컴퓨터 광들을 끌어당기는 자석과도 같은 곳으로, 수많은 젊은이들이 입구 바깥에 무리지어, 공들이 복잡한 구조물의 위에서 굴러 내려와 나뉘고 지나갈 때마다 종을 쳐서 소리를 내는 조지 로아즈(George Rhoads)의 작품 「소리나는 역동적 조각(Audio-kinetic Sculpture)」을 응시하고 있다. 전시장 안에는 한 떼의 아이들이 —— 주로 남자아이들이고 다수가 동양계였다 —— 기계장치들을 쳐다보거나 가지고 놀고 있다. 기계장치 가운데는 전화기의 먼지를 털어내라는 명령을 알아들을 수 있는 로봇, 가상현실의 첫단계를 보여주는 개와 꽃으로 구성된 3차원의 레이저 사진, 컴퓨터의 핵심부품인 조그만 칩 등이 있다. 소년들은 마술왕국의 입구에서 발견과 제어의 은밀한 세계에 몰입해 있다.

1950년대 이미 실리콘 밸리에는 마치 1814년 조지 스티븐슨이「주행기관(Travelling Engine)」을 만들었던 영국의 뉴캐슬(Newcastle) 또는 1896년 포드가「네 발 자전거(Quadricycle)」를 만들었던 디트로이트와 같이 혁신의 기운이 감돌고 있었다. 이러한 환경 속에서 새로운 아이디어와 소식은 재빨리 전파되어 포드와 같은 젊은 발명가들을 자극시켰다. 사실 포드는 가솔린 엔진을 만드는 방법을 설명한 기사가 실린 잡지〈미국의 기사(The American Machinist)〉를 보고는『저것으로 엄청난 돈을 벌 수 있을 거야!』라고 소리쳤던 것이다. 몇몇 젊은 컴퓨터 발명가들은 거대한 부를 꿈꾸었다. 그러나 실질적인 보상은 저작권을 획득한 사람에게, 그리고 궁극적으로 이익을 낼 수 있는 분야를 주의 깊게 지켜보다가 재빨리 남의 발명을 응용해 상품화한 사람들에게 돌아갔다.

실리콘 밸리의 자원은 철광석·석탄 또는 어떤 원재료가 아니었다. 그것은 오직 교육과 두뇌였다. 그러나 실리콘 밸리의 성공은 방문객들의 눈에 비친 것과는 달리 개인주의적이거나 무정부주의적인 것이 아니라, 든든한 자본과 영감에 가득 찬 리더십이 뒷받침된, 보다 거대한 조직에 바탕을 두고 있었다. 그러한 조직들은 캘리포니아의 스탠퍼드 대학을 중심으로 몰려 있었는데, 스탠퍼드 대학은 뛰어난 젊은 엔지니어들로 하여금 캠퍼스 외곽——설립자가 대학에 기증한, 오래 된 목장의 한 곳——에 캠퍼스를 따라 새로운 회사를 설립할 수 있도록 했다. 캠퍼스 근방 에디슨 가 267번지, 잎이 우거진 높은 박공의 건물이 즐비한 거리에는 그 역사적인 역할을 기념하기 위해 1989년 5월에 제작한 청동 장식판이 붙어 있는 차고가 하나 있다.

이 차고는 세계 최초의 첨단기술 지역 실리콘 밸리의 탄생지다. 실리콘 밸리의 아이디어는 제자들로 하여금 동부의 기존 회사에 취업하는 대신 이

지역에서 독자적으로 전자회사를 설립하도록 격려한 스탠퍼드 대학의 교수 프레더릭 터먼(Frederick Terman) 박사에 의해 시작되었다. 그의 충고를 따른 최초의 두 학생은 1938년 이 창고에서 첫 제품으로 음향진농기를 개발하기 시작한 윌리엄 R. 휴렛(William R. Hewlett)과 데이비드 팩커드(David Packard)였다.

휴렛팩커드(Hewlett-Packard : HP)사는 수많은 소규모 컴퓨터 회사의 할아버지격으로 이제는 거대기업으로 성장했으며, 스탠퍼드 출신이나 다른 곳에서 합류한 젊은 엔지니어들을 채용해 돈을 벌려는 여러 회사들을 자극하고 있다. 그러나 새로운 컴퓨터 혁명의 가장 큰 기여자는 제록스(Xerox)사였다. 제록스는 복사기를 거의 독점적으로 판매함으로써 부를 쌓았다. 1970년 제록스는 팔로알토 리서치센터(Palo Alto Research Center : PARC)를 설립하면서 사무실 혁명의 선봉장이 되겠다고 다짐했다. 제록스는 텍사스 출신의 뛰어난 심리학자 보브 테일러(Bob Taylor)를 채용했는데, 그는 사이공에서 컴퓨터 시스템을 구축하다 환멸을 느껴 그만둘 때까지 NASA와 국방부에서 일한 적이 있었다. 그리고 그는 젊은 대학 졸업생들을 고용해 그들을 매우 비공식적 방법으로 감독했고, 중간관리자가 없는「수평」조직을 최초로 만들었다. 제록스의 PARC는 레이저 프린터를 발명했고, 컴퓨터와 프린터를 연결하는 최초의 장치인 에터넷(Ethernet)을 개발했다. 더더욱 중요한 것은 1972년 알토(ALTO)라고 불리는 최초의 개인용 컴퓨터를 생산했다. 그러나 제록스는 그것을 어떻게 이용해야 할지 몰랐다. PARC의 주요 수혜자들은 그들 스스로 작은 컴퓨터 회사를 차린 연구원들이었다. PARC는 자신의 지적재산권을 보호하면서 동업 기업가를 물색했기 때문에, 1990년대 잠시 활력을 되찾는 듯한 기미를 보였지만 결국 실패하고 말았다.
컴퓨터산업의 또 다른 역사적인 온상은 아이오와 주의 목사 아들이자

트랜지스터 발명가인 윌리엄 쇼클리(역주 William Shockley : 1910~89,
미국의 노벨 물리학상 수상자)와 함께 일한 바 있는 보브 노이스(Bob
Noyce)를 포함한 일단의 젊은이에 의해 1957년 설립된 페어차일드 반도
체(Fairchild Semiconductor)사였다. 노이스는 집적회로를 발명했는데,
실리콘에 작은 부품을 장착한 집적회로는 개인용 컴퓨터에 매우 중요한
칩이었다. 그는 또한 계층구조가 없는 매우 비공식적인 새로운 종류의
회사를 만들었다. 그가 종업원들에게 주식매입선택권(stock option)을 주
려는 것을 동부 출신의 주주들이 거부하자, 그는 페어차일드를 박차고
나와 인텔(Intel)사를 설립했다. 인텔은 오늘날 마이크로프로세서 업계의
선두주자로 성장했다. 페어차일드를 떠난 다른 사람들도 컴퓨터산업을
발전시켰지만 페어차일드 자신은 점점 약해져 갔다. 1979년 페어차일드
는 끝내 슐럼버거(Schlumberger)사에 매수당했고, 1987년 내셔널 반도체
(National Semiconductor)사에 합병되어 영원히 사라졌다.

노이스가 경영한 인텔은 실리콘 칩을 이용해 그 자체가 하나의 작은
컴퓨터인「마이크로프로세서(microprocessor)」를 만들었다. 그것은 당장
의 용도는 없었으나 엄청난 잠재력을 갖고 있었다. 그러나 과거 앨버커
키(Albuquerque) 공군기지에서 기술자로 있었던 에드 로버츠(Ed
Roberts)는 MITS사를 설립하고는 마이크로프로세서를 이용해 알테어
(Altair)라는 작은 컴퓨터를 만들었다. 그는 알테어를 몇몇 곳에 실험용
으로 판매했다. 1975년 1월 하버드 대학의 재학생 빌 게이츠는 알테어에
관한 기사를 읽고는 표준 프로그램을 만들어 이를 대량생산한다면 큰 돈
을 벌 수 있을 것으로 생각했다. 그것은 소프트웨어 프로그램이 등장하
는 결정적인 순간이었다. 그로부터 6주 동안 빌 게이츠는 친구 폴 앨런
(Paul Allen)과 함께 영어단어를 명령어로 바꾼 베이식이라는 프로그램
을 개발했다. 빌 게이츠는, 그의 지도교수 톰 치탐(Tom Cheetam)이 지
적한 바와 같이, 컴퓨터가 바야흐로 혁명을 일으키리라는 것을 인식했

다. 그는 하버드 대학을 중퇴하고 새로운 회사 마이크로소프트를 설립하기 위해 앨런과 함께 뉴멕시코로 이사갔다. 『모든 책상 위에, 그리고 모든 가정에 컴퓨터를 놓게 하겠다』라는 사명을 띠고서 말이다.

키보드가 없었던 알테어 컴퓨터는 곧 사라졌고, 발명가 로버츠는 조지아로 가서 의사가 되었다. 개인용 컴퓨터의 진정한 출발점은, 소프트웨어가 아니라, 훨씬 더 복잡한 배경을 갖고 있었다. 그것은 샌프란시스코 남쪽에 있는 홈브류 컴퓨터 클럽(Homebrew Computer Club)에서 휴렛팩커드의 젊은 기술자 스티브 우즈니악(Steve Wozniak)이 「애플(Apple)」이라는 작은 컴퓨터를 만들면서부터였다. 우즈니악은 자신보다도 더 나이 어린 친구 스티브 잡스(Steve Jobs)의 협조를 얻어 애플을 애플Ⅱ로 개량했고, 잡스는 그것을 시중에 대량으로 팔 수 있을 것으로 생각했다. 「우즈니악」은 프로그램, 디스크 컨트롤러, 그리고 비디오 디스플레이를 고안한 천재였다. 그러나 그 무한한 가능성을 알아차린 것은 잡스였다. 잡스는 한 세기 전 발명가 겸 개척자의 전통을 이어받은 창조적인 천재였다. 빌 게이츠와 마찬가지로 잡스는 자신을 포드와 비유했다. 그는 전혀 다른 대학에서 온 가벼운 옷차림의 대학교수처럼 청바지와 운동복을 입은 젊은 엔지니어들 또는 「예술가들」을 모아놓고, 마치 자유토론 시간처럼 격렬한 찬반양론을 즐기면서 회사를 이끌고 갔다. 그는 이런 종류의 회사마을이 해방된 기업의 모델이 되기를 바랐다. 그는 스스로 반역자의 우두머리로 자처했다── 해군에 합류하기보다는 해적이 되는 것이 훨씬 더 재미있지. 그리고 애플을, 더 나은 곳을 찾아 떠나온 사람들이 처음 내리는 장소인, 엘리스 섬으로 비유했다. 그는 개인 기업가의 챔피언이었다. 『우리들은, 대기업과 정부가 그들의 종업원 및 국민에게 제공했던 것과 똑같은 정보력을 개인에게 제공하는 기구를 고안했다.』

하버드 출신의 젊은 프로그래머 댄 브리클린(Dan Bricklin)이 소프트웨어 비지칼크(Visicalc)를 개발해 기업들로 하여금 복잡한 계산을 컴퓨터 화면상에서, 즉 「스프레드시트(spreadsheet)」에서 처리할 수 있게 함으로써, 애플 II 는 매우 유망한 적용영역을 새로이 갖게 되었다. 처음엔 애플을 회의적으로 보는 사람들이 많았으나, 기업가적 경영자들은 대형 컴퓨터 대신 비지칼크를 이용해 회계를 멋지게 처리할 수 있다는 것을 알았다. 그 때는 마침 경영대학원들이 대차대조표와 현금흐름, 그리고 경영계획 등을 가르쳐 수천 명의 MBA들을 배출한 때였다. 비지칼크는 그런 MBA들에게는 필수불가결한 것이었으므로 창고에서 출발한 소규모 회사는 대기업의 심장부에까지 침투했다.

IBM의 회사인간들은 그들의 제품과 그들의 경영방식 모두를 위협하는, 외계로부터 온 새로운 기계의 중요성을 이해하는 데 느렸다. 그러나 1980년이 되자 존 오펠(John Opel) 회장은 단호한 조처를 취했다. IBM의 경직된 계층구조와는 별도로 독립적인 사업부를 설립한 것이었다. 오펠 회장은 정력적인 빌 로위(Bill Lowe)를 책임자로 앉히곤 1년 내에 퍼스널 컴퓨터를 생산하도록 지시했다. IBM 또한 오퍼레이팅 시스템(OS)과 컴퓨터 언어가 필요했다. 따라서 그들은, 지금은 고향 시애틀에서 마이크로소프트를 경영하고 있는 빌 게이츠를 찾아갔다. 그 당시 게이츠는 나이가 25세밖에 되지 않았으나 프로그래밍의 대가였고, 날카로운 협상의 명수였다(그의 아버지는 기업 법률가였다). 빌 게이츠는 시애틀에 있는 다른 회사로부터 QDOS(Quick and Dirty Operating System)라는 기존의 OS를 5만 달러에 사들이고는 이를 개량해 IBM에게 PC-DOS라는 OS를 제공하는 계약을 체결했다. 그것은 이중의 횡재였다. 왜냐하면 빌 게이츠는 그 프로그램을 다른 사람에게도 팔 수 있는 권리를 보유했을 뿐더러 곧 독점권을 얻었던 반면, IBM은 독점권을 잃고 말았던 것이다.

IBM의 개인용 컴퓨터는 화려한 성공으로 비쳐졌다. (필자와 같이) 잘 모르는 기계 가운데 어느 것을 사야 할지 혼란스러워했던 사람들은 IBM이라는 상표를 신뢰했으며 안심했다. IBM의 PC는 곧 애플을 따라잡았고, 로터스(Lotus) 1-2-3으로 또 한 차례 힘을 얻은 IBM은 애플의 비지칼크를 재빨리 따라갔다. IBM은 마치 철도의 표준궤도와도 같이 표준 OS를 확립함으로써 개인용 컴퓨터를 기업계의 필수적인 동력기관으로 만들어갔다. 강력한 거인 IBM은 단숨에 한층 더 강력해진 듯 보였다.

그러나 IBM의 PC는 누구나 복사할 수 있는 표준화된 부분품으로 제조되었다. 그리고 1984년이 되자 IBM PC는 새로운 혁신에 훨씬 더 재빠르게 대응할 수 있는, 좀더 소규모 회사들이 만든 복제품들과 경쟁했다. 1981년 텍사스에서 설립된 컴팩(Compaq)사는 곧 더 값싸고, 그리고 한층 독창적인 변형 소프트웨어를 개발했다. 그 뒤 오래지 않아 텍사스에서는 18세의 대학졸업자로서 IBM 제품을 판매했던 마이클 델(Michael Dell)이 스스로 복제품을 만들기 시작했는데, 곧 IBM의 주요 경쟁자로 떠올랐다. 한 발 물러나 대형 컴퓨터에 집중했던 IBM은 보조를 맞추어나갈 수 없었다. 개인이 사용하는 PC와 회사의 대형 컴퓨터 사이의 비교는, 정반대 유형의 회사에 대한 비유와도 같았다. 그러나 한층 더 극단적인 비교는 하드웨어 제작자와 소프트웨어 개발자 사이에 있었다. 소프트웨어 개발자들은 전혀 다른 세상의 인식방법을 갖고 있었던 것이다. IBM의 최고경영자 존 에이커스(John Akers)는 1985년 처음으로 실리콘 밸리를 방문했다. IBM은 거대한 제조시설에 엄청나게 투자했던 반면, 마이크로소프트는 단지 두뇌와 예민한 사업감각만 있으면 충분했다. 그리고 소프트웨어 업계의 새로운 거인들은 지금 전세계에 걸쳐 컴퓨터를 새로운 통신방식과 접속시키고 있는 중이다.

1980년대 큰 돈을 번 소프트웨어 발명가들은 다양한 배경을 갖고 있었다. 로터스 1-2-3을 개발한 미치 카포(Mitch Kapor)는 브루클린 출신으로 초월명상법을 가르쳤었다. 마이크로소프트에서 빌 게이츠와 함께 일했던 찰스 시모니(Charles Simonyi)는 10대의 헝가리 출신 컴퓨터 해커로 공학교수의 아들이었다. 브루스 배스티안(Bruce Bastian)은 몰몬교도인데, 유타 주에 있는 브리검 영 대학교에서 컴퓨터 공학을 공부하던 중 그의 지도교수와 함께 워드퍼펙트(Wordperfect)를 개발했으며, 이는 가장 강력하고 성공적인 프로그램 가운데 하나로 인정받았다. 아도브(Adobe)를 개발한 존 워너(John Warner)는 유타 대학의 대학원생으로서 처음으로 전자출판을 시도했다.

이들과 같은 선구자들은 정치적인 반항아들은 아니었고, 대부분 중상층 가정 출신이었다. 그러나 그들은 정상적인 인류와는 단절되어 있었다. 그것은 그들이 가진 직업 때문이 아니라 아이와 같은 천진난만한 생활방식, 그리고 신세대 종교 · 감옥 · 괴물 또는 고독한 전쟁 등과 같은 비디오 게임을 포함한 독특한 취미 때문이었다. 그들은 다른 사람들에게는 비밀스런, 그들만의 공통적 관심사와 언어로 연결되었다. 그들은 전통적인 사업과는 관련이 없는 분야에서 출발했고, 많은 경우 심리적으로 어떤 종류든 간에 조직 자체를 거부했다. 트레이시 키더는 그들의 태도를 다음과 같이 묘사했다. 『당신이 못생겼거나 품위가 없거나 심지어 반미치광이라도 관계 없다. 만약 당신이, 세상이 필요로 하는 것만 만들어 내면, 당신의 동료들은 당신을 인정하지 않을 수 없다.』

그들의 고립적인 행동은 그들이 사용하는 소프트웨어 프로그램 언어 속에 나타났다. 그것은 「고객친화적」이라고 말하면서도 일반 고객들을 당황시키기 위해 만들어놓은 것 같았다. 그들은 기존의 언어에다 전혀 다른 의미를 부여하기를 좋아했다. 예를 들면 태만이라는 뜻의 「디폴트(default)」는 표준을, 헌신적이라는 뜻의 「데디케이티드(dedicated)」는 제한적이라는 의미를, 성화라는 뜻을 가진 「아이콘(icon)」은 심벌을 의미했다. 소프트웨어를 사용할 비서들이 참고하도록 만든 매뉴얼에는 「치명적 실수」, 「낙태」, 「유령」 또는 「표기방지 미수 위반」 등등 사람들을 놀라게 하는 문구들로 가득 차 있다. 거기에는 때때로 소름끼치는 농담들도 등장했다. 워드스타(Wordstar)의 초보자용 매뉴얼에는 두 명의 경관이 다음과 같은 말을 하면서 한 젊은 여인을 체포하는 사진이 나온다. 『오퍼레이터가 열쇠를 잘못 끼웠군.』 워드스타는, 「J」는 「도와달라」는 것을 의미한다고 설명하면서 이렇게 말한다. 『이 말은 농담이야. 「돕는다(help)」라는 말 속에 J는 없잖아.』 이와 같이 알 듯 모를 듯한 유머는 컴퓨터 미치광이들이 사회와는 단절되어 있다는 것을 나타내는 하나의 징후였다.

애 플

외톨이 개인기업가들은 조직상의 몇몇 문제들과 부딪치게 되었는데, 그런 모든 문제점들이 개인용 컴퓨터 개척자인 애플의 폭풍우와 같은 성장역사 과정에서 노출되었다. 애플이 성장하자 잡스는 합리적 경영과 마케팅이 필요하다는 것을 인식하고, 그것을 뛰어난 통일성과 마케팅 기술을 가진 펩시콜라(Pepsi-Cola)사의 판매책임자 존 스컬리(John Sculley)에게서 발견하고는 그를 새로운 최고경영자로 영입했다. 스컬리는 「전형적인 미국기업의 사나이」였다. 그는, 펩시가 푸른색 세로 줄무늬 바지에다 흰색 셔츠, 그리고 붉은색 넥타이를 매고는 판매량을 증가시킨 방법을 설명했다. 그는 누구보다도 열정적이었다. 『나는 사람들과 함께 일하면서 그들을 짓이겨놓는다.』

잡스는 스컬리를 불러내 훗날 유명해진 질문을 했다. 『당신은 남은 생애를 설탕 섞은 물을 팔면서 보내겠소, 아니면 세상을 바꿀 기회를 한번 가져보겠소?』 애플에 온 스컬리는 애플의 티셔츠를 입고 쇼맨 겸 세일즈맨으로 변신했다. 스컬리와 잡스는 멋있는 신혼여행을 보냈고, 160만 달러나 들여 TV 광고를 통해 매킨토시(Macintosh)가 오웰의 《1984년》에 나오는 빅 브러더(Big Brother)를 이긴 챔피언으로 소개했을 때 그들 사이는 절정에 이르렀다. 그것도 오웰의 소설제목과 같은 해인 1984년에 첫 출하를 하면서 말이다. 그러나 신혼여행의 꿈은 곧 사라졌고, 개인주의의 원형은 자신의 길을 찾아 떠났다. 스컬리는 재빨리 잡스에게 매킨토시 그룹을 운영하도록 맡겼으나, 그는 곧 잡스가「괴물을 창조했다」라는 것을 알았다. 스컬리의 아내는 잡스에게 이렇게 말했다. 『당신의 눈을 들여다보면, 그 속에 밑빠진 독을 볼 수 있어요. 텅 빈 구멍 속으로 죽음의 심연이 보여요.』 매출이 급격히 떨어지자 이사회의 압력을 받은 스컬리는 잡스를 회사에서 쫓아내버렸다.

애플은 대규모 감원, 신모델 출하, 각종 프로그램과 데스크탑 출판(desktop publishing)을 통해 회복했고, 1987년 창업 10주년을 승리감 속에서 자축했다. 그러나 스컬리 또한 자만심에 빠졌다. 그는 자신을「산업사회와 새로운 시대 중간에 위치한」제3의 물결의 영웅으로 묘사했고, 지휘자 루돌프 빙(Rudolf Bing) 또는 〈뉴요커(New Yorker)〉지의 초대 편집장 해럴드 로스(Harold Ross)와 같은 창조적 경영자의 선구자로 자처했다. 그는 자신의 저서 《오딧세이(Odyssey, 1987)》에 이렇게 썼다. 『미래 사업의 기회나 영감은 새로운 규범과 새로운 패러다임으로부터 나온다. 생물학적 세포이론·도교·건축 그리고 예술 등으로부터 말이다.』

그럴싸한 그의 말을 비웃듯이 애플은 추락했고, 싸구려 외국 모델에 시장을 잠식당했으며, 진정 새로운 돌파구를 찾지 못하면서도 군살이 쪄 있었다. 1993년 6월 스컬리는 회장으로 물러났고 그 밑에 있던 마이클 스핀들러(Michael Spindler)가 최고경영자의 자리를 물려받았다. 스핀들러는 좀더 점진적인 인물이었는데, 그는 지멘스에서 회사생활을 첫출발한 독일의 전기기사로서 끈기 있는 원가절감 노력으로 명성을 얻은 사람이었다. 그 후 스컬리는 애플을 떠나 섣불리 새로운 사업을 시작했으나 성공하지는 못했다.

1994년 초 필자는 쿠퍼티노에 있는 애플 본사에서 점심식사를 한 적이 있는데, 비록 종업원의 평균 나이가 여전히 35세에 지나지 않았지만, 이미 애플은 중년기에 접어든 것 같았다. 여전히 반쯤 파먹은 사과 모양의 심벌이 회사 곳곳에 부착되어 있었고, 초기의 그 발랄한 분위기를 상기시켜주고 있었다. 그리고 대담한 신개발품 파워 북(Power Book) 랩탑 컴퓨터와 뉴턴(Newton) 메시지 패드를 전시해두고 있었다. 그러나 당시 분위기는 차분했고 긴장감도 없었으며, 벽에는 엄격한 금지사항들이 게시되어 있었다. 예를 들면『애플은 어떤 기득권 계층을 전제로 하는 비방이나 농담을 해서는 안 된다』라는 것이 있었다. 애플은 5년 연속 아무런 성장도 못했고, 확장하려는 노력도 기울이지 않았다. 스핀들러는『애플은「대학 캠퍼스로부터 진정한 기업으로」변신하고 있는 중이다』라고 설명했다. 그는 스컬리가 추진했던 비수익 사업분야들을 정리할 목적으로「기술위원회」를 설립했다. 애플은 가정과 연결된 그들의 능력을 바탕으로 핵심 경쟁력을 키워나가고 있다. 스컬리는 지금 애플의 역사에서 그 이름이 지워진 존재가 되고 말았다. 필자는 이런 말을 들었다. 『우리는 새로운 적들을 만들어냄으로써 여전히 위기의식을 유지하고 있다. 지금 빌 게이츠는 우리가 무찔러야 할 악마의 상징이다.』

그러나 역시 애플은 전통적인 어떤 기업과도 매우 달랐다. 회사의 대변인 프랭크 오마호니는 최근 런던으로부터 전보되어 왔는데, 그는 자신이 파악한 애플의 문화에 대해 다음과 같이 묘사했다.

우리는 아직도 탄력적이다. 우리는 경력이 상승하는 계층구조를 갖기가 매우 어렵다. 조용히 사무실에서 혼자 일만 하고 있어서는 사장에게 인정받을 수 없다. 사장이 당신을 알기는 하겠지만 반드시 인정받는다고는 할 수 없다. 뭔가 톡톡 튀는 일을 해야만 한다. 그러나 그것은, 사장보다는 동료들이 더 잘 알고 있다. 신제품이 출하된 지 8주 이내에 그 팀의 구성원 가운데 30%는 새로운 직장을 구한다. 실리콘 밸리에는 아직도 끊임없이 이직이 이뤄지고 있다. 모험자본의 협조 아래 모든 종류의 잡종문화가 발생해서는 이 집단 저 집단으로 옮겨다니고 있다. 회사들은 마치 아메바처럼 늘 형태를 바꾸고 있다. 그리고 실리콘 밸리에는 집에서 일하는 개인들로 가득 차 있다. 그들에게는 오직 좋은 머리와 이해심 많은 아내만 있으면 된다. 애플에는 정착된 관습이 그다지 많지 않다. 우리가 매킨토시 발매 10주년 기념식을 했을 때, 그 사실을 기억하고 있는 사람들을 찾기도 어려웠다. 우리는 애플 박물관을 지으려고 했지만 초기 제품들이 충분히 보관되어 있지 않았다. 우리보다도 외부 컨설턴트들이 애플의 역사를 더 많이 알고 있는 것 같았다.

실리콘 밸리의 풍상 속에서도 HP는 나름대로 독특한 개성을 유지하면서 잘 견뎌왔다. 「빌과 데이브」 두 창업자들은 1980년대 초 이미 억만장자가 되었고, 여전히 사무실로 출근하고 있다. HP는 비공식적 집단과 평등의식, 그리고 늘 문을 열어놓고 서로 이름을 부르는 등 가족적인 분위기에 대해 자부심을 갖고 있다. 여느 관리자들과 마찬가지로 최고경영자도 포드의 토러스(Taurus)를 즐겨 탄다. 공동창업자 휴렛은 『HP방식이란 남자나 여자나 좋은 직장과 창의적인 직무를 원하며, 만약 적절한 환경만 제공되면 그들은 그렇게 할 것이라는 신념에 바탕을 두고 있다』라고 말했다. HP는 사내에서 인재 육성하기를 좋아한다. 길 건너 스탠퍼드 대학으로부터 연구원을 데리고 오기도 하며, 그들에게 동기를 부여하고 이끌고 갈 새로운 방식도 확립했다. 다양한 성과분배제도, 변형근로시간제(이는 독일에서 배운 제도다), 그리고 하급관리자들과 감독자들에게 더 많은 책임을 주기 위한 목표관리제도 등을 도입했다. 1970년대

인적자원 관리부서의 책임자 존 도일(John Doyle)은 「배회관리(management by wandering around)」 또는 「지역 내 상주(staying in touch with the territory)」 방식의 도입을 논의했다. 이런 것은 금방 알 수 있는 경영방식임에도 불구하고, 다른 회사들은 한참 후에 마치 무슨 대단한 발견이라도 한 듯이 도입했다.

HP는 세계경쟁에 직면해 미국의 어떤 기업보다도 앞서가고 있다. 1950년대 이미 독일에 진출했고, 1960년대에는 일본의 요코가와 (Yokogawa)회사와 제휴를 맺었는데, 이로 인해 HP는 전략적 계획과 품질기법에 눈을 떴다. 그들은 이렇게 말했다. 『우리는 종교를 갖고 있습니다.』(역주 이는 일본식 품질개선 기법인 카이젠을 종교로 표시한 것임) 1980년대 초 HP는 값싼 프린터를 포함해 시장성 높은 신제품으로 전자제품 및 컴퓨터 산업의 호경기를 만끽했다. 1980년대 말이 되자 HP도 성장속도가 떨어졌고, 두터운 관료주의로 주춤거리게 되자 다운사이징 (downsizing)과 분권화를 추진하기 시작했다. 1994년 스탠퍼드 대학 옆을 따라 콘크리트 건물들이 빽빽이 들어선 사무실 구역에 여전히 남아 있는 HP의 본사를 찾은 나는 『여기에서는 아무런 결정도 내려지지 않는다』라는 말을 들었다. HP의 새 회장 루이스 플랫(Lewis Platt)은 디지털 통신에 전력을 쏟고 있는데, 아마도 1990년대에 적합한 전략을 수립한 듯했다. 수지맞는 핵심 사업분야를 유지할 수 있는 거대기업이 좀더 규모가 작은 기업들과 지속적으로 제휴를 맺고 있다. 홍보담당관 매리 앤 이즐리(Mary Ann Easelee)는 필자에게 『비록 종업원들이 늘 불평하고 있지만, HP의 방식은 아직도 강력하다』라고 확언했다. 『우리는 지금도 타사로부터 사람을 빼오지는 않는다. 많은 사람들이 HP를 떠나지만, 그들은 HP의 문화를 갖고 간다. 우리는 점차 가부장주의에서 탈피하고 있다. 우리는 고용보장은 약속하지만, 직업보장은 약속할 수 없다. 우리는 이런 것을 「조직 편집증」이라 부른다.』 다른 대기업들은 HP가 조직과

개인의 자유, 그리고 큰 것과 작은 것 사이에 균형을 유지하고 있는 데
대해 경탄해 마지않았으며, 그 비결이 무엇인지 궁금해했다. 그 비결의
요체는 50여 년 전 HP를 설립한 두 사람의 보기 드문 동업관계에 있었
던 것이다.

HP는 예외로 하고, 실리콘 밸리는 회사에 대한 충성심의 부족이라는
점에서 타의 추종을 불허하고 있다. 사무실 직원들의 이직률은 연간 50
%에 이르고, 수많은 최상급 컴퓨터 엔지니어들은 어느 곳에서나 쉽게
취업할 수 있다는 점을 알고 있다. 어느 엔지니어는 『직장을 바꾸고 싶
으면, 다른 길로 자동차를 몰고 가기만 하면 된다』라고 말했다. 샌프란
시스코에는 모험자본가들이 많이 모여 있기 때문에 자금이 없는 젊은 엔
지니어들로 하여금 독립하거나 독자적인 사업을 하도록 자극하고 있다.
회사들은 임시적인 팀과 한층 더 유사하다. (인텔의 어느 임원이 말한
대로) 마치 브로드웨이 연극 제작팀 감독이 극중 인물과 적합한 일단의
배우들을 함께 모아 일하다가 상연기간이 끝난 뒤에는 헤어지고, 그러고
는 또 다른 연극을 위해 떠나는 것이다. 그들은 16세기에 최초로 등장했
던 회사의 본래적인 의미로 되돌아가고 있는 것이다. 주식회사와 철도산
업이 익명의 거대기업으로 등장하기 전의 해운회사 또는 투자가 집단과
같은 것 말이다.

이런 불연속성은 많은 우려를 자아냈다. 1990년 정보력을 갖춘 두명
의 비평가, 즉 리처드 플로리다(Richard Florida)와 마틴 케니(Martin
Kenney)는 그들의 저서 《돌파 환상(The Breakthrough Illusion)》에서 다
음과 같이 비판했다. 「과잉 이동성」은 낭비적이고 파괴적이다. 연구계획
도 중도에 파기되고, 회사는 사내에 축적된 지식을 상실하는, 즉 기억살
실증에 걸리게 된다. 종업원은 자포자기할 뿐만 아니라, 10년 또는 15년
만에 그들의 경력을 끝내고 만다. 「모험 자본주의」는 「욕심쟁이 자본주
의」로 전락할 수 있다고 그들은 경고했다. 왜냐하면 욕심쟁이 투자가는

희생물을 단기적인 관점으로 평가하는 반면, 일본의 투자가는 한층 더 장기적인 관점을 견지하고 있기 때문이다.

그럼에도 불구하고 미국식 방식에는 장점도 있었다. 1980년대 초 일본기업들이 반도체 시장에 침투함으로써 실리콘 밸리는 경제적 위기에 직면했다. 그리고 캘리포니아의 발명능력은 사라지는 듯했다. 그러나 1980년대 말 일단의 새로운 기업들이 버섯처럼 돋아났는데, 그 가운데 선(Sun), 코너(Conner), 그리고 사이프레스(Cypress) 등이 새로운 혁신의 물결을 일으켰다. 그런 한편 HP와 인텔처럼 꽤 오래된 회사들은 더욱 정력적인 경영자들을 앞세워 반격에 나섰다. 매사추세츠 주 128번 국도를 따라 밀집해 있는 동업 컴퓨터 회사들은 비교적 침체상태에 머물러 있었다. DEC는 1960년대 미니 컴퓨터 업계의 선두주자였지만 1990년대 와서는 HP에게 선두 자리를 내주었고, 최초로 워크스테이션(workstation)을 개발했던 아폴로(Apollo)사는 캘리포니아의 선에게 뒤처져 결국 HP에게 흡수당하는 운명이 되었다.

1994년 애날리 색스니언(Annalee Saxenian)의 분석에 의하면, 두 지역 사이의 차이점은 다음과 같았다. 캘리포니아의 장점은 기업문화와 기업환경이 매우 유동적인 데 있었다. 매사추세츠에는 비교적 기업의 숫자가 적었고, 그나마 집권화된 구조를 갖고 있었으며 정보가 수직적으로 흘렀다. 이는 회사들로 하여금 자만심에 빠지게 했고 충성심을 강조했다. 실리콘 밸리는 회사들 사이에 경계가 열려 있어 상호이동이 가능한, 한층 개인주의적 문화를 양성해왔지만, 교육이라는 공통의 하부구조를 갖고 있었다. 그리고 회사를 계속 유지할 수 있는 자본과 아이디어가 뒷받침되었으므로, 「통제된 혼돈(controlled chaos)」 속에 있었던 것이다. 색스니언에 의하면『이와 같은 지원적인 지역적 환경 속에 기업 간의 네트워크가 뿌리내리고 있었으므로, 그들은 집단학습을 분권화된 과정으로 실시했고, 지금과 같은 경쟁적 환경에서는 필수적인 혁신을 지속적으로 추구했다.』

필자는 캘리포니아의 컴퓨터 전문가들과 이야기하면서 어느 정도 그들과 공감을 하게 되었다. 〈뉴욕 타임스(New York Times)〉지의 컴퓨터 전문기자 존 마코프(John Markoff)는 다음과 같이 설명했다. 『실리콘 밸리는 30여 년 간 혁신적이었다. 혁신은 불안정과 연결되어 있고, 기술자들은 백만장자가 되기를 바랐으며, 그리고 그것은 혼동 속에서만 번창하는 듯했다. 실리콘 밸리는 128번 국도와 같이 침체되지는 않았다. 그 곳은 국방비 지출의 삭감에도 견뎌냈고, 제조업이 제3세계로 이전하는 도중에도 살아남았다.』

미래연구소 폴 사포의 견해에 의하면, 다윈주의는 아직도 실리콘 밸리에서 지배적인 사상이고, 성공과 실패 사이에는 분명한 차이가 난다. 실리콘 밸리는 여전히 혁신이 부글부글 끓고 있는 큰 냄비와 같으며, 불안정 그 자체가 혁신을 만들어내고 있다. 아마도 그것은 실리콘 밸리가 산 안드레아스 단층(역주 San Andreas Fault : 캘리포니아 주 서해안의 수백 km에 걸친 단층. 샌프란시스코 주변에 자주 지진을 일으킴) 위에 위치해 있기 때문인지도 모른다. 그러나 이 곳은 HP가 첫출발한 차고와는 매우 다른 곳이다. 지금 이 곳은 새로운 물건들이 잉태되고, 그것을 다른 곳으로 이식하고 있는 온상이다.

경영의 도사 피터 드러커는, 비록 자신도 캘리포니아에 살고 있지만, 훨씬 회의적인 시각을 갖고 있다. 그는 강한 오스트리아식 억양으로 다음과 같이 설명했다.

실리콘 밸리는 잘못되고 있다. 기술적 완숙과 혁신을 혼동하고 있다. 그들은 첨단 기술을 논의하면서 돈을 벌었지만, 지금 그 기술을 배달하지 않고 있다. 첨단 기술계획 가운데 극소수만이 시장에서 성공을 거두고 있다. 성공을 거둔 쪽은 고도 기술회사들로서, 평범한 프로젝트를 수행하는 회사들이다. 모든 신기술은 지난 150여 년 동안 꼭 같은 추세였다. 1920년 자동차 회사가 몇 개였는가? 놀라지 말라, 1만 1,000개나 됐었다.

그들은 억만장자가 되고 싶으면서도 여전히 부르주아를 싫어하는 사람들로서 욕심이 그들을 멸망시키고 있다. 나는 공감할 수가 없다. 그들은 회사를 운영하기를 원하지 않는다. 그 일을 너무 따분한 일로 치부하고 있다. 내가 보기로는, 그들은 제품을 끊임없이 개량하려고 노력하기 때문에 가장 유망한 시장을 망쳐놓고 있다. 그들은 가만 있지 못한다. 128번 국도 주변의 기업들이 훨씬 더 질서가 잡혀 있다. 그들은 모든 사람을 부자로 만들어주겠다는 식의 약속 따위는 하지 않는다. 그들은 회사를 경영할 줄 아는 재무관리 · 인사관리 그리고 마케팅에 경험이 있는 몇몇 핵심 인물들을 데려다 놓는다.

확실히 실리콘 밸리는 독특한 기업환경과 유동성을 제공했다. 마치 잡목숲과 열대우림이 다르듯이, 그 분위기는 여느 지역들과는 전혀 딴판이었고, 그 속에 사는 기술자들이 개인용 컴퓨터를 발명하도록 촉진했던 것이다. 그 곳은 한층 더 개인주의적이기도 했고, 공동체적이었다. 혁신가들은 회사에 대한 충성심보다는 개인의 직접적인 이익에 더 골몰했지만, 그들은 공통적인 문화를 갖고 있었고, 아이디어가 떠오르면 서로 재빨리 전해주었다. 외국의 사업가들은 그 비결을 알아보려고 1970년대 캘리포니아로 몰려들었다. 그리곤 곧 어떤 나라도 무슨 무슨 밸리 · 글렌 · 델타 등이 없으면 안 되는 것으로 느꼈다. 그러나 어느 나라도 캘리포니아의 실리콘 밸리와 같은 발명능력을 창조할 수는 없었다. 그것은 야망에 가득 찬 개인 · 대학 · 자본 그리고 몸에 배인 낙관주의가 어우러져야만 가능한 것이었다. 다른 곳에서라면 기업가적 야망과는 서로 연결성이 없었을 돈벌이 목적이 실리콘 밸리에서는 순수한 혁신, 그리고 미래에 대한 비전과 잘 연결되었다. 그리고 그것이 연속적인 성공에 박차를 가했던 요인이었다.

안정된 조직과 혼동 사이에 균형을 이루는 것은, 최초의 개인용 컴퓨터 붐이 사그러들었으며 젊은 회사들이 중년기에 적응해야 했기 때문에, 한층 더 어렵게 되었다. 순수한 발명의 시대는 그것을 대중의 수요에 부응시키고 구체적인 과업에 적용시켜야 하는, 보다 어려운 국면으로 이어졌다. 그것은 마치 증기기관과 전기에서 보았던 것과 같이 장기간의 시차를 요하는 것이었다. 그리고 그것은 좀더 넓은 시장으로 나아가는 열쇠를 갖고 있는, 다른 회사들과의 제휴도 필요했다. 1990년대에 이르러 대형 컴퓨터 회사들은 그들의 제품을 사무실뿐만 아니라 가정에 침투시키기 위해 힘을 집중하고 있었다. 그들은 「정보 고속도로」의 설립 전망에 고무되었다. 그것은 흥행산업 · 정보 그리고 통신—— 이런 것은 모두 컴퓨터에서 유래된 디지털 기술을 사용하고 있다—— 을 전화에 연결하려는 것이었다. 이런 미래의 프로젝트는 컴퓨터 회사 사장들과 다양한 문화 및 경험을 갖고 있는 기업가들—— 장거리 케이블 통신사 사장 존 말론(John Malone), 홈 쇼핑 TV의 선구자 QVC의 배리 밀러(Barry Miller) 회장 등—— 을 결합시켰다. 각 회사는 서로 상대방을 이용하고 싶어했다. 말론의 표현에 따르면, 그들은 『상대방의 주머니에 각자의 손을 집어넣고 있는 일곱 마리의 문어와도 같았다.』

그러나 가정을 상대로 하는 시장경쟁은 그리 쉽지 않았다. 『모든 가정에 컴퓨터를 한 대씩』이라는 슬로건을 내걸었던 빌 게이츠마저도 신기술의 첫번째 목표를 가정이 아니라 사무실로 결정했다. 그는 1994년 3월 다음과 같이 말했다. 『기업이 멀티미디어를 한번 사용하기만 하면, 그 뒤에는 가정으로 옮겨갈 수 있을 것이다.』 어쨌든 「정보 고속도로」라는 용어는 뭔가를 잘못 유도하고 있다. 「가상공간(cyber-space)」이라는 말을 처음으로 만들어낸 공상과학자 윌리엄 깁슨은 『정보 고속도로는 원하지도 않는 물건을 파려고 애쓰는 쇼핑 몰과 더 유사할 것이다』라고 말했다. 그리고 전화선과 연결된 새로운 네트워크는 도로보다는 철도를 더 닮을 것이고, 강력한 카르텔에 취약할 것이며, 궁극적으로는 규제당하게 될 것이다. 〈와이어드(Wired)〉지의 존 브라우닝(John Browning)은 경고하기를, 진정한 위험은 『미국은 정보 고속도로 대신 정보 도둑광들이 좌지우지하는 정보 철도를 타게 될 것』이라고 했다. 미래의 도둑왕은 누구일까? AT&T나 브리티시 텔레콤(British Telecom : BT)과 같은 통신회사의 우두머리들일까? 루퍼트 머독(Rupert Murdoch) 또는 테드 터너(Ted Turner) 같은 뉴스 및 연예 프로그램 공급왕들일까? 아니면 마이크로소프트와 노벨(Novell)과 같은 소프트웨어의 지배자일까?

가정으로의 침투는 거의 대부분의 프로그래머들, 그리고 컴퓨터 기술자들에게는 매우 생소한 기술을 필요로 한다. 가장 길들여지지 않은 동물을 집에서 키우려고 하는 격으로 말이다. 마치 20세기 초 「전기」가 발명되었을 때 사람들이 몇 년이나 지나서야 그것을 믿게 된 것같이, 평균적인 가족들은 집에다 컴퓨터 기술을 들여놓는 것을 꺼릴 것이다. 판매 전문가에 의하면, 컴퓨터는 사람들 눈에 띄지 않을 때만 보통사람들이 받아들이게 되는데, 거의 모든 가정에는 접시닦기, 비디오 카세트, 그리고 전화기 등에 이미 컴퓨터가 장착되어 있다. 컴퓨터를 수용하는 두번째 단계는 한층 더 어려운데, 컴퓨터를 파는 사람들은 그들의 전문기술을 가정의 다양한 요구에 적응시키기 위해 훨씬 폭넓은 이해력을 가져야만 한다.

컴퓨터와 인원 삭감

사무실은 컴퓨터의 주된 영역으로 남아 있는데, 컴퓨터가 그 영향력을 충분히 발휘하기에는 상당한 시간이 소요되었다. 1950년으로 되돌아가 보자. 노버트 위너는 자동기계가 공장에 적용되면, 1930년대의 불황은

302 · 회사인간의 흥망

하나의 우스갯소리로밖에 들리지 않을 만큼 엄청난 실업의 파문을 야기할 것이라고 경고했다. 그러나 위너의 예언과는 달리, 그 후 30여 년 동안 자동화 또는 컴퓨터가 대량실업을 유도했다는 진지한 징후는 나타나지 않았다. 그 반면 자동화와 컴퓨터는 전화기와 항공기와 같은 대량 서비스를 엄청나게 확대시켰고, 다국적기업들이 전세계로 뻗어나가는 것을 가능케 했다. 영화 〈아파트〉에 나오는 큰 사무실에 가득했던 타이피스트와 사무직원들은 1970년대 들어와서 서서히 사라졌는데, 부분적으로는 대형 컴퓨터의 도입에 영향을 받았다. 그러나 사실 진정한 이유는 사람의 손을 필요로 하는 새로운 산업들이 등장했기 때문이었다. 그리고 1980년대 PC의 등장이 사무실 근로자들을 그에 상응할 만큼 쫓아내지는 않았다.

컴퓨터는 기업에 끊임없이 도입되었고, 겉으로 보기에 컴퓨터는 비용을 절감한다는 것이었다. 그럼에도 불구하고 컴퓨터가 사무실 생산성을 향상시켰다는 뚜렷한 증거는 보여주지 못했다. 1992년에 이르기까지 10년간 미국의 서비스 회사들은 정보기술에 8,600억 달러를 투자한 것으로 추산되었다. 그 반면 서비스 부문(이 부문은 미국 근로자의 4분의 3을 고용했다)의 생산성은 겨우 연간 0.5% 증가에 그쳤다. 제조부문의 생산성 증가는 3.8%였다. 1991년 〈포천〉지의 조사에 의하면, 사무실 생산성은 공장 생산성에 훨씬 못 미쳤다. 생산성이 가장 높은 회사들은 평균적인 회사보다 종업원 1인당 경영정보 시스템에 대한 투자가 적은 경향이 있었다.

컴퓨터에 매혹당한 경영자들은 문제의 뿌리를 깊이 분석하지는 않고, 낭비적이고도 잘못된 해결책에 쉽게 이끌렸다. 창고에 엄청나게 재고가 쌓이게 되자, 미국의 거대회사들은 부품 재고관리와 반출을 원활히 하기 위해 컴퓨터화된 멋진 시스템을 고안했다. 그런 반면 일본회사들은 「JIT」를 통해 재고자산 자체를 없앨 수 있는 방법을 발견했다. 1989년 MIT의 조사팀이 결론을 내렸듯이 『우리는 보기 좋은 MRP시스템[역주] material requirements planning system : IBM의 조지프 오를리키(Joseph Orlicky)가 개발한 재고통제기법]을 개발하기 위해 10년 동안 수백만 달러를 소비하는 동안, 일본은 몇 개의 칸반([역주] 일본의 JIT 기법에 사용되는 것으로 부품명을 표시한 상자) 카드를 이용해 수동으로 원재료를 관리할 수 있는 수준에 이르기까지 공장을 단순화시키는 데 시간을 보냈다.』

PC의 도입은 사무실 근로자들로 하여금 그것으로 게임을 즐기도록 유혹했다(필자가 처음 윈도용 워드퍼펙트를 장착했을 때 그것이 나에게 지뢰찾기 게임을 하도록 끊임없이 유혹하고 있는 것을 알고는 놀랐다. 그후 필자는, 그것은 기분전환이 필요한 비서들에게 가장 인기 있는 게임이라고 들었다). 컴퓨터 광들은 자신만의 게임을 컴퓨터 하드 드라이브에 심어놓기를 좋아했고, 실제로 근무시간에 게임을 즐겼다. 그들은 자신을, 관료들로부터 컴퓨터를 해방시키고 있다고 인식했으므로, 그것은 놀랄 일도 아니었다. 사무실의 관리자들은 근무 중에 게임을 하는 문제 사원들을 추적할 수 있는 감시 프로그램을 장착함으로써 반격했다. 페로가 설립한 EDS는 종업원들이 컴퓨터로 게임을 즐기지 못하도록 하는——또는 컴퓨터로 그들 자신의 사업을 벌이지 못하도록——「자료 보안 코디네이터(data security coordinator)」를 설치했다. 그러나 끈질긴 컴퓨터 광들은 회사의 통제를 쉽게 따돌릴 수 있었다.

컴퓨터는 또한 그들 스스로 관료를 만들어냈고, 새로운 정보기술(information technology : IT) 산업은 스스로 거대한 고용주가 되어갔다. 경영 컨설턴트와 회계법인들은 고가의 시스템을 장치하거나 관리해줌으로써 많은 돈을 벌었다. 그런데 그 시스템은 종종 옛것을 운영하는 것보다 더 많은 사람들을 필요로 했고, 그보다 더 나은 시스템이 나오면 곧 진부해졌다.

영국에서 컴퓨터 판매인들은 19세기의 말장사꾼들이 사용했던 것과 똑같은 사기적 수법을 썼다. 그리고 1990년대가 되자 대규모 재난이 서서히 모습을 드러내고 있었다. 런던 증권거래소는 토러스(Taurus)로 명명된 엉터리 같은「종이 없는(paperless)」컴퓨터 시스템에 2억 5,000만 파운드를 쏟아부었으나 끝내 무용지물이 되고 말았다. 한편 영국정부는 연간 20억 파운드를 정보기술에 투입했으나 결과는 계속되는 실패뿐이었다. 회계법인 앤더슨 컨설팅(Anderson Consulting)의 컴퓨터 시스템 사업부는 1980년대 중반 웨섹스 보건국(Wessex Health Authority)에 컴퓨터화된 시스템을 납품하는 데 성공했지만, 끝내 실패로 돌아갔다. 그 결과 납세자에게 6,300만 파운드의 손실을 끼쳤으며, 손해보상도 없었다. 1993년 공공회계위원회의 회장 로버트 셸던(Robert Sheldon)은『정부관료들은 진정 무엇을 샀는지 알지도 못한다』라고 말했다.

1990년대 말, 그리고 1990년대 초가 되자 컴퓨터는 사람들의 일자리를 빼앗는 능력을 발휘하기 시작했다. 미국의 경우 불경기가 닥치자 드디어 회사들은 컴퓨터를 더 많이 사용하는 대신 사무실의 근로자들을 몰아냈고 생산성을 올렸다. 연방준비위원회(FRB)의 회장 앨런 그린스팬(Alan Greenspan)은 1993년 워싱턴에서 이렇게 설명했다.『하드웨어와 소프트웨어의 새로운 시너지는 마침내 노동생산성을 급격히 향상시켜주고 있다.』은행과 보험회사들은 더욱더 과감하게——또는 현실적으로——종업원들을 해고하고 있다. 모건 스탠리(Morgan Stanley)의 경제분석가 스티븐 로치(Stephen Roach)는『자기만족에 대해 엄청난 반전사태가 일어나고 있다』라고 말했는데, 그는 종종 컴퓨터에 너무 많은 투자를 한다고 비판해왔다.『경영자들은 드디어 오랫동안 밀린 보상을 컴퓨터로부터 받아내고 있다.』로치에 의하면, 미국의 화이트 칼라 일자리 수의 연간 증가율은 1980년대 3~4%였으나, 1991년에는 제로로 떨어졌고, 서비스와 제조업에서의 생산성은 똑같이 상승하고 있었다. 이러한 사태를 두고 많은 전문가들은 사무실에서의 감원이 앞으로 훨씬 심각해지고 장기화되는 추세의 시작에 지나지 않는다고 보고 있다. 미국 소재 앤더슨 컨설팅의 경영 파트너인 존 스커릿(John Skeritt)은 『영상처리기술 · 음성인식 · 폰뱅킹 · 대출심사를 위한 전문가 시스템 등은 대규모 해고를 유발시킨 것』으로 내다봤다.

PC가 사무조직에 한층 더 통합되면서, PC는 10여 년 전 그 이상적인 호소력——즉 젊은이들을 관료주의와 사무실 중심주의로부터 해방시킨다던——의 대부분을 상실하고 말았다. PC는 아직도 작가와 중개인, 그리고 디자이너같이 독자적으로 일하는 사람들에게는 필수적인 도구다. 그러나 회사 내에서 그것은 권력구조의 일부분이 되고 있으며, 해방이라기보다는 집권화 쪽과 연관되어 있다. 그것들은 중심 네트워크, 그리고 데이터 뱅크와 연결되어 있는데, 상사에게 모든 것을 볼 수 있는 기계 눈을 제공할 뿐만 아니라 어떻게 감원하는지를 가르쳐주고, 판매인들의 성과를 검토할 수 있도록 해주며, 중간관리자들을 제쳐놓고 일할 수 있게 하고, 중간관리자들을 쫓아낼 수 있도록 해준다. 40여 년 전 위너가 경고한 대로, 컴퓨터에 의한 의사결정은 인간의 의사결정을 빼앗아 버렸다. 마침내 방법이 목적을 제압한 것이다. 그리고 컴퓨터의 보급은 1930년대 대공황 이후 회사인간에 대해 가장 무자비한 시련을 가속적으로 확산시키고 있다.

제 14 장
기업의 위기

　컴퓨터 프로그래머, 일본의 경영자, 그리고 세계를 상대로 하는 레이더스는 서구의 회사인간에 관한 가정들을 뒤바꾸어놓았고, 「과학적 관리」라는 단단한 피라미드 구조에 의문을 제기했다. 엄격한 논리의 적용자인 컴퓨터는, 한때 지극히 논리적으로 보였던 관료주의에게는 가장 위협적인 적이 되었다. 1980년대 거의 모든 대기업은 주변환경이 적대적으로, 그리고 급속하게 변함에 따라 자아 정체감의 위기에 직면했다.

　1980년 두 명의 경영전문가 로버트 H. 해이스(Robert H. Hayes)와 윌리엄 J. 애버내시(William J. Abernathy)는 〈하버드 비즈니스 리뷰 (Harvard Business Review)〉지에 「경제적 하강기에 대응한 우리들의 방법」이라는 제목의 곤혹스런 논문을 게재했는데, 이 논문에서 저자들은 회사인간을 단호히 공격했다. 그들은 경영이 실패하게 된 광범한 증거, 즉 「비전과 리더십의 실패」를 발견했다. 그리고 그들은 직접적인 경험 대신 분석적 접근을 장려한 관리원칙들을 비판했다. 그리고 관리원칙들이 장기적 · 기술적 경쟁력 제고보다는 단기적 원가절감을 선호했다고 공박했다. 엄격한 재무적 통제는 아무도 감히 실패를 무릅쓰려고 하지 않는 분위기를 만들었고, 심지어「당기순이익의 일시적 하락」도 감내하지 않게 만들었다. 그리고 최고경영자 중 너무나 많은 이들이 사실은「가짜 전문가들」이었으며, 그들은 회사를 이리저리 옮겨다녔고, 제품에 대한 특별한 경험과 관심도 없이 회사를 경영했던 금융전문가 또는 법률가들이었다.

기업의 장기적 성공을 위한——그리고 생존에 있어서도——핵심요소는 그들이 늘 해왔던 바로 그것이다. 투자하고, 혁신하고, 이끌어가고, 그 전에는 없었던 가치를 창조하고 말이다. 이러한 결정, 그리고 우월성의 추구는 리더를 필요로 한다. 단순히 통제자, 즉 시장분석가나 포트폴리오 매니저가 아니라 진정한 리더 말이다. 분석 시스템과 외양 위주의 경영방식 때문에 우리는 기업의 추진력을 무시하고 있는지도 모른다.

리더십은 곧 1980년대에 새롭게 관심을 끄는 유행어가 되었는데, 사람들은 이 용어가 제2차 세계대전 당시 히틀러 때문에 나쁜 인상을 받은 이후 내내 무시되었다고 주장했다. 제2차 세계대전 이후 수십 년 동안 GM과 셸에서 발달된 복잡한 위원회 조직들은 리더들의 권한을 교묘히 제한하기 위해 고안되었던 것이며, 그들이 사용했던 과학적 관리법은 비인간적인 것으로 취급되었다. 1970년대 후반 영국은, 훗날 CBI의 이사장이 된 존 밴헴 경에 의하면, 『사람을 기계로 취급한 세상이었다. 리더십은 사람을 믿지 못하는 군대에만 있는 것으로 인식되었다.』그러나 그 당시, 레이더스와 마찬가지로, 최고경영자들은 자신들을 정글 속의 약탈자로 인식하도록 조장되었고, 또는 우수한 게릴라 군대처럼「베어내고 불태우고」,「찾아내고 부수는」역할을 하는 것으로 인식했다.

　리더십에 대한 주장은 1982년 톰 피터스(Tom Peters)와 로버트 워터먼(Robert Waterman) 등 두 명의 경영 컨설턴트들이 쓴 책, 그들의 영향력 있었던 《초우량 기업을 찾아서(In Search of Excellence)》에서 제기되었다. 그들은, 경영자들이 최초의 원칙으로 되돌아 갈 것을 권고했다. 고객에게 귀를 기울이고, 종업원들에게 관심을 기울이고, 시행착오 과정에서 배우라는 것이었다. 그리고 그들은 1970년대에 그럴 듯하게 받아들여졌던 「합리적인 신념들」을 공박했다. 큰 것이 좋은 것이다, 저원가 생산자가 항상 승리한다, 모든 것은 분석될 수 있다는 가정들 말이다. 그들은 베트남 전쟁 때 맥나마라가 정형화한 「추상적이고도 냉정한 철학」에 대해서도 반대했다. 그들은 방법을 찾거나 직접 의사결정을 하기보다는 그런 활동에 집중할 수 있는, 개인적이고도 위험추구적인 리더십을 한층 더 강조했다. 그들은 다음과 같이 결론을 내렸다. 『미국이 세계에서 경쟁적 지위를 다시 회복하려면 또는 지금 가진 지위라도 그대로 유지하려면, 합리성을 과도하게 추구하는 일을 중단해야 한다.』

　그들은 프레더릭 테일러가 제안한 과학적 관리원칙에 기초한 전반적인 시스템이 유용했던 시대는 마감되었다고 주장했다. 그들은 사고방식의 변화를 「패러다임의 이동(paradigm shift)」이라고 표현했다. 그러나 사실 그들은 그 패러다임을 그렇게 깊숙이 이동시킨 것은 아니었다. 왜냐하면 그들이 주장한 초우량 기업의 모범 기업 가운데는 GM · IBM 등 「모방해서는 안 되는」 몇몇 전형적인 대기업을 포함하고 있었기 때문이다. 10년 후 피터스는 자신의 「엄청난 실수」를 고백했는데, 그것은 대기업을 「거의 완벽한 도구」로 인식한 갤브레이스나 챈들러와 같은 초기 학자들의 영향을 받았기 때문이었다.

　미국의 위기는 훗날 미국산업의 쇠퇴에 관한 보고서를 제출하기 위해 결성된 MIT 팀에 의해 요약되었는데, 그들은 그 결과를 《미국 제품(Made in America, 1989)》이라는 제목의 책으로 출판했다. 그들은 『국제적 기업환경은 돌이킬 수 없을 정도로 변했다. 따라서 미국은 그 새로운 세상에 적응하지 않으면 안 된다」라고 결론을 내렸다. 그들은 미국의 기업들이 「그들의 뜨개질을 직접」하지 않은 데 대해 비난했다. 그들의 발명품을 상품화하는 데 실패했고, 단기적 이익을 제고하기 위해 다른 기업을 매수했으며, 그 결과 일본의 기술에 뒤지게 되었다고 말이다. 그리고 그들은 미국의 회사인간에 대해 참혹한 결론을 내렸다.

제2차 세계대전 직후 그들은 자만에 빠졌다. 그들은 고집스럽게도 시대에 뒤진 대량생산방식에 매달렸다. 그들은 부적절한 재무적 목표를 세웠고, 제품개선이나 제품기술을 다루는 사람들을 이류로 취급했으며, 때맞춰 제품을 개발하고 효율적인 생산을 하는 데 필요한 공장과 장치, 그리고 기술에 투자하는 데 실패했다.

미국의 개인주의는 팀워크를 훼손시킨 대가를 치렀다. 미국의 대량생산 시스템은 더 이상 적절하지 않았다. 그것은 오래된 장인전통을 파괴했고, 고객을 무시했으며, 조직적인 선택 대안도 없었다. 그리고 동기부여에도 실패했으며 참여를 유인하지도 못했다. MIT 팀의 권고안은 당연히 일본을 따르라는 것이었다.

우리가 전망하는 바로는 근로자와 경영자, 그리고 기술자들과 같은 새로운 경제 시민권자들은 계속적으로, 그리고 광범하게 훈련되어야 한다. 그리고 그들이 사용하는 기술의 통달자가 되어야 하며, 그들의 작업환경을 통제해야 하고, 그들의 회사 목표를 수립하는 데 참여해야 한다. 이제 더 이상 한 명의 종업원을 커다란 비인격적인 기계의 부속품처럼 취급해서는 안 될 것이다.

미국의 쇠퇴는, 영국의 경영의 도사——도사(guru)라는 말 그 자체는, 지금 컨설턴트들이 한층 더 철학적 차원의 지위를 얻고 있다는 것을 의미한다——인 찰스 핸디(Charles Handy)가 강력히 주장했던, 기업생활 스타일과 가치를 폭넓게 받아들이지 않은 데 그 원인이 있었다. 인기를 끌었던 그의 저서 《비이성의 시대(The Age of Unreason)》에서 핸디는 다음과 같이 주장했다. 세상은 급속한 변화와 불연속의 국면으로 접어들었고, 그것은 「역사고방식」을 요구했다. 거대기업으로서 필요하다고 가정된 고정 근로시간, 그리고 도대체 경영자들이란 필요한 것인가 하는 질문을 해야 한다는 것이었다. 『경영자란 지위를 의미하거나, 조직 속의 계층이었던 시대는 끝났다. 그것은 어떻게 하는 것인지 정의될 수 있고, 그 기술은 가르칠 수 있는 것이고 배울 수 있는 것이며, 개발될 수 있는 활동, 즉 하나의 「활동」으로 정의되는 시대다.』

　1980년대에는 한때 칭송을 받았던 「과학적 관리원칙」의 사망을 알리고 전통적 회사인간에 대한 불신을 주장하는 책·논문 그리고 연설이 홍수를 이루었다. 경영 컨설턴트들은 온갖 열성을 다해 그들의 왕국을 다시 요구했으며, 각종 차트·도면·표어 그리고 미사여구를 이용해 극적으로 강의했다. 전도사와 같은 그들의 스타일은 부분적으로 패터슨과 윗슨 같은 초기 판매원들의 시대로 되돌아간 것이었다. 그러나 지금은 동양적 요소를 포함하고 있으며 모택동의 문화혁명이나 일본을 상기하게 한다. 매킨지 컨설팅의 세 가지 C(〔역주〕 company·competitor·customer의 머리문자), 다섯 가지 F, 또는 일곱가지 S와 같은 것이 그 예다. 그런 원칙은 자신들을 공격한 것이 무엇인지도 모르고 사기가 떨어진 관리자들, 그리고 그들 스스로는 해결할 수 없었던 감원의 책임을 컨설턴트들이 맡아주길 원했던 경영자들을 안심시켜주었다. 컨설턴트들 또한 기업의 심장부로 더 가깝게 다가갔다. 이런 농담이 있었다. 『컨설턴트들은 당신에게 시간을 알려주기 위해 당신의 시계를 빌리는 사람이다.』 지금 그들은 빌려간 시계를 되돌려주지도 않는다.

서구의 기업들이 아시아의 공격을 받아 실컷 두들겨 맞게 되자, 국제적 컨설턴트들의 몸값이 뛰었다. 그 중 가장 성공적인 것은 매킨지였는데, 그들은 특별한 권위와 신비함마저도 얻게 되었다. 3,000여 명의 매킨지 컨설턴트들은 근엄하고도 사제와도 같이 청교도 스타일의 짙은색 정장과 흰색 와이셔츠를 입었다. 그리고 냉정하면서도 분석적이고 공정한 자세를 유지했고, 간략한 도면을 이용해 정확한 처방을 제공했다. 매킨지 컨설팅회사는 1926년 제임스 O. 매킨지(James O. Mckinsey)——훗날 시카고에 있는 마셜 필드(Marshall Field) 백화점을 운영했다——에 의해 설립되었다. 그 후 1950년대에는 유럽으로 진출했고, 뒤이어 일본에도 진출했으며, 뛰어난 일본인 파트너 오마에 겐이치(大前硏一)는 삼각 무역블록과 국경없는 세계라는 개념을 확산시켰다. 1970년대 매킨지는 오일 쇼크를 예측하는 데 실패했고, 대기업의 관료주의적 병폐를 진단하는 데 느렸기 때문에 진로에 어려움을 겪게 되었다. 1980년대 중반 그들은 GM에게 아주 위험한 사업구조재편을 권고했다. 그러나 그들은 세계적인 활동범위로 수익을 올렸고, 14년 간 컨설턴트들의 숫자를 네 배로 늘렸으며, 1994년 캘커타 출신의 라자트 굽타(Rajat Gupta)를 비서구인으로서는 최초로 총책임자에 임명했다. 그들은 그들의 역할을 일회성의 보고서를 작성하는 데서부터 반영구적인 조언자, 즉 「변혁추구형의 관계」로 확대했으며, 매킨지 출신의 많은 컨설턴트들은 대기업의 최고경영자 지위로 나아갔다——그 가운데는 아메리칸 익스프레스의 하비 골러브(Harvey Golub), 웨스팅 하우스(Westinghouse)의 마이클 조던(Michael Jordan), 리바이스트라우스(Levi-Strauss)의 로버트 하스(Robert Haas), 그리고 IBM의 루이스 거스트너——제15장 참조——등이 있다.

컨설턴트들의 성공은 미국과 유럽의 회사인간들의 실패를 의미했다.

미국과 유럽의 회사인간들은 그들의 자리를 잃었고, 외부인들이 그 자리를 한층 더 분명하고 자신만만하게 노리게 되었다. 그러나 컨설턴트들도 한계를 갖고 있었다. 그들은 글로벌 오퍼레이터로서 불가피하게 자신들의 뿌리와는 밀어져 갔다. 로버트 라이시(역주 클린턴 행정부의 노동장관으로 《국가의 과제(The Work of Nation)》라는 책으로 유명하다, 제10장 참조)는 『경영 컨설턴트는 세계의 시민으로서 어느 특정 사회에 특별한 연대감은 느끼지 않을 것이다』라고 말했다. 그리고 그들은 본능적으로 그들의 재무적인 척도를 어디에나, 그리고 어떤 제품에나 똑같이 적용할 수 있다고 가정했다. 자신의 제품에 헌신하는 기술자와 숫자에 집착하는 재무관리자 사이의 갈등은 기업의 시초부터 자주 반복되어왔다. 그러나 컨설턴트들이 생산과 재무전문가들에게 제품 라인을 어떻게 축소하는지를 가르치게 됨으로써 —— 이는 「뜨개질을 직접하는 것」과는 상반되는 일이다 —— 회사인간들은 새롭게 쓴맛을 보게 된 셈이었다.

일반적으로 컨설턴트들은 일거리를 준 최고경영자의 손을 들어주었다. 컨설턴트들의 권고안은 대개 최고위층에 권력을 집중시키도록 하는 것이었으며, 경쟁될 만한 임원을 해고시키고 명령계층을 단순화하라는 것 등이었고, 개별 사업부문들로 하여금 상사에게 직접 보고하도록 하는 것이었다. 독재적인 최고경영자는 단기간에 재빨리 컨설턴트들을 고용하고는 자신과는 의견이 맞지 않는 고위경영자를 제치고 궁지에 몰아넣어 자신의 생각을 관철시킬 수 있었다. 기네스(Guinness)사의 사장으로서 훗날 회사의 주가를 조작한 혐의로 투옥된 어네스트 샌더스(Ernest Saunders)는 베인 & 컴퍼니(Bain & Company)사의 젊은 컨설턴트 그룹의 도움을 받아 자신의 권력을 공고히 했고, 베인 & 컴퍼니는 기네스에 크게 의존했었다. 어떤 독재자든 조직된 군대보다는 용병을 더 좋아하는 법이다. 컨설턴트들은 많은 기업들을 공화국 스타일로부터 왕정 스타일로 바꾸는 역할을 했다.

314 · 회사인간의 흥망

그러나 기본적으로 컨설턴트들에 대한 수요는 1980년대 서구의 경영자들 대부분에게 영향을 준 심각한 충격 때문에 증폭되었다. 그 충격은, 최고경영자들로 하여금 생존을 위해 자신들의 회사를 뒤흔들어놓지 않으면 안 된다는 것을 인식하게 했다. 그들의 위험은 자주 인용되는 삶은 개구리의 우화로 요약될 수 있었다. 『서서히 끓어오르는 물 속에 있는 개구리는 자신도 모르게 죽을 것이다. 그러나 개구리를 끓는 물에다 바로 던져놓으면 깜짝 놀라 뛰쳐나와 살 것이다.』 서구인들은 일본기업들로부터 많은 것을 배웠다. 일본기업들은 과거의 충격에 대해 —— 한층 더 많은 정력과 혁신으로 —— 적응해왔다. 그들의 적응은 그들이 받은 가장 큰 충격, 즉 제2차 세계대전 후의 「창조적 패배」로까지 거슬러 올라갔다. 서구의 기업들은 —— 다시 투쟁하기 위해서는 —— 그들의 패배와 부딪쳐야만 했다. 서구의 역사를 돌이켜보면, 그들은 최후의 순간에 이르러서야 그렇게 했다.

그러나 충격요법은 그 스스로 위험을 초래했다. 단기적으로 종업원들을 해고할 필요가 있었고, 이익을 올려야 했으며, 기업이 존재하는 이유인 장기적인 제품개발의 필요성을 쉽게 잊어버릴 수도 있었다.

GM의 환상

가장 치욕적인 충격을 받은 것은 미국 자동차 회사들이었다. 일본의 성공은 1920년대 이래 세계를 이끌고 왔던 미국식 대량생산과 대량판매에 의문을 던졌다. 슬론이 테일러로부터 받아들인 과학적 관리원칙에 대해서도 마찬가지였다. 권한위양의 기다란 피라미드 구조, 전문가 집단, 중간관리자와 명령계통 등은 현장과의 접촉이 불가능하다는 것이 판명되었다. 제품의 품질에서도, 고객의 욕구를 인식하는 것에서도 그랬다. 관리자들은 계층구조와 과도한 복지 시스템에 익숙해졌고, 오래된 장인전

통의 자부심은 —— 일본에서는 여전히 존재했는데도 불구하고 —— 사라
져 버렸다.

디트로이트의 회사들은 기본적으로 몇몇 대형차종 —— 원거리를 달리
기에 적합하고 싼 휘발유값을 전제로 한 —— 만 생산하는 계획을 세워두
고 있었다. 그들에 대한 최초의 경고는 1950년대 폴크스바겐을 필두로
한 유럽 소형차들의 침공이었다. 그러나 1970년대 일본은 훨씬 더 큰 충
격을 주었다. 일본차들은 값도 쌌고, 안정성도 높았으며, 미국인들의 취
향에도 근접했다. 그러면서도 일본의 생산 시스템은 하나의 모델에서 다
른 모델로 이동하는 데 훨씬 더 유연했다.

포드는 빨리 그 충격을 받아들였고 또한 먼저 회복했다. 1970년대 후
반 포드가 미국에서 시장점유율을 일본차에게 빼앗기기 시작했을 때, 포
드는 일본의 자동차회사 마쓰다(Mazda)사의 주식 24%를 사는 것으로
대응했고, 마쓰다는 일본식 경영비법을 포드에게 전수했다. 그러나
1982년까지 포드는 끓는 물 안에 있는 개구리와 같았다. 그 생존이 위협
당할 지경에 이르도록 엄청난 적자를 보고 나서는 뛰쳐나왔다. MIT 팀
의《세상을 바꾼 기계(The Machine that Changed the World)》에 따르
면『갑자기 회사의 모든 계층의 종업원들은 자신들의 경력이나 부서의
관심사를 증진시킬 방안에 대해 생각하기를 멈추었다. 그러고는 회사를
살리기 위한 생각을 하기 시작했다.』포드는 마쓰다의 방식을 미국과 유
럽의 공장에 적용했고, 나중에는 마쓰다가 생산한 자동차에 포드의 이름
을 달고 동남아에 수출했다. 포드는 3개 대륙의 경영자들을 교환·전보
했고, 가장 순수한 의미의 글로벌 자동차 생산회사가 되었다. 포드의 최
고경영자들은 관리자들에게 팀의 자부심·간소한 공정·고객지향적 윤
리·벤치마킹과 집단역학 등을 강조했다. 그 밑바닥에 깔려 있는 의미는
분명했다. 그들은 한층 더 일본인들을 닮아야 한다는 것이었다.

GM이 그런 위기에 대해 현실적으로 반응하는 데는 상당한 시간이 걸

렸다. GM의 쇠락은 거대한 관료주의의 비융통성의 폐해에 대해 가장 심각한 경고를 제공했다. 1970년대 말쯤 되자 GM은 일본과 유럽차 모두에게 뒤지게 되었고, 1980년에는 1921년 이후 처음으로 무려 7억 6,300만 달러의 적자를 기록했다. 생산성이 떨어지고 자동차의 안전성 결함이 높아지자 GM은 확실히 충격요법의 필요성을 느꼈으나, 잘못된 길을 가고 말았다. 1981년 GM은 키가 작고 껄끄러운 목소리를 내는 로저 스미스(Roger Smith)를 회장으로 선택했고, 스미스는 단호한 행동을 했다. 그는 공장을 폐쇄하고, 참모들을 잘랐으며, 세 가지의 R, 즉 위험(risk), 책임(reposibility), 그리고 보상(reward)의 중요성을 강조했다. 전임자들과 마찬가지로 그 역시 평생 회사인간이었다. 그는 슬론이 《GM에서의 생활(My Years with General Motors)》을 쓰는 것을 도와주기도 했다. 그는 「숫자 관리자」로서 승진의 길을 밟았고, 현장이나 제품과는 거리가 멀었으며, 「인간성에 구애받지 않는 뛰어난 재주」를 갖춘 사람이었다. 그는 자신을 「미래의 공장」에 대한 전망을 제시하는 사람으로 표현했으며, GM을 고도기술의 복합기업으로 만들어 아시아의 기업들을 물리치겠다고 공언했다. 그는 델라웨어와 뉴저지에 공장 단위당 3억 5,000만 달러나 되는 로봇을 장치하는 등 고도로 자동화된 공장을 건설했다. 그러나 새로운 공장들은 단지 두 종류의 자동차만을 생산했고 생산성도 평균수준에 그쳤다. 로저 스미스의 재무적인 성향은 관료주의와 현장접촉이라는 실질적인 문제해결과는 단절되어 있었다. 그는 핵심적인 문제, 즉 사람과 제품에 관심을 둔 적이 없었다.

피터 드러커는 GM에 대한 최초의 보고서를 쓴 지 40여 년 만에 다시 GM을 방문하고 나서, GM이 경영의 가장 오래된 환상 위에서 행동하고 있음을 확인했다. 『만약 당신이 자신의 기업을 운영할 수 없다면, 당신이 모르는 기업 가운데 하나를 사라』는 것 말이다. 로저 스미스는 다른 사업에 매혹당했다. 그는 군사용 위성의 최대 메이커인 휴스 항공

(Hughes Aircraft)사를 매입했고, 1984년에는 EDS의 독재적인 사장 로스 페로와의 성급한 거래를 통해 컴퓨터 시스템도 매입했다. 페로는 지분의 반을 25억 달러에 팔고 GM 이사회의 이사가 되었으나, 느리게 움직이는 조직, 그리고 본사 14층의 호화스런 분위기에 곧 실망했다. 그는 『자동차 하나 새로 개발하는 데 6년이나 걸리는 이유를 모르겠어. 제2차 세계대전을 끝내는 데도 4년밖에 걸리지 않았는데 말이야』라고 했다. 그는 GM에 동참한 지 2년 만에 축출되었다.

로저 스미스는 일본인들을 다루는 데는 훨씬 능숙했다. 1982년 GM이 수십억 달러의 손실을 본 뒤 스미스는 도요타와 합작투자를 협상했으며, GM의 최고경영자들은 도요타 시에 늦게나마 한 수 배우러 몰려갔다. 훗날 GM의 회장이 된 잭 스미스(Jack Smith)는 『그 때 우리는 최초로, 그들이 어떻게 공장을 운영하는지를 정말 분명히 이해했다』라고 인정했다. 『기록된 숫자는 믿을 수 없을 정도였다.』 GM은 곧 도요타의 경영자들과 협력해 1984년 합작공장 NUMMI(New United Motor Manufacturing Inc.)를 건설했다. 그것은 캘리포니아 주 프리몬트(Fremont)의 오래된 공장을 재건한 것으로, 도요타의 생산 시스템을 엄격히 적용했다. 도요타의 관리자들은 캘리포니아로 가서 팀제를 도와주었고, 미국자동차노조(United Auto Workers)는 그들의 자세한 직무구분을 포기하고 오직 두 가지 종류, 즉 작업자와 기사로 나누었다. 1986년 NUMMI공장은 도요타 시에서 생산되는 것과 같은 품질수준, 그리고 거의 유사한 수준의 생산성을 올리면서 자동차를 생산했다. 그것은 GM의 과거 실패는 근로자들 때문이 아니라 관리자들 때문이라는 것을 분명히 증명해주는 사례였다. 도요타 시에서 온 기타노 미키오가 NUMMI 프로젝트를 계획했는데, 그는 필자에게 그 과정을 다음과 같이 말했다.

그것은 분위기의 문제였고, 팀을 이루어 서로 협조하며 일하는 사람들의

문제였다. 어떤 일본인들에 의하면 미국인들은 그것을 배울 수 없다는 것
이었다. 처음에 미국인들은 서로 돕기를 싫어했다. 그러나 얼마 되지 않아
자연스럽게 서로 돕게 되었다. 당신은 그것을 머리로 느낄 필요는 없다.
그것을 몸으로 느껴라. 나는 늘 우리는 기본적으로 모두 인간이니까 그 일
을 할 수 있다고 주장했다. 지금은 더욱더 확신한다.

그러나 로저 스미스는 NUMMI의 혁명을 기존의 다른 공장에까지 적
용하지 않았다. 대량의 일시해고와 직무변동이 우려되었기 때문이었
다. 그리고 미국인들보다는 일본인들이 훨씬 더 NUMMI에 관심을 기
울였다. GM은 여전히 도전에 응전할 만큼 충분히 자극받지 않은 느
낌이었다. GM이 진정코 진실의 순간을 만난 것은 1990년대 초였는데,
바로 그 때는 여섯 개의 조립공장이 폐쇄되고 7만 4,000명이 해고될 무
렵이었다.

GM의 쇠퇴에 대한 가장 가혹한 논평은 1989년 영화 〈로저와 나
(Roger and Me)〉였는데, 그것은 플린트(Flint) 시의 쇠퇴과정을 그린 것
이었다. 플린트 시는 GM의 창업자 윌리엄 듀란트가 그의 작업장을 건
설한 곳이었고, 그 당시 세계에서 가장 번영하는 지역 공동체 가운데 하
나였다. 지금 GM은 실질적으로 공장을 폐쇄했고, 3만여 명의 종업원을
해고하고 멕시코에 새로운 공장을 지었다. 플린트 시의 쇠퇴는 너무 엄
청났고 그 당시 미국에서 최악의 도시로 선정되었다. 영화 감독 마이클
무어(Michael Moore)는 플린트 시에서 태어나 자랐으며, 전 가족이
GM에서 일했다. 그는 붕괴의 징후를 다음과 같이 영화에 담았다. 『간
선도로에는 노숙자들이 생겨났고, 가옥은 파괴됐으며, 치안경찰은 하루
스물넷이나 되는 가족들을 퇴거시켰다.』 무어는 로저 스미스를 인터뷰하
려고 시도했으나—— 그로스 포인트(Grosse Point) 요트 클럽에서도, 숲
으로 둘러싸인 별장에서도, 디트로이트의 GM 본사에서도—— 그를 만

날 수가 없었다. 무어는 마침내 GM의 크리스마스 파티에서 연말인사를 하는 스미스를 카메라에 담았다. 그러는 동안에도 또 다른 가족이 쫓겨 나고 있었다. GM의 공중관계 대변인 톰 케이(Tom Kay)는 다음과 같이 설명했다. 『요람에서 무덤까지 가는 사회보장은 자유기업체제 아래에서 는 불가능하다.』

그 영화는 플린트 시에 대한 기분 나쁜 묘비였다. 그러나 GM의 진정 한 비극은 해고나 축출에 있었던 것이 아니라, 자신의 성공을 이해하지 못한 데 있었다. 즉 GM은 기계적 시스템과 관료적 구조에 의존했을 뿐 만 아니라, 품질을 보증하는 유일한 수단인 동기부여와 참여에도 의존했 던 것이다.

사라지는 거인들

오래된 기업들은 거의 모두 1980년대의 경제적 폭풍으로 어려움을 당 했다. 그 폭풍이 아시아로부터 온 것이든 탈규제에 의한 것이든 레이더 스 또는 배당을 더 달라고 조르는 주주들이든 간에 말이다. 그런 충격 속에서 어떤 기업들은 회복했고, 어떤 기업들은 도산했다.

석유의 「7자매들」 가운데 걸프는 사라졌고, 텍사코는 펜츠오일로부터 소송을 당한 뒤 형편없이 취약해졌다. 가장 오래되었고 또한 가장 큰 엑 슨——스탠더드 오일 오브 뉴저지의 현재 이름——은 1970년대 흡수 와 합병, 그리고 각종 프로젝트에 참여했으나 실패로 끝나고 말았다. 엑 슨은 콜로라도의 혈암유(Shale Oil)를 개발하는 데 10억 달러나 쏟아부 었다. 1983년 엑슨은 진로를 바꾸었고, 종업원들 가운데 40%를 해고했 으며, 레이더스로부터 경영권을 방어하는 한편 주주들에게 더 많은 배당 을 주기 위해 자사주식을 되사들이기 시작했다. 석유의 「7자매들」 모두 지금은 옛날 같지가 않다. 셰브런은 걸프를 합병했으나 그 전보다는 한층 더 느슨한 기업 연합체로 재조직되었다. 세브런은 오래된 사내보의 종간호에서 『세브런은 쇠퇴하는가?』라고 질문했다. 이에 대해 켄 두르(Ken Durr) 회장은 탈집중화와 인원감축으로 세브런의 주가와 장래는 상승기류를 탈 것이라고 설명했다.

「회사의 독특한 방식(company way)」이라는 생각은 어디에서든 퇴조의 길로 접어들었다. 거의 최근까지만 해도 모든 회사들은 자사만의 기업문화를 「최상의 방식」으로 강조하기를 좋아했다. 이를 매킨지의 마빈 보워(Marvin Bower)는 『이 곳에서 우리가 일하는 방식이다』라고 서술했다. 1982년 기업문화에 관한 매킨지의 책들은, 이에 대해 『거의 언제나 미국 기업의 지속적인 성공 뒤에는 강한 문화가 추진력이 되어왔다』라고 설명했다. 그러나 「회사의 독특한 방식」은 최고경영자가 관리자들을 잘라내고 또 잘라내면서 하나의 악담이 되고 말았다. 『그게 바로 이 곳에서 돌아가고 있는 방식이지』라고 비꼬았던 것이다.

회사의 방식은 항공회사들 사이에서 특히 눈에 띄게 강조되었는데, 그것은 탈규제가 초래한 최대의 재난이었다. 가장 유명한 것은 팬암(Pan American)으로서, 한때 그것은 불사신처럼 보였다. 팬암은 1928년 플로리다와 쿠바를 처음으로 비행한 이래 최초의 국제선 항공사였다. 그리고 팬암은 40여 년 동안 세계적인 여행시장에서 선구자의 자리를 지켜왔었다. 태평양 최초 횡단, 최초의 보잉 707 출항, 최초의 747 출항 등. 또한 팬암은 국무부의 「지정 항공기」였고, 회사 대표들은 마치 대사들과 같이 호위를 받았다. 뉴욕의 그랜드 센트럴 지하철 위로 솟아 있는 폭넓은 건물은 어디에서나 잘 보였고, 뉴욕 케네디 공항의 원형청사, 자회사인 인터컨티넨털(Intercontinental) 호텔의 체인 등으로 팬암은 널리 알려졌다. 그러나 팬암은 튼튼한 뿌리 역할을 할 국내선 항로를 갖고 있지 않았다. 그리고 점보기에 너무 집중한 나머지 부담이 되어 엄청난 부채를 안게 되었고, 설상가상으로 석유위기와 맞물려 도산지경에 이르렀다. 그 때까지도 그 충격은 팬암을 제때에 구출할 수 있었으므로 그리 날카롭지는 않았다. 팬암은 호텔과 항로를 처분했고 뉴욕의 본사도 매각 하고 철수했다. 그러나 임금수준이 높은 관리자들 계층의 수는 여전히 많았다. 그 관리자들이 골드스미스와 같은 팬암의 원매자들을 방해했 다. 1991년 마침내 팬암은 흔적도 없이 사라졌다. 팬암의 붕괴는 몇 년 간 이어온 자만심 때문이었다. 그러나 치열한 경쟁은 모든 항공사 종업 원들의 충성심을 약화시켰고, 그들의 「회사의 독특한 방식」을 인정하 지 않게 만들었다. 그런 한편 항공사의 직원 간에는 상호교환이 가능해 졌다.

거대기업 가운데는 강제적 충격으로부터 덕을 본 경우도 있었다. AT&T는 1899년 설립 이래 미국 전화기사업을 실질적으로 독점하고 있 었다. 1970년대 AT&T는 매디슨 가에 신축한, 늠름한 본사건물을 통해 자신감을 보여주었다. 파킨슨 법칙(역주 Parkinson's law : 영국의 경영학 자 C.N. 파킨슨이 사회를 풍자적으로 분석·주창한 몇 가지 법칙. 예 : 공 무원 수는 업무와 관계 없이 일정 비율로 증가한다)에 따라 그것은 AT& T의 종말을 고하는 것이었다. 왜냐하면 AT&T는 1984년 1월 반트러스 트법에 의해 분할되었는데, 국내통신사업 분야는 미국 전역에 걸쳐 일곱 개의 「베이비 벨」로 나뉘어졌기 때문이었다. 그러나 그 분할은 1911년 스탠더드 오일과 마찬가지로, 실제로는 축복이었음이 증명되었다. 왜냐 하면 잘려나가고 남은 AT&T가 로버트 앨런(Robert Allen) 회장의 주도 아래 컴퓨터와 이동통신의 연결을 강화시키는 장거리 통신으로 확장하 는 동안, 베이비 벨들에게 새로운 힘을 불어 넣어주었기 때문이다. 베 이비 벨들은 선두경쟁을 벌였다. 반트러스트법에 무리하게 도전했던 IBM이 시들고 있는 반면, 분할된 AT&T는 충격에서 회복하고 있는 것을 바라보는 것은 아이러니가 아닐 수 없었다. AT&T의 늠름한 초고 층 본사빌딩은 소니가 매입했다── 소니 또한 지나친 확장의 징후를 보여주었다.

몇몇 오래된 기업들은 100년이 지난 뒤에도 여전히 실질적으로, 아무런 변화도 없이 생존하고 있었다. 특히 「한 우물을 파는」 기업들은 지금도 같은 장소에서 같은 제품을 만들고 있다. 병마개 판매원 킹 질레트(King Gillette)는 1895년 보스턴에서 일회용 면도기를 발명했는데, 아직도 본사는 보스턴에 있다. 존 펨버튼(John Pemberton)은 1886년 애틀랜타에서 코카콜라를 발명했는데, 10년 후 등장한 펩시와 지금까지 경쟁을 벌이고 있다. 윌리엄 리글리는 1891년 시카고에서 추잉 검을 만들기 시작했다. H. J. 하인츠(H. J. Heinz)는 1890년대 피츠버그에서 병조림 양념을 팔았다. W. K. 켈로그(W. K. Kellogg)는 1894년 미시건 주 배틀크릭(Battle Creek)에서 콘 플레이크(corn flake)를 개발했다. 그들은 모두 지금도 같은 도시에서 유사한 제품을 만들고 있다.

그러나 대부분의 오래된 회사들은 「독보적인 인물의 기다란 그림자」를 빠져나와, 드디어 치열한 경쟁의 세상으로 들어가면서, 그들의 제품과는 무관하게 되었다. 이스트먼 코닥은 1888년 조지 이스트먼이 카메라를 발명한 이래 뉴욕 주 로체스터의 회사마을을 지배해왔다. 거의 1세기 동안 코닥은 선두를 지켜왔고, 수은 할로겐 필름에 사진을 인화하는 동일한 기술에 기초하고 있었으며, 1900년 브라우니(Brownie), 1935년 코다크롬(Kodachrome), 1963년 인스태매틱(Instamatic) 카메라 등의 발명품을 추가해왔다. 그러나 코닥은 폴라로이드(Polaroid)사의 즉석 카메라, 또는 제록스의 복사기와 경쟁하는 데 머뭇거렸으며, 자신의 시장은 일본의 후지(Fuji), 그리고 독일의 아그파(Agfa)에게 잠식당했다. 1980년대까지 코닥의 이익은 심각하게 떨어졌다. 코닥은 의사결정이 매우 느렸고, 생산부서와 재무부서에 근무하는 종업원들 사이에 일어나는 그 흔한 갈등 때문에 곤궁에 처하게 되었다. 1983년 새로운 회장 콜비 챈들러(Colby Chandler)는 회사의 사업분야들을 잘라내고, 분리시켰으며, 다른 사업분야들을 매수했다. 1990년 회사의 기술자 출신 최고경영자 케이 휘트모어 (Kay Whitmore)는 사업구조 조정을 거꾸로 실시했다. 즉 최근에 매수한 회사들을 되팔고, 전자사진 —— 이것 또한 잘라낼 때까지만 —— 연구에 집중했다. 1993년 이사회는 모토롤라의 전 회장 조지 피셔(George Fisher) 를 최고경영자로 선택했다. 그는 전자사진에 관심을 기울였고, 코닥을 정보혁명의 중심에 올려놓겠다고 공언했으며, 이와 관련 없는 회사들 을 매각해버렸다. 그러나 그 또한 코닥을 안전했던 과거로부터 끌고 나와 예측을 허락지 않는 미래로 향하면서부터 거창한 난제에 부딪치고 있다.

GE

1900년 미국의 최고 12대 기업 가운데 GE만이 90여 년이 지난 뒤에도 그 위치를 유지하고 있다. 1990년대가 되자 GE는 미국 기업 가운데 가 장 존경받는 모범적 혁신기업이 되었다. 그러나 GE는 기업으로서 최초 의 특성을 거의 잃고 있었다.

GE는 전구를 발명한 토머스 에디슨(Thomas Edison : 1847~1931)에 의해 1878년 설립되었다. GE는 거의 1세기 동안 큰 변동 없이 확장해왔 으며, 빵 굽는 기계에서부터 제트 엔진, 그리고 원자로까지 진정 거의 모든 제품을 생산해왔다. GE는 미국의 경쟁자들과는 담합을 했고 간혹 반트러스트 제소를 당하기도 했다. 두 차례의 세계대전을 치른 뒤 GE는 「기업 장군들(역주 GE의 General이 장군이라는 의미이므로 이를 비유함)」 가운데 하나가 되었고, 군산복합체의 핵심분야를 담당했으며, 군대보다 도 더 영구적으로 보이는 준군대적인 조직구조 아래 업무를 수행했다. 강력한 최고경영자들은 통일적인 회사인간으로 구성된 사업부문을 운영 했다. 회사가 꾸민 연극 —— 커트 본겟(Kurt Vonnegut)은 이렇게 표현했다—— 은『시스템 내에서 수행하는 좋은 행동의 본질을 분명하게 해 주었고, 회사의 형태는 미래의 도전에 맞설 수 있도록 해주었다.』GE는 영국의 자회사와 마찬가지로 엄격한 재무통제방법을 개발했다. 1970년 대 GE는 영국 출신의 회계전문가 레지 존스(Rej Jones)가 강력하게 끌고 갔는데, 그는 40만 명에 달하는 종업원들을 미래의 연구와 개발을 전담 하는「부문별」최고경영자의 팀으로 재편했다.

그러나 GE 또한 세계경쟁의 강풍을 느끼게 되었고, 저생산성과 수익 감소를 기록하게 되었다. 한편 원자로 개발계획이 스리마일 섬(Three Mile Island) 사고 때문에 주춤했는데, 그것은 원자력 발전의 진정한 위 험을 노출시킨 사건이었다. 1981년 GE의 이사회는 새로운 최고경영자를 지명했다. 잭 웰치(Jack Welch)는 기관사의 아들이었으며, 이미 플라스 틱 사업부문에서 두각을 나타낸 화학기사였다. 웰치는 곧 일본의 마쓰시 타, 그리고 네덜란드의 필립스로부터 한층 더 치열한 경쟁을 맞게 되었 다. 필립스는 1983년 GE의 숙적 웨스팅하우스를 매입했다. 처음에 웰치 는 겸손하고 자기주장이 없는 듯 보였다. 1984년 그는 랠프 네이더에게 다음과 같이 말했다.『나는 책의 한 부분이 되고 싶지는 않아. 나는, 다 만 욕심 많은, 철저히 더러운 경영자야.』그리고 그는 표현의 자유를 적 극적으로 허용했다.『이것은 진정 문제의 핵심이야. 우리는, 사람들이 진실을 말하도록 하기 위해 벌을 줄 수 있을까?』그러나 그는 오래된 기업에 활력을 불어 넣는 데 열정을 쏟아부었다. 그는 정열적인 리더십 의 가치를 믿었고 처칠과 루스벨트를 모델로 삼았다. 그는 유연성의 필 요성을 역설했던 프러시아의 군사참모 폰 몰트케(Von Moltke)를 연구했 다. 그리고 일본에 대해서도 연구했다. 웰치는 다른 기업들의 여느 최고 경영자들보다도 훨씬 재빨리 무제한적인 세계무역의 영향을 충분히 깨달 았고, GE를「이 지구상에서 가장 경쟁력 있는 기업」으로 만들 것을 결 심했다.

그는 간단한 원칙을 하나 정했다. GE의 모든 제품은 그 시장에서 1위 또는 2위를 해야 한다. 그렇지 않으면 처분한다는 것이었다. 그는 GE의 죄대 자부심이었던 컴퓨터와 가전제품을 포함해 그룹의 모든 사업을 재평가하고 처분했다. 그는 GM과 IBM이 겪었던 그런 재난을 피하게 해준 그 명쾌한 감각으로 GE를 재창조했다. 그러나 그 또한 그가 잘 모르는 색다른 사업분야, 예를 들면 고용주 보험 · TV 네트워크 NBC · 투자은행 키더 피보디(Kidder Peabody)사를 사들였다. NBC는 1위에서 곧장 3위로 내려갔고, 1994년 피바디는 웰치에게 엄청난 문제를 안겨주었는데, 내부거래와 가공이익 조작사건은 결과적으로 GE의 통제력 부족을 심각하게 노출시킨 셈이었다. 웰치는 해럴드 제닌 또는 로저 스미스와 똑같은 환상 때문에 고통받고 있는 것인가? 『당신이 자신의 회사를 스스로 경영할 수 없으면, 당신이 모르는 회사를 하나 사라』는 것 말이다.

웰치는 거대한 관료주의를 거부했고, 종신고용이라는 오래된 관습을 폐기했다. 그는 관료주의와 종신고용을 「가부장적이고, 봉건적이며, 쓸데없는 충성심」만 생산했다고 불평했으며, 그 대신 「경쟁할 의사가 있는 사람들에겐 이 세상에서 최고의 일자리」를 제공했다. 웰치는 종업원들을 무자비하게 잘라내었는데, 그로 인해 그는 「중성자탄 잭」이라는 악평을 듣게 되었다. 그는 중성자탄처럼 건물은 다치지 않으면서 사람만을 죽였으니 말이다.

그는 동쪽, 즉 일본뿐만 아니라 중국으로부터도 많은 영향을 받았다. 그는 각종 슬로건과 원칙, 그리고 「워크 아웃(Work-Out)」이라고 불리는 교육 프로그램을 개발했다. 웰치에게 조언하는 어느 컨설턴트에 따르면, 워크 아웃 프로그램은 모택동의 문화혁명 이후 인간의 행동을 바꾸기 위한 것으로는 가장 규모가 크고 계획된 노력이었다고 했다. 웰치의 「기업 메시지」에는 분명히 모택동류의 취향이 담겨 있다. 그 기업 메시지에는 영구적 혁명, 다섯 개의 원칙, 그리고 세 가지의 목표가 포함되었다. 웰치는 단기간의 십자군 운동으로는 사람의 마음과 오랜 관료주의적 습관을 바꿀 수 없었다고 주장했다. 그러나 그것은 과연 진정한 해방이었는가?

웰치는 자신을 해방자로 자처하고 다른 사람들로 하여금 자신의 책임과 능력을 인식할 수 있도록 자극했다. 그의 주요 슬로건은 『당신의 운명을 개척하라. 아니면 다른 사람이 당신의 운명을 좌지우지할 것이다』라는 것이었다. 그러나 진정 누가 통제당하고 있는지는 모두가 알고 있었다. 웰치는 자신의 추종자들을 선택하고는 개혁을 추진했고, 「저항자들」을 잔디를 깎듯 쫓아내 버렸다. 그는 결혼축하 케이크와 같이 오래된 피라미드식 조직구조 대신 수레바퀴식 조직을 도입했다. 바퀴를 중심으로 13개의 살이 있는 수레바퀴처럼 본사를 중심으로 수많은 사업들을 13개의 분야로 나누었다. 이제 GE에는 반대하는 세력도, 그리고 중심세력도 훨씬 줄어들었다. 그는 공화국을 왕정으로 바꾸어 놓았던 것이다.

웰치의 새로운 경영방식은 수백 개의 기업들에게 영향을 미쳤는데, 영국의 BP와 미국의 보잉 등은 최고경영자를 보내 워크 아웃 프로그램과 GE의 평가 시스템을 벤치마킹했다. 웰치의 컨설턴트로서, 《변혁추구형 리더(The Transformational Leader)》의 저자인 노엘 티치(Noel Tichy)는 1960년대의 심리학 이론을 현대적으로 재구성하고 팀빌딩 코스를 추진했고, 경영자들을 한데 모아 게임학습을 집중적으로 훈련시켰으며, 한층 더 솔직하게 의사소통하는 방법과 문제해결방법을 배우도록 했다. 그러나 1960년대의 직장 안전성이 사라진 상태에서 일부 참가자들은 훈련과정의 진정한 목적이 무엇인지에 대해 우려했다. 그것은 진정한 자기개발인가, 아니면 세뇌활동인가?

춤추는 거인

1990년대가 되자 세계무역의 충격은 대부분의 미국기업들로 하여금 한층 더 유연하고 민첩해지도록 강요했으며, 훨씬 규모가 작은 기업처럼 활동하도록 몰아갔다. 몇몇 기업들에게 자문을 했던 하버드 대학교의 로자베스 모스 캔터(Rosabeth Moss Kanter) 교수는 회사들에게 『춤추는 법을 배우라』라고 조언했다. 그러나 경영전문가의 대담한 충고와 종신고용의 회사인간의 태도를 변화시키기 위한 길고도 지루한 과정 사이에는 엄청난 벽이 존재했다. 수백 명의 종업원들을 해고시키는 일은 상대적으로 쉬웠다. 한층 불안정한 회사 분위기 아래에서는, 남아 있는 사람들에게 장기적인 관점을 갖도록 다시 설득하는 일이 훨씬 더 어려웠다. 그리고 미국회사들은 한편으로는 일본방식을 많이 받아들이면서도, 다른 한편으로는 지금도 거의 모든 일본기업에게는 여전히 중심사상인 회사에 대한 충성심과 직업 안전성은 부정했던 것이다.

기업가들과 레이더스는 회사를 흔들어놓는 방법, 종업원을 해고하는 방법 또는 회사를 분할하는 방법을 알았는지는 모르지만, 회사를 다시 추스리고 미래에도 지속적으로 성장하게 하는 방법은 몰랐다. 1980년대는, 재무전문가들에게는 엄청난 보상을 지급한 반면, 회사를 꾸준히 계획할 줄 알고 다른 사람들로 하여금 열심히 일하도록 영감을 불어넣을 수 있었던 가장 효과적인 회사인간의 지위를 깎아내렸던 것이다. 기업전쟁은 극단적인 두 유형의 회사인간들 —— 캔터가 표현한, 코닥의 기업관료와 애플의 카우보이 모두 —— 을 모두 쓰러뜨렸다. 그러나 어느 쪽도 자신만의 힘으로는 회사를 살릴 수 없었지만, 두 스타일이 합쳐지면 더욱 어려웠다. 그리고 해결책은 모두 훨씬 더 어려웠다. 왜냐하면 기업마다 그 기본적인 특성이 의문의 대상이 되었기 때문이었다. 캔터의 이야기를 들어보자.

　기업은 인위적인 구조물이다. 기업의 정의에는, 기업이 사회적 복지를 지탱해야 한다거나 사회적 복지를 위한 중심적인 도구가 되어야 한다는 것이 없다. 그러나 기업은 또한 한 묶음의 거래 이상의 의미를 띠고 있다. 기업은 평생을 그 곳에 헌신하는 모든 사람들에 의해 의의와 가치가 스며든 곳이다. 그러므로 진정한 기업이란, 그들 가족의 복지를 해결하는 일차적인 수단이다. 우리는 기업이 사람을 돌보아주기를 바랐고 또한 오랫동안 그래주기를 바랐다. 그러나 오늘날 인간에 관해 강한 가치와 관심을 갖는 그런 기업들마저도, 한층 더 재빨리, 창자를 쥐어짜는 듯한 변화를 시도하지 않으면 안 된다.

제 15 장

아버지의 가출

　서구의 기업들은 여전히 그들의 종업원들을 돌보고 있는가? 그리고
「가족 복지의 주요 수단」으로 남아 있는가? 아니면 누가 그 자리를 차
지했는가? 1980년대를 통틀어, 그리고 1990년대 초반의 몰락한 기업
가운데 가장 극적인 것은 IBM이었다. IBM은 20세기 동안 내내 가부장
주의와 직업 안전성의 본보기였고, 다른 회사들에게는 치명적인 영향을
준 기업의 흥망성쇠 과정에 전혀 영향을 받지 않는 기업인 듯했다.

　1970년 토머스 윗슨 2세는 심장발작을 일으킨 뒤 일찍 회장직에서 물
러났었다. 그러나 그의 후계자, 즉 빈슨 리어슨(Vinson Learson), 프랭
크 캐리(Frank Cary), 그리고 존 오펠은 창업자 윗슨의 유산인 종신고용
제도를 유지했고 종업원들을 돌보아주었다. 그러는 동안 이익도 일자리
도 지속적으로 늘어났다. 1984년 IBM의 수익은 66억 달러로서 배증했
다. 그 당시로서는 어느 회사보다도 높은 기록이었다. 〈포천〉지는 IBM
이 미국에서 가장 존경받는 기업이라고 기록했다.

그러나 그 다음해 최고경영자의 자리에 오른 존 에이커스는 계속되는
충격으로 당황했다. 해외로부터는 메인프레임 컴퓨터가 치열한 싸움을
걸어왔고, 국내에서는 개인용 컴퓨터가 쳐들어 왔다(제13장 참조). 몇몇
예민한 경영자들은, IBM이 관료주의적 무기력 때문에 고통받고 있다는
것을 알아차렸다——어느 임원은 『경영층은 제품과는 완전히 단절되었
던 것 같다』라고 말했다——그리고 그 당시 영국 자회사의 유능한 경영
자들은 영국 정부, BT 또는 다른 기업체의 최고경영자로 자리를 옮겼
다. 그러나 IBM의 이익이 떨어지는 동안에도 종업원들은 해고당할 수
있다는 생각은 전혀 하지 않았고, 1989년 종업원들은 여전히 거의 40만
명에 육박했다. 1992년이 되자 위기는 완연해졌다. IBM은 역사상 어떤
기업보다 더 많은 적자를 기록했고, 명예퇴직을 통해 인건비를 삭감해야
했다.

1993년 IBM의 이사회는 에이커스를 해임하고, 몇 차례 심사숙고 끝에
RJR-내비스코를 재조직했던 루이스 거스트너를 후임으로 지명했다. 거
스트너는 매킨지 사의 컨설턴트 출신으로 컴퓨터 문화와는 관계가 없었
고, IBM의 가부장적 전통에 대해서는 거의 존경심을 갖고 있지 않았
다. 1993년 3월 그는 처음으로 그 전통을 깨고, IBM은 수만 명의 종업
원들을 해고할 것이라고 선언했다.

필자는, 그런 결정이 어떤 영향을 미쳤는지를 확인하기 위해 6개월 후
IBM이 성장해온 장소이자, 최대의 노력을 집중하고 있는 뉴욕 주의
IBM 소재지로 여행했다. 필자는 맨해튼의 북서쪽에 있는 수스쿠해나
(Susquehanna) 강변의 마을로서 IBM의 탄생지인 엔디콧부터 시작했
다. 그 곳은 여전히 회사마을을 희화화해놓은 것 같았다. 윗슨 대로에는
IBM의 로고가 새겨진 시계탑이 서 있었고, 일련의 IBM 공장들이 죽 늘
어서 있었는데, 그것은 문명화된 기업건축의 역사를 보여주고 있었다.
마을 바깥으로 IBM의 컨트리 클럽이 IBM의 골프 코스를 내려다보고 있

었다. 언덕의 대저택과 같은 연수원에는 IBM의 종업원들이 연수를 받으러 왔는데, 웟슨 초상은 이들을 따뜻한 눈으로 쳐다보고 있었다.

그 곳은 모두 부정(父情)에 넘치는 분위기였다. 그러나 이제 아버지는 없었다. 1993년 한 해 동안 IBM의 엔디콧 공장은 7,000명의 일자리를 감축했고, 남은 사람들은 그 다음 단계를 기다리고 있었다. 그 지역의 책임자 토머스 루언(Thomas Ruane)은 나에게 확신을 가지고 말했다. 일시해고는 전혀 없었고, 다만 「엔디콧 이직기회 프로그램(Endicott Transition Opportunity Program : ETOP)」을 통해 자발적인 퇴직만 있었다는 것이었다. 그는 자기 자신도 53세에 은퇴할 예정인데, 퇴직조건이 너무나 좋아 그것을 따를 수밖에 없다고 말했다. 회사일을 그만두고 골프를 치고 싶어 기다릴 수가 없다는 듯 말이다. 루안의 후임자 마이클 플래너건(Michael Flanagan)은 적극적인 성격으로 입을 크게 벌리고 웃는 사람이었는데, ETOP를 싫어한 사람들은 단 둘뿐이었다고 말했다. 그는 전혀 심리적인 고통을 느끼지 않았다. 나는 『은퇴자는 허가 없이 회사에 들어올 수 없다』라는 경고표시를 조금 전에 보았다고 말했다. 『그것은 급작스런 일이라 충격을 주지 않을는지?』 루안과 플래너건은 의아한 듯이 서로 쳐다보더니, 그것은 단지 사무실의 보안을 위한 것이라고 설명했다.

IBM 종업원들의 이야기는 달랐다. 엔디콧에서 수표 분류기를 만들고 있던 리 콘래드(Lee Conrad)는 「IBM 근로자 연합회」를 대표하고 있었으며, 매월 〈저항자(Resistor)〉라는 뉴스레터를 발행하고 있었다. 〈저항자〉에 의하면 종업원들은 ETOP를 통해 퇴직을 강요받았으며, 시달림과 수모를 받았다는 것이었다. 사실 ETOP는 『늙은이를 쫓아내라(Eliminate The Old People)』를 의미한다는 것이었다. 콘래드는 『스트레스 수준이 엄청나게 올라갔다』라고 말했다.

또한 자본 손실이 지역경제에 미친 영향은 일자리의 축소와 거의 맞먹었다. 엔디콧 전역에는 IBM의 주식을 상속한 부유층 가정이 많았다. 지금은 주가가 떨어졌고 1993년 배당은 반으로 깎였다. 그러나 근로자들은 고위관리자들보다 훨씬 더 취약했고 수동적이었다. 고위관리자들은 늘 다른 곳으로 전직할 수 있었던 반면, 근로자들은 이직의 기회가 적었다. 어느 은행가는 『여기에는 항상 매우 강한 공동체 의식이 있었다』라고 말했다. 『관리자들은 「IBM이라, …그건 내가 떠났다(I've Been Moved)라는 뜻이지」라고 농담을 했다.』 그러나 근로자들은 깊숙이 뿌리박고 살았고, 교회에 열심히 나가는 전통도 지켰다. 그들은 마치 레밍쥐(역주 lemmings : 일명 「나그네 쥐」라고도 하며, 집단으로 이동하고 길을 잘못 든 리더를 따라 연못이나 낭떠러지에 떨어져 죽는 경우도 흔하다)처럼 개인적인 충성심이 강했다.

  지역주민들은 사회에 대해 점점 더 긴장을 느꼈다. 엔디콧의 시장 데이비드 아처(David Archer)는 『IBM은 모든 사람에게 영향을 미친다. 다른 사업에도, 학교의 아이들에게도 그렇다』라고 말했다. 전직 IBM 종업원의 아들이자 IBM으로부터 많은 환자를 진료하고 있는 어빙 로스(Irving Rothe)는 사려 깊은 의사로서 사람들로부터 존경받고 있었는데, 그는 『이 곳은 유령의 도시가 되고 있다. 우리의 사회를 재창조하지 않으면 안 된다. 스트레스 받을 일들이 많다』라고 말했다. 엔디콧을 관할하는 브룸카운티(Broome County)의 정신보건당국 책임자 댄 코플린(Dan Coughlin)은 『아무도 그런 일이 일어나리라고는 생각지 않았다. 병원에 와보면 알 수 있다. 일시해고는 마을 전체의 심리상태에 지대한 영향을 미쳤다』라고 말했다. 『우리는, IBM은 지브롤터의 바위처럼 굳건하다고 생각했다. 정신건강진단 수요는 지난 18개월 동안 33%나 상승했다. 이 곳은 애들을 꾸짖는 아버지를 점점 더 닮아가고 있다. 사람들은, IBM이 떠나면 지역사회도 사라진다고 생각한다.』

  필자는 엔디콧에서부터 더체스(Dutchess) 카운티를 따라 차를 몰았다. 맨해튼 북쪽의 허드슨 강을 따라 70마일을 달려갔는데, 실제로 그 곳은 IBM 카운티나 마찬가지였다. 1992년 말까지 허드슨 강변을 따라 들어서 있는 세 개의 IBM 공장들——푸프킵시(Poughkeepsie), 킹스턴(Kingston), 이스트 피시킬(East Fishkill)——은 2만 1,000명을 고용하고 있었다. 그러나 6개월 후에는 1만 4,000명으로 떨어졌다. IBM은 한번도 일시해고(layoff)라는 말을 사용한 적이 없다. 그러나 지금 그것은 좋게 말해 그런 것이다. 킹스턴의 공중관계 담당자 스티븐 콜(Stephen Cole)은 말했다. 『그것은 위장한 것이다.』

더체스 카운티는 풍요한 시골 모습을 하고 있다. 우아한 농장가옥, 숲으로 뒤덮인 언덕, 예쁜 마을……. 그러나 더체스 카운티——훗날 제임스 2세가 된 요크의 공작(Duke of York)이 1683년 자신의 부인 마리아 베아트리체 데스테(Maria Beatrice d'Este) 공작부인(Dutchess)의 이름을 따서 설립한 이래——는 이미 빈곤과 의존의 역사를 한 번 경험했었다. 18세기 허드슨 강을 따라 항구들은 산업과 무역의 중심지 노릇을 했다. 그러나 중서부가 개척되자 규모가 큰 건물들은 값이 떨어졌고 항구는 쓸모 없어졌다. 따라서 많은 가족들은 하이드 파크의 루스벨트 가문에게 의존했고, 대공황 시절에는 프랭클린 루스벨트의 도움으로 뉴욕주가 제공한 감옥이나 심리치료소와 같은 공공기관에서 생활했다.

1942년 IBM은 더체스로 왔다. 푸프킵시에 있는 조립공장을 사들이고는 대규모의 공장을 지었다. 대형 컴퓨터·마이크로 프로세서 그리고 각종 사무기기들을 차례로 생산했다. IBM은 곧 그 지방의 최대 고용주가 되었고, 점잖고도 풍요한 삶을 제공했다. 허드슨 강을 따라 들어선 공장들은 깨끗했고 멋있었다. IBM의 관리자들은 숲으로 둘러싸인 오래된 농장건물들을 수리해서 살았는데, 공장에서 20분도 채 걸리지 않았다. 시골풍경 뒤로 IBM의 돈은 학교로, 도로로, 교회로, 그리고 바사르(Vassar) 대학 또는 마리스트(Marist) 대학 등 곳곳으로 스며들었다.

그러나 카운티는 위험스럽게도 IBM에 대한 의존심을 높여갔다. 다섯 개나 되는 지방 신문사를 운영하는 해밀턴 메서브(Hamilton Merserve)는 다음과 같이 기술했다. 『IBM은 카운티의 정치인들로부터 책임을 빼앗아 갔다. 왜냐하면 IBM이 그 곳에 있었고, 그들은 무엇에 대해서도 거부할 수 있었기 때문이었다. IBM은 모든 것을 빨아들였고, 노동력 부족사태를 야기했다. 카운티는 경제개발의 필요성을 느끼지 않았다.』 광대한 IBM의 공장들은 더체스 카운티의 경제적 중심지였다. 한편 IBM의 컨트리 클럽은 사회적 중심지 역할을 했다. 그 곳에는 IBM의 아이들이 하루 종일 놀 수 있는, 잘 깎은 잔디밭과 정돈된 정원으로 꾸며진 공원이 있었다. 그 곳에서 은퇴자들은 골프를 즐겼고, 토머스 윗슨 기념컵을 놓고 승부를 겨루기도 했다.

이는 카운티의 행정도시 푸프킵시의 중심가와는 엄청난 대조를 이루는 것이었다. 대로변의 상가 건물은 시대극을 찍는 낡은 영화촬영장 같았고, 1870년대의 더러운 상업용 건물이 그대로 있었으며, 장식이 달린 단층건물들과 낡은 백화점에는 「재개발」이라는 푯말이 달려 있었다. 그 곳에는 『나는 푸프킵시에서 해야 할 역할이 있지』라는 낙서도 있었다. 그러나 가장 큰 역할은 IBM의 몫이었다.

IBM이 처음으로 대량 일시해고를 통고했을 때, 카운티의 관리들은 그 도시에는 해고자들을 고용할 만한 다른 고용주들이 없다는 것을 알아차리는 데 한참이나 걸렸다. 텅 빈 빌딩들에는 자료를 처리하는 데 매우 적합한——다른 용도로는 쓸 수 없는——값비싼 장치들로 가득 차 있었다. 주지사 윌리엄 스타인하우스(William Steinhaus)는 문을 닫은 사택이 있는 지역에서 그 충격을 괴로운 심정으로 바라보았다. 그의 아버지는 IBM에 납품했고, 그는 IBM의 아이로 자랐으며, 잔디밭에서 공장들이 커가는 것을 보았었다. 그는 허드슨 강이 내려다보이는 널따란 사무실에서, 나에게 다음과 같이 말했다. 『우리가 아프거나 가족에 문제가 생기면, 나의 아버지는 언제나 「IBM이 해결해줄 거야」라고 말했다.』
『IBM 종업원이 할 수 있는 말이라곤 IBM에 대한 것밖에 없을 때, 얼마나 많은 사회적인 문제가 있었겠는가? 그들의 가족, 아이들, 여행 등 모두가 IBM과 연결되어 있었다.』 지금 스타인하우스는 모든 것이 해체되는 상황을 맞고 있다. 『우리는 지역사회란 매우 부서지기 쉬운 것임을 알게 되었다. 일시해고와 관련하여 스트레스가 많이 쌓였고, 가정폭력과 정신질환자도 늘어났다. IBM 내부에서마저도 상황은 근본적으로 변했다. 직업에 안정성이 없었기 때문에 큰 불안 속에 나날을 보내고 있다.』

지역의 교회들이 가장 큰 타격을 입었다. 나는 키가 크고 수염을 기른 전직 교사출신의 제임스 헤론(James Heron) 목사와 이야기를 나누었다. 그는 이스트 피시킬의 조그만 교회를 돌보고 있었으며, 신자 중 반은 IBM과 관련되어 있었다. 헤론 목사는 『우리는 바닥이 드러났다』라고 말했다. 『이 곳은 진정 IBM 마을이다. 내 자신은 어느 누구보다 관심도 많았다. 이런 큰 슬픔은 내 평생 처음이다. 마치 아버지가 아이들을 버리고 가출해버린 것 같다.』

그는, IBM이 무능한 관리자들에게 너무 잘 대해주었다고 생각하고 있었다. 『그것은 마치 교구의 목사를 쫓아내려고 노력하는 것 같다. 그건 옳지 않다.』 그러나 그는 회사만큼이나 종업원들도 비난했다. 『가부장주의란 늘 양방향이었다. IBM은 IBM의 가치를 강요하지는 않았다. IBM은 IBM의 사람들이 원하는 것만을 주었다. IBM은 자신의 아이들에게 너무나 많은 것을 준 아버지와 같았다.』 헤론은 마을의 붕괴를 한탄하지는 않았다. 『사람들은 더 나은 가치관을 갖고 다시 일어설 것이다. IBM 공동체란 늘 신화였다. IBM은, 서비스는 제공했을망정 진정한 공동체 또는 인간성을 제공하지는 않았다. 나는 마치 전시 때처럼 신자들이 늘어나는 것을 본다. 그러나 교회는 IBM과 같은 아버지의 모습을 제공하지는 않는다. 교회는 서로가 서로에게 중요한 사람이 되도록 한다. 우리는 훨씬 더 건강해지고, 한층 더 현실적인 장소가 될 것이다. 하느님은 우리들에게 겸손을 가르치고 있다.』

또 다른 교구의 목사 데이비드 웨이(David Way)는, 그 자신 또한 한때는 IBM에 몸담고 있었는데, 지금은 플레즌트 밸리(Pleasant Valley)에서 전직 IBM 종업원들이 대부분인 조그마한 교회를 맡고 있다. 그는 『그들은 지금 괴로운 심정으로 배반당한 느낌을 갖고 있다』라고 말했다. 『우리는 마치 우리가 실패의 원인이 된 듯 느끼고 있다. 최고 경영자들은 수백만 달러를 벌고 있는데도 말이다.』

IBM이 내쫓아버린 자리를 어느 공동체가 메워줄 수 있을까? 두 목사들 모두 부정적이었다. 헤론 목사는 『우리는 여기에서 엎드려 살지만, 정신적으로는 더 나아질 것이 없다』라고 말했다. 웨이 목사는 『내 생각으로는 교회가 책임을 져야 한다고 생각하지만, 어려울 것 같다』라고 했다.

은퇴자들마저도 무엇이 자신들을 그렇게 만들었는지 스스로 알아차리는 데 시간이 걸렸다. IBM의 종업원이 된다는 것은 직업을 갖는 것이라기보다는 국적을 갖는 것과 같았다. 그런 자아정체감을 상실하는 것은 거의 국적을 상실하는 것과도 같았다. 필자가 몇몇 은퇴자들을 만나보려고 했을 땐 거의 모든 은퇴자들이 집에 있었고 자신들에 대해 뭔가 말을 하고 싶어했다. 이스트 피시킬에서 12년 간 시설관리자로 일했던 브라이언 무어(Brian Moore)는 『나는, 우리가 겪었던 희생과 스트레스를 사람들이 이해한다고 생각하지 않는다』라고 했다. 『그것은 가족지향적 회사였다. 가족잔치도 열어주었으며, 아이들을 위한 크리스마스 쇼도 개최했다. 지금 나는 컨트리 클럽에도 못 가고… 그것이 안됐어.』

「해고」 통지를 받기 전, IBM의 마케팅 서비스 부문에서 근무했던 매리 프랜시스 미첼(Mary Francis Mitchell)은 『지난 1월 나는 나의 일자리가 이 나라에서 제일 안전하다는 말을 들었다』라고 했다. 『2월이 되자 일자리의 반이 날아갈 것이라는 말을 들었다. 사람들은 스트레스를 받아 어쩔 줄 몰라 했다. 많은 사람들이 포기상태였다.』 그녀는 남편과 함께 개인상담 서비스 사무실을 내기로 결정했다. 어느 IBM 종업원은 『IBM 은 늘 가족지향적이었다』라고 말했다. 『그들은 모든 아이들에게 크리스 마스 카드를 보냈고, 25주년 기념 클럽도 운영했으며, 죽은 사람에게는 조화도 보냈다. 물론 사람들은 의존심이 늘어났다. 그러나 누구 잘못인 가? 지금은 모두가 변했다. 주차장도 텅 비었다. 서기 2006년 황폐해 진 지구 모습을 다룬 영화를 보는 것인지…….』

그러면 비난받을 자는 누구인가? 거의 모든 전직 IBM 종업원들은 2 만 5,000여 명이나 되는 중간관리자들을 비난했다. 검정색 정장에 흰색 와이셔츠를 입고 넓은 사무실에 앉아서 「생각하라」라는 팻말을 쳐다보면 서 도대체 뭘 생각하고 있었단 말인가? 프로그래머와 근로자들은 중간 관리자를 「지퍼달린 머리(지퍼를 열어 내보내야 할 사실로 가득 찬 머 리)」 또는 「커다란 회색 구름」이라고 불렀다. 간혹 IBM의 사무실을 방 문했던 어느 공급자는 『별일도 하지 않는 온갖 종류의 사람들이 있었 다』라고 했다. 『우리 회사를 다니던 어느 엔지니어가 IBM에 취직했는 데, 6개월 후에 되돌아와서는 IBM에서의 하루 일거리는 단 두 시간 내 에 모두 처리할 수 있었다고 불평했다.』 1990년 IBM을 떠나기 전 국제 문제를 자문하고 있었던 조 데이비스(Joe Davis)는 『IBM은 중간관리자 들이 정말 너무 많다. 문제가 생길 때마다, 그런 일이 다시 일어나지 않 도록 해야 한다면서, 또 하나의 전담부서를 만들었다』라고 회고했다.

IBM의 중간관리자들은 의사소통을 제대로 못한 데 대해서도 비난을 받았다. 정말이지, 그것도 커뮤니케이션이 본업인 회사에서 말이다. 1970년 《게임스맨(The Gamesman)》을 쓴 심리학자 마이클 매코비는 한 때 IBM의 자문교수였으므로 IBM을 가까이서 관찰할 수 있었다. 그는 다음과 같이 말했다. 『그들은 고도로 잘 짜여진 계층구조를 유지하고 있었는데, 그 때 이미 다른 회사들은 그 반대로 가고 있었다. 대형 컴퓨터의 하드웨어는 융통성이 없는 심리적 구조를 만드는 데 협조한 것 같다. IBM의 최대 강점이 이제 최대 약점이 되었다.』 확실히 경직된 의식상태가 전직 IBM 종업원들로 하여금 새로운 활로를 찾는 것을 방해한 듯싶었다. 젠 모서(Gene Moser)는 1993년 해고되기 전까지 거대한 대형 컴퓨터 IBM360을 다루고 있었다. 그는 대형 컴퓨터와 개인용 컴퓨터의 차이를 대기업에서 영세 소기업으로 전환하는 상태에 비유해서 설명했다 —— 그 기간 동안 IBM은 그를 재교육시키지 않았던 것이다. 모서는 『IBM이 붕괴하게 된 원인의 절반은 작은 기계들(개인용 컴퓨터들)과 IBM의 경영방식이 조화를 이루지 못했기 때문이었다』라고 말했다.

IBM은, 해고당한 관리자들이 충격받을 것으로 예상했기 때문에 「근로자 전직」·「직업소개」·「다운사이징」 그리고 「재교육」을 전문으로 하는 회사 드레이크 빔 모린(Drake Beam Morin : DBM)을 끌어들였다. 회사 규모가 줄어들면 들수록, DBM의 규모는 커졌다. 1993년이 되자 DBM은 미국 내에 65개의 사무실과 62개의 해외 사무실을 갖게 되었다. 윌리엄 모린(William Morin) 회장은 다운사이징을 하는 도중에 기업에 대한 충성심이 근본적으로 감소하는 것을 관찰했다. 『회사들은 아직도 근로자들이 자기 자신의 경력에 대해 책임을 져야 한다고 말하기를 꺼린다.』 최초의 일시해고가 있은 지 6개월 후 찰스 알브레히트(Charles Albrecht)가 이끄는 DBM의 한 팀이 푸프킵시에 있는 IBM 사무실에 배치되었다. 알브레히트는 가정의처럼 온화한 타입의 인물이었다. 그는 나에게 다음과 같이 말했다. 『회사가 가부장적일수록, 사람들은 자신들에게 무슨 일이 일어나고 있는지를 이해하기가 어려운 것 같다. 그러나 그것을 이해하고 나면 일은 쉬워진다.』 IBM의 경영자가 처음으로 나쁜 뉴스를 종업원들에게 전한 뒤, 그가 부딪친 가장 어려운 시련은 「대화」였다. 경영자는 그것을 신중히 해야만 했다. 종업원들이 그 의미를 이해하고, 또한 존엄성을 잃지 않도록 말이다. 알브레히트는 나에게 『경험이란 근로자뿐만 아니라 관리자에게도 큰 영향을 미칠 수 있다』라고 했다. 근로자의 첫번째 문제는 대체로 『내 마누라에게 뭐라고 말하지?』였다. 충고하자면 그 사실을 바로 전화로 알려줄 것이 아니라, 얼굴을 마주대고 이야기하거나 감정을 가라앉히고 아내의 걱정을 완화시켜야 한다는 것이다. 그렇지 않으면 자칫 가출로 이어질 수도 있다. 그 후 DBM의 어느 파견자는 가장 마음 약한 해고자들을 파악하고, 그들의 자신감을 소생시켜주었다. 알브레히트는 다음과 같이 기술했다.

그들은 회사와 관계를 맺지 않고도 자신들의 가치를 알게 되었다. IBM의 수많은 종업원들은 자신들이 갖고 있는 여러 가지 기술의 가치를 인식하지 못했다. 그들은 마치 군대의 팀과 같아서 혼자 잘난 체하려 들지 않았다. 자신을 내세울 필요가 없었던 것이다. 직업을 찾을 때 첫번째로 필요한 것은 네트워크를 형성하는 것이었다. IBM에서 그들은 안에서 그들끼리만 알고 지내는, 가족과 같은 상황에 익숙해 있었다. 그러나 바깥 사정은 달랐다. 외부 네트워크가 어떤 것인지 알고 난 뒤에 그들은 그것을 찾으러 나갔으며, 자신의 지식을 적극 활용했다.

나는, 자신이 IBM의 종업원이라는 것을 늘 인식하고 살았던 사람들이 자아정체감은 상실하지 않았는지 물었다. 몇몇은 쇼핑을 하러 갈 때도 IBM 시절의 명찰을 달고서 남들이 자기를 알아보도록 했다. 이에 대해 알브레히트는 말했다. 『그것은 젖을 떼는 과정이라고나 할까? 그들에게 사무실 출입증을 사용하지 말라고 하면, 그들은 마치 회사에 대한 마지막 연결고리를 잃는 듯이 느꼈다. 그래서 우리는 당분간 제한적인 출입을 허용했다.』 나는, 모든 참가자들이 협회의 명찰을 달고 있었던 어느 회의를 회고하면서, 문제는 한층 더 본질적인 것이라고 제안했다. 그렇지 않고는 어떻게 살아나갈 수 있을까? 알브레히트는 모든 것이 변하고 있다고 했다. 『대략 5년이 지나면, 그들은 IBM이나 GM에 있었다고 말하지 않을 것이다. 그들은 그들이 하는 일로서 자신의 정체감을 인식할 것이다. 내 아이들은 자신을 회계사 또는 변호사로서 인식하지, 어느 조직에 속해 있다고 생각지 않는다.』

그러나 더체스 카운티 주민 가운데 IBM 종업원이 아닌 사람들이 보기에, IBM 종업원들은 자영업 또는 규모가 작은 회사에 근무하는 데 특별히 어려움을 겪는 것처럼 보였다. 지방신문을 발행하는 메서버의 말을 들어보자. 『IBM에서 퇴직한 두 사람이 근무했으나 오직 2주일밖에 견디지 못했다. 그들은 비현실적인 세계에 살고 있는 것이다. 구직자를 위한 광고에, 단 「전직 IBM 종업원은 사절」이라고 쓰고 싶은 생각마저 든다.』 푸프킵시에서 잡 네트(Job Net)라는 소개업을 경영하는 조지 조네치(George Zornetsy)는 전직 IBM 종업원들을 재고용시키기가 제일 어려웠다고 말했다. 『그들은 도금된 새장에서 살아왔다. 그들은 한번도 이력서를 써보지도 않았고 인터뷰를 해본 적도 없었다. 그들은 한정된, 매우 전문적인 기술만 갖고 있었다. 어떤 사람들에게는, 일시해고를 당한다는 것은 사회적 재난을 당하는 일과도 같았다. 처음에는 그 사실을 믿지 않으려 했고, 그 다음에는 심한 충격과 분노가 뒤따랐다. 복도를 따라 갈 때면 과거의 동료들은 아는 체도 하지 않았다. 심지어 아이들까지도 「뭐하십니까?」라고 물었다.』

바사르 대학에서 도시학을 가르치는 피터 레오나드(Peter Leonard) 박사는 해고의 충격을 완화하기 위해 노력하는 더체스 연맹에 자문을 하고 있었다. 『IBM 사람들은 창백한 얼굴을 하고 다녔다. 우리들은 그 사회적인 낙인을 제거하려고 노력했으나 성공하지 못했다. 그들은 스스로 자책하고, 기업이 자신들을 버렸다고 느꼈다. 그들은 언제나 사회복지문제를 무시해왔다. 지금은 자신들이 그 문제의 일부가 되었다는 것을 인식하지도 못하고 있다.』레오나드는 공동체 의식의 부족에 대해서도 언급했다.『사람들은 늘 회사만 쳐다보았고 지역사회는 무시했는데, 지금 큰 대가를 치르고 있다. 미국의 개인주의 이념은 여전히 살아 있다. 심지어 개인주의 이념은 우리가 함께 일하는 것마저 못하게 막고 있다.』

이런 사태를 회사의 최고경영층에서는 어떻게 보고 있는가? 필자는 아몬크에 있는 IBM 본사를 방문했는데, 그 곳은 25년 전 건물이 완성되고 난 직후 한번 간 적이 있었다. 공원 중간쯤 명상하기에 좋은 일본식 정원으로 둘러싸인 흰색의 고상한 궁전 같은 본사 건물은, 지금은 I. M. 페이(역주 I. M. Pei : 중국계 미국 건축가로서 루브르 박물관 앞 유리 피라미드의 설계자로 유명하다)가 디자인한 유리로 된 출입구가 한층 더 건물의 격을 높여주고 있었다. 안쪽으로 들어서자, 높은 천장은 여전히 옛날의 모습과 같았고, 넓은 회랑의 바닥에는 오렌지색 카펫이 깔려 있었고, 벽에는 윗슨 일가의 우아한 초상화들이 걸려 있었다. 고위 경영자는 지금도 그들의 사무실 문을 열어놓고 있었으나, 책상 위에 「생각하라」라는 팻말은 볼 수 없었고, 색깔 있는 와이셔츠를 입고 있는 중역들도 있었다.

그러나 회사의 분위기는 완전히 변했다. 새로 부임한 회장 거스트너는 오만함과 내부지향성을 포함해 과거 IBM의 많은 실책들을 인정했다. 1993년 9월호 〈싱크(THINK)〉지 —— 지금도 IBM의 사내보 이름인 —— 에서 거스트너 회장은 관료주의가 판을 쳤고, 시장의 변화에 대응하는 데는 너무 느렸으며, 원가는 전혀 통제하지 못했다고 썼다. 그러나 그는 『종업원을 4분의 1이나 잘라내고 또 나머지 4분의 1을 계속 잘라낸 것은 옳은 일이 아니었다. 그것은 끔찍한 일이다』라고 했다.

거스트너는 「인적 자원 문제」를 전담시키기 위해 전직 은행가 겸 회계사인 제럴드 차네키(Gerald Czarnecki)를 채용했는데, 그는 단단한 몸집

을 한 사람으로서 토론을 즐겼다. 차네키는 문제를 얕보지 않았다. 그는
필자에게 말했다. 『IBM은 고의적으로 가부장주의를 추구했으며, 고용주
와 종업원 사이에 사회적인 접촉을 장려했다. 그러나 경제적 현실이 그
관계를 재고하도록 만들었다. 지금 우리는 종업원들에게 전적으로 회사
에 충성하라고 요구하지 않는다. 그들은 남아 있기를 바라지만, 떠날 준
비도 하고 있다.』 그는 장기적인 관점에서 가부장주의의 종말에 대해 다
음과 같이 설명했다.

　100여 년 전 자본주의는 상당히 추악한 것이었고, 또한 실패자들을 용서
하지도 않았다. 그 뒤 대기업들은 정부와 일종의 협상을 하게 되었다. 정
부는 『대기업은 나쁜 것이다』라고 하면서도 대기업들을 지원했고, 대기업
들은 종업원들에게 복지를 제공했다. 그러나 시장제도는 적절히 작동하지
못했다. 많은 기업들이 시장을 지배하는 준독점상태에 들어갔고, 따라서
비경제적인 일들도 할 수 있게 되었다. 지금은 새로운 균형조치가 필요하
고 재조정되어야 한다. IBM에서와 같은 가부장주의의 실험은 실패했다.
지방정부는 그들이 해결할 수 없는 문제들을 떠맡고 힘들어하고 있으며,
개인들은 어쩔 줄 모르고 당황해하고 있다. 진정 사회는 도전을 받고 있
다. 방위산업은 더더욱 어려운 상황이다. 그러나 젊은이들은 생각을 고쳐
먹었다. 그들은 회사와의 관계가 변하고 있음을 인식했고 실망지도 않았
다. 나는 회사가 가족의 역할을 떠맡고, 그래서 사회에 한층 더 의존적으
로 되는 것을 옳다고 생각해본 적이 없다. 이제 시계추는 뒤로 되돌아갈 것
이다. 가족이 더 큰 역할을 맡는 쪽으로 말이다. 그러나 예나 지금이나 세
분야 모두, 즉 가족·회사 그리고 정부가 자기 스스로를 돌보는 역할을 해
야 한다.

　나는 IBM 회사마을을 둘러보고, 그것이 그렇게 쉽사리 되지는 않으리

라는 느낌을 받았다. 왜냐하면 IBM은 의식적으로 종업원들을 회사의 품
에 감싸안았었지만, 가족과 정부는 IBM보다 흡인력이 떨어졌다. 푸프킵
시 컨트리 클럽——지금은 컨벤션 센터가 되었다——은 따뜻한 온정의
상징으로 남아 있었지만, 해고사태로 인해 폐쇄되었다. 그리고 카운티
그 자체, 교회, 그리고 지역사회가 대신 편안한 자리를 제공할 수도 없
었다. 한때 IBM에 근무한 적이 있는 뉴욕 주립대학의 월터 골드스타인
(Walter Goldstein) 교수는 『IBM의 회사인간들은 너무 많은 혜택 속에
빠져 있었기 때문에, 상황이 바뀌었는데도 전혀 다른 일을 할 수 없었던
것이다. 마치 적군에 의해 해산되고 있는 것같이 말이다.』

그러나 IBM의 해고사태는 서구사회 전반에 걸친 직업 불안정의 극단
적인 사례 중 하나에 지나지 않았다. 어느 곳에서나 관리자들은 어느 날
갑자기 「안락한 장소」에서 쫓겨난 자신을 발견하게 되고, 대기업의 「안
전 담요(security blanket)」가 벗겨진 것을 알게 되었다. 그리고 유럽에서
전통적인 가부장주의의 파괴는 정치적 상황의 변화와 더불어 한층 더 갑
작스럽게 찾아왔다.

제 16 장

유럽의 대안

미국이 당한 시련은, 서구의 모든 나라에 걸쳐 대기업에 대한 태도가 근본적으로 변화하고 있음을 부분적으로 나타내주는 것이었다. 1993년 뉴욕에서 만난 기업전문 변호사 마틴 립턴(Martin Lipton)은 필자에게 다음과 같이 말했다.

기업철학은 근본적으로 변했다. 20세기 초 기업의 목적은 커지는 것이었고, 그것은 전세계적으로 카르텔의 형성으로 이어졌다. 그 후 전문경영자에게로 권력이 이전되었다. 지금은 AT&T에서부터 ICI에 이르기까지 전세계적으로 해체가 진행 중이다.

기본적인 이유는, 대기업은 실패했다는 것이다. 대기업들은 생활수준을 꾸준히 향상시켜주지 못했고, 기업의 관리자들은 체면을 잃고 말았다. 1970년대 많은 관리자들은 자기분석과 자기수정의 능력마저도 상실했다. 근본적으로 그들은 동구에서 공산주의 체제가 부딪쳤던 상황과 똑같은 문제, 즉 성과를 내지 못하고 있었다.

어떤 점에서 보면 유럽인들은 미국인들이 걸었던 길과 비슷한 방향으로 가고 있었다. 그들은 고율의 세금과 관료주의에 항거했고, 국영회사들을 민영화했으며, 대기업들은 경영자들로 하여금 세계경쟁에 뒤지지 않도록 독촉했다. 그러나 그들은 전통적으로 순발력이 부족했고, 지역사회에 대한 관심은 훨씬 더 높았으며, 미국인들에 비해 극단적인 선회를 싫어했다. 그들은 여전히 그들의 회사를 기계적으로 인식하기보다는——영국 회장들의 호사스런 취미처럼—— 시골풍경이나 정원과 같은 비유를 사용해 유기적인 관점으로 보기를 좋아했다. 그들은 그들이 소유하고 있는 숲 속에서 자라는 목재에 대해 얘기했고, 새순이 잘 자라도록 죽은 나무를 베어내고, 뿌리를 보호하고, 가지를 펴주고, 이식하고 접목하고, 묘목을 가꾸고, 그리고 육림하는 방법 등에 대해 논의했다. 그들은 인사관리 대신에 인적 자원이라는 말을 쓰기를 좋아했다. 유기적 접근방식은 그 자체로 위험을 안고 있었는데, 왜냐하면 그것은 종종 생물의 성장과 소멸을 정당화할 수 있었기 때문이었다. 그러나 진지한 정원사들은 가장 열정적이고도 급진적인 기업가들처럼 무자비하게 「잘라내고 태워버릴 수」 있었던 것이다. 유럽인들은 1980년대 미국인들이 사용하는 경영용어에 대해 한층 회의적이었는데, 〈파이낸셜 타임스(Financial Times)〉지에 의하면 그것은 마치 「바나나 바구니에서 나온 독거미같이 소프트웨어에서 몰래 빠져나온 용어로서 공포심과 호기심을 뒤섞어놓은 듯」했다. 미국의 경영전문가들은 인간관계를 강조했으나, 그들이 사용하는 용어는 여전히 기계적이었다. 다운사이징, 라이트 사이징(right-sizing), 리엔지니어링(reengineering), 계층단축(delayering), 재건축(rearchitecting), 인터페이스(interface) 또는 기능 간 상호작용(cross-functional interaction) 등이 그랬고, 「머릿수를 줄인다」라는 구절은 해고를 완곡히 표현한 것이었다.

회계사들과 MBA들은 경영대학원에서 배운, 비인격적인 사업단위 시스템 · 이익중심점 · 내부시장 그리고 순이익 등의 개념을 확산시켰다. 많은 용어들은 초급 경영자에게 재무관리에 대한 현실감을 심어주는 데 필수적인 개념이었다. 그러나 간혹 그것들은 창조적인 기업에 여전히 중요한 몫을 차지하고 있는 인간적인 측면을 철저히 무시하기도 했다. 전직 BBC의 세계뉴스 담당 임원 존 투사(John Tusa)는『사업단위 또는 원가중심점에 충성을 다하는 사람을 본 적이 있는가?』라고 물었다.

영국인들은 여느 유럽인들과는—— 그리고 일본인과도—— 달리 미국식 경영모델을 받아들이는 경향이 강했다. 맨체스터 대학에서 산업관계론을 가르치고 있는 미국인 교수 캐리 쿠퍼(Cary Cooper)는『진정한 성공은 일본 · 한국 그리고 독일인데도, 영국의 경영자들이 미국식에 귀 기울이는 것은 이상한 일이다』라고 했다. 그리고 임원과 주주들에 비해 영국 관리자들의 위치는 유럽 대륙보다 더 취약했다. 지금은 정책연구소(Policy Studies Institute)에 근무하지만 한때는 공무원이었던 닐 밀워드(Neil Millward)는『영국의 근로자들은, 유럽의 여느 나라들과는 완전히 달리 자신들의 영향력을 행사할 방법이 없다』라고 했다.『우리들은 미국만 쳐다보고 있는 것이다.』

영국의 많은 회사들은, 잭 웰치 회장의 GE 회생작업에 협조한 바 있는 경영학 교수 노엘 티치가 제창한 미국식 팀빌딩 방식을 채용했다. 몇몇 관리자들은 감수성 훈련을 받았고, 자신들의 실수를 고백했으며, 상호 자아비판을 했다. 또 다른 관리자들은 역할연기를 했고, 레고(역주 Lego : 아이들의 짜맞춤 놀이기구의 일종)로 집을 지었으며, 지역의 장애자 재활원에서 장애자와 함께 일을 하기도 했다. 그러나 미국에서 받아들인 방식은 대부분의 유럽인들에게는, 그들의 장점인 회의주의와 아이러니 감각에 비추어, 나약하고도 순종지향적으로 비쳐졌다. 티치가

GE에서 관찰했듯이 『이런 감수성 훈련이나 평등주의적 방식은, 특히 다른 나라 사람들에게는 충격적으로 보일런지도 모른다. 아마도 미국인도 웃을지 모르니까. 그런 것은 미국문화에 뿌리박고 있는 것이다.』

제국의 종말

영국은 제조업 경기가 후퇴했을 당시 일찌감치 일시해고를 경험한 바 있었다. 오일 쇼크와 1970년대 중반 불경기로 인해 많은 회사들은 감원을 할 수밖에 없었는데, 그 가운데서도 브리티시 레이랜드(British Leyland) 자동차회사의 타격이 컸다. 이 회사는 파산 직후인 1975년 노동당 정부에 의해 국유화되었고, 1977년 이사회는 엉뚱하게도 회사와는 전혀 관계없는 마이클 에드워즈(Michael Edwards)에게 회사를 넘겨버렸다. 그는 남아프리카 출신의 키가 작은 사업가로서 적을 만드는 데 개의치 않았고, 사회적 출신성분에도 구애받지 않는 사람이었다. 그는 공장을 폐쇄하고 수백 명의 중간관리자들을 해고했으며, 자동차 마을의 편안했던 특권을 빼앗아버렸다. 그 또한 레이랜드를 국제적으로 경쟁력 있는 회사로 회생시킬 수 없었다. 1982년 그가 떠나자 회사는 일련의 새로운 문제들에 부딪쳤다. 그러나 그는 영국인들이 현실을 알아차리도록 타격을 준 첫번째 사람이었다.

한층 더 극적인 재난을 당한 것은 오래된 섬유회사 코톨즈로서 아시아의 회사들로부터 심각한 타격을 받았다. 1979년 코톨즈는 43세의 새로운 회장 크리스토퍼 호그를 영입했다. 그는 자전거로 출퇴근했고, 자신의 손으로 직접 편지를 쓰는 등 청교도적인 정신의 소유자였다. 그는 일찌감치 큰 것에 대한 환상에서 깨어나 있었는데, 그는 노동당 정부의 산업재조직청(Industrial Reorganization Corporation)에 근무하면서 아널드 웨인스톡 경이 경영했던 GEC를 포함해 몇몇 대규모 합병을 추진한 적이

있었기 때문이었다. 훗날 호그는 나에게 『지금 생각해보니 대규모 합병
은 바보스런 짓이었다. 문제는 구조적인 데 있지 않았다. 그들은 전문적
인 경영능력이 부족했다. 대기업이 때로는 필요하지만, 부정적인 측면뿐
이다. 모든 조직은 장애물에 불과하다』라고 밝혔다.

호그는 코톨즈에서 영국의 파운드화 가치가 상승하면서 외국기업들과
의 새롭고도 심각한 경쟁에 직면했다. 거의 새로 지은 공장들도 폐쇄했
고, 나일론의 생산을 중단했으며, 종업원들을 2년 간 35%나 줄여 6만
5,000명만 남았다. 『그것은 피를 보듯 끔찍한 일이었으나 다른 방법이
없었다. 공장의 관리자들도 그것을 알고 있었다. 그들은 그 일을 잘 해
결했다. 그리고 그들은 자기의 칼 위로 넘어졌다──그것이 내게는 참
을 수 없는 일이었다.』 그러나 세계경기가 회복되자 코톨즈는 다시 이익
을 올리게 되었고, 날씬하고 군살이 없는 미래기업의 표본이 되었다. 호
그는 그 후 거대기업에 대해 훨씬 더 회의적인 시각을 갖게 되었다.
1980년대 그는 코톨즈를 분할할 계획을 세웠는데, 엄청난 내부적 반대를
무릅써야만 했다. 『경영층은 언제나 더 큰 기업을 좋아한다. 작아지는
것은 창피한 일로 생각하고……. 그러나 처음부터 나는, 분할이 새로운
활력을 준다는 것을 알고 있었다.』 그래서 1990년 호그는 마침내 코톨즈
를 두 개로 나누고 두 명의 사장을 지명했으며, 자신은 두 회사의 회장
으로 남았다. 오늘날 호그는 합리적인 경영자의 본보기(적어도 자신의
회사에서는)로서 런던에 있는 검소한 본사에서 로이터(Reuters)통신의
회장직과 포드 재단(Ford Foundation)의 고문으로 봉사하고 있다. 그리
고 그는 30년 간에 걸친 경험을 토대로 영국의 산업에 그 스스로 하나의
작은 역사를 제공했다. 큰 것에 대해 반항했고, 종업원들을 잘라내었으
며, 분할했던 것이다.

1960년대에 합병사례가 하나 있었는데, 그것은 지금도 그대로 유지되
고 있고 그 후 몇 차례 인수를 더해 다소 확장되었다. 웨인스톡의

GEC(제8장 참조)가 바로 그것이다. 웨인스톡은 전설적인 재무관리자로 통하는데, 그는 메이페어(Mayfair)의 어두컴컴한 조명이 비춰주는 사무실에서 그의 공장들을 내려다보며 날카로운 목소리로 전화를 걸고 온통 숫자에 관한 질문만 해댔다. 그러나 그 또한——ITT의 제닌과 마찬가지로——순수하게 재무적 원칙에만 집착하는 한계점을 드러냈다. 따라서 GEC는 기술분야의 선두주자라기보다는 점점 더 은행을 닮아갔다. 그리고 그는 위험부담을 회피했고 기술자들에게 권한을 위양했다. 그들 가운데 어느 기술자는『아놀드(Arnold)가 다른 자리를 맡는다고? 그것 별일이네』라고 했다.

1980년대에는 분위기의 변화가 훨씬 더 극단적으로 일어났다. 노동당 정부의 몰락과 더불어 대처 총리가 등장했다. 공공부문이 가장 눈에 띠게 영향을 받았는데, 공공복지는 삭감되었고, 국유화되었던 기업들은 잇따라 처분되었다. 그러나 민영화된 기업들은 정부의 보호를 받지 못한 채 세계경쟁과 탈규제에 휩싸였으므로, 곧 더 큰 수난을 당하게 되었다. 1970년대 후반까지만 해도 기업의 회장들은 자기가 근로자를 몇 명이나 고용하고 있는지를 여전히 자랑삼았다. 그러나 1980년대 초가 되자 몇몇 회장들은 자기가 몇 명이나 해고했는지를 자랑삼아 말했다. 제2차 세계대전 후 고용은 정치가들의 최우선 정책이었는데도, 1980년대 중반이 되자 정부도 회사도 고용에 대한 책임을 느끼지 않았다. 관리자나 근로자 모두, 자신이 전혀 준비하고 있지 않았던, 악의에 가득 찬 세상에 살고 있다는 것을 알아차렸다. 그러고는 지금까지 생득적 권리로 여겼던 고용안전 의식을 급속히 상실해갔다.

영국의 회사인간은 미국의 회사인간과는 또 다른 종류의 충격을 받았다. 영국의 나이 많은 회사인간들은 미국의 중역들과는 달리 자신을 사회의 공복으로 자임했고, 런던의 중앙관청에 근무하는 공무원들과 같은 위엄과 안전을 즐기고 있었다. 셸 · BP 그리고 ICI를 포함한 많은 대기업들은 사실 영국제국의 보조자들처럼 성장해왔었다. 그리고 영국 대기업들의 다운사이징은 어떤 점에서 보면 제국주의적 태도의 종말을 의미하는 것이었고, 글로벌 시장에서 무역과 투기로 살아가야 할 다국적기업이라는 사실을 최종적으로 받아들인 것을 의미했다.

BP : 높은 탑으로부터의 탈출

가장 획기적인 해고사태가 석유회사 BP에서 일어났다. BP는 1914년 이래 영국정부의 상업무기로서 줄곧 성장해왔으나, 1980년대가 되자 세계 석유시장의 온갖 위험 앞에 노출되었다. BP는 마치 제국의 식민지 총독과 같은 일련의 독재자들에 의해 운영되어왔다. 그들은 회사뿐만 아니라, 석유를 채굴하고 있던 이란마저도 1951년 모하마드 모사데크([역주] Mohammad Mossadeq : 1880~1967, 이란의 정치가. 1951년 총리가 되어 석유국유화를 실행)가 유정을 국유화할 때까지 지배했다. BP는 제국주의적 경영 스타일을 유지해왔는데, 그들의 특권이나 풍부한 인력은 다른 회사의 부러움을 샀다. 런던 도심의 거대한 본사 건물은 이름에도 걸맞게 브리태닉 하우스(Britanic House)였는데, 맨 아래층에는 수많은 자동차들이 주차해 있었고, 그 위로 층마다 직급에 따라 관리자 계층이 근무했고, 맨 위층에는 회장의 집무실이 있었다.

그러나 1980년대 초 BP는 다국적 경쟁자들과 한층 더 닮아가고 있었고, 낮은 이익률 때문에 관리자들은 해고당할 위기에 처해 있었다. 유휴자산과 유정을 처분하면 할수록 BP는 비대해져 있었다는 것을 더욱더 인식하게 되었다. 1990년 이사회는 새로운 회장으로 로버트 호턴을 지명했는데, 그는 다혈질적인 전직 기술자 출신으로 BP의 미국 자회사 소하이오(Sohio)를 경영하면서 이미 종업원들을 한 차례 잘라낸 적이 있었고, GE의 웰치 회장과 같은 미국식 경영방식에서 아이디어를 얻었다. 호턴은 비전과 사명을 표방하는 성명서와 대담하게 「프로젝트 1990」을 만들었으며, 이어서 「프로젝트 2000」도 만들었다. 그 내용은 회사의 정교한 조직구조와 위원회를 폐쇄하고 관리자들로 하여금 팀조직을 형성해 팀작업을 하도록 하는 것이었다. 그는 다음과 같이 선포했다. 『회사에서 포기할 수 없는 성스러운 소는 단 하나, 즉 회사의 존속뿐이다.』 그러나 BP에는 또 다른 성스러운 소가 하나 더 있었는데, 관리자들이 보기에는 한번도 팀의 일원이 된 적이 없는 사람이 있었다. 바로 호턴 회장 자신이었다. 호턴은 BP의 본사를 런던의 고층 타워에서, 그전에 본사로 쓴 적이 있는, 에드윈 러천즈(역주 Edwin Lutyens : 1869~1944, 영국의 건축가로서 뉴델리를 설계했다)가 설계한 에드워드 풍의 건물로 옮겼다. 그곳은 고층 타워보다는 작았지만 한결 궁전을 닮은 것이었다. 단 하나의 왕을 모시고 말이다.

영국의 관리자들은 미국인들보다 훨씬 더 내키지 않는 마음으로 팀구축 훈련을 받아들였다. 그러나 약속된 신시대는 끝내 오지 않았다. BP의 수난은 계속되었고, 호턴은 더 한층 칼질을 했다. 그리고 살아남은 관리자들은——「엎드려라. 또 칼이 날아온다(Bend over, here it comes again.)」라는 뜻의—— BOHICA라는 조소적인 말을 만들어냈다. 10년 동안 2,000여 명의 본사 직원들은 350명만 남았다. 호턴은 오만한 경영스타일로 부하들뿐만 아니라 이사회도 놀라게 했으며, 배당수준을 계속 유지했기 때문에 내부유보율은 현저히 줄어들었다. 복합기업 BAT의 패트릭 시히(Patrick Sheehy)와 베어링스 은행(Barings Bank)의 애시버튼 경(Lord Ashburton)은 사외이사들을 설득해 반란을 일으켰다. 1993년 전례 없는 쿠데타를 통해 호턴은 축출되었고, 최고경영자의 자리는 제2인자 데이비드 사이먼(David Simon)이 차지했으며, 애시버튼은 회장자리를 맡았다. 사이먼은 호턴과는 거의 정반대 스타일이었다. 키가 작고 젠 체하지 않으며 반소매 차림으로 일을 한 그는, 과거 총독을 닮은 전임자들——그들의 초상화가 사이먼을 내려다보는 듯했다——
과는 사뭇 다른 세상에서 온 사람 같았다. 그는 텅 빈 BP의 타워를 시
대에 뒤떨어진, 위에서 아래로 명령만 내리는, 명령체제의 상징으로 취
급했다. 그런 반면 내부를 고쳐 서로 최대한 잘 볼 수 있도록 한 에드워
드 풍의 궁전은 민주주의적 개방성을 촉진했다. 그는 전세계적인 경쟁을
헤쳐나가기 위해서는 정보의 신속한 흐름이 중요하다고 강조했다. 『그것
은 마치 채소 가게와 마찬가지야. 어떤 품목이 이익이 나는지를 알고 있
어야만 해.』그는 미국과의 차이를 알고 있었다. 그는 나에게 말했다.
『내가 겪은 가장 어려운 학습곡선은 소하이오와의 차이를 인식하는 것이
었다. 소하이오는 훨씬 더 독일적이었고 군대식이었으며, 영국과 비교해
서 한층 더 가부장적이었다. 그들은 진실로 벽을 허물었기 때문에 미국
에서는 권한위양과 같은 용어를 쓸 필요가 없었다. 이 나라에서는, 그러
한 일이 훨씬 자연스럽게 일어나고 있다.』그러나 사이먼 또한 감원을
강조하고 있었으며, 전통적인 BP 회사인간의 종언을 받아들였다. 그는
나에게 다음과 같이 말했다.

평생직장 증후군은 끝났다. 젊은 사람들은 계층구조 위로 승진하는 것을
기대하지도 않는다. 그들은 암묵적으로 평생고용을 생각하지 않고 있다.
그리고 기대하지도 않는다. 그 대신 그들은 다음과 같이 묻는다. 『회사에
서 나에게 해줄 수 있는 것은 무엇인가? 나의 자질을 개발하기 위해 해줄
수 있는 것 말이다. 나는 성장할 수 있는가? 더 돋보일 수 있게 될까?』
조사에 따르면, 그들 대부분은 자신의 경력을 스스로 관리해야 한다고 생
각하고 있었다. 남아 있는 종업원들 사이에는 여전히 충성심이 높았다. 그
러나 그것도 의존적 관계에서부터 동반자적 관계로 변했다. 그리고 그것
또한 더 많은 정보에 기초하고 있었다. 그들이 더 많이 알면 알수록 그들의
충성심은 높아졌다. 그리고 그들은 모두 경쟁하고 있다는 것을 자랑스럽게

생각했다. 그것은 가족들 간의 차이와 같았다. 의존심과 해방감 사이의 관계 같은 것 말이다. 5년 사이에 일어난 차이점에 대해 나는 놀라지 않을 수 없었다. 우리는 타워에서 탈출해야만 한다.

ICI : 분할되다

가장 획기적인 조치를 취한 것은 ICI였다. 일찍이 ICI는 1970년대 위기를 모면한 적이 있었고, 오일 쇼크 때도 어려움을 당했다. 1978년 새로 취임한 회장 모리스 호지슨(Maurice Hodgson) 경은 종업원들을 2년 간 9만 명에서 7만 3,000명으로 줄였다. 그러나 경영성과는 독일의 3대 경쟁자들보다도 여전히 뒤떨어졌으며, 1980년 초까지도 문제는 점점 더 확대되고 있었다.

1982년 이사회는 대담한 조치를 취했는데, 새로운 회장을 지명하고는 회사를 구해주길 바랐다. 존 하비존스는 낙인 찍히지 않은 송아지처럼 긴 머리카락에 요란한 색깔의 넥타이를 매고 다녔고── 이런 모습에 당황한 독일의 경쟁자들은 그를 데어 치코이너(der Ziqeuner), 즉 집시라고 불렀다── 호탕하게 웃고 다니는 외향적 성격은 적을 만들지 않았다. 그러나 그는 철저히 합리적이었고, 또한 위험을 감수할 준비가 되어 있었다. 훗날 그는 필자에게 말했다. 『대기업들은 위험부담을 꺼려 한다. 그들이 똥통에 깊이 빠져 있지 않았더라면 나 같은 사람이 발탁될 길은 없었을 것이다.』

하비존스 회장은 5년 간 멋있고도 새로운 종류의 영국적 리더십을 발휘했다. 그는 사람과 자주 접촉했고, 떠들썩했으며, 도전적이었다. 그는 주장하기를, 사장은 회사를 위해 책임을 져야 하고 실수했을 땐 비난도 감수해야 한다고 했다. 그는 ICI의 가부장주의, 준군대적인 계층구조, 과학적 두뇌들의 독점 그리고 두터운 관료주의를 비판했다. 하비존스는 그것을 월트 디즈니(Walt Disney)사의 만화영화 〈환타지아(Fantasia)〉에 나오는 춤추는 코끼리들과 비유했다. 그는 템스 강가에 있는 궁전 같은 ICI 건물을 거의 모두 임대했고, 이사의 수를 여덟 명으로 줄였으며, 지원부서를 1,200명에서 400명으로 축소했다. 그는 대주주인 연금기금의 입장을 옹호했고 주가를 상승시켰다. 그는 대처 정부시절 산업계에서 리더십의 모범이 되었다. 그러나 그는 사회민주주의를 지원했고, 대처 총리가 산업체보다도 상업과 금융을 더 선호한다고 공개적으로 비난했다. 그의 지나친 흥행사적 행동은 보수당을 지지하는 기업가들의 비위를 건드려놓았다. BTR의 전 회장 오웬 그린은 『그는 마술사에 지나지 않아』라고 했다. 그러나 그는 영국의 기업이 매우 원하는 선구자였다. 하비존스는 필자에게 말했다. 『나는 대학의 젊은이들에게 일하는 즐거움과 엄숙한 명예를 설명하는 것이 매우 어렵다는 것을 알게 되었다.』 그러나 그는 그 일을 해냈다. 첫째는 ICI에서 발휘한 리더십으로, 둘째는 〈해결사(Trouble Shooter)〉라는 TV 시리즈의 영웅으로서 말이다. 그는 개인의 열정을 진심으로 믿었다. 그는 나에게 『우리는 사람을 사랑해야 하고 제품을 사랑해야 한다』라고 말했다. 『사람은 경제적 동물이 아니야. 하느님 감사합니다.』

그러나 ICI는 여전히 어쩌지 못할 거인이었고, 하비존스는 큰소리쳤던 만큼이나 과단성 있게 행동하지는 못했다. 회사를 분할하기 위한 최종 조치는 그의 후계자에게 맡겨졌다. 데니스 헨더슨(Denys Henderson)은 스코틀랜드의 애버딘(Aberdeen) 출신 변호사로서 하비존스보다는 덜 적극적이었고 수동적이었다. 그는 자기 자신을 「속속들이 ICI 인간」이라고 표현했다. 1990년 10월 이익감소에 직면한 헨더슨은 특별 조사반을 투입했는데, 그 결과 영국이 깊은 불경기에 빠져들고 있는 그 시점에, ICI는 한꺼번에 너무 많은 상이한 사업을 수행하고 있다는 결론을 내렸다. 특히 의약품은, 사과가 배가 아닌 만큼이나, 중화학공업과는 다른 것이었

다. 의약품은 이익을 내고 있었고 중화학공업은 뒤처지고 있었다. 1991
년 5월 헨더슨은 레이더인 핸슨 경이 ICI의 주식 2,000만 주를 샀다는
보고를 듣고는 ICI에 대한 재편을 이미 구상하고 있었다. 그는 핸슨의
듣기 좋은 제안을 거절했다. 핸슨은 악의가 없다고 했으나, 곧 ICI를 분
할하려는 계획을 발표했다. 헨더슨과 핸슨 모두 영국 산업전쟁의 시초가
될 전쟁을 준비했고—— 최고의 레이더가 최대의 제조업자를 공격했던
것이다—— 서로 상대방의 사치한 생활과 무능을 비난했으며, 일상적인
비방전이 펼쳐졌다. 그 해 말 핸슨은 물러났으나 자신의 주식에 대해
4,200만 파운드의 수익을 올렸다.

헨더슨은 이제 ICI의 규모에 대해 한층 더 걱정했다. 국제경쟁이 치열
해지고 GM이나 IBM과 같은 거대기업들이 어려움에 부딪치자 규모가
크다는 것 자체가 부담스러워졌다. 그 3개월 후 헨더슨은 은행가 존 메
이오(John Mayo)의 도움을 받아 ICI를 분할할 것을 제안했다. 헨더슨은
그 때까지도 신중한 태도를 취했으며, 호그 회장에게 자문을 구했다. 호
그 회장은 코톨즈를 두 개로 분리하고 나자 두 회사의 경영자들 모두 더
열심히 정력적으로 일했다고 조언했다. 헨더슨은 기업의 규모가 꼭 성공
을 의미하는 것이 아니라는 점을 공개적으로 말하기 시작했고, 1992년
7월 사업부 책임자들에게 ICI는 두 개의 회사로 분할된다고 발표했다.

그것은 엄청난 조치로서 대규모의 조직개편과 주식발행이 잇따랐으나
별일 없이 진행되었다. 제네카(Zeneca)로 명명된 새로운 제약회사는 별
도의 이사회와 주주들로 구성되었고, ICI의 건물에서 나와 다른 곳으로
이전했다. 그 직후 헨더슨은 나에게 『나는 상상력 있는 사람이거나, 아
니면 우상파괴자인가 봐』라고 했다. 그는 소포클레스(역주 Sophocles :
B.C. 495~406, 그리스의 비극시인)의 시구를 인용했다. 『당분간은 알
수 없겠지. 대낮이 얼마나 휘황찬란했는지 알기도 전에 저녁이 되어버리
고.』 확실한 것 하나는 과거와의 분명한 단절이었다. 대영제국의 최대

제조업체가 자발적으로 반쪽으로 나누어졌고, 스스로를 위해 큰 것의 추구를 중단했던 것이다.

셸, 생존자

셸은 가장 기민하고 유연한 존재로 남아 있었고, 다국적 기업인간의 모델이 되었다. 1990년 셸은 매출액 기준으로 엑슨을 따라잡고 세계 최대 석유회사가 되었다. 또한 가장 지속적으로 이익을 내는 회사가 되었다. 셸은 1980년대 미국의 기업들에게 타격을 준 인수합병사태에 휘말리지 않았고, 원자력에 큰 손실을 입고 나서는, 자신이 잘 아는 분야에만 집중했다. 『한 우물을 판 것이었다.』 셸의 영국측 회장 피터 백센델 (Peter Baxendell)은 1982년 나에게 말했다. 『내 생각으로는, 다각화는 아래에서부터 추진되어야 한다. 아이디어와 기업가들이 있는 곳에서부터 말이야.』『종종 경영자들은 자신이 앉은 곳에서 얼마나 멀리 날아갈 수 있는지 스스로도 잘 모른다.』 백센델 회장은 자회사에게 훨씬 많은 자율권을 보장했고, 전문가들을 파견했으며, 재무통제는 「우호적인 상업은행」을 통해 수행했다. 1990년 셸에는 260개의 독립적인 사업단위가 있었고, 그들은 매우 자율적으로 운영되었다.

셸은 언제나 장기적인 관점에서 사업을 추진했고, 전문가들이 개발한 여러 가지 정책대안들을 검토해오고 있었다. 예측부서의 최고 책임자 피에르 윅(Pierre Wack)이 석유의 잠재적 부족상태를 경고했기 때문에, 1973년 급격한 유가상승에 대해 셸은 경쟁자들에 비해 충격을 적게 받았다. 1980년대 미국의 석유회사들은 높은 가격을 치르고도 석유 비축량을 늘려왔으나, 셸은 OPEC이 취약해지고 석유가격이 하락하리라는 시나리오를 긍정적으로 검토했었다. 1986년 그 시나리오가 맞아 떨어지자 셸은 석유를 훨씬 싼 가격으로 사들일 수 있는 처지가 되었으며, 석유탐사자 또는 채굴자로서의 역할보다는 거래인으로서의 역할을 한층 강화했다. 1993년 셸은 전기자동차의 등장을 고려해 「방호벽」의 건설에서부터 「경계의 확장」에 이르기까지 새로운 대체 시나리오들을 검토했다. 셸은 국제적인 위치가 불안정한 국가들과 관계를 유지하는 데도 빈틈이 없었다. 당시 셸은 남아공화국에서 작업을 하고 있었는데, 반인종분리정책 때문에 곤경을 당하게 되자 피터 홈스(Peter Homes) 회장은 ANC, 즉 아프리카 국민의회의 젊은 지도자들을 훈련시키는 프로그램에 재정적인 지원을 해주었다.

셸이 성공한 기본적인 이유는 탈집중화와 종업원들의 장기근무에 있었다. 앞에서 본 바와 같이 셸은 대졸사원 채용을 선두적으로 실시했었다. 1991년 네덜란드측 회장 로 반 워켐(Lo Van Wachem)에 의하면, 1960년대 후반과 1970년대 극도로 신중하게 사람들을 채용했는데도 불구하고, 셸은 지금 가장 우수한 경영팀을 갖고 있으며 여전히 『재목감이 잘 자란다』라고 했다. 셸은 아직도 종업원들의 각별히 높은 충성심을 확보하고 있다. 셸은 해마다 영국과 네덜란드에서 각각 400여 명의 대졸자들을 채용했고, 5년 후쯤에는 그들 가운데 4분의 3 정도가 남아 있었다. 반면에 일반적인 회사의 평균 잔존율 수준은 반밖에 되지 않았다. 셸은 여전히 일정 수의 사원들을 마치 외교관처럼 전세계에 걸쳐 파견하고는 15년 후의 그들의 미래를 계획하도록 하고 있다. 셸의 회사인간들은 셸을 떠나더라도 대부분 어딘가 다른 곳에서—— 영국철도의 회장이 된 보브 라이드(Bob Reid) 또는 경영의 도사 찰스 핸디와 같이—— 잘 해나갔다.

그러나 1990년대가 되자 셸 또한 치열한 경쟁에 휘말리게 되었고, 충성심에 대한 관점을 재고할 수밖에 없게 되었다. 젊은 신규채용자들은 나이지리아 또는 시리아 등지로 파견근무할 자세가 미흡했고, 고참 사원들은 봉사의 전통이 죽었다고 불평했다. 경영자들은 타협적인 방법, 즉 인간적인 측면과 기계적인 해법을 동시에 고려한 묘안을 찾으려 노력했다. 1993년 무렵 브로크먼(Mourik Broekman)에 의하면, 그것은 「인적자원」을 위한 조정자였다.

우리는 과거의 통제 모델과 미래의 유기적 모델 사이에서 하나를 선택해야 했다. 만약 통제 모델을 선택한다면 옛날처럼 관리자들이 열심히 일하지 않을 것이다. 그러나 유기적 모델은, 사람은 근본적으로 선하다고 믿지 않으면, 위험한 방법이 될 수도 있다. 과거의 높다란 피라미드 구조는 통제가 심했다. 지금은 피라미드가 훨씬 낮아졌으므로 통제하는 데 어려움을 겪고 있다. 사람을 똑같이 만들려고 노력하는 것은 위험스런 일이지만, 우리들은 셸의 틀을 깨려 하지는 않는다.

관리자들은 지금 사람을 관리하는 데 더 많은 시간을 보내고 있고, 리더십을 발휘하고 있다. 반드시 전쟁으로 끌고 가는 리더십이 아니라, 달성하고자 하는 바를 다른 사람들과 공유하는 리더십 말이다. 정보공유는 점점 더 중요해지고 있다. 중요성을 기준으로 말할 것 같으면, 정보는 사람 다음에 해당한다. 사람들은 자신이 하는 일의 목적을 알고 싶어한다. 심지어 그것이 단순하고 천한 작업이라도 그렇다. 그러나 사람들로 하여금 방향의 변화를 알게 하는 데는 6개월쯤 걸린다. 그리고 사람들은 틀림없이 자신의 직무를 합리화시킬 수 있을 만큼 현명하다. 셸은 점진적인 문화를 가지고 있다. 그러나 우리는 그 점진주의라는 사치를 계속 허용할 수 있을까?

유럽인의 위기

미국의 대기업들과 마찬가지로 유럽의 대기업들도 자아정체감의 위기를 맞았다. 중앙집중식 통제는 변화에 발맞추기 위해 필수적인 유연성과 창의성을 억압했다. 몇몇 예언가들은 공룡의 종말처럼 거대기업들의 붕

괴를 내다보았고, ICI와 같은 전철을 밟아 일련의 기업분할을 예언했
다. 그럼에도 불구하고 대규모적인 자원과 농축된 기술들은 세계경쟁에
휘말린 대부분의 중공업에서는 여전히 필수적인 것이었다. 그리고 셸처
럼 가장 성공적인 기업들은 기업에서의 경험을 혁신과 연결시킬 수 있는
고참 회사인간들을 여전히 핵심부에 기용하고 있었다. 그들은 정치적인
감각을 소유했으며, 전세계적인 기업 연결망을 유지하고 있었다.

또 하나의 영국과 네덜란드 합작 거인 유닐레버는 P&G, 네슬레, 그
리고 콜게이트(Colgate)와 같은 세계적 경쟁자들과 다투면서 중심과 변
방 사이에서 끊임없이 균형을 맞추고 있었다. 유닐레버는 컴퓨터를 들여
놓고 본사의 규모와 종업원들을 줄였다. 1994년까지 지난 10년 간 매출
액은 두 배로 늘었으나 종업원 숫자는 30만 명을 그대로 유지했다. 또한
한층 더 적절하게 집중화된 통제방식을 개발했다. 그런 한편 젊은 관리
자들을 개발도상국가, 특히 아시아에 파견해 확장기회를 모색하게 했
다. 영국측 공동회장 마이클 페리(Michael Perry)는 나에게 『제일 말단
에서 나에게까지 이르는 과정에는 오직 네 개 계층의 중간관리자들밖에
없다. 따라서 유닐레버를 분할할 필요가 없다』라고 말했다.

모든 대기업들은 큰 것과 작은 것의 조화, 그리고 자율적인 지역기업
들에 대한 중앙통제 등과 같은 동일한 문제에 직면했다. 그러나 유럽 기
업들은 재무적 통제뿐만 아니라 개인 사이의 신뢰를 바탕으로 하는 유기
적인 해결책을 한층 더 선호했다. 가장 지적인 경영의 도사 찰스 핸디
는, 앞으로 기업은 정치적 연합(political federations)과도 의미가 별로 다
르지 않은 연방주의(federalism) 또는 자크 들로르(역주 Jacques Delors :
1925~ , 프랑스의 외교가)가 유럽연합(European Union : EU)을 제창할
때 사용한 개념인 「부차성(副次性)」(역주 subsidiarity, 연방주의의 핵심개
념으로 상호신뢰를 바탕으로 한 중심과 주변의 관계를 의미) 형태로 등장할
것으로 내다봤다. 셸·유닐레버 그리고 스위스의 시바가이기(Ciba-

Geigy)를 포함한 유럽의 거대기업들은 비인격적인 체제보다는 소집단 사회(mini societies)와 같은 연방체제를 이미 채용하고 있다. 1992년 핸디는 다음과 같이 말했다.

연방주의의 개념은 특히 적절한 것이다. 왜냐하면 그것은 권력과 통제라는 역설적인 관계를 다룰 수 있는 충분한 방법을 제공하기 때문이다. 대상을 작은 상태로 유지하면서 크게 만들 필요성, 자율권을 촉진하면서도 일정한 범위를 유지하고, 공유목적을 가지면서도 다양성을 유지하고, 개인의 독자성과 동반자 관계, 지역적 · 세계적 · 민족적 지역과 국민국가, 또는 국민국가와 지역적 블록 등을 통합한다. 이런 용어와 정치적 관심사를 조금만 바꾸어보면, 세계 유수의 대기업체 고위경영자들의 업무일정에 포함되는 것을 찾아볼 수 있다.

유럽 대륙의 회사들은 가족경영 · 가부장적 태도 그리고 지역사회와의 밀접한 관련성 등과 같은 오랜 전통 때문에, 큰 것과 작은 것의 장점을 통합하는 분권적 구조를 형성하는 데 어려움을 겪고 있다. 그러나 많은 가족회사들은 세계 시장의 압력 때문에 좀더 큰 단위로 통합될 수밖에 없게 되었다. 그리고 미국과 유럽에서 새로운 거인기업이 나타나 새로운 종류의 연방주의 모델을 제시하고 있다.

ABB : 바네빅 모델

1980년대 중반 두 개의 중견 엔지니어링 기업, 즉 스웨덴의 아세아(Asea)와 스위스의 브라운 보베리(Brown Boveri)는 19세기에 창업된 회사로서, 위기에 봉착했다. 그리고 그들은 1987년 비밀리에 국경을 가로지르는 최대의 역사적인 합병에 동의했다——그 결과 취리히에 본사를

둔 아세아 브라운 보베리, 즉 ABB가 탄생되었다. 그것은 두 나라의 국
가적 자존심을 훼손한 놀라운 사건이었는데, 더 한층 놀라운 것은 최고
경영자로서 젊은 스웨덴인 퍼시 바네빅(Percy Barnevik)이 취리히의 본
사에 도착했던 것이다. 키가 크고 짙은색 눈에다 턱수염을 기른 수척한
모습의 바네빅은 합병된 회사를 합리적으로 운영할 비전을 분명히 갖고
있었다. 그는 국가 사이의 경쟁관계와 중복업무를 없애버리려고 마음먹
었다. 그는 수백 명의 종업원으로 구성된 본사 조직만으로 업무를 수행
했고, 영어를 공식언어인 양 사용했다. 그는 회사가 『가능한 한, 사람처
럼 융통성이 있기를 바랐다.』『내 생각에 당신은 전통적·집권적인 기업
에 들어가서 본사의 종업원들을 1년 내에 90%는 자를 수 있다고 생각
해.』 그는 재빨리 동구로 진출해서 웨스팅하우스의 일부를 포함해 동구
에 진출한 미국기업들을 사들이기 시작했다. 몇 년이 지나자 그는 그 기
업들을 단연코 회생시켰다.

바네빅의 아이디어는 자신의 경험으로부터 우러나온 것이었다. 그는
행주조 식자기계(linotype machine)로 인쇄를 하는 가업을 경영하면서
소규모 기업의 중요성을 인식했다. 그는 처음에는 고텐부르크
(Gothenburg) 대학에서, 이어 캘리포니아의 스탠퍼드 대학에서 기업과
컴퓨터에 대해 공부했으며, 훗날 스웨덴의 공구회사 샌드빅(Sandvik)에
근무하면서 미국의 자회사를 인수할 때 다국적기업에 대한 실질적인 경
험을 쌓았다. 그는 독자적으로 연방주의 개념을 개발했는데, 그것은 영
국의 GEC와 미국의 GE를 포함한 세계적 경쟁자들보다 훨씬 더 인간적
이고 창의력이 넘치는 것이었다. 그는 런던의 웨인스톡으로부터 합병과
통계적 통제방법을 배웠다. 그러나 그는 순수한 재무적 통제기준을 배격
했다. 그는 미국에서 웰치와 경쟁했고 GE의 참모 가운데 몇 명을 빼왔
다. 그러나 그는 회사들——텔레비전 방송국 또는 은행——을 사들이
지는 않았다. 왜냐하면 이는 엔지니어링 회사로서는 중심을 흔들어놓는

것이었고, 시너지 효과를 볼 수도 없는 것이었다. 그는 ITT의 해럴드 그린처럼 재무적 거대복합기업이 되는 것에 대해서도 관심이 없었다. 그는 유닐레버나 셸과 같이 세계적인 계획 아래 국가적 이익을 추구할 수 있는「다국내적(multi domestic)」구조를 가진, 새로운 종류의 다국적 기업을 창조하고 싶었던 것이다. 그러나 또한 전문분야의 기술자들을 활용해 그들의 강점을 최대로 살리고 싶었던 것이다. 무엇보다도 그는 그의 거대기업을 작은 것들의 집단으로 인식했다. ABB는 무려 5,000개의 독립적인 이익중심점들을 갖고 있었으며, 각각은 독자적인 성취감을 느꼈을 뿐더러 책임을 졌다.

바네빅은, 내가 여행 중에 만나 얘기한 사람들 가운데 가장 사려 깊고 지적인, 회사의 개혁자였다. 취리히에서 오랜 시간 얘기하는 동안, 그는 이 책에 쓴 것과 같이 필자의 질문과 화제에 대해 자신의 의견을 피력했다. 다국적 기업에 대해, 컴퓨터에 대해, 전제적 경영자에 대해, 그리고 무엇보다도 새로운 회사인간에 대해서 말이다. 나는 그에게 질문했다.

—급속한 다운사이징은 모든 사람들을 불안하게 만들고 효율을 떨어뜨리는 것 아닙니까?

그것을 다운사이징이라고 하든 해고라고 하든 간에, 그것은 인간에게 심각한 문제이지요. 「일자리는 늘리지 않고 매출을 늘리는 것」은 중요한 추세의 한 부분이지 경기순환의 결과는 아닙니다. 마치 100년 전의 농업인구와 같이 말입니다. 그 당시 농업인구는 노동인구의 50%에서 5%로 줄어들었죠.

그러나 공업분야의 축소된 일자리는 위협이 되어서는 안 됩니다. 제 생각으로는, 사람들은 불안정해지면 더 나은 방향이 아니라 더 나쁜 방향으로 행동합니다. 저는 과단성을 기준으로 경영자를 평가하는 몇몇 미국인들의 억센 경영관점을 싫어합니다. 그것은 피바다를 만드는 셈이죠. 효과적으로 다운사이징을 하기 위해서는 직업을 잃는 사람에게 동정심을 가져야만 합니다. 돈도 주고, 시간을 가지고 그들을 정직하게, 그리고 존경심을 갖고 처리해야 합니다. 그들에게 해주는 말은 남아 있는 사람들에게도 많은 영향을 미칩니다. 그들은 회사를 돈 버는 기계로 보든지, 아니면 회사에게 계속 존경심과 신뢰를 보이든지 하겠지요.

— 사람들이 변화를 받아들이는 데 한계는 없나요?

의심할 여지가 없습니다. 저는 최근에 인간의 유전자와 형질이 변화하는 데 얼마나 오랜 시간이 걸리는지에 관한 책을 읽었습니다. 우리는 갑자기 기계를 받아들이지는 않았습니다. 기계들이 인간에게 적응되어 왔을 따름이죠.

제 자신은, 속도에는 제한이 있다고 스스로 상기하고 있습니다. 우리는 다음과 같은 것을 발견했습니다. 우리 그룹의 회사 가운데 최악의 성과를 낸 기업은, 관리자들이 종업원들에게 스스로 변할 수 있는 시간을 충분히 주지 않았기 때문이었어요. 「변화를 그들 자신의 것으로 만들도록」 말입니다. 명령을 하는 대신 얼굴을 맞대고 사람을 설득하는 데 시간을 보낸다면, 결국 그것이 시간을 절약해주는 것입니다.

엔지니어들은 변화하기가 매우 어려워요. 처음에는, 그들 스스로 개발한 시스템에 그토록 애착을 가지는 데 대해 이해할 수가 없었습니다. 기계들이 그들의 인간적 삶 또는 심지어는 국가적인 자부심의 일부였으니까요. 스페인과 독일에 있는 공장 가운데 어느 공장에서 변압기를 생산할지 결정하는 데 참 어려웠어요. 제가 스웨덴 사람이니까 아주 타당한 이유도 없이 스웨덴에 유리한 일을 추진하는 것은 정말이지 언제나 어려운 것이에요.

안정지향적인 유럽 대륙에서는 변화의 속도가 가장 큰 문제입니다. 어느 공장이 원가도 줄이고 생산량도 늘렸는데, 그런 후에도 좀더 줄이라고 했지요. 그랬더니 독일인이 제게 묻기를, 『충분한 거 아닙니까? 정신건강상 문제가 있는 건 아닌가요? 행복해할 줄도 모르니 말입니다.』 그러나 가만히 서 있는다는 것은 내려가는 에스컬레이터를 타고 있는 것과 같아요. 긍정적인 삶에다 변화를 선물하세요. 인생이 「한층 재미있어」질 테니까 말이에요.

— 급작스런 변화는 불가피하게 최고경영자에게 너무 많은 권한을 집중시키지 않을까요?

분석가들은 제게 언제나 그런 질문을 해왔습니다. 제가 회사에서 물러나면 주가가 상당히 떨어지리라고 예상하고 말입니다. 합병 이후 제가 할 일이 많았지요. 누군가는 결정을 해야 하니까요. 그러나 지속적인 변화라는 아이디어는 지금도 유지되고 있습니다. 여덟 명으로 구성된 최고경영위원회가 있는데, 회사가 어떻게 돌아가고 있는지 모두가 알고 있습니다.

우리에겐 강력한 감사위원회가 있는데, 그들은 단지 수당만 타는 사람들은 아니며, 반대의견도 서슴없이 제시합니다. 최고경영자와는 달리, 집행권이 없는 회장을 갖고 있는 것도 장점이 많습니다. 정치적으로 스위스는 나폴레옹 전쟁 이후 강력한 리더들을 피해왔습니다. 스위스가 해마다 다른 대통령을 선출하는 이유가 바로 그 때문입니다.

그러나 기업세계에서는, 오늘날 최고위층에 있는 사람은 그 회사의 이미지 중 한 부분입니다. 매스미디어 덕분에 한층 더 영향을 받게 마련이죠. 제가 하는 업무의 상당량은, 결국 제게로 되돌아오게 될, 안팎으로 의사소통을 하는 것입니다. 그러나 지금 ABB의 경영위원회 구성원들과 자회사의 현지국가 지도자들은 한층 더 잘 알려지게 되었어요. 우리들은 의식적으로 다양한 얼굴을 가진 사람이 되려고 노력합니다.

— 컴퓨터 없이도 이런 변화들을 달성할 수 있을까요?

현대적 정보처리기술 없이는, ABB는 존재할 수 없습니다. 컴퓨터는 AT&T 또는 IBM과 같은 정보기술중심 회사만큼이나 우리 회사를 변혁시켰습니다. 컴퓨터는 우리들의 경영방식뿐만 아니라 엔지니어링 과정 그 자체도 변화시켰습니다.

저는 18세 때 프로그램을 짠 적이 있었고, 그 뒤 스탠퍼드에서 컴퓨터 공학을 공부했으니까 운이 좋은 편이었죠. 그러나 많은 관리자들은 컴퓨터를 잘 몰라요. 저는 그들을 BC와 AC로 나누었어요. 대체로 35세를 기준으로 컴퓨터 이전 세대(before computer)와 컴퓨터 이후 세대(after computer)로 말입니다. 우리 회사의 관리자 중 반 정도가 AC이므로── 고위 관리자들도 몇 명 있고── BC를 AC로 바꾸려고 노력하고 있어요.

그러나 어떤 비용을 들인다 해도 우리의 접근방식이 기계적으로 되는 것만은 피하고 있어요. 제가 저지른 실수 가운데 가장 심각한 일은 재무적인 것이 아니었어요. 그것은 사람을 판단하는 일이었답니다. 컴퓨터는 탈집중화와 권한위양을 위한 도구가 될 수 있습니다. 근로자들에게 PC를 제공함으로써 인간적인 요소들을 강화할 수 있습니다. 그러나 중앙 터미널에서만 자료를 제공하게 함으로써 컴퓨터는 손쉽게 그 반대로, 즉 집중화로 사용될 수 있습니다.

— 귀하는 관료주의에 대한 역사적 추세를 진실로 역전시킬 수 있다고 생각하나요?

집중화는 언제나 골목 뒤에 숨어 있죠. 그리고 집중화된 시스템을 부수는 데는 시간이 걸립니다. 피츠버그에서 웨스팅하우스의 일부를 매입했을 때 일인데, 그 당시 그 곳에는 수천 명이나 있었어요. 미국 관료주의의 막강한 힘을 알게 되었지요. 탈집중화는 민주주의와 마찬가지로 일종의 종교적 신념이 되어야만 합니다.

그러나 우리가 하고 있는 것은 돌이킬 수 없다고 생각합니다. 우리들은 이미 고양이를 자루에서 꺼내놓았습니다. 다시 잡아들이려 해도 할 수가 없어요. 마치 중국 공산당의 원로들이라 해도 중국에서 번창하고 있는 자유기업을 어찌할 수 없는 것과 같지요.

─유럽은 진정 근본적으로 역사적인 변화를 겪고 있는 건가요?

그렇습니다. 지금 유럽은 승자와 패자 사이에 엄청난 편가름을 하고 있습니다. 아주 흥미 있는 시간입니다. 제가 생각한 것보다 더 잘 하고 있는 곳도 많아요. 우리는 정말로 아래로부터의 혁신에 성공하고 있습니다. 그러나 여전히 매우 큰 문제들이 도사리고 있다는 것도 압니다.

─귀하는 새로운 종류의 회사인간을 만들고 있는 건가요?

우리는 두 가지의 전혀 다른 경영자 유형을 갖고 있습니다. 그들 대부분은 작은 사업단위에서 일하고 있는데, 마치 조그만 가족회사에서 일하면서 애국심도 강한 그런 사람처럼 말입니다. 그들과는 계약이 필요한데, 그래야만 자신들이 무엇을 하는지 알게 됩니다. 애덤 스미스가 말한 것처럼, 그들은 그들 스스로의 이익을 필요로 합니다. 어떤 것을 독일인에게 만들도록 하기 위해, 스코틀랜드인에게 그것을 못 만들게 할 수는 없어요.

그러나 우리는 전체적 상황을 파악해야 하는 책임자로서 약 500명의 회사인간을 갖고 있습니다. 그들은 공장에 있는 사람에게 지시할 수 있어야만 하고, 세계적인 관점을 제시하며, 그들 자신이 속한 국가이익이 아니라 그룹 차원의 통합능력을 가져야만 합니다. 그런 사람들은 많지는 않습니다. 그리고 그들은 금메달을 받을 만하지요.

제 17 장

탈 조직인간

짧은 머리의 미친 중역들을 자유롭게 하고,
교활하고도 쓸모없는 얼굴들이 우리집 주위로……
— W. H. 오덴 [W. H. Auden, 《출세주의자들(The Climbers)》, 1933] —

1994년 여름 일단의 회사인간들과 그들의 아내들을 태운 대형버스들이 더블린의 외곽 리페이(Liffey) 강둑을 따라 서 있는 회색의 조지아식 저택 캐슬마틴(Castlemartin)에 도착했다. 그들은 2중 복도에 아일랜드의 현대적 그림들이 장식되어 있는 넓은 홀로 안내되었다. 급사가 음료를 제공한 후, 홀 한쪽 구석에 오페라 무대처럼 설치된 집만큼이나 큰 차양 앞으로 그들을 안내했다. 차양의 한 가운데에는 큰 키에 당당하게 생긴 아일랜드 사람이 농담과 우아한 웃음으로 일일이 그들을 환영했고, 무도회장 주변에 마련된 식사 테이블로 안내했다.

이는 스콧 피츠제럴드의 소설 가운데 한 장면일 수도 있었다. 사실 그것은 하인츠사 고위중역들의 연례적 외출이었고, 그들은 피츠버그와 그 밖의 지역으로부터 왔다. 주빈은 회장 겸 최고경영자 토니 오라일리(Tony O'Reilly)로서, 그는 아일랜드의 지도급 기업가였다. 그는 전세계에 걸쳐 사업체를 갖고 있었다. 다음주 그는 가족·편집자·회계사·경

영고문들을 태우고 짐을 가득 실은 또 다른 비행기와 함께 남아프리카로
날아가서는 자신의 신문사를 재조직해야 하고, 친구인 넬슨 만델라
(Nelson Mandela)를 만나게 되어 있다(오라일리가 필자를 남아프리카로
초청했었다). 그러나 그는 지금 차양 밑에서 토마토 케첩과 삶은 콩의
왕국 하인츠의 왕자로서, 공식적인 파티를 사사로운 잔치로 바꾸어놓고
있는 중이었다. 그리고 그는 전적으로 하인츠에 몰두하고 있는 것 같았
다. 그도 그럴 만한 충분한 이유가 있었다. (자신이 지배하고 있는) 〈아
이리시 인디펜던트(Irish Independent)〉 신문은 지난 주 투자설명회 후
오라일리의 소유주식 가격이 3,000만 달러나 올랐다고 보도했기 때문이
었다.

오라일리는 제조업 기업가 가운데 최근 새롭게 등장한 가장 전형적인
가문이었다. 미국에서 그는 1991~92년 사이에 1억 500만 달러를 벌어
가장 소득이 많은 사장으로 기록되었는데, 이는 그를 아일랜드의 최고
부자로 만들어준 주식투자 수익을 제외한 것이었다. 헨리 키신저는 그를
「현대판 르네상스 인간」이라고 불렀다. 또한 그는 더블린과 워싱턴 정가
모두로부터 각료로 초청된 적도 있었다. 여느 재벌들과 마찬가지로 그는
자신만의 독특한 분위기를 만들어냈다. 이야기는 그가 국제적인 럭비 스
타였던 젊은 시절로 거슬러 올라간다. 그것은 1876년 H. J. 하인츠가 최
초로 회사를 설립하고 피츠버그에서 로마네스크 양식의 공장건물을 세운
이래, 기업가적이고도 가부장적인 회사 전통과도 잘 어울렸다. 지금 그
기업가가 되돌아온 것이었다. 잭 하인츠(Jack Heinz)는 오라일리를 사장
으로 지명하면서 그를 자신의 할아버지와 비교했다. 정력적이고 활기에
넘치는 천재 할아버지와 말이다. 오라일리는 하늘──그 곳은 아직도
자신의 개인 비행기로 많은 시간을 보내고 있는 곳이었다──에서 내려
온 것 같았다. 마치 할리우드를 배경으로 한 피츠제럴드의 소설에 등장
하는 몬로 스타(Monroe Stahr)처럼……

그는 어렸을 때 튼튼한 날개로 더 높이 날아 올라가 아래를 내려다보았다. 공중에 있는 동안 그는 모든 왕국들을 내려다보았다. 태양을 똑바로 쳐다볼 수 있는 그런 종류의 눈으로.

그는 차양 아래 디너 테이블 앞에서 모든 사람들과 담소를 나누며 상대방이 스스로 더 크게 느낄 수 있도록 배려했다. 더블린 정부에서 온 어느 관리는 미국인 그리고 일본인과 경영방식에 대해 이야기하고 있는 아일랜드인에 관한 농담을 했다. 아일랜드 사람이 『우리는 버섯과 같은 계층구조 원칙을 따르고 있다』라고 말했다. 『버섯은 어두운 곳에, 그리고 거름을 덮어두어야 한다.』 오라일리는 그 관리에게 무슨 말인지 되물었다. 그는 『경영층을 비꼬아서 한 말이다』라고 대답했고, 오라일리는 『남아프리카에 대해 말해달라』라고 요청했다. 내 옆에 앉아 있던 한 사람은 모건 스탠리 은행—— 이 은행은 고객에게 하인츠의 주식을 보유하고 있으라고 권고했다—— 에서 왔는데, 경쟁은행인 키더 피보디(역주 GE의 자회사)가 종업원들을 잘못 관리해 그들의 상사, 즉 GE의 웰치를 실망시켰고 조직상에 문제가 많음을 노출시킨 것에 대해 은근히 즐거워하고 있었다.

차양은 거의 정반대의 두 가지 문화를 포용하고 있었다. 하나는 피츠버그 회사인간의 청교도 윤리로서 그들의 특별한 과업에 헌신적인 문화였고, 다른 하나는 아일랜드의 가톨릭 윤리로서 모든 것을 가족의 넓은 범주 안에서 생각하고 온정심 많고 보편적인 가치를 추구하는 문화였다. 그러나 오라일리와 그의 아내 시리스(Chryss)—— 그리스 재벌의 상속녀였다—— 가 사업을 가족잔치로 바꾸고 있는 동안 청교도윤리는 질편한 농담과 술 속으로 재빨리 녹아들었다. 그리고 아일랜드인들은 과거 사업능력이 부족했지만, 경영의 도사들이 최근 강조하고 있는 것, 즉 원활한 의사소통 · 계층구조의 탈피 · 사기앙양 · 가족의 삶의 질을 생각하

는 근로생활 등을 과시하고 있었다. 악사들이 헬로 돌리(Hello, Dolly)
를 연주하자 회사인간의 아내들은 즐거워하며 댄스장으로 몰려들었
다. 잔치는 새벽 3시 반에 끝났으나, 오라일리는 전혀 지친 표정을 짓
지 않았으며, 대형버스들은 하인츠의 회사인간들을 더블린의 호텔로
모셔갔다.

다음날 아침 그들은 충혈된 눈을 하고서 전날의 잔치에 대한 회고담을
나누었다. 캐슬마틴에 자주 머물렀던 적이 있는 피츠버그 출신은 『새벽
3시 이전에 자러 간 사람은 운이 좋은 사람이지요』라고 말을 꺼냈다. 오
라일리는 오후에 잠깐 잠을 자고서 새벽에는 다른 사람보다 유리한 입장
을 유지했다. 어느 사람에 따르면 오라일리는 언제나 누가 먼저 빠져나
갔는지를 챙겼고, 그 사람은 정력이 부족하다고 기록했다는 것이다. 또
어떤 이는 오라일리가 새벽 4시까지 즐기고는 그로부터 4시간 후 회의를
주재했으며, 한치의 실수도 없이 8시간이나 계속했다고 말했다. 하인츠
의 모든 회사인간들은 자신을 보스와 관련지어 생각하는 듯했다. 그를
주시하고, 그를 관찰하고, 그리고 그를 회사의 화신으로 간주했다.

그럼에도 불구하고 그들은 자신의 일자리에 안심할 수 없었다. 1979
년 오라일리가 최고경영자가 된 이래, 그는 처음보다 점점 더 참을성이
줄어들었다. 다정하고도 직선적인 그의 성격대로, 그는 하인츠 가문이
아꼈던 오래된 공장들을 폐쇄했다. 1990년대에 들어와 하인츠는 다운사
이징을 시작했고, 다른 회사들과 마찬가지로 계층을 획기적으로 축소했
으며 사업구조를 재편했다. 그 날 차양 아래 모였던 많은 회사인간들은
회사의 유명한 제품들의 앞날——지난 100년 동안 그토록 잘 견뎌왔지
만——을 걱정했다. 하인츠 토마토 케첩에서부터 삶은 콩과 스타키스트
(Star-Kist) 참치까지, 그리고 그레이트 아메리칸 수프(Great American
Soup)에서 나인 라이브스(9-Lives) 고양이 밥까지. 심지어 하인츠의 많
은 상표를 만들어주었고, 매일 125만 개의 삶은 콩을 소비하는 영국인들

도 믿지 못하게 되었다. 1990년대 초 하인츠의 총이익은 하락했고, 심지어 유닐레버와 같은 더 큰 회사에 인수될 것이라는 소문도 나돌았다. 오라일리는 투자분석 결과를 멋지게 확언해주었지만, 그 또한 많은 난제에 부딪치고 있다.

하인츠는 다이어트 프로그램과 저칼로리 식품을 판매하는 웨이트워처스(Weightwatchers)사를 매수함으로써, 잘 먹게 할 뿐만 아니라 다이어트로도 돈을 벌게 하여, 자신감을 다시 얻었다. 그 날 저녁식사에서 웨이트워처스의 책임자 알 리퍼트(Al Lippert)는, 적당히 살이 빠진 정력적인 인물이었는데, 나에게 지속적인 자제심의 필요성에 대해 열심히 설명했다. 그것도 그의 아내 펠리스(Felice)의 잔소리 때문이라고 했다. 그의 아내가 환하게 웃는 모습은 그녀의 여윈 몸매에서 나온 것 같았다. 그러나 웨이트워처스에서 온 또 한 사람은, 미국은 과식 풍조로 되돌아가고 있으며 다이어트를 하지 않고 있는데, 이는 웨이트워처스에게는 문제라고 말했다. 하인츠의 모든 제품은 슈퍼마켓에서 가격전쟁을 벌이고 있었다. 그것은 고객이 상표에 대해 충성심을 갖고 있지 않으며, 유명하지 않더라도 싼 제품을 찾는다는 것을 의미했다. 제품의 안전성이 점점 하락함에 따라 관리자의 직위도 덩달아 불안해졌다. 하인츠 인간 가운데 아무도—— 사장마저도—— 자신의 미래에 대해 진정으로 안심할 수 없었다.

그 날 하인츠의 집회는 1990년대 회사인간의 역설을 요약한 듯 보였다. 그들의 사업이 다국가적으로 되면 될수록, 그들은 한층 더 어디엔가 소속될 곳을 찾았다. 그들의 일자리가 불안하면 할수록, 그들은 더욱더 가부장적 가족의 한 부분이 되길 원했다. 그들의 시스템이 한층 더 비인격적이고 기계적으로 되면 될수록, 그들은 하나의 리더에게 의존하는 것이 더욱더 필요했다. 그들의 장래에 대해 불안해하면 할수록, 그들은 더욱더 위험추구형 기업가를 찾아나섰다. 그 기업가는 그들의 일자리를 더 많이 없애버릴 텐데도 말이다.

시 련

충성스런 그 옛날의 회사인간, 즉 중간관리계층에게는 어떤 일이 일어났는가? 1960년대 그들은 존경받는 전문가의 지위에 있었다. 그들은 기업의 소유자로부터 권력을 빼앗고, 정교한 「기술관료구조」, 즉 서구문명이 의존했던 거대한 피라미드 구조를 만들었다. 그러나 1980년대 후반, 거의 모든 서구의 대기업들에서 그들은 시련을 겪게 되었으며, 구식의 피라미드 구조는 레이더스뿐만 아니라 경영전문가들과 최고경영자들로부터 조롱거리가 되었다. 그들이 「수평조직」을 추구하고 있었기 때문에 중간관리자들은 살아남을 틈이 없었던 것이다.

컴퓨터는 가장 분명한 적이었다. 그것은 통신수단과 결합해 정보의 원천으로서 중간관리자들의 역할을 앗아가 버렸다. 과거 중간관리자들은 필수적인 매개체로서, 그들을 통해 정보가 위로 올라갔고 의사결정이 아래로 전달되었다. 지금 정보기술은 중간관리자들의 정보독점을 붕괴시키고, 사실과 숫자를 훨씬 더 광범위하게 전달되도록 하고 있다. 그러나 컴퓨터 또한 내부 스파이가 되어, 사실로 드러난 것들을 일찍 폭로하기도 했다. 상부계층에 너무 많은 사람들이 근무하는 군대는 심각한 산업전쟁을 해결할 만큼 충분한 장비도 없이 불필요한 군인들로 가득 차 있고, 그들이 최대한 관심을 기울여야 할 고객으로부터 떨어져 있다는 점을 폭로한 것이었다. 1993년 라이아논 채프먼(Rhiannon Chapman)은 공업협회에서 연설했다. 『고객을 만족시키기 위해서는 네 가지에 대해 알아야 할 필요가 있다. 즉 제품·마케팅·기술 그리고 개인적인 서비스가 그것이다. 그리고 전통적인 경영관리직능도 모두 알아야만 한다.』

1980년대 중반 미국의 회사인간들은 이미 완전히 패배했으며, 해마다 모든 미국인들 가운데 3분의 1은 직업을 바꾸었다. 1985년 존 나이스비트(John Naisbitt)은 『우리는 중간관리자들이 엄청나게 축소되기 시작하는 것을 보고 있다. 미국의 산업사회에서 규범이었던 계층구조가 납작해지고 있음을 보고 있는 것이다』라고 했다. 많은 대기업들이 관리자들을 단기간의 계약으로 고용하기 시작했다. 그 중 일부는 그 대기업들이 일시 해고했던 사람들이었다. 뉴욕의 시티은행은 수백 명의 행원들을 해고하고는, 그들을 특수업무와 상담업무에 「임시직」으로 다시 채용했다. 「임시직」이라는 말은 이제 더 이상 비서들에게나 적용되는 것이 아니었다. 그들은 고위관리자들일 수도 있었다. 직업안정성도 없고, 의료보험도 안 되고, 유급휴가도 없이 말이다.

1980년대 후반이 되자 흐름은 격류로 변했고, 코닥과 하니웰(Honeywell)처럼 군살이 찐 기업들은 계속되는 시련 —— 완전히 치료하지도 못하고 —— 을 겪게 되었다. 1990년 로널드 헨코프(Ronald Henkoff)는 〈포천〉지에 다음과 같이 썼다. 『거의 10년 간 회사들은 「종업원 감축」을 위해 노력해왔다. 지금쯤 그들은 세계 경쟁에 나설 만큼 갈고 닦아 튼튼해져 있어야 하는 것 아닌가? 1980년대 〈포천〉 선정 500대 제조기업들은 320만 개의 일자리를 줄였다. 그것으로 충분한 것 아닌가?』 그러나 그것은 충분하지 않았다. 시련은 계속되었고, 끝이 보이지 않았으며, 새로운 경영기법과 이론은 지금도 관리자들이 많은 것으로 간주하고 있다.

관리자들이 패배하면서 알게 된 사실은, 그들은 정치적 배경이 부족했다는 것이었다. 일찍이 1983년 피터 드러커는 「지식근로자(knowledge worker)」라는 신흥 고용계급은 정치적 배경이 없는 집단이고, 스스로 어떤 리더십 유형도 개발하지 않았다고 지적했다. 그것은 말하자면 지미 카터(Jimmy Carter)나 대처와 같은 「정치적 모험가들」의 등장을 설명해주는 것이었다. 그러나 1990년대가 되자 정치적 배경의 부족은 한층 더 확실해졌고, 실직상태의 「지식근로자」들은 여느 실업자 군상들과는 거리를 유지했다. 「새로운 계급」으로 불리고 있는 이들은, 부활된 공산당으로부터 지지를 얻게 된 동구나 러시아의 공산당원들보다도 더 정치적인 기반이 없었고, 도움을 청할 곳도 없었다. 그러나 서구의 군더더기 관리자들은 앞으로 전제적 지도자를 찾을지도 모른다. 그들의 자존심과 목적의식을 회복시켜줄 「백마를 타고 오는 사나이」를 말이다.

조직인간은 지금 슬프게도 조직에서 쫓겨나고 있다. 1956년 최초로 조직인간(organization man)을 분석했던 윌리엄 화이트는 개인기업가들의 활기찬 등장에도 불구하고, 조직인간은 1980년대 후반에도 살아 있을 것으로 주장했다. 그리고 기업의 최고경영자들도 전혀 다르게 보고 있지는 않았다. 1988년 〈비즈니스 위크(Business Week)〉지는 상위 1,000대 기업을 대상으로 조사했는데, 평균적인 최고경영자는 자신의 회사를 위해 25년 간 근무했고, 나이는 56세였으며, 『중간적인 부자쯤은 되어 있고, 자신의 취향과 직업을 즐기는, 결단코 중산층이었다.』 그들 가운데 네 명을 제외하고는 모두 남성들이었다.

그러나 보통의 회사인간은 그들의 회사에 대한 헌신과 미래에 대한 확신이 훨씬 더 적었다. 1976년 《게임스맨》을 저술한 매코비는 1980년대 다시 고된 인터뷰를 했는데, 그 결과에 의하면 관리자들은 조직인간 또는 게임스맨보다는 충성심이 적었다는 것이다. 지금 관리자들은 지속적으로 개인의 개발에 힘쓰고, 자신의 자질과 실용성을 높여주는 직무를 찾는 「자아개발자」가 되고 있으며, 어느 회사도 자신을 책임져줄 것이라고 생각지 않는다. 그들은 직장으로 진출하는 여성근로자 때문에 영향을 받았고, 맞벌이 가족으로부터도 자극을 받았다. 그것은 1950년대 이래 가장 충격적인 회사인생의 변화였다. 그들은 가족과 기업 경력 사이에 조화를 이루기 위해 필요한 융통성을 요구했다. 한편 그들은 『기업가적 창의성, 진정한 의미의 팀워크, 정직한 정보를 제공했다. 경력을 덜 추구했으며, 생산적인 프로젝트에 훨씬 더 몰입했다.』 매코비는, 비록 단기적 이익을 추구하는 최고경영자들은 그들을 참을성 있게 보아주지는 않겠지만, 이러한 자아개발자들을 받아들이는 보다 관대한 기업문화가 형성될 것으로 내다봤다. 『1980년대가 저물어갈 무렵이 되면, 시대적 요구에 적응한 월 스트리트(Wall Street)의 거친 개인주의자들과는 대조적으로, 사람들은 쓸모 있고 협조적인 조직인간이 그리워질지도 모른다.』

1991년 폴 라인버거(Paul Leinberger)와 브루스 터커(Bruce Tucker) 등 두 명의 작가가, 지금은 권력의 지위에 앉아 있는 「조직인간의 어린이들」── 시카고 근교 파크 포레스트에서 윌리엄 화이트가 인터뷰했던 회사인간의 후예들 ──을 추적해보려고 마음먹었다. 「베이비붐 세대들」은 부모 세대보다 덜 부유했다. 「진정 그들은 미국 역사상 부모세대보다 경제적으로 나아지지 않는 첫번째의 세대」가 되는 것 같았다. 그들은 이제 60~70대에 접어들고 있었고, 조직의 압력에 반발했으며, 그들 자신을 개발하기 시작했다. 그들은 자아표현, 자아실현, 그리고 자기결정에 눈을 떴다. 많은 사람들이 예술적 열망을 품었으며, 음악가 · 영화감독 · 배우 · 시인 · 소설가 · 무용수 또는 시각예술가가 되었다. 그러나 그들의 열망은 불경기, 그리고 치열한 경쟁 때문에 이루어질 수가 없었다. 그들은 자신을 예술가라기보다는 장인으로 또는 되다가 만 예술가로 취급하며 등장했다. 그들은 위험을 감수할 준비가 되어 있는 사업가가 되었고, 직업을 자주 바꾸었으며, 정통적인 경력을 포기했다. 그들은 집단적 노력의 필요성을 인정했으나, 어떤 특정 기관에 얽매여 있지는 않았고, 「굳건한 계층구조 속에서 안전한 구석」을 찾으려 하지도 않았다. 19세기 말 헨리 애덤스처럼 그들은 전인적인 감정을 갖고 싶어했다. 『다음 세대가 하려는 것은, 의식적으로 그것을 알고 있는 것은 아니지만, 산업사회 이전 시대로 거슬러 올라가 그 당시의 작업방식을 재창조하려는 것이다. 예술(art)과 수공예(craft) 사이의 구분도 덜 했고, 창의성

(creativity)과 창조(creation) 사이에, 그리고 개인의 자아정체감과 공적 정체감 사이에 분리가 덜 되었던 시대로 말이다.』

영국의 엑소더스

1980년대 미국의 회사인간들은 이미 회사에 대한 헌신은 생각지도 않았다. 그러나 1990년대가 되자 일련의 시련들은 미국과 유럽 모두에서 전반적인 관계를 변화시켰다. DBM──IBM과 같은 대기업에서 해고당한 사람들을 「재고용」하는 일에 전문적인 컨설턴트 회사── 은, 세계의 단일시장이 경쟁을 강화하고 민영화된 기업들이 종업원들을 해고함에 따라, 유럽의 모든 회사들은 미국의 일시해고 관행을 따를 것으로 내다봤다.

영국에서 관리자들이 부딪친 시련은 특히 급작스러운 것이었다. 많은 민간회사들의 중간계층은 1970년대 초의 위기에서 살아났고 놀랍게도 다친 사람들이 전혀 없었다. 구체적으로는 보험회사와 은행들이 그랬다. 런던에 있는 내셔널 웨스트민스터(National Westminster) 은행의 어느 고위 간부는 『밀턴의 《실락원(Paradise Lost)》을 읽은 이후에 이처럼 겹겹이 쌓인 계층을 본 적이 없다. 어디에서나 대천사 · 천사 · 치품천사 · 지품천사 등등으로 가득 차 있으니 말이야』라고 말했다. 그러나 1980년대 후반이 되자 계층들은 연대의식을 영원히 잃어버리게 되었다. 별다른 잘못도 없이 어떤 관리자가 사라지자, 그 다음 사람은 더더욱 취약해졌고, 관리자들은 서로가 서로에게 적이 되어버렸다. 셸의 어느 고참사원은 『사람들이 무기력한 경영층에 대해 논의할 때면, 그것은 보통 자신들 바로 위에 있는 계층을 의미한다』라고 설명해주었다.

1980년대 후반 중간관리자들의 사기는 땅에 떨어졌다. 수 돕슨(Sue Dopson)과 로즈매리 스튜어트(Rosemary Stewart)는 1989년 실시한 조사에서 『대부분의 작가들은 중간관리자를 계층구조의 중간에 치여서 좌절되고 환상에서 깨어난 개인으로서, 무능하고도 경력발전에 대한 아무런 희망도 없는 사람으로 묘사했다』라고 썼다. 『작업은 별 재미도 없는 것이었고, 경력개발 가능성도 없었다. 그리고 정보기술 —— 일부 작가들의 주장에 의하면 —— 은 자신들의 역할을 한층 더 반복적인 것으로, 그리고 흥미도 없을 뿐만 아니라 중요성도 없는 것으로 만들 것이다.』

비록 그들이 위험을 인지하는 데 꽤 오랜 시간이 걸리긴 했으나, 1990년대는 그들을 더 한층 궁지로 몰아 넣는 일련의 시련들을 제공했다. 1992년 영국의 경영연구기관인 BIM(British Institute of Management)이 1,000명의 중간관리자들을 대상으로 조사했는데, 그 결과 그 가운데 80%는 지난 5년 간 적어도 한 차례 이상의 사업구조재편을 경험했다는 것이었다. 그런데도 그들은 계층단축이 여전히 그들의 현재 직무에 아무런 영향을 미치지 않을 것으로 느끼고 있었다. 75%는 앞으로 근무하는 동안 경영자가 될 것으로 기대하고 있었다. BIM은 단지 그들에게 『그러한 일이 당신에게는 일어나지 않으리라고 가정하는 일만은 그만두세요』라는 경고밖에 할 수 없었다.

감원은 계속되었다. 『이 조직 저 조직이 차례로 도끼를 휘둘렀고, 관리계층들을 무차별적으로 잘라냈다.』 1993년 BIM의 임원 로저 영(Roger Young)은 말했다. 『그들은 양심의 가책도 없이 쫓아내 버렸기 때문에 수천 명의 관리자들은 포탄에 혼비백산한 사람같이 거리로 내몰렸다.』 영국의 기업연합회 CBI의 임원 하워드 데이비스(Howard Davis)는 1994년 7월 나에게 말했다. 『나아질 전망이 전혀 없다. 최고경영자들은 여전히 종업원들의 숫자에 관심을 쏟고 있다. 두 차례의 불경기를 겪은 사장들은 세번째의 불경기를 많은 사람들과 함께 맞으려 하지는 않는다.』

도끼와 포탄세례 이야기는, 미국에서뿐만 아니라 유럽에서도, 인명피해를 무시할 수 있었던 전쟁의 흔적과 무자비한 사태를 비유한 것이었다. 사장들은, 제때에 사들이거나 공급받는「아웃소싱된(outsourced)」재고품과 부품에 대해 적용되는 이론을, 그들의 관리자들에게 적용할 수 있었던 것이다. 그리고 그들은 위기적 분위기를 이용해 인간의 문제를 한꺼번에 해결할 수 있는 구실로 사용했다. 그러나 이와 같이 분명한 비인격성 뒤에도, 인종청소와 같은 시련은 유고슬라비아의 내전처럼 문화적 충돌상태 —— 미국인 대 유럽인, 스코틀랜드인 대 영국인, 귀족의 후예 대 근로계층 등 —— 에서 오래된 민족 또는 집단을 유리하게 취급하는 것을 눈감아주었다. 그것은, 인내심 부족한 사장들이 단지 얼굴이 보기 싫거나 또는 목소리가 듣기 싫다는 이유로 부하를 쉽게 해고할 수 있도록 해주었다. 어느 인재파견업자에 따르면, 『그것은 우리가 흔히 말하는「오야 맘 내키는 대로」증후군』이었다. 몇몇 회사들은 다운사이징에 너무 몰두한 결과 곧 관리자들을 재계약 —— 심지어 잘라낸 그 관리자들과 —— 해야만 했다. 그것도 컨설턴트로서 더 높은 비용을 지불하고서 말이다. 정보기술 컨설턴트의 보수는 천정부지로 치솟았다. 〈이코노미스트〉지마저도「기업 식욕감퇴증(corporate anorexia)」의 위험성에 대해 우려를 표시했다. 『불필요한 기생충과는 달리, 일부 중간관리자들은 때때로 무정부주의 또는 부패와의 전쟁에서 중요한 원군이었다.』

쫓겨나지 않은 중간관리자들마저도 일자리에 대해 불안한 느낌을 가졌고, 승진할 가망성도 그리 크지 않았다. BIM의 후속적인 조사에 의하면, 조직계층의 수가 줄어듦으로써 계층 간의 폭은 넓어졌고, 승진하는 것은 더욱 어려워졌다. 관리자들은, 정보는 넘치는 대신 의사소통과 상호이해는 줄어들었다고 불평했다. 최고경영자들이 직접 의사결정을 하게 되자 관리자들이 더 높은 자리로 올라갈 범위가 줄어들었다. 그리고 관리자들은 단기적인 사업구조 개편 때문에 기진맥진했다. 종종 관리자들은 사업구조 개편의 목표기간 내에 자신을 변화시킬 수가 없었다. 따라서 단기적인 사업구조 개편은 회사의 붕괴를 재촉할 수도 있었다. 무엇보다도 권력은 최고경영자에게 한층 더 집중되었다. 『계층축소란 의사결정권이 위로 올라갔고, 또한 통제권조차 빼앗아갔다는 것을 의미했다.』

생존자들의 반응은 때때로 모호했다. 그들 대부분은 한층 더 많은 압력을 받으면서 일했고, 간혹 두세 사람의 일거리를 떠맡아야만 했다. 그리고 많은 사람들은 무력감을 호소했고, 상사가 잘못 결정한 일에 대해 반론을 제기하지도 못했다. 로저 영은 나에게 다음과 같이 말했다. 『우리 팀의 3분의 2는 스트레스를 받고 있다고 보고했으며, 반 가량은 실제로 신체적 증후로도 나타났다. 그러나 거기엔 명백히 정반대의 현상도 일어났다. 대부분의 구성원들은 또한 변화를 즐긴다고 했고, 그것은 더 높은 직무만족감을 준다고도 했다.』 세대 간에는 분명히 격차가 있었다. 젊은 임원들은, 그들의 미래가 불안하고 옛날 방식의 회사는 경쟁력이 없다는 사실을, 연로한 임원들보다 한 발 앞서 인식했다. 젊은 임원들은 그들의 기대수준을 조정했으며, 간혹은 그 도전을 즐기기도 했다.

회사에 대한 낮은 충성심

지금은 어떤 기업도 종신고용을 약속할 수 없고, 그것을 기대하는 관리자도 없다. 1988년 6월 쿠츠 커리어(Coutts Career) 컨설팅사의 폴 찰스워스(Paul Charlesworth)는 『세상에 종신토록 하는 일자리라는 것은 없다』라고 했다. 그는 30만 명 가량의 전문직, 그리고 관리직이 직업을 잃었다고 추산했다. 그 후 5년이 지나자 컨설턴트들은 자신들의 주장에 한층 더 자신만만했다. 머튼 어소시에츠(Merton Associates)의 스티븐 롤린슨(Stephen Rowlinson)은 필자에게 『회사에 대한 충성심은 죽었다』라고 확신을 갖고 말했다.

헤드 헌터(역주 head hunter : 인재를 스카우트하거나 발굴해 기업에게 소개해주는 전문인력 알선업자) 또는 「경영자 소개 컨설턴트(executive search consultant)」는 지금 산업계의 새로운 직종으로 자리잡았다. 직원들의 충성심이 사라지면서 그들의 활동범위는 증가되었다. 왜냐하면 오리들 무리 가운데서 백조를 찾아내는 것이 바로 그들의 업무이기 때문이었다. 아무도 평범한 중간관리자들을 원하지 않은 반면, 한층 더 경쟁적인 세계환경에 적합한 뛰어난 경력의 관리자와 임원에 대한 수요는 많았다. 헤드 헌터들이 대부분 그런 역할을 담당했는데, 그들은 인재를 소개해준 대가로 1년치 연봉의 3분의 1을 수수료로 챙겼다. 그들은 당당한 군인처럼 행동했고, 메이페어에 우아한 사무실을 운영하면서 회장들이 사적으로 고민하고 있는 것이 무엇인지를 간파했고, 노동시장의 비밀도 알고 있었다. 헤드 헌터들은, 대기업들이 더 이상 「자신들의 재목(인재)을 스스로」 육성하지 못하리라는 점을 꿰뚫어보았던 것이다── 그토록 많은 회장들을 육성하여 다른 회사로 내보낸 ICI마저도 새로운 회장을 유닐레버에서 데려와야만 했다── 따라서 그들은 목재상인이 되었던 것이다. 몇몇 회장들은 헤드 헌터들이 재무관리 임원과 마케팅 전문가의 급료를 현기증 날 정도로 높였다고 비난했다. 그러나 사실 따지고 보면, 비난받아야 할 사람은 회장들 자신이었다.

대기업들은 종업원들로부터 완전한 충성을 기대하는 것을 포기했다. 하비존스 경은 자신이 ICI에 근무하던 때를 회고했다. 당시 종업원들은 회사가 어디로 발령을 내더라도 따랐었다. 그러나 1980년대 후반이 되자, 신규채용자들은 더 이상 자신의 권리를 포기해야 한다고 생각지 않았다. 하비존스 경을 이어 ICI의 회장이 된 데니스 헨더슨은 필자에게 다음과 같이 말했다. 『장차 우수한 사람들을 끌어들이고 동기 부여시킬 수 있는 회사는 개개인에게 적합한 것이어야만 할 것이다. 요람에서 무덤까지의 안전은 더 이상 불가능하다. 그러나 충성심의 부족은 전혀 엉뚱한 결과를 초래한다. 그것은 그들이 늘 돈만을 생각하며 살아가고 있는 런던 금융시장에 대한 것뿐이다. 내가 젊었을 때는 돈에 관한 이야기는 하지 않았다. 그저 매년 승급만 바랄 뿐이었다. 지금 그들은 언제나 돈타령뿐이다. 그리고 자신들이 원하는 것만큼 벌지 못하면 회사에 남아 있지 않을 것이다.』

셸은 오랫동안 종신고용의 전통을 유지했지만 어느 회사보다도 더 심한 진통을 겪었다. 무릭 브로크먼이 말한 것처럼 『유럽 전역에 걸쳐 개인주의가 확산되고 있다. 사람들은 얽매이기를 좋아하지 않는다. 젊은 대학졸업자들은 충성심 또는 연금 등에는 별 관심이 없다. 그들은 자신의 시장가치를 높여주고 어디에서나 사용할 수 있는 능력을 향상시켜주는 교육훈련 기회, 그리고 정보를 얻기 원한다.』

이론상으로 보면 충성심은 양쪽 모두 느슨해졌는데, 그것은 부분적으로 「성인 대 성인의 계약」 관계가 한층 더 증가했기 때문이었다. 젊은 신규채용자들은, 그들 자신의 고용관계가 간혹 인사관리담당자들보다도 더 불안하다는 것을 잘 알고 있었으므로, 정보와 경험이 요구되었던 것이다. DBM의 윌리엄 모린은 기본적으로 『과거의 고용계약은, 나는 어떤 사람을 위해 일한다, 그리고 나는 그 사람의 명령을 따른다』라는 것이었다고 말했다. 『과거 나는 부하에게 어떤 상황에서 내가 무엇을 알고 있는지, 그리고 모르고 있는 것이 무엇인지를 자주 말해주지는 않았다.』지금은 『진행 중인 상황에 대해 아는 대로 모든 것을, 모두에게 말해주어야만 한다.』

그러나 많은 회사들은 충성심을 두 가지 차원에서, 즉 단기적으로, 그리고 강한 충성심을 확보하려고 노력했다. 그러나 회사들은 장기적으로 그에 상응하는 보상을 제공할 수 없었다. 1994년 CBI의 종업원관계 담당임원 로비 길버트(Robbie Gilbert)는 다음과 같이 경고했다. 『고용주들의 딜레마는, 그들이 충성심을 기대하면서도 —— 특히 핵심 종업원들로부터는 더 요구하면서도 —— 자신들을 위해 일하는 종업원들에 대해서는 종종 훨씬 덜 충성스럽다는 점이다. 고용주들은, 근로자들이 새로운 도전의식을 갖고 근무하기를 기대한다. 그러나 그들은 간혹 종업원들을 바깥에 남겨둔 채 문을 닫아버린다.』

물론 충성심의 부재는 1980년대 후반, 전문직과 나라 전체를 통틀어 확산된, 고용불안에 많은 이유가 있다. 종신고용이라는 것은 전문직과 공적 근무자와 같은 중산층의 가슴에 오랫동안 박혀 있는 하나의 전통이었다.

1930년대의 실업은 제2차 세계대전 후 수십 년 간 고용안정을 한층 더 값진 것으로 만들어주었는데, 전쟁은 사람들로 하여금 군대와 유사한 태도와 충성심을 갖도록 했고, 공적 조직과 사적 조직을 한결 유사하게 보이도록 만들었다. 티잭 어코드(Tyzack Accord)사의 나이젤 험프리스(Nigel Humphreys)는『충성심을 요구한 것은 기업들이 아니었다』라고 주장했다.『그것은 부분적으로 사회적인 관습이었다. 종신고용이 기대되는 교회가 그랬고, 군대와 전문직업이 그랬던 것이다. 1980년대에 이르자 태도의 변화가 일어났다. 사람들은 더 많은 자유를 누렸고 그들의 운명을 스스로 통제하길 원했다.』그러나 1990년대가 되자 글로벌 경쟁이 격화되면서 많은 사람들은 자신들의 운명에 대해 선택할 것이 거의 없다는 사실을 알게 되었다. 이어서 불황이 닥쳤으나 국가는 고용에 대한 책임을 거의 느끼지 않았다. 심지어 회계사와 변호사마저도 자신의 직업에 대해 더 이상 자신감이 없어졌고, 교수와 교구목사들도 오래된 전통인「영구고용」을 박탈당하게 되었다. 1994년 모리(Mori)사가 실시한 조사에 의하면, 영국 중산층 응답자들 가운데 35%는 그 다음해 직업을 잃지나 않을까 걱정했다. 중산층의 부모들은 자신들의 자녀를 안전하게 보살필 수 있는 직업을 찾았으나 무위로 끝났다. 오직 수의사와 주택수리 청부업자들만이 비교적 안정적인 수요를 누리는 듯이 보였다.

중산층 가운데 회사인간들이 경제적으로나 심리적으로나 가장 취약했

다. 왜냐하면 그들은 오래된 직업으로서 다른 이들과 똑같은 정도의 사
회적 정체감이나 안정감을 누려본 적이 없었기 때문이었다. 그들의 자격
은 그렇게 잘 정리되지 않았고, 그들의 지위와 자존심은 언제나 회사의
정책과 전망에 달려 있었다. 보다 넓은 의미의 사회에서 「관리자」는 「의
사」 또는 군대의 「소령」처럼 타당한 대접을 받은 적이 없었다. 그저 「회
사의 일부」에 지나지 않았던 것이다. 한번 조기퇴직이라도 당하게 되어
사회적 지원이 끊어지면, 관리자는 자신이 적합하지도 않고 또한 준비되
어 있지도 않은 환경 속에 놓여 있음을 알게 된다. 다운사이징과 인원감
축이라는 말 뒤에는 누구도 알아주지 않고, 또한 동정해주지 않는 개인
적인 비극이 있었던 것이다. 사무실에서 존경받고 있던 인물들이 고액의
연봉을 받는 유능한 젊은이들에게 일자리를 빼앗기게 되자, 그들은 갑자
기 자신이 아무도 알아주지 않고 쓸모 없는 인간이 되었음을 알게 되었
다. 어느 날 아침 책상을 비워달라고 하는 말을 듣거나, 반평생 그들의
마을이었던 건물로부터 쫓겨날 수도 있었다.

　지금 「회사인간」이라는 말 자체가 의문시되고 있다. 하비존스는, 자신
이 데저트 아일랜드(Desert Island)라는 프로에 성공한 「기업가 또는 회
사인간」이라고 소개되자, 이를 매우 못마땅하게 생각했다. 『필요한 것은
개인, 즉 개인적 공헌이지 이상적인 「회사인간」에 적합한 행동을 하는
것이 아니다.』 평생을 충성심으로 가득 채운 채 지낸 나이 많은 몇몇 종
업원들은 그 말이 무슨 뜻인지 몰라 얼떨떨해했다. 셀의 어느 퇴직사원
은 『나는, 우리가 인생을 어떻게 살았는지 자주 생각해본다. 우리의 인
생과는 정반대로 오직 회사만을 위해 헌신했었지.』

해방?

　시련이 끝난 후에는 어떤 종류의 관리자가 번영할 것인가? 무너진 피

라미드 구조 속에서는, 가장 능력 있고 자신감 있는 사람들이 전보다 훨씬 더 많은 기회를 잡게 되었다. 미국에서는 희망적인 이론만들기가 폭발적으로 증가하고 있는데, 그 가운데 특히 유명한 경영의 달인 톰 피터스——《해방경영(Liberation Management)》과 《경영파괴(Crazy Times Call for Crazy Organizations)》를 쓴—— 가 앞장을 서고 있다. 과학적 관리법에 대한 거부는 비과학적 경영방식(unscientific management)에 대한 온갖 종류의 이론을 가능케 하도록 문호를 개방했다. 그리고 의식개발, 신세대 훈련, 직관적·창조적 사고 등과 같은 것에 대한 관심이 되살아나게 했다. IBM은 심지어 종업원들에게 중국의 《역경(易經)》에 나오는 의식을 가르치려고도 했다. 1960년대 캘리포니아 주변의 학계에서 제창된 「조직개발」·「개인의 성장」과 같은 아이디어가 새로운 심리학적 증거를 곁들여 다시 각광받고 있다. 심리학자들은 회사를 「자신들의 아이디어를 실험하는, 살아 있는 연구소」로 취급했고, 감수성 훈련과 같은 것을 만들어 관리자들을 훈련시켰다. 그러나 옛날의 의문점은 풀리지 않은 채 그대로 남아 있다. 『그 모든 것은 진정 팀을 개발하려는 것인가, 아니면 상사에게 더 많은 권력을 넘겨주려는 것인가?』하는 의문 말이다.

몇몇 앞서가는 최고경영자들은 새로운 이론에 한층 더 빠져들어 갔다. 특히 실리콘 밸리의 최고경영자들이 그랬는데, 그 가운데 애플 컴퓨터를 떠나기 전 존 스컬리는 생물학적 세포이론을 새로운 규범과 새로운 패러다임에 적용해 이론화하려고 했다. 그는 다음과 같이 주장했다. 기업들은 그들의 미래를 유전자의 변화라는 관점에서 보아야만 한다. 『세포들은 성장하고 분열하지만, 유전자 부호는 언제나 같다.』 일본의 성공에 따라 동양적 사상들은 높이 평가받았다. 그리고 미국의 개인주의자들은 아시아의 집단주의와 통합하려는 시도를 했으며, 개인의 내면적 목표와 회사의 목표를 연결시키려 노력했다. 그러나 여전히 일본의 「화

(和)」 사상의 핵심인 기업에 대한 충성심은 거부하면서 말이다.

또한 1980년대 마이클 매코비가 이미 조사한 것과 같이, 많은 젊은 회사인간은 한층 더 창의적인 삶을 원했고, 훨씬 더 전인적인 생활을 추구했으며, 가정을 중시하려고 했다. 어떤 사람들은 잃어버린 통합성을 재발견하려는 시도를 하고 있고, 초기의 농부와 장인들처럼 회사와 가정생활을 다시 연결하려고 했으며, 애매한 개념인「전체론(holism)」── 이는 1926년 얀 스머츠(역주 Jan Smuts : 1870~1950, 남아공의 군인 · 수상)가 처음으로 정의를 내렸는데, 「모든 것을 만들고자 하는 경향」을 의미한다── 이 다시 인기를 얻고 있다.

새로운 시대에 대한 흥미로운 관점들도 있었다. 영국에서는 찰스 핸디가 1994년 그의 저서《비이성의 시대》를 통해, 미래의 기업인간에 대해 낙관적이고도 기독교적인 자신의 관점을 확대 설명했다. 그는 좋은 선생같이 다른 사람의 능력을 개발하는 것이 자신의 직무인「탈 영웅적 관리자(post-heroic manager)」라는 개념을 제안했고, 사회가 점차 덜 계층적으로 됨에 따라「관리자」라는 말 그 자체가 사라질 것으로 내다봤다. 『젊은이들은 관리받기를 원하지 않는다. 그 말은 낮은 계층의 사람들에게나 하는 말이라고 들린다. 식당관리자 또는 사무실관리자와 같이 말이다.』 핸디는, 회사의 일자리란 사람들의 생활방식 · 여가 그리고 자아성취방식과 관련되어 보다 큰 맥락에서 발전한다고 보았다. 그리고 그는, 사람들은 공식적인 회사 업무에는 한층 더 개인적인 도전을 시작하기 전인 25~45세까지 20년 정도만 일할 것으로 예측했다.

1990년대가 되자 의심할 바 없이, 야심적이고 능력 있는 경영자들은 관료주의적인 속박에서 뛰쳐나와 더 한층 넓은 세계로 나아갔다. 고독한 경영자,「고용된 총잡이」또는「용병」이 새로운 역할 모델이 되었다. 그들은 유연성과 이동성이 높았고, 단기적 임무와 팀에 참가했고, 일이 끝나면 떠났으며, 실리콘 밸리의 기업가들처럼 소규모 회사들을 만들고 개조하곤 했다. 창의적인 젊은 사람들은, 관리자들이 50살쯤 되면 벌써 너무 늙은 축에 끼이게 되는, 급속히 성장하는 기업들에서 보다 많은 기회를 잡을 수 있었다. 컴퓨터 회사, 소프트웨어 회사, 그리고 애틀랜타의 TV 네트워크 CNN에서부터 런던의 출판사 돌링 킨더슬리(Dorling Kindersley)에 이르기까지 각종 미디어 회사들이 그 예다. 아이디어가 제값을 받게 되자 재주꾼들은 더 이상 관리자들과 함께 있을 필요가 없어졌다. 그것은 150여 년 전 동인도 회사가 일했던 방식으로 되돌아가는 것인지도 모른다. 항해지도를 그리고 공급품을 챙겨주면서도 시도 썼고 철학을 논했던, 그런 시절로 말이다.

그러나 고도로 성숙된 회사들은 해방과 기회라는 바깥 세상의 이론과 회사 내부의 현실 사이에는 여전히 엄청난 차이가 있음을 보여준다. 개인의 발전과 내면적인 목표에 대해 말하고는 있지만, 회사 내의 경쟁과 고용불안은 종업원들로 하여금 회사의 단기적 목표에 더 몰두하도록 압력을 가했다. 그런 한편 컴퓨터를 통한 통제는 그들이 겪어보지 못한 부담을 안겨주었다. 시장(市場)은 어떤 사장(社長)보다 더 요구하는 것이 많은 주인이 되었고, 고객들은 끊임없이 마음이 변했으며, 즉각적으로 그리고 다양한 것을 원했다. 고객들의 입맛에 맞춰 일하는 관리자들은 회사 안팎에서 더 열심히 일하는 경쟁자들에게 일자리를 빼앗기지 않을까 항상 불안했고, 휴가도 제대로 떠나지 못했다. 또한 즉각적인 조치를 취하지 않을 수 없도록 한 것은 쉴새없이 들어오는 팩스·전자우편 그리고 휴대폰이었다.

미국의 젊은 임원들은 여전히 취미나 철학적 사색 같은 것에 시간을 빼앗기지 말아야 하고, 여가가 많다는 것은 실패했거나 밀려난 것 같은 인상을 받기 때문에, 회사에 전적으로 헌신하도록 되어 있다. 30대의 어느 재무관리자는 말했다. 『학교에 다닐 때 나는 조만간 1주에 3일만 근무하면 된다고 배웠는데, 지금은 1주일에 7일 간 일한다. 1년에 휴가는 겨우 1주일밖에 안 된다.』그러나 회사가 젊은이들에게 그런 헌신을 요구하는 반면, 회사는 중년기의 종업원들에 대한 관심을 갑자기 잃을 수도 있다. 일중독에 걸리도록 만든 그 압력은 곧 조기퇴직 통보로 이어질 수도 있었다. 그것이야말로 취미도 다른 분야에 대한 관심도 없는 그들에게는 가장 원하지 않는 불행이었다.

얼마나 많은 관리자들이 진정 그들 자신의 운명을 통제할 수 있을까? 다른 기업들의 모범이 되고 있는 맥도널드(McDonald) 햄버거사와 같이, 가장 성공적인 소매회사 가운데 많은 회사들은 여기저기 흩어져 있는 그들의 프랜차이즈를, 그들의 규칙에 완전히 일치시킴으로써, 그전보다 한층 더 엄격하게 조정하고 통제하는 방법을 배웠다. 계층단축과 사업구조 재편으로 최고경영자는 명령계통을 직접 장악하게 됨으로써 권한을 집중시킬 수 있었다. 그리고 종업원들에게 진심으로 권한을 위양하고자 노력했던 회사들마저도 어려움에 빠지게 되었는데, 왜냐하면 명령을 내리고 그 명령을 따르는 오래된 습관이 쉽게 사라지지 않았기 때문이었다. 경영과 관련된 책을 쓰고 있는 로버트 헬러(Robert Heller)는 다음과 같이 말했다. 『사람들은 권위주의적 풍토 속에서 살아가기 때문에 무엇을 할지 묻는 것은 자연스런 반응이다. 명령을 하지 않고, 그리고 명령을 따르지 않는다는 것은 양쪽 모두에게 엄청난 노력이 필요하다.』또는 하비존스가 나에게 한 다음과 같은 말처럼 말이다. 『사무실의 마룻바닥에서부터 올라오는 모든 과정은, 의사결정이 위로 올라가도록 촉구하고 있다. 그것을 중단시키는 것은 인간의 본성을 거스르는 것이다. 단 하나의 해결방법은 위라는 것을 없애버리는 것이다. 그러나 위로부터 권한을 위양하는 것은 그렇게 쉬운 일이 아니다. 종업원들이 어떻게 해야 할지 묻거든, 단호히 거절해야만 한다.』그리고 대다수의 최고경영자들이 획기적인 변화를 해야 할 때 모두 정직해지는 것만은 아니다. 문자 그대로 그것을 따랐다가는 자신들의 경력을 망쳐놓을 수도 있었고, 더욱이 종말을 고하게 될 수도 있었기 때문이었다. 다운사이징·팀구축 그리고 유연성을 가장 열정적으로 추진했던 몇몇 최고경영자들은 그 자신은 유연하지 못했고, 팀으로서 일하기를 싫어했으며, 자신들을 추종하는 임원들을 다운사이징하지는 않았다. 1923년 포드는 다음과 같은 오래된 불평을 했다. 『가끔은, 가장 혁신해야 할 대상은 근로자들이 아니라, 「더 높은 자리」에 있는 사람들이다. 그런데 그 사실을 마지막으로 깨닫는 사람은 언제나 그들이다.』그러나 한층 더 빨리 변하는 시대에는 저항도 훨씬 더 커지는 법이다. 그리고 회사를 살리기 위해 총대를 맨 소규모의 「변혁 추구자들」은 때때로 그 임무가 끝나기도 전에 이사회에 의해 축출되기도 한다.

관리자들의 이동성이 높아지고 직업에 대한 안정성이 낮아지게 되자, 관리자들은 자신들과 최고경영자 사이의 간격이 더 커지고 있음을 깨달았다. 일시해고의 와중에도 임원들은 서로 엄청난 수당을 지급했으므로 그것은 더더욱 확실했다(제21장 참조). 「수평조직」은 진실로 납작한 고원(高原)을 닮아갔고, 가끔 구름과 같은 중간관리자들 위로 높은 산꼭대기가 보였다. 정보에 자유스럽게 접근할 수 있다고 말해놓고도 기업의 최고경영자들은 여전히 자기 자신만의 계획이나 사적인 이익도모를 추진하기도 했다. 부하들이 그것을 안다거나 항의한다거나, 또는 불법을 고발할 수도 있다는 것에 개의치 않고 말이다. 영국에서 로버트 맥스웰은, 고위 임원들이 의혹의 조짐을 알고도 고발하지 않았기 때문에, 회사의 자금을 횡령할 수 있었고 종업원들의 개인연금을 떼먹기도 했다. 또한 브리티시 항공사는, 종업원들로부터 어떤 분명한 항의도 받지 않은 채, 승객들에게 경쟁사인 버진항공을 못 타도록 하는 성급하고도 부도덕한 「더러운 술수」를 부렸다. 미국에서 전제적인 최고경영자들은 그들의 비밀을 숨기기가 훨씬 더 쉬웠다. 그들의 영향력이 회사마을 전체로 뻗어나가는 경우에는 더더욱 그랬다. P&G는 여전히 신시내티를 지배하고

있는데, 종업원들—— 그들을 「프록토이즈(Proctoids)」라고들 부른다
—— 과 보수주의자들의 요새인 도시 자체를 좌지우지하고 있다. 1990년
P&G의 새로운 강력한 최고경영자 에드 아츠트(Ed Artzt)는 회사의
기밀이 새나가는 것을 극도로 싫어했다. 〈월 스트리트 저널(Wall Street
Journal)〉지의 끈질긴 기자 알레시아 스웨시(Alecia Swasy)가 P&G의 내
부 비밀을 공표하자, 아츠트는 카운티의 검사를 설득해 그 지방의 모든
통화를 도청할 수 있는 허가를 받았고, P&G의 임시직 안전담당관을 조
사반장 자리에 앉혔다. 〈월 스트리트 저널〉이 이런 불법적인 술수를 발
표하자 아츠트는 「판단상 실수」했음을 인정했고, 스웨시는 P&G의 최대
오점을 파헤치는 책을 쓰게 되었다.

이러한 전제적인 회사들에게 해방경영(liberation management)이란 공
허하게만 들릴 뿐이다. 관리자들이 해고당하면 당할수록, 남아 있는 관
리자들은 잇따라 등장하는 상사들의 종잡을 수 없는 전횡에 한층 더 좌
지우지되었고, 그들의 호·불호에 의해, 그리고 「기업 청소」 계획에 목
을 매달아 놓는 셈이 되곤 했다. 관리계층이 축소되면서 조직구조는 점
점 더 얇아졌고, 사람들에게 동기부여와 안정감을 제공해주는 지속적인
요소들은 한층 더 줄어들었다.

본사의 건물 자체도 그 성격을 완전히 바꾸었다. 그것은 「별다른 노력
도 하지 않고 성공할 수 있는」 놀이터가 아닌 것은 말할 나위도 없고,
더 이상 안전한 가옥이 아니며, 따뜻한 지원기관도 아니었다. 그것은 신
참자들에게는 짜릿한 도전감을 맛보게 하는 전쟁터를 한층 더 닮아갔지
만, 구식 회사인간들에게는 위험으로 가득 찬 싸움터로 변해가고 있었
다. 그리고 앞으로 좀더 논의하겠지만, 사무실에 관한 온갖 아이디어들
은 지금 변화의 와중에 있다.

제 18 장

사무실이냐 집이냐

> 풍요한 인생이란 무엇인가? 우리가 그것을, 자아를 인식하고
> 소설과 시를 읽을 때 가능한 것이라고 인정한다면, 그것은 회사나 공공기관의 정문 앞에서
> 포기해야만 할 듯싶다.
> — 톰 피터스(《해방경영》, 1992) —

　회사인간은 사무실 지역에서 줄곧 성장해왔고, 사무실 지역은 조직의 구조와 계층을 반영하고 보강해왔으며, 회사인간의 안전을 상징적으로 표현해주는 곳이었다. 1990년대 중간관리자들이 겪은 시련은 불가피하게 그 고정된 사무실 지역의 존재의의를 훼손시켰고, 그 주변으로 몰려들었던 사람들에게 피해를 주었다. 그런 반면 젊은 관리자들은 기업혁명이——20세기 초 거대한 빌딩들이 처음으로 등장하기 전의 그런——인간적인 다양한 활동을 할 수 있도록, 그리고 가정과 사무실 사이를 엄격히 분리하지 않는 한층 더 유연하고도 해방된 생활 스타일을 가져다주었다고 인식했다. 그러나 그들은 또 얼마나 그런 생활을 할 수 있을런지?

　기업인생도 결국 여타의 세상과 상호작용을 해왔다. 1960년대 그리고 1970년대에 이르자 사무실은 찰스 디킨스의 그「더럽고도 조그만 뒷골목 사무실」, 그리고 헨리 밀러의「공기 없는 새장」또는 라이트 밀스의「거창한 서류더미」 속으로부터 먼길을 걸어나왔다. 영국의 사무실은 특별히 안락한 느낌을 주었다. 수많은 경영자와 비서들, 심부름꾼 그리고 안내원들에게 사무실은 그들의 일상적인 하루를 보내는 중심적인 장소가 되었고, 그들은 교회·마을 또는 군대를 대신해 사무실에서 언제나 인정받았고 또한 확인되었다. 만약 그들이 아프기라도 하면, 사무실의 동료가 찾아오기도 하고 그들을 안심시켜주었다. 그리고 회복되어 사무실에 다시 출근하면, 사무실에다 이를 알리는 공고도 붙여놓았었다. 많은 회사들은 회사의 종업원들이 함께 모일 수 있는 클럽이나 운동장을 가지고 있었고 야외 별장도 제공했다. 예를 들면 런던에 있는 셸의 종업원들은 셸 센터 바로 옆에 자리잡고 있는 서던 리전(Southern Region) 역 광장으로 몰려들었다. 큰 사무실은 크리스마스 이전에 절정을 이루는 그들만의 달력을 가지고 있었는데, 그 날이 가까워지면 사무실의 창문과 서류 캐비닛은 꽃으로 장식되었고, 크리스마스 카드와 편지가 「사랑하는 사무실」에 전달되었다. 축하행사는 사무실에서 개최되는 파티에서 최고조에 이르게 되는데, 만취는 필수적이었고, 상사들은 여비서들을 질탕하게 희롱했으며, 1년 중의 그 몇 시간 동안은 모두가 평등해졌던 것이다. 대가족 생활에 대한 감정은 여전히 옛날 시골 가정생활의 유산으로 보인다. 또는 적어도 그것에 대한 향수의 표현이랄까, TV의 연속극이나 〈하루의 남은 시간(The Remains of the Day)〉과 같은 영화 등에서 주제가 되곤 했다. 그리고 시골 집과 마찬가지로 사무실 지역은 변함 없이 그대로 지속될 것 같은 위험한 망상을 조장했다.

그것은 동시대의 소설가들이 아름답게 묘사했던 수많은 시골마을들보다도 지속적이고 실질적인 생활공동체였다. 지식인들은 회사인생을 조롱했고, 젊은 대학졸업자들은 회사인생을 시작하기 전까지는 그것을 어리석은 짓이라고 생각했다. 조나단 가손하디(Jonathan Gathorne-Hardy)는 1970년 그의 소설 《사무실(The Office)》의 서문에 『나는, 사회는 그 스스로 통제할 수 없는 이상한 것을 사무실 시스템 속에 창조했다고 결론을 내렸다』라고 썼다. 『그것은 괴물과 같아서 내가 복종하지 않을 수 없다.』 그러나 마음 편한 사무실에서 매일 부딪치는 일과 사교적인 기회는 그 속에서 살아가는 사람들을 안심시켜주었고, 반복적인 행동을 하도록 북돋았다. 사무실에 근무하는 종업원의 일상적인 희노애락을 표현하는 것은 만화가의 몫으로 남겨졌는데, 미국 만화 「블론디(Blondie)」에 나오는 대그우드(Dagwood), 또는 런던의 〈이브닝 스탠더드(Evening Standard)〉지에 나오는 프랭크 디큰스(Frank Dickens) 사무실의 주인공 브리스토(Bristow)가 대표적이었다.

케이스 워터하우스(Keith Waterhouse)의 1978년 소설 《사무실 인생(Office Life)》의 주인공은, 사무실에서의 일상적인 일이란 그가 생각할 수 있는 한 세월을 보내는 방법으로서는 최고로 기분 좋은 것이라고 생각한다. 그는 사교적인 업무, 소송서류의 교환업무, 편지와 전표, 화장실이나 복사기 옆에서의 잡담, 복권·축구경기·도박, 그리고 각종 모임을 조직하는 등의 일로 가득 찬 사무실 건물에서 근무한다. 그러나 사무실은 무엇 하나 생산하는 것이 없다. 사장은 『회사인간은 건전한 기업이 소유할 수 있는 가장 값진 자산 가운데 하나다』라고 설명한다. 따지기 좋아하는 몇몇 종업원들이 사장에게 깊이 캐묻자, 사장은 『이 사무실은 실업을 줄이기 위해 전혀 생산성이 없는 일자리를 제공하고, 정부로부터 비밀리에 자금을 지원받는다』라고 말한다.

사무실 인생은 20세기 사회역사의 중요한 부분이었지만, 다른 분야들과는 전혀 관련 없는 것이 되어버리고 말았다. 사무실의 자기완결성 그리고 다른 생활들과의 괴리 등은 사무실의 성격을 고층건물 속에 있는 수직적인 마을로 인식한 건축사들에 의해 촉진되었다. 1920년대 중반이 되자 미국에서 40년 간이나 지속된 마천루 속의 사무실 혁신은 종말을 맞았고, 부동산 개발업자의 부동산 중개인들이 그것을 사들여 자신들의 표준을 만들어갔다. 사무실 건축분야에서 영국의 지도적인 건축사인 프랜시스 더피(Francis Duffy)는 다음과 같이 썼다. 『1920~70년대까지 이르는 기간 동안 사무실의 조직, 사무실의 기술, 그리고 사무실 근로자들의 기대수준은 다소 차이는 있겠지만 그대로 유지되었다. 1920년대 초의 사무실 운영 편람과 1960년대의 그것을 비교하면 내용은 조금 달라졌고, 사무실 작업의 사명과 행위에 대한 가정은 전혀 달라지지 않았다.』

건축사들은 각각 창문이 달린 방들이 죽 연결된 복도식 사무실 유형을 고안했다. 훗날 개방식 유형이 등장했는데―― 미국과 독일에서 최초로 등장했고 1960년대 영국으로 확산되었다―― 그것은 수백 명의 종업원들을 감독할 수 있도록 했다. 두 유형 모두 주건물의 구조 때문에 극단적으로 경직되었고, 용도가 제한되었다. 그런 반면 부동산 중개인들은 회사 고객들에게 적합하도록 대칭적이고 반복적인 디자인을 원했다. 유럽 대륙에서는 많은 회사들이 독자적인 디자인으로 본사를 지었다. 그 결과 밀라노의 피렐리 본사건물 또는 뒤셀도르프의 티센 본사건물과 같은 멋진 빌딩이 등장했다. 1950년대 말경 몇몇 독일회사들은 제3의 사무실 디자인을 채택했는데, 뷔롤란트샤프트(Bürolandschaft), 즉 「풍경이 있는 사무실」은 넓은 개방식 마루를 장막과 칸막이로 구분했다. 그리고 책상들을 무작위로 배치했는데, 그것은 인위적으로 계층구조를 무시했고 비공식적 의사소통을 촉진했으며 참여를 유도했다. 그러나 영국의 회사들은 구조화된 건물을 선호했고, 부동산 개발업자들도 한층 더 전통적인 고층건물을 지어 건물 면적당 임대율을 높였다. 건축사들도 회사인간을 통일적으로 만드는 음모에 가담한 셈이었다.

1980년대 사무실 건물들은 넘치는 자신감을 표현하듯 새로운 전성기를 맞았다. 전세계에 걸쳐 대규모 은행들은 기념비적인 새로운 본사 건물로 이사를 갔다. 새로운 본사건물은 영구성과 안전성을 보장하는 느낌을 제공하는 한편, 지역성을 불식하고 국제적 감각이 뛰어난 스타일을

채택했다. 맨해튼에 있는 월드 파이낸셜 센터(World Financial Center)
에는 거대한 규모의 온실이 있는데, 높은 천장을 이집트식 기둥이 떠받
치고 있다. 이 건물을 설계한 올림피아 앤드 요크(Olympia and York)사
는 동일한 스타일을 런던 도클랜드(Dockland)의 카나리 선창(Canary
Wharf)에다 반복 적용했다. 홍콩에는 중국은행(Bank of China)과 상해
은행(Shanghai Bank)의 눈부신 건물들이 서로 자태를 뽐내고 있는데,
이는 각각 I. M. 페이와 노먼 포스터(Norman Foster)가 설계한 것들이
다. 더피에 따르면『그 건물들은 장소적 제약이 없고, 정보처리기술 발
달로 해방된, 그러나 극도로 정보기술에 의존하는 금융산업의 글로벌 기
업 전형을 보여주는 제1세대 건물이었다.』

런던의 부동산 개발업자들은 기업체의 본사를 끌어들이기 위해 이국적
인 느낌이 드는 건물과 유명건축가들이 설계한 고층건물을 히드로 공항
가까운 곳에 건설했다. 예를 들면 터키의 술탄(Sultan)이 사는 궁전과
같은 전면에 스위스의 성처럼 뾰족한 지붕이 지면까지 연결된 건물도 있
었고, 종탑이 달린 튜더(Tudor)식 농장 곳간을 닮은「런던 방주
(London Ark)」는 배를 닮은 우습게 생긴 밑바닥에다 지면에 떠 있는 풍
선처럼 지어졌는데, 건물이 완공된 후 지금까지 비어 있었다.

건축가들은 환상적으로 설계를 했겠지만, 이런 건물들의 대부분은 여
전히 고압적이고 지배하는 데 적합하도록 디자인되었고, 주변의 가정적
인 느낌이 드는 건물들과는 정반대의 관점으로 지어졌다.《미적인 작업
(The Work Aesthetic)》의 저자 제레미 마이어슨(Jeremy Myerson)은 이
렇게 말한다.

우리가 사는 도시들은 아직도 일하기 위해 만든 기념비적인 건물에 따라
그 성격이 규정된다. 도심의 스카이라인은, 건물이 들어선 곳의 땅값보다
는 기업이나 부동산 개발업자들의 관점에서 추구한 지배욕구를 분명히 표

현한, 높은 사무실 건물들로 점철되어 있다. 그리고 우리의 심리는 평범한 기능적인 사무실 이미지, 즉 화병의 꽃, 창문의 블라인드, 금속 서류 캐비닛, 그리고 현대적인 시스템 가구에 따라 영향을 받는다. 영국인들은 가정에 모서리가 예민하게 각진 물건을 들여놓기 싫어하지만, 작업을 할 때는 생산성을 향상시킨다는 명분 아래 그것을 기꺼이 받아들이고 있다.

그러나 1980년대에는 위험한 시간적인 지체가 있었다. 대규모 건물들은 그 완성에서부터 입주가 끝날 때까지 거의 10년 이상이나 걸렸는데, 입주가 완료되자마자 건물은 구식이 되어버릴 수도 있었다. 컴퓨터는 작업환경을 완전히 다시 생각하도록 했는데도, 대부분의 건축가들은 컴퓨터가 건물의 디자인에 미치는 영향을 충분히 인식하지 못했다. 또한 불경기의 깊은 수렁에 뒤이어 다운사이징·외부하도급·계층단축 그리고 고객만족 등 경영에 대한 새로운 접근방식이 제안되면서, 규모가 크고 사치스런 본사건물에 대해 비판의 물결이 일어났었다. 경영자들과 건축가들의 열망은 고객에 대한 인식이라는 점에서 언제나 상반되었다.

우리가 지금까지 보아온 것과 같이, 영국의 많은 회사들은 작은 본사를 유지하기 위해 본부의 스태프들을 감원해왔다. 따라서 ICI가 궁전과도 같은 밀뱅크의 본사건물을 비웠을 때 그 건물에 입주할 회사들을 찾을 수 없었다. 코톨즈는 패션산업 단지에 있는 평범한 사무실로 이전했고, BP는 에드워드식 건물로 본사를 옮겼고, 유닐레버는 본사 종업원을 반으로 줄이고는 블랙프라이어스에 있는 오래된 본사를 개조해 사용하고 있다. 웅대한 사무용 건물이 절정에 이르자, 우연히도 파킨슨 법칙에 맞춘듯이, 관리자들의 대규모 축출이 일어났던 것이다. 웅대한 건물 주위로 번창해왔던 사무실 지역은, 군부대가 떠나고 난 뒤의 술집과 매춘부들처럼 위축되고 말았다. 건물에 남아 있는 불안한 기색의 사람들, 재임대 계약을 한 사람들, 사무실 관리인들, 결혼상담소 직원들, 그리고 각

종 파티 등이 열리고 있는 값비싼 사무실은 다운사이징에 발맞춰 그 값
이 하락하고 있었다. 이제 값비싼 건물은 한물 지나간 사치품처럼 보였
고, 세계 경쟁에서 살아남아야 할 뿐만 아니라 이익을 내야 하는 경쟁력
있는 기업과는 거리가 먼 것이 되고 말았다. 어쩌면 당연한 일이겠지
만, 그러한 과정에 진정한 의미의 마을과 이웃처럼 서로 협력하고 스스
로 업무를 수행했던 사회적 시너지와 주체성은 사무실에서부터 거의 소
멸되어버렸다. 몇 년마다 새로운 일자리를 찾아나서야 하는 관리자와 임
시직원, 그리고 컨설턴트들은 훨씬 불안정한 세상을 살아가기 위해 각자
스스로 사회적인 준비를 하지 않으면 안 되었다.

관리자와 건축사가 사무실 공간 · 시간 그리고 작업 그 자체에 대해 다
시 생각하게 됨으로써, 사무실에 관한 모든 가정들은 검증의 대상이 되
었다. 1981년 더피는 다음과 같이 썼다. 『시카고에서 폭발적으로 발명이
일어나고 사무실 전용 건물이 등장한 지 100여 년이 지난 뒤에도, 사무
실은 분명히 사라지지 않았다. 그러나 아마도 21세기에 가서는 근본적인
디자인 문제에 부딪치게 될 것이다.』 1994년 11월 국가재산관리국에서
발표한 영국 도시들에 대한 보고서에 의하면, 사무실 지역은 다음 세기
의 사회적 · 경제적 공룡이 될 것으로 예측했다.

많은 최고경영자들은 지금 사용하고 있는 본사건물이 자신들의 사업내
용과 한층 더 잘 어울리기를 바랐고── 크리스토퍼 로렌츠(Christopher
Lorenz)가 표현한 것처럼──『거대한 극장과 같은 것이 아니라, 사무실
속에 있는 조직들의 개별적인 특성을 반영해주길 원했다.』 건축가들은
창고 또는 야외시장같이 과장도 하지 않고 유연한 건축물을 디자인했
다. 유럽에서는 스웨덴 사람들이 또다시 혁신의 선구자적 역할을 했다.
일렉트로럭스(Electrolux)사는 스톡홀름에 있는 창고를 개조해 소규모의
본사로 검소하게 사용하고 있다. 스칸디나비아 항공(Scandinavian
airline : SAS)은 닐스 토프(Niels Torp)가 대담하게 설계한, 창의적인

사고를 촉진하기 위해 만든 회합장소, 카페, 식당이 있는 복도로 구성된 신축 본사건물로 이전했다. 이 건물은 1980년대 가장 주목받는 사무용 건축물로 평가되었다.

1994년 7월 〈비즈니스 위크〉는 맨해튼에 있는 본사건물에서 「가상 사무실(the virtual office)」에 관한 회의를 개최했는데, 그 때 전문가들은 「3W」로 구성된 새로운 유연작업——언제든지(whenever), 어디서든지(wherever), 무엇이든지(whatever) 하고 싶은 대로——의 가능성을 설명했고, 사무실 지역이 사라질 것으로 예측했다. 부동산 컨설턴트 샌디 아그파(Sandy Agpar)는 『상업지구의 거대한 건물들은 이제 입주자들 사이에 벽을 치고 의사소통을 가로막고 사람들을 내부지향적으로 만드는, 다 썩어가는 폐선박들이 되고 있다』라고 했다. 그는 앞으로, 임원들이 자신의 이름이 인쇄된 문방구 또는 가족사진 등 정서적으로 안정감을 주는 사무용품을 들고 와서 몇 시간만 일하고 돌아가는 사무용 호텔(office-hotel)이 등장할 것으로 내다봤다.

지금 많은 최고경영자들은, 사무실 유지에 따른 비용이 상승하고 그것이 차지하는 비중이 인건비 다음으로 큰 시점에서 도대체 사무실 공간이 필요한지를 검토하고 있다. 오래된 회사의 장비와 장치들은——이동성이 높아지고 신속한 의사소통이 가능해졌으며, 권한위양과 고객만족이 강조되는 지금 세상에——반드시 회사가 직접 보유할 필요가 없는 것으로 보이기 시작했다. 최고경영자들은 『회사는 종업원들을 사무실로부터 해방시켜 그들의 운명을 스스로 통제하게 해야 한다』라고 주장했다.

책상마저 꼭 있어야 할 필요가 있을까? 18세기 이래 책상은, 램이 사용했던 높다란 책상에서부터 록펠러의 접뚜껑이 달린 책상, 그리고 컴퓨터 키보드와 각종 첨단 소도구들이 가득 찬 현대식 책상에 이르기까지, 줄곧 조직된 업무의 기본적인 상징이었다. 그러나 책상은 지금 관료주의와 영역다툼의 상징처럼 보인다. 그 반면 이동통신과 랩탑 컴퓨터가 탈출의 수단을 제공하고 있다. 이미 몇몇 회사들은 종업원들의 책상을 철거하고 있으며, 마치 전시 잠수함 내에서 선원들이 침대를 공유하듯이「핫 데스크(hot-desk)」를 만들어 여럿이 함께 쓰도록 하고 있다. 전위적인 광고대행회사인 치아트 데이(Chiat Day)는 고정된 책상과 서류 캐비닛 대신에 휴대폰과 컴퓨터 네트워크가 장착된 독특한 스타일의 새로운 건물을 로스앤젤레스에서 완공했다. 이 회사의 회장 제이 치아트(Jay Chiat)는『전화는 의사소통 부재의 상징이 되었다』라고 말했다.『왜냐하면 사람들이 사무실에 붙어 있지 않으니까 말이다.』언제나 커다란 사무실, 그리고 대형책상과 연관되어 있었던 IBM은 지금「책상 없는 작업(deskless work)」의 선구자가 되고 있다. 영국에 있는 IBM의 자회사는 몇몇 관리자들에게 책상을 가질 직무와 책상이 없는 직무를 선택하도록 하고 있다. IBM은 뉴저지에 있는 여섯 개의 사무실을 폐쇄했고, 종업원의 반을 해고했으며, 나머지 사람들은 사무실 건물로 개조한 창고로 보내졌는데, 지금 그 곳엔 800명의 종업원들이 있지만 책상은 350여 개뿐이고, 전화 한 대와 컴퓨터 책만 꽂혀 있는 조그만 칸막이들이 몇 개 있다. 그렇게 함으로써 근로자들은 끊임없이 움직이게 되고, 사무실 바깥으로 나가도록 권장하는 것이다. 사무실 관리자가 말했다.『벽도 없고, 경계도 없으며, 계층구조는 말할 것도 없고, 계급마저도 없다.』

그럼에도 불구하고 회사의 고위층에는 책상이 권력의 상징이자 도구로 남아 있다. 사실 성격이 급한 몇몇 기업가들은 사무를 보는 고정된 장소가 없으며, 그들이 할 일을 항상 서류가방과 랩탑 컴퓨터에 넣어다니곤 한다. 그러나 복잡한 사업에 대한 통제는 몇 세기 동안 그랬던 것과 같이 여전히 하나의 책상 위로 집중된다. 오늘날 투자은행가와 신탁자금관리자 등은 여전히 그 오래된 공동사무실과 같은 분위기를 선호하고 있다. 로버트 플레밍(Robert Fleming)사의 임원들은, 책상 한쪽에는 초록색 램프가 있고 다른 한쪽에는 컴퓨터가 있는, 즉 연속성과 현대성의 상정을 골동품 책상 위에 같이 올려놓고 얼굴을 마주보고 앉아 있다.

종업원들에게 전화교환원이 필요한가? 한 세기 전만 하더라도 관리자들로 하여금 공장으로부터 떨어져 있도록 해준 그 전화기가, 전화응답기가 등장해「음성우편」이 가능해지자, 이제는 회사 그 자체를 해산시키고 있는 것처럼 보였다. 1993년 미국 대기업 중 4분의 3이 전화응답기를 설치했다. 녹음된 메시지는 사무실의 장소적 개념을 제거할 수 있었는데, 예를 들면 뉴욕에서 비행기표를 예약하면 그 결과를 네브라스카에 있는 항공사 직원——네브라스카의 인건비가 더 싸기 때문에——이 처리해준다.

그러나 전화를 거는 사람들은 기진맥진하게 되었다. 왜냐하면 기계녹음에서 기계녹음으로 연결되고, 즉시 답변해주는 사람은 없이 몇 가지 선택적인 녹음음성만이 있기 때문이었다. 또는 사람을 미치게 만드는 종소리와 음악들은 접속 여부를 전혀 알려주지 않았으며, 사무실에 사람이 있는지 또는 단순히 전화를 받고 싶지 않아 그런 것인지 알 수가 없으니 말이다. 불통 전화에 대한 항의가 늘어나자, 1992년 7월 음성사서함 업자들은 음성우편 예절을 공표할 교육위원회를 만들었다. 교육위원회는 고객들이 매주 인사말을 다르게 할 것을 권고했고, 전화를 건 사람이 분명히 이해하도록 해야 하며, 사람이 있을 땐 언제나 전화를 직접 받아야 하고, 자신이 어디에 있는지를 알게 해주라고 충고했다. 그러나 심지어 가장 첨단을 달리는 회사들마저도 음성우편 때문에 난처한 일을 당하고 있었다. 나는 시애틀에서 마이크로소프트의 고위 관리자를 만나려고 몇 번이나 시도했으나, 이틀 뒤에 겨우 다음과 같은 응답만 들었다.『여비서에게 용건을 지시했으나 여태 대답이 없었군요. 그녀의 사무실에 가보아야 할런지도 모르겠어요.』사실 음성우편은 적절한 의사소통과 권한위양이라는 현대 경영원칙과는 반대로 작용하고 있다. 시애틀의 어느 관리자는 다음과 같이 말했다.『그것은 나에게 갑작스런 지시를 할 시간만 제공할 뿐이었다. 틀림없이 내 목소리는 권위적으로 들렸을 것이다. 상대방은 어떻게 느낄지 알 수 없는 것이다.』

종업원들은 전화마저도 필요한가? 이에 대한 가장 혁명적인 대체 무기는 전자우편으로서 전화선에 연결된 개인용 컴퓨터를 통해 사람들이 직접 대화할 수 있도록 해주고 있다. 전자우편은 자연히 마이크로소프트와 같은 컴퓨터 회사들이 선호했는데, 종업원들은 그것을 이용해 상호간에 사회적 네트워크를 유지하고 의사소통을 하곤 했다. 그러나 전자우편은 불가피하게도 의사소통을 한층 더 기계화된 공식, 즉 그들만의 인위적 방식을 통해 가능하도록 했다. 마이크로소프트의 빌 게이츠 회장에 대한 프로필을 전자우편을 통해 잡지에 게재하려고 준비하고 있던 존 시브룩(John Seabrook)은 다음과 같이 말했다. 『우리들은 이상한 방법으로 서로 친해지고 있다. 우리는 상대방의 마음에 컴퓨터선을 연결해놓은 것 같은 느낌을 갖고 있지만, 접촉은 무도회에서 춤을 추듯 정교한 형식에 따르고 있다.』 빌 게이츠 자신은 하루 두 시간씩 자신의 전자우편을 통해 통신을 보내고 들어온 것을 읽고 있다. 그리고 그는 그것을, 공식적인 절차도 없이 종업원들이 상사에게 쉽게 접근할 수 있는 혁신적인 조치로 생각하고 있다. 그러나 그것 또한 필요한 접촉을 막는 경우가 있었다. 빌 게이츠는 『만약 어떤 종업원이 자신의 관심사를 다른 사람에게 말해주지 않으려면, 그것은 전화에 응답해주지 않는 것보다 전자우편에 대해 응답해주지 않는 편이 더 쉽다』라고 말했다.

마지막으로, 종업원들이 사무실에 꼭 출근해야 할 필요가 있을까? 출퇴근 시간이 점점 더 길어지고 느려지게 되자, 많은 임원들은 자신의 자동차 속에 전화기와 랩탑 컴퓨터, 그리고 팩스를 설치해놓고 사무실의 대체 장소로 사용하기 시작했다. 도쿄의 경우 때에 따라서는 교통지옥이라고 불릴 정도로 자동차가 꼼짝도 않고, 집이라고는 자동차보다 더 작은 경우도 많으므로, 이동사무실은 자연스런 해결책이 되고 있다. 내가 관찰한 바로는, 많은 자동차들이 두 대의 전화기를 설치해놓고 있었다. 하나는 휴대폰이고 다른 하나는 자동차가 막힐 때 약속을 조정할 수 있도록 운전기사가 갖고 있었다. 그러나 유럽과 미국에서 한층 명확한 해결책은 사무실에 전혀 출근하지 않는 대신 집에서 일을 하는 것이었다. 1970년대 「재택근무(teleworking)」 또는 「원격근무(telecommuting)」 개념은 도심의 높은 임대료 때문에 이미 촉진되고 있었다. 재택근무자들은 아직도 소수에 지나지 않았다. 1993년 현재 약 760만 명 —— 미국 노동인구의 6% —— 의 미국인들이 재택근무를 하고 있는 것으로 추정되었고, 영국인들은 120만 명—— 노동인구의 4% —— 에 지나지 않았다. 그러나 미래에는 화상전화기가 등장해 사무실과 가정을 훨씬 더 친밀하게 연결해줄 것으로 기대된다. 반면에 출퇴근은 점점 더 어려워질 것이다. 1993년 로스앤젤레스의 지진은 몇 개월 간 고속도로를 꼼짝없이 묶어놓았고, 퍼시픽 벨(Pacific Bell)사에서는 재택근무가 급증하고 있다. 한편 1994년 미국 동부와 중서부 지역의 혹한은 출퇴근을 어렵게 했다.

변형근로시간으로도 작업을 할 수 있는 한층 비공식적인 사업이라면, 재택근무는 작업을 더욱 효율적으로 그리고 즐겁게 할 수 있는 방법을 제공할 수도 있다. 한편 일부 사무실들은 점점 더 가정을 닮아가고 있다. 런던에 있는 기업가 연합회의 전 사무국장 리아논 채프먼은 『가정과 사무실 사이의 이분법은 더 이상 필요하지 않다. 남자는 사냥꾼의 모습을 탈피하고, 농부를 더 닮아가고 있으며, 가정일에 참여하고 있다. 일부이기는 하지만 아버지가 아이를 사무실에 데리고 일하러 오기도 한다』라고 밝혔다. 19세기 초 이래 작업장이 점차 가정으로부터 분리되었던 산업사회의 오랜 추세가 역전될 수도 있을 것인가?

그러나 가정에서의 작업이라는 것이 훨씬 더 인간적이라거나 독립적인 근로조건을 의미한다고 할 수는 없다. 빅토리아 여왕 시절 거의 모든 육체적 근로활동 —— 세탁·염색·봉제 등—— 의 대부분은 작업자의 거주지에서 수행되었고 최소 임금만 받았었다. 그리고 20세기 후반 유럽에 서도, 섬유노동자들과 같이 때로는 똑같은 거주지에서 저임금을 받으며 지속적으로 하도급노동을 하는 전통이 있는 곳에서는, 일부 가정 노동자 들이 초기의 종속성을 영구화하고 있다. 나이 어린 가족이 있는 여인들 은 때때로 장시간이 걸리는 출퇴근 대신에 재택근무를 선택한다. 자신들 이 납품할 때 받기로 약정한 임률보다도 더 낮게 재하도급을 준 출판업 자들을 위해 일하는 타자수들이 그 예다. 그러나 이런 종류의 가정에서 는, 작업에 해방감이라고는 전혀 없다. 1994년 서섹스(Sussex) 대학에서 두 명의 교수가 실시한 재택근무자에 관한 연구에 의하면, 그들은 가정 의 요구와 사업상의 작업 때문에 끊임없는 긴장 속에서 생활하고 있었다.

경영계층이 위로 올라갈수록 해방감은 더 높았다. 많은 독창적인 기업 가와 컨설턴트들은, 그들의 사무실을 컴퓨터와 연결해놓고 집에서 높은 수익을 내면서 효과적으로 업무를 처리할 수 있었다. 유능한 세일즈맨들 은 각종 휴대용 장비를 이용해 끊임없이 고객과 접촉하고 필요할 때는 즉각 달려갈 수 있었다. 그리고 가정은, 찰스 핸디가 정의내린 바 있는 그런 새로운 유형의 방랑성 관리자(roving manager)들을 위한 자연스런 고정무대가 되고 있다. 핸디는 방랑성 관리자를 배우와 같은 경력을 갖 는 자라고 규정했다. 다른 배역을 맡은 사람들과는 단 1회의 영화나 연 극을 하기 위해 관계를 맺고, 자주 집에서 휴식을 취하며, 끊임없이 새 로운 배역을 맡으려고 노력하는 배우와 같이 말이다. 통신과 관련된 창의적인 신사업은 이런 종류의 이동적 관리자(mobile manager)들을 수천 명이나 배출하고 있는데, 그들에게는—— 핸디의 주장에 의하면 —— 사무실보다는 친구·동료 그리고 팀구성원들과 친밀히 얼굴을 맞댈 수 있는, 격식을 차리지 않는, 만남의 장소를 제공해주는 클럽이 더 필 요하다.

그러나 평균적인 임원들은 업무를 가정으로 이전하는 데 깊은 심리적 충격을 받을 수도 있다. 제15장에서 논의한 바 있지만, 일시해고된 IBM 관리자들과 면담했을 때, 사무실로부터의 해방감과 관련된 어떤 말들도 공허하게 들릴 뿐이었다. 왜냐하면 회사는 지금까지 종업원들로 하여금 자신을 보다 큰 단위, 즉「가족」·「지역공동체」그리고「집단」의 일부로 인식하도록 독려했기 때문이었다. 그리고 사무실을 그들의 생활 중심에 두도록 강조하는 한편, 사무실과 가정 사이의 분리를 유지하기 위해 실질적인 가정생활과는 거리를 두도록 했다. 가부장적 회사들은 먹을 것과 안전을 제공하는 진정한 의미의 아버지 역할을 빼앗아갔을 뿐만 아니라, 아이들의 파티를 주선하고, 크리스마스 잔치를 베풀어주며, 컨트리클럽과 운동장을 제공해주는 자상한 어머니의 역할도 했던 것이다. 그리고 전통적인 핵가족 가정은, 아내가 직장에 출근하고 아이들을 탁아소나 유치원 또는 보모에게 맡기게 되면서 해체되고 있었다. 양쪽 부모 가운데 하루 종일 집에 머무는 사람은 소외감을 느꼈고, 여러 사회적 활동으로부터 제외되었다. 그리고 기업은 그 두터운 방어선 뒤에서 더욱더 꼼짝도 않고 있었다.

당신은 누구를 위해 일하는가? 당신은 누구와 같이 일하는가? 소속은 어디인가? 회사는? 이와 같은 전화상의 질문들은 재택근무자와 사무실 근무자 사이의 벽을 강조하고 있으며, 나와 같은 모든 자유기고가들을 끊임없이 일깨워주고 있다. 간혹 외부 통화자들은, 심지어 비서를 통하는 경우에도 왜 전화했는지를 사전에 설명해야만 한다. 권한위양이니 고객만족이니 하는 온갖 듣기 좋은 말에도 불구하고 개인은 여전히 믿지 않는다. 정부의 사무실과 같은 거대한 관료주의에서는 외부에서 전화를 건다는 사실 그 자체가 위협을 느끼게 한다. 『외부에서 전화하시는 건가요?』하는 퉁명스런 대꾸라도 들으면 말이다. 학회나 박람회에 참가할 때는 여전히 소속 조직을 밝히길 요구받는다. 참가자들의 명단에는「소속」이라는 난이 있고, 모든 참석자들은 이름표 —— 점점 더 커지고 있다——를 붙이고 있다. 거기에는 당연히 그들이 무엇 때문에 여기에 왔는지, 관심사가 무엇인지에 대해 대략 설명해주는 회사이름이 적혀 있다. 순수한 개인은 남이 아닌 그 자신을 대표하는 것이다.

「사무실로부터의 해방」에 관한 많은 논의는, 단순히 사장이 사람들을 줄이고 종업원들에게 사무실을 제공하지 않으려는 구실이라는 엄연한 사실을 숨기고 있다. 음성우편·전자우편·핫 데스크 그리고 재택근무 등은 모두 고용주와 피고용자 사이에 더 큰 간격을 두게 하고, 사무실 안에서 되풀이되는 사회적 책무들을 축소한다. 그러나 기업의 성곽 안에서는, 관리자들은 그 어떤 때보다 한층 더 최고경영자와 가까워질 필요가 있다. 그리고 사무실·식당 또는 비행기 내에서 꼭 붙어 있어야 하고, 언제나 권력투쟁의 표시로 나타나는 사장의 눈짓과 끄덕임, 그리고 남모르게 하는 몸짓을 눈여겨보아야 할 필요가 있는 것이다. 백악관의 비서였던 조지 볼(George Ball)이 말했듯이 『가까이 있는 것만큼 친밀한 것은 없는 법이다.』 영상전화 또는 영상회의도 친밀성을 대신할 수는 없다. 그리고 전통적인 지위의 상징들——친절한 목소리의 비서, 큰 책상, 그리고 두꺼운 카펫——은 예나 지금이나 중요한 것이다. 바깥 사무실로 전보된 관리자들이나 집에서 일하는 관리자들은 그들 스스로 모두가 원하는 가치를 보여줄 때에만 성공할 수 있다. 그러나 사무실 내의 정치 또는 궁전 속의 음모에서는 눈에 보이지 않으면 마음에서도 사라지는 법이다. 성과측정과 계수관리에 대한 강조가 커지고 있지만, 권력의 중심부는 여전히 인간관계에 의존한다. 회사의 시스템이 간단하면 할수록, 권력은 한층 더 인간적인 밀착성과 신뢰에 달려 있는 것이다.

사무실 인생에 대한 연구여행을 마치고 돌아온 후 내가 확인한 것은, 옷매무새의 통일성에 이르기까지 통일성은 아직도 살아 있다는 것이었다. 새로운 비공식성이 많이 등장하고는 있다. 매킨지 컨설팅 출신인 미국의 톰 피터스는 분홍색깔의 권투선수용 셔츠를 입은 모습으로 자신이 쓴 책의 표지에 등장하는가 하면, 미국 서해안에 있는 소프트웨어 회사들은 그들 회사만의 독특한 청바지·티셔츠 그리고 운동복을 입는 규정이 있다. 영국의 하비존스는 ICI의 회장으로 재임할 때 긴 머리카락을 휘날리고 다녔으며, 연어 무늬가 있는 요란한 넥타이를 매고 다녔다. 1990년대가 되자 뉴욕과 시카고의 은행 사무실들은 여유만만하다는 것을 보여주기 위해 「자유복장을 입는 금요일」엔 종업원들에게 컨트리식 복장을 입으라고 권장했으며, IBM은 색깔 있는 셔츠 착용을 허용했다. 그러나 매킨지를 포함해 거의 모든 컨설턴트들은 아직도 짙은 색의 정장과 흰색 와이셔츠를 선호하고 있으며, 대부분의 관리자들도 옷매무새에 신경을 쓰고 있다. 고용시장이 불안해지고 변화가 많을수록, 그들은 더더욱 남들에게 좋은 인상을 심어주어야만 했다. 대담하고도 창의적인 모습이 아니라, 신뢰성과 깔끔한 모습으로 말이다. 캘리포니아의 어느 이발사는 나에게 불경기 때는 더 바쁘다는 사실을 확인해주었다. 사람들이 입사면접을 하기 전에 머리를 깎으러 전보다 더 많이 몰려왔기 때문이었다. 가장 성공한 기업가들만이 긴 머리에다 화려한 색깔의 노타이 차림을 해도 남의 눈에 거슬리지 않았다. 왜냐하면 그가 성공했다는 사실을 누구나 알고 있었으니까. 마치 18세기에 왜 옷을 그렇게 아무렇게나 입었는지 질문을 받은 공작의 답변처럼 말이다. 『왜 성가시게 굴어? 시골에서는 내가 누군지도 다 알고 있고, 도회지에 나가면 내가 누군지 아는 사람이 하나도 없는데.』

만약 집이 사무실처럼 되지 않는다면 사무실이 집을 닮아갈 수는 없을까? 분명히 현대의 작업장은 과거 군대의 막사와 같은 사무실에 비해 훨씬 더 편안하고 덜 딱딱하다. 요즈음의 사무실은 종업원의 가정보다도 더 아늑하고 다양하다. 「회사 견학」을 하러 뉴욕에 온 사람들은, 바깥모양은 모두 똑같은 고층건물이지만 사무실 안쪽으로는 층층마다 최신 그림들로 치장되어 있거나, 르네상스식 화랑, 전위예술 또는 바로크식 ·

침실과 같이 꾸며놓은 것을 볼 수 있다.

그러나 웅장한 최근의 빌딩들은 보안을 극도로 중시하기 때문에, 일상적인 생활과 일시적인 방문객들과는 훨씬 더 괴리되고 있다. 최근 로스앤젤레스의 새로운 도시계획은 전자감시장치·사설 경찰관 그리고 레이저 벽으로 보호받고 있는 사무실 지역을 지정했다. 다운타운의 일부 상가지역은 외부에서 발생한 어떤 재난에 대해서도 즉각적으로 차단될 수 있는 자급자족적인 성곽으로 변하도록 설계되어 있다. 남캘리포니아 대학 건축연구소의 진보적인 교수 마이크 데이비스(Mike Davis)는 1992년 발생한 로스앤젤레스 폭동에 대해 「성곽 다운타운」이 어떻게 대응했는지에 대해 다음과 같이 기술했다. 『컴퓨터로 된 통제판의 스위치에 불빛이 몇 번 깜박이자, 거대한 전망탑의 안전담당직원들은 고가의 부동산에 대한 모든 접근을 차단했다. 도로로 향한 입구에는 방탄 문이 내려와 닫혀졌고, 에스컬레이터는 곧 멈췄으며, 보행자 도로에는 전자 자물쇠가 채워졌다.』

미국 회사의 본사들은 점점 더 과거의 도시 중심지와는 멀리 떨어져 건설되고 있다. 뉴욕에서는 본사 건물들이 꾸준히 맨해튼에서 빠져나와 땅값이 싸고, 주차하기도 쉽고, 회사인간들이 직장과 가까이서 살 수 있는 외곽도시로 나가고 있다. 비록 AT&T가 맨해튼 타워를 사용하고 있지만, 심장부는 뉴저지 주의 278번 도로와 78번 도로가 교차하는 파고다(Pagoda)에 있다. 세계 본부역할을 하고 있는 이 건물군들은 1980년대 말——AT&T를 분할해 베이비 벨로 나뉘었지만—— 뉴저지 주민 5만 1,000명을 고용하고 있으며, 사무실 지역의 크기는 시애틀 다운타운 전역과 맞먹는다. AT&T의 맨해튼 타워는 소니가 매수해 커뮤니케이션 전시장으로 쓰고 있으며, 그 옆건물에 있던 IBM도 철수했다. 마천루들은 글로벌 쇼 비즈니스의 일부가 되고 있는 반면, 알짜배기 사업들은 외곽도시에서 행해지고 있는 것이다. 많은 회사들이 본사를 도시로부터 떨어져서 짓고 있고, 그 모습도 대학의 캠퍼스 또는 농장건물들을 닮아가고 있다. 스포츠 의류 생산회사인 나이키(Nike)사는 오리건 주 포틀랜드 (Portland) 외곽 10마일이나 되는 인공호수에 둘러싸인 대학 캠퍼스 같은 본사를 지었고, 애플은 쿠퍼티노(Cupertino) 시에 스탠퍼드 대학을 본따 본사를 건설했으며, 크라이슬러는 미시건 주 오번힐스(Auburn Hills) 시에 멋있는 「기술 센터」를 추진하고 있다. 제1장에서 본 것과 같이 마이크로소프트는 시애틀 외곽에 수도원을 닮은 새로운 캠퍼스를 만들었다.

많은 회사들은 사람이 살지 않는 곳을 선호했으며, 교외를 지나 고속도로가 교차하는 지역 가까운 곳에 자리잡았다. 워싱턴 외곽 타이슨스 코너(Tysons Corner), 휴스턴 주변의 갤러리아(Galleria), 로스앤젤레스에 인접한 어바인(Irvine) 등이 그 예다. 사무실 지역은 갑자기 형성되었는데, 하늘에서 슬라브가 내려앉은 것 같았고, 뒤켠은 자연경관으로 둘러싸였으며, 주차장들이 들어섰고, 빠르게 흘러가는 하천 중앙에 있는 섬처럼 고속도로 사이에 위치하고 있다. 교통이 교차하는 지점에 이런 도시들이 등장하게 됨에 따라 부동산 개발업자들은 이런 「섬과 같은 도시들」을 자유시장의 자연스런 귀결로 인식하고 있다. 14세기에 형성된 베니스가 아주 좋은 예이고, 20세기에는 홍콩이 그런 곳이다. 또한 이런 도시들은, 특히 미국식 자신감을 만족시켜주어야만 한다. 이런 현상을 집중적으로 연구하는 〈에지 시티(Edge City)〉지의 기자 조엘 가로(Joel Garreau)는 다음과 같이 썼다. 『아마도 그것은 이런 결과였으리라. 섬과 같은 도시를 생성케 한 원동력은 개인주의와 자유 사이에 새로운 균형을 찾으려는 인간 내면에 깊숙이 숨어 있는 우리의 탐색욕구였다. 우리는, 우리가 같은 장소에서 살고, 서로 협조하며 일하고, 그리고 놀면서, 또한 인간의 잠재력을 개발하기 위한 방법으로 이런 활동을 제한 없이 선택할 수 있는 세상을 만들고 싶어했다.』

그러나 인간생활의 삼각관계의 지배적인 측면은 작업장인데, 그것은 종업원들이 살고 노는 곳을 결정해주고 종업원들에게 정체감을 제공한다. 폐쇄적인 최첨단 기술의 사무실 지역은 한층 더 자기 완결적으로 변해가고 있으며, 다른 지역들과는 동떨어져서 세계 시스템과 직접 연결되어 있다. 요술 카드들이, 그들만의 규칙과 관습에 따라, 그들만의 특권적 세계의 문을 열어준다. 그것은 한 세기 전 「스탠더드 오일 셔츠」를 입고 생활하는, 스탠더드 오일 건물 안의 인생보다 훨씬 흥미 있는 삶이다. 그러나 그것은 다른 세계와는 한층 더 괴리되고 있다. 가정과 사무실 사이의 간격은 각각의 가치와 우선순위가 다르기 때문에 그 어느 때보다 더 커지고 있다. 그리고 그 간격을 연결해야만 하는 생활, 구체적으로 말해 여자 회사인간의 생활은 더욱 어려워지고 있다.

제19장

여자 회사인간

　20세기 말이 되자 여자들은 전례 없이 가치관 갈등을 겪게 되었다. 여자들은 기업의 핵심분야에서, 특히 중소기업에서, 능력을 발휘하는 데 한층 더 자신감을 보여주었다. 그러나 대기업은 여전히 남자들의 세계였다. 그리고 대기업들이 조직계층을 줄이고, 업무를 컴퓨터로 처리하며, 경쟁력을 높이면서, 대기업들은 근무조건을 더더욱 가혹하게 했다. 많은 여자들은 인간의 성공이란 무엇인가? 하고 의문을 갖게 되었다. 그것은 진정 가치 있는 것인가?

　야심 많은 여자들은, 싱클레어 루이스의 우나 골덴처럼(제4장 참조), 타자기와 전화교환 업무를 하기 위해 남성들만의 사무실로 처음 진입한 이래 언제나 두 가지의 생활방식 사이에 갇혀 있었다. 여자들은 남자의 세계에서도 성공하기를 바라면서도 인간의 가치와 가족우선에 대한 책임을 다하려고 애써왔다. 기업은 늘 남성적 가치와 남성다운 것과 밀접한 관련이 있었고, 남성들만 경쟁을 해왔다. 그들은 철저히 합리적인 것처

럼 보였다. 막스 베버는 관료주의를 비인격적 규칙에 의해 지배되는 것
으로 보았고, 프레더릭 테일러의 과학적 관리법은 중립적이고 객관적인
것처럼 보였다. 그러나 그것은 항상 남성 위주였다. 마이클 로퍼
(Michael Roper)가 그의 유용성 높은 저서 《남성다움과 1945년 이후 영
국의 조직인간에 대하여(Masculinity and the British Organization Man
Since 1945)》에서 기술한 것처럼, 회사와 사무실은 곧 남자의 욕구에 기
초한 그들만의 「정서적 경제」를 확립했다. 『경영관리 작업은 조직인간에
게 폭넓은 표현양식을 제공했는데, 그것은 차가운 심장으로 계산하는 전
형적인 남성의 자세에서부터, 비서로 하여금 「모성애」를 느끼게 하는 피
동적 존재, 또는 보다 젊은 관리자들의 경력을 개발해주는 「어머니」의
역할에 이르기까지 다양했다(남자들은 그들의 여자 비서를 사무실의 아
내로 취급하기 좋아했으나, 여자 비서들은 어느 쪽인가 하면, 자신들이
마치 어머니가 된 듯이 행동했다).』

　가장(家長)으로서 그리고 각종 위원회의 구성원으로서, 회사생활의
성공 이미지는 언제나 남성이 그 모델이었다. 거친 남성적 미덕의 전형
적인 투사들은 기업들이 「깨끗하고, 머리를 짧게 깎은, 인정머리 없는
남자」── 로버트 블라이(Robert Bly)는 그를 아이언 존(Iron John)이라
명명했다 ── 를 생산해낸다고 조롱했으며, 서구 산업의 비평가들은 서
구 산업이 여성 선호와 유모국가로 전락하고 있다고 비난했다. 그러나
로퍼가 지적했듯이, 이러한 남성 중심의 비판은 혼란을 겪게 되었다. 왜
냐하면 대기업들은 비평가들이 남성들 사이에 회복되기를 원했던 것과
똑같은 그런 종류의 친밀한 관계를 양성해왔기 때문이었다. 여성 경영
도사 로자베스 모스 캔터는 기업들은 친밀한 관계에 있는 남성들 ── 그
녀는 이를 「동성 군집성(homosociality)」이라고 명명했다 ── 에 의해 지
배되는 존재로 보았다.

　1960년대까지도 영국의 회사인간들은 여성 동료들을 결혼에 실패했거

나 돈이 필요한 예속적인 인간으로 취급하는 경향이 있었다. 기업을 그
다지 좋아하지 않았던 지식인들은 여자 회사인간들을 측은히 생각했
다. 존 베처먼은 「사랑받지 못하는 불쌍한 사람」에 대해 다음과 같이
기술했다.

간헐 온천의 통풍구로부터
가을바람은 불어와 캠든 마을(Camden Town)의
먹감는 수천 명의 여자 회사인간들 머리 위로
스쳐간다

일련의 사회학적 연구에서 관료주의는, 여성들을 하급지위에 머무르게
하는 기초 위에 형성되었다는 증거를 제시한 1980년대 이전까지 여성학
자들은 대부분 조직에 관한 연구를 무시했다. 영국에서는 20세기 초 대
기업의 성장은 우연히도 여성들이 사무실 작업에 진출하면서 입고 온
「흰색 블라우스」 또는 「분홍색 옷깃」 혁명과 일치했다. 1992년 앤 위츠
(Anne Witz)와 마이크 사배지(Mike Savage)는 『현대조직은 값싼 여성
노동력에 의존하게 되었다. 그리고 그 결과로 여자들은 화이트 칼라 노
동시장에서 남자에 대한 종속적인 근로자로 자리매김을 받게 되었다』라
고 썼다. 예를 들면 1920년대 로이즈 은행은 대규모로 여성근로자들을
채용했는데, 여자들은 승진의 대상이 될 수 없었기 때문에 남자들이 하
급계층으로부터 승진하는 데 훨씬 많은 기회를 제공했다. 또한 많은 조
직들은 여자들이 결혼을 하게 되면 퇴직하도록 강요했다. 젊은 여자들의
유입은 남자 회사인간의 직업안전을 더욱 튼튼하게 했던 것이다.

대기업의 소유구조마저도 관료주의적 편향을 감소시키지 못했다. 미국
에서는 여성들을 회사의 주요 요직에 지명할 수 있도록 경영층에 압력을
가할 수 있는 여성 주주들이 매우 많았다. 그러나 여성 주주들은 그렇게

하지 않았다. 뛰어난 여성사업가들이 몇몇 있었는데, 특히 여성전용 제품 분야에서 활약했다. 구체적으로 화장품업계에는 헬레나 루빈스타인(Helena Rubinstein)·엘리자베스 아든(Elizabeth Arden) 그리고 에스티로더(Estee Lauder) 등과 같은 맹렬여성들이 있었다. 몇몇 여자들이 부모들 또는 남편들로부터 대기업의 경영권을 인수받아서는 만만찮은 경영자가 되었다. 그 가운데 가장 영향력 있었던 사람은 캐서린 그레이엄(Katharine Graham)으로서, 그녀는 부친 유진 메이어(Eugene Mayer)가 설립한 〈뉴스위크(Newsweek)〉지와 〈워싱턴 포스트(Washington Post)〉지의 —— 그녀의 남편 필 그레이엄(Phil Graham)이 자살한 후 —— 회장이 되었다. 그녀가 처음 회사를 인수했을 땐 부끄럼 잘 타고 사람들 앞에 나서지 않는 신참에 지나지 않았고, 남성 편집인과 관리자들 때문에 당황해했으나, 몇 년 뒤 그녀는 신문사주들 가운데서는 가장 거친 사람 축에 끼이게 되었다. 그녀는 인쇄노조를 누르고 신기술을 도입했고, 편집장 벤 브래들리(Ben Bradlee)가 워터게이트를 폭로했을 때 그를 지지했으며, 최고경영층들을 과감히 해고했다. 그녀는 『권력은 남성적인 것도 아니고 여성적인 것도 아니다』라고 말했으나, 그녀는 자신이 하고 싶은 것은 모두 했다. 그녀는 필자에게 이렇게 말했다. 『그것은 가족의 사고(事故)였고, 또한 행운이었어요. 나는 조그만 사기업에서부터 시작했고, 그것을 공개하기 전에 워렌 버펫(역주 Warren Buffet : 월 스트리트의 투자전문가. 세계 제1의 갑부)으로부터 공개기업이 무엇인지를 배울 만한 충분한 시간이 있었지요. 그러나 남자들만의 세계에 뛰어든다는 것에 대해서는 자신이 없었어요.』 그녀는 분명히 경영권의 중심을 여성에게로 옮겨놓지는 않았다. 자신의 경영권을 저널리스트인 딸 랠리(Lally)에게 넘긴 것이 아니라, 한층 보수적인 아들 도널드(Donald)에게 넘겼다.

1970년대까지 여자 회사인간은 대체로 아내를 의미했고, 그녀는 충성스러워야 했으며, 사무실 정치에는 큰 관심은 가지지 않으면서도 남편을 지원하는 사람이어야 했다. 대도시에서는 대부분의 회사의 아내들은 기업의 계층구조에는 그렇게 영향을 받지 않는 사교적 생활을 이끌고 나갔다. 그러나 회사마을 또는 회사가 있는 교외지역은 회사의 가치에 의해 많은 영향을 받았다. 기업에 순응해야 하는 활기찬 아내가 부딪치는 난처한 입장은 소설이 즐겨 다루는 주제가 되었는데, 이라 레빈(Ira Levin)의 소설을 바탕으로 한 추억의 영화 〈스텝퍼드 아내들(The Stepford Wives, 1974)〉에 잘 표현되었다. 이 영화에는 순종적이고도 오래도록 고통 속에 사는 여자들이 기계적으로 생산되고 있었다. 몇몇 소설가들은 남편의 사업적 야심과 자신을 일치시키려고 노력했지만, 타협점을 찾지 못하고 환상에서 깨어난 이상적인 아내를 묘사했다. 루이스 오친로스의 소설 《존경받는 인간(Honorable Men, 1985)》에 나오는 기업가는 자신의 아내에게 말했다. 『나와 결혼했을 때 당신은 랜스러트(역주 Lancelot : 아서 왕의 원탁기사들 가운데 가장 뛰어난 기사로서 왕비와 사랑에 빠진다)를 원했어. 그리고 지금 당신은 조지 바빗을 원하고 있지. 내 생각으로는 그것이 미국의 아내들의 전형적인 이야기인 것 같군.』

기업가들이 외교관처럼 취급되는 해외 주재원들의 사회에서는, 아내들은 특히 충성스러워야만 했다. 셸의 아내들은 준외교관적 전통을 따랐고, 접대는 승진에 매우 중요한 요인이 되었다. 그런 세계를 셸의 사원이었던 토머스 하인드(Thomas Hinde)가 1961년 그의 소설 《회사를 위하여(For the Good of the Company)》에 묘사했다. 충성심의 발휘는 고통스러운 경우도 있었다. 셸은 정세가 불안한 많은 제3세계 국가들에서 작업을 했고, 많은 아내들이 비참한 시련을 겪어야만 했다. 《상해에서의 삶과 죽음(Life and Death in Shanghai)》의 저자 니엔 쳉(Nien Cheng)은 셸의 상해 지사장의 과부였다. 그녀는 회사의 특별 고문역을 떠맡았고, 문화혁명 때 박해를 받았으며, 제국주의의 주구로 기소되어 7년 간이나 독방에 감금되었다. 《연옥 속의 셸의 아내들(Shell Wives in

Limbo)》은 1984년 소라야 트레메인(Soraya Tremayne)의 사회학 연구의
제목이었다. 그녀의 연구에 의하면, 해외 주재원의 아내들은 회사에 대
해 강력한 일체감을 느끼도록 기대되어졌고, 「충성심·생기발랄함 그리
고 사교성」을 보여주어야만 했으며, 셸의 행동 표준을 따라야만 했다.
그들의 자동차에 다른 회사의 휘발유를 넣는 따위의 행동은 눈쌀을 찌푸
리게 하는 것이었고, 상사는 아내들이 실없이 재잘대는 잡담 속에서 종
업원들의 실책을 파악하기도 했다. 고위 관리자들은 부하의 아내들을 희
롱했으나, 그 반대의 경우는 전혀 없었다. 그들은 「자신의 아내를 잘 간
수하지 못하는 경우 변변치 못한 관리자」로 치부하곤 했다. 셸의 아내들
이 본국으로 귀국했을 때, 그녀들은 훨씬 더 심각한 문화적 충격을 맛보
게 되었고, 각광을 받았던 해외 주재원 사회를 떠나 「어렵게 숙달한 가
치를 써먹을 기회도 없는 평범한 개인생활로 되돌아갔던 것이다.」 그러
나 한층 세계화된 젊은 아내들은 자신을 회사와 일치시키는 것을 자신의
자아정체성에 대한 위협으로 간주하고 이미 이를 거부했다. 회사의 아내
들과는 달리 진정한 여자 회사인간의 진화는 1960년대 그리고 70년대에
이르기까지 매우 더디게 진행되었다. 그러나 몇몇 예외의 경우도 있었
다. 또 다른 여자들에게 물건을 팔아야 하는 회사들에게 있어 여자 회사
인간들은 분명 가장 필요한 존재였는데, 특히 광고대행회사들이 그랬
다. 광고대행회사들은 언제나 집에 있는 아내들의 마음을 사로잡으려 노
력했다. 1930년대 벌써 광고대행회사들은 현명한 여자들——도로시 세
이어스나 J. P. 마퀀드와 같은 작가들(제6장 참조)——을 고용하고는
광고문안을 작성케 하거나 고객들을 맞게 했다. 그러나 중요 직위에 오
른 여자들은 거의 없었다. 신시내티의 P&G는 여자들을 위해 엄청난 광
고를 했지만, 1960년대까지 여자 종업원들은 스커트만 입게 했고 여자들
만의 식당에서 식사를 하게 했다. 그리고 1970년대가 되어서야 그녀들은
「상표관리자 보조」에서부터 판매훈련원으로 승진할 수 있었다. 가정의

아내란 깨끗해야 하고 남성들을 즐겁게 해주어야만 한다고 하는 남성을 기준으로 한 P&G의 이미지에 대해 여자 종업원들은 불평을 했다. 마치 대소란을 일으켰던 1949년—— 그리고 탈룰라 뱅크헤드(Talulah Bank-head)로부터 소송을 당한—— 의 프렐(Prell) 샴푸를 위한 CM 송과 같이 말이다.

> 나는 탈룰라 프렐 샴푸,
> 그리고 할 말이 조금 있어.
> 당신의 머리는 윤이 날 거예요, 쉬운 일이에요,
> 당신이 할 일이란 오직 나를 집으로 데려가서
> 꾹 누르는 일뿐이지.

성차별과 성을 이용한 광고에 대한 P&G 내에서의 불평은 1970년대 중반 그 정도가 더해져서, 신시내티의 여성 근로자들은 여성의 모습을 「얼빠진 가정부인, 섹스의 대상물, 그리고 반쯤 모자라는 사람」으로 묘사한 데 대해 집단적으로 항의했고, 일단의 교회와 전국여성협회의 지지를 받아 1975년 정기주주총회의 의결사항으로 제출되었다.

비누와 세제부문에 있어 P&G의 유럽 경쟁자인 유닐레버 또한 남자 관리자들이 매우 부족했는데도 불구하고 여자들을 승진시키기 꺼렸다. 1964년 1월 〈프로그레스(Progress)〉지는 『유닐레버가 확장하는 데 한계를 초래한 것은 대체로 관리요원들의 부족 때문이라고 할 수 있는데… 우리들은 여전히 적재적소의 인물을 찾고 있는 중이다』라는 보고문을 기사화했다. 훗날 기업의 여성에 관한 어떤 연구는 다음과 같이 논평했다.

아마도 유닐레버와 같은 회사들은… 그들이 조직 내에 보유하고 있는 젊은 여성인력들 가운데 능력이 매우 뛰어난 사람들이 있다는 것을 간과했다

는 사실을 인식할 수 있을 것이다. 그 정도의 규모와 위치에 있는 회사들은
관리자 개발에 엄청난 비용을 지출하는데도 여전히 여자 종업원들이 불만
에 차 있게 하며, 젊은 여성들——그녀들이 관리능력이 있는지 여부를 시
험할 기회마저 주지도 않고——에게 하찮은 직무만 시키고 있었다.

전후 수 세대 동안, 다른 서비스 산업에서도 여성인력을 새로운 노동
력으로 고용했으나 최고 직위까지는 승진시키지 않았다. 가장 현저했던
분야는 항공기 스튜어디스들 또는 항공기 승무원들이었는데, 그들은 승
객에 대한 서비스와 안전을 돌보기 위한 훈련을 받았고, 항공사 광고를
통해 우아하게 봉사하는 이미지를 심어주었다. 그 가운데서도 싱가포르
에어라인(Singapore Airline) 그리고 캐세이 퍼시픽(Cathay Pacific)과 같
은 아시아의 항공사들이 특히 효과적이었다. 1983년《관리된 심장(The
Managed Heart)》에서 알리 호흐실드(Arlie Hochschild)는 여자들이 남자
역할을 하는 이미지를 심어주도록 조작하는 과정을 서술했고, 서비스를
제공하는 과정에 늘 미소를 지어야만 하는 항공기 승무원에 의해 수행되
는「정서적 노동」을 분석했다. 『서비스를 제공하는 정서적 행동은 서비
스 그 자체의 일부다. 마치 고객이 벽지를 좋아하거나 싫어하는 것은 벽
지 생산자가 결정할 것이 아닌 것처럼 말이다.』항공회사들은 정서적 행
동을 명기한「기업감정규칙(corporate feeling rule)」을 개발했다.『수 년
간에 걸친 훈련과 경험은, 일상적인 당근과 채찍의 규범과 어우러져, 기
업감정규칙을 무의식적으로 수행하도록 몰아갔다.』
그런 한편, 회사들은 남자들에 의해 굳건히 통제되고 있었지만, 안내
원·비서 그리고 보조원 등의 분야에 여자들의 취업률이 높아지자 사무
실에는 한층 더 여성적인 분위기가 넘치게 되었으며, 특히 미국은 그런
추세에 앞장섰다. 로자베스 캔터는『경영층이란「남성들」이 추구할 그런
것으로 정의되고 있었고, 보다 반복적인 직무들은「여성 전용」이 되고

있었다』라고 썼다. 〈포천〉지는 1950년대 초반 사무실의 분위기를 다음과
같이 묘사했다.

　남성의 이름은 사무실 문 팻말에 적혀 있었고, 모자는 옷걸이에, 그리고
방의 구석진 곳에서는 담배연기가 피어오르고 있었다. 그러나 남성이 곧
사무실의 주인은 아니었다. 사무실은 초인종 뒤편에 있는 유능한 여성들의
몫으로서, 두 명의 젊은 여인들이 말레이산 껌을 씹으면서 남자의 이름을
단조롭게 되뇌이고 있었고, 유리로 칸막이가 된 사무실 속에서 네 명의 아
가씨들이 남자 이름의 활자를 핑크색 손톱으로 톡톡 치고 있었다.

　그러나 간혹 여성의 이미지는, 소설이나 영화에서 노골적으로 표현되
었듯이, 남성들에 의해 성충동으로 연결되었다. 조지프 헬러의 소설《뭔
가 일어났어》의 주인공은 소심한 성격이었지만 늘 사무실의 여자들을 서
류함 사이에 눕히는 강박관념 속에서 살고 있었다. 『그것을, 활기차고
유머 있게, 그리고 애정도 없이 음탕스럽게 기술껏 하기만 하면, 회사는
그것을 허용한다.』

　여성해방과 성적 방종의 물결이 드세어졌고, 자아완성을 강조하고 자
신만의 옷차림이 등장하면서, 1960년대 말은 여성사업가들에게는 디자
이너·소매상 그리고 보다 젊은 세대들에게 독특한 생활을 제공하는
중개인 역할을 포함해 새로운 기회를 제공했다. 영국에서는 매리 퀀트
(Mary Quant)·비바의 바바라 홀리니키(Barbara Hulinicki of Biba)·로
라 애슐리(Laura Ashley)·브룩 스트리트 뷰로의 마조리 허스트
(Marjorie Hurst of the Brook Street Bureau) 등이 성공적인 여성사업가
들로 명성이 높았다. 여자들은 광고·텔레비전·저널리즘 그리고 출판
업 등과 같은 쉽고도 재빠른 의사소통이 필요한 미디어 분야에 가장 분
명하게 진출하고 있었다. 이런 사업분야에 있어서는 비서와 중역이라는

오래된 장애물마저도 사라지기 시작했다. 뛰어난 타이피스트들은 사무실이 진정 어떻게 돌아가는지를 파악할 수 있었고, 그들의 능력을 윗사람에게 보여줄 수 있었으며, 젊은 남자들도 똑같은 야심을 가지고 비서직을 수행했다. 1993년 통계에 의하면, 미국의 출판 보조원과 비서들의 60%는 남자들이었다.

때때로 남자들이 강한 기질의 여자들 또는 「행실이 나쁜 여자」들로부터 쥐어박히는 사무실 인생의 낯익은 이야기들이 바깥으로 드러나기도 했다. 몇몇 여자들은 사무실 정치에 있어 남자들만큼이나 무자비해질 수 있다는 것을 보여주었고, 여자들만의 네트워크도 전통적이고 오래된 남자들의 그것과 별 차이가 없어지기 시작했다. 여자들과 사무실 사이의 관계가 변하는 모습은 일련의 영화들에서 희화화되었다. 영화 〈나인 투 파이브(Nine to Five, 1980)〉에서 남성우위 사고방식에 젖은 보험회사의 사장은 자신의 여비서 돌리 파턴(Dolly Parton)을 협박하고, 성희롱하며, 다른 두 여인 제인 폰다(Jane Fonda)와 릴리 톰린(Lily Tomlin)을 못살게 군다. 사장은 여자들에게 「여성의 옆구리」를 아끼라고 주문하고, 마치 야구팀의 코치처럼 남자 직원들에게는 『여자들이 승진 경쟁에 끼여들지 못하도록 하라』라고 지시한다. 세 여인은 주제곡을 부르면서──『당신은 승진 사다리에서 한 걸음 떨어져 있지… 회장은 절대로 당신을 좋게 평가하지 않을 걸』──사장을 납치할 계획을 꾸미고, 그를 사슬로 묶어버린다. 세 여인은 회사를 인수하고는 변형근로시간제를 도입하고, 탁아소를 운영하며, 고급가구를 들여놓으면서 급속히 생산성을 향상시킨다. 사장이 사무실로 되돌아오자 회장은 그를 브라질로 전근시켜버린다.

영화 〈일하는 여자(Working Girl, 1988)〉는 기업의 흡수·합병을 전문으로 하는 회사를 좌지우지하고 있는 여사장의 이야기로서──시고니 위버(Sigourney Weaver)가 주인공 역을 맡음──그녀는 야심찬 여비서를 고용하고는 성과에 따라 승진을 약속한다. 그러나 여사장은 비서의 아이디어를 이용해 먹지만 그녀를 승진시키지는 않는다. 여사장이 출장을 간 동안 여비서는 여사장의 업무를 대행하는데, 자금공급자들로부터 칭찬을 받을 만큼 뛰어난 기량을 발휘한다. 여사장은 되돌아와 비서가 한 일들을 알고 화를 내지만, 결국 영화는 다음과 같이 설명하는 비서의 승리로 끝이 난다. 『규칙을 깨뜨리지 않고는 목적을 달성할 수 없어요.』 영화 〈임시직(The Temp, 1993)〉은, 그렇게 자주 있을 법하지 않는, 섹시하지만 능력이 뛰어난 임시직 여비서에 관한 이야기다. 주인공은 자신의 아내가 임신하자 걱정이 되어 직장을 떠난 소심한 남자의 직무를 인수받는다. 그녀는 사장의 인생을 멋지게 재구성하고 세금도 되돌려받지만, 늘상 듣는 말, 즉 『이것은 오직 임시적으로 하는 일이야』라는 말에 격분해서 끝내 사장을 죽이고 만다.

그러나 1980년대 중반의 또 다른 영화들은 여자들이 육아를 위해 회사를 떠나는 내용도 다루고 있었다. 예를 들면 1987년도 영화 〈베이비 붐 (Baby Boom)〉은 광고업계에서 성공한 여자의 이야기인데——다이안 키튼(Diane Keaton)이 주역을 맡음——그녀는 사장을 남자친구로 두고 있었지만, 수의사와 사랑에 빠져 갑자기 임신하고는 인생의 진로를 바꾸고 만다.

1980년대가 되자 은행들도 여자들에게 문호를 개방했다. 정장을 입고는 휴대용 팩스기와 휴대용 전화를 갖고 다니는 여성 주식중개인 또는 증권분석가들이 새로운 여성의 역할 모델이 되었다. 런던에서는, 주식 대폭락 이후 그 반작용으로, 여자 중개인들이 최초로 고임금 직종으로 등장했고, 그녀들은 속단을 잘 하고 술을 많이 마시고 그리고 욕지거리만 하는 남자들과 경쟁했다. 캐릴 처칠(Caryl Churchill)의 희곡 〈진정한 돈(Serious Money)〉은 증시가 붕괴된 1987년에 공연되었는데, 국제금융을 전문으로 하는 여자들에 관한 이야기로서——영국의 증권중개인 ·

텍사스의 중개인들 그리고 페루에서 온 여자 사업가들——이중거래를 하기 위해 런던으로 몰려든 주인공들은 너무나 돈에 탐닉해 사랑도 섹스도 즐길 시간이 없었다. 여주인공 실라 토드(Scilla Todd)는 다음과 같이 말한다.

　잭, 당신은 참 멋져요.
　나는 당신을 유러본드(Eurobond)만큼이나 사랑해요.

　영국의 도시은행들은 학위와 전문자격을 갖고 있는 일단의 여자들을 취업시키고는 평등한 승진기회를 약속했고, 그 실적도 보여주었다. 1985년 미들랜드 은행 종업원의 8%는 여성이었다. 1991년에는 대략 20%나 되었다. 그러나 여전히 그것은 여성을 위한 진정한 돌파구라기보다는——비서를「관리자」로 이름만 바꾸어——직위만 새롭게 부여한 것에 지나지 않았다. 거대 은행들은 업무와 직위를 분리하는 방향으로 자신들을 재조직하고는 여자들이 최고 상위 직위로 승진하는 것을 막았다. 1991년 미들랜드 은행의 고위 경영자 42명 가운데 여성은 한 명도 없었다. 사회학자 마이크 사배지는 이렇게 결론을 내렸다.『은행에 근무하는 여자들은 중요한 경영관리적 의사결정을 해야 하는 직무로 배치되지 않았으며, 어떤 부서의 책임을 져야 하는 자리에도 전보되지 않았다.』사실 규모가 큰 재무적 거래, 예를 들면 적대적 매수와 합병 등의 업무는 적극적인 남성들에게만 맡겨졌다. 우리가 지금까지 논의한 대로, 1980년대의 치열한 경쟁은 강력한 남성적 정력과 전쟁의 이미지를 풍겨왔고——기회를 가로채고, 또한 기회를 찾고, 그리고 상대방을 파멸시키는 등——여자들이 등장할 틈을 주지 않았다. 매스컴에 자주 등장했던 많은 기업가들, 예를 들면 제임스 골드스미스, 고든 화이트 그리고 랠프 핼펀 경 등은 사업상의 성공뿐만 아니라 성적 매력이라는 점에서도 평판을 얻었고, 시오도어 드라이저의 소설 《거인》에 나오는 주인공처럼 전통적인 재무전문가의 강력한 남성적인 이미지를 풍기고 있었다.

여자들은 다른 많은 산업분야에도 진출하는 듯이 보였다. 1980년대 들어 새로운 세대들은 다양한 분야의 경력에 걸쳐 두루 남자들과 경쟁하기 시작했고, 과학과 공학분야에서는 선진국뿐만 아니라 후진국에서도 남자들에게 도전했다. 『그것은 마치 수백만 명의 잠자는 미녀들 위로 요술지팡이가 지나가는 것처럼 어려운 일이었다』라고 1988년 존 하비존스는 말했다. 『왜냐하면 인도와 일본, 미국과 남미와 같은 전혀 다른 나라들에서도 여성들이 능력을 발휘할 수 있는 새롭고도 매우 환영받는 분야가 등장하고 있음을 우리들은 볼 수 있었다. 그녀들은 고도의 훈련을 받았고, 사기가 충만해 자신들이 하는 업무에 깊숙이 참여했다.』 이런 추이에 더하여, 미국의 여자들은 최고경영층까지 오르기 시작했다. 1977년 미국의 최대 기업들의 이사회에는 겨우 46명의 여자들이 이사로 재직했다. 1993년에는 미국의 1,000대 제조 및 서비스 기업들 가운데 500여 명의 여자들이 하나 또는 그 이상의 이사직을 수행하고 있었다. 그러나 여자들이 전체 임원들 가운데 차지하고 있는 비율은 여전히 6%에 지나지 않았다. 미국 최대기업들 가운데 거의 절반 가량은 —— 디즈니랜드·록히드 항공·세이프웨이(Safeway)·애플·블랙&데커(Black&Decker) 그리고 DEC 등 —— 이사회에 여자를 한 명도 두지 않고 있었다. 그리고 거의 모든 여성임원들은 기업 외적인 분야 —— 교육 또는 정부 등 —— 에서 명성을 누리고 있는 「이름만의」 임원들이었다. 최고 대우를 받고 있는 최고경영자와 임원 4,012명 가운데 여자는 오직 19명이었다. 이 숫자는 0.5%에도 못 미친다.

또한 영국에서도 여자들은 회사에서 한층 더 야심적인 경력을 추구하고 있다. 1990년대 초 경영학 전공 대학생의 45%가 여자들이었다. 헨리 예측센터(Henley Center for Forecasting)에 의하면, 다음 세대에는 여자들이 남자들보다 더 많이 직업을 가질 것으로 예측했다. BIM에 의하면, 1974년부터 20년 동안 여성임원의 비율은 0.6%에서 2.8%로 증가했고, 부서의 책임자 비율은 2.1%에서 8.7%로 증가했다.

그러나 1994년이 되자, 영국에서도 미국에서도, 그 추세는 역전되고 있는 듯이 보였고, 여성 관리자들의 감소를 보고 어리둥절해했다. 오타와 대학교(Ottawa University)의 마이클 매캐리(Michael McCarrey)는 『그것은 두 가지 편향된 시각 때문에 초래된 것인데, 첫째는 성차별에 대한 고정관념이고, 둘째는 인사고과의 결과였다.』 BIM에 의하면, 대규모 조직의 여성 경영자와 임원의 비율은 처음으로 하락했는데, 1993년 10.2%에서 1994년 9.5%로 떨어졌다. BIM의 트루디 코에(Trudy Coe)는 대기업의 내부자료에서도 그런 경향을 확인했다. 마크스 & 스펜서 (Marks & Spencer)사에는 30대 중반의 여성 노동력이 매우 부족했고, 그녀들 대부분은 남자로 대체되고 있었다.

이런 역전현상은 놀라운 일은 아니었다. 왜냐하면 많은 여자들이 관리자가 된 것은 때마침 대기업들이 수천 명의 중간관리자를 해고할 시기였기 때문이었다. 1992년 톰 피터스는 『지금 계층구조는 우리들 눈앞에서 급속히 사라지고 있다. 그것도 발끝으로 그렇게 힘들게 올라왔는데 말이다』라고 말했다. 일시해고는, 고정된 직무를 잃게 되는 여자들에게 있어서는 남자에 비해 더욱 참기 힘든 것이었다. 『여자들이 남자들보다 회사에 대해 더 충성스러운 것은 분명한 사실이다. 그리고 어떤 직업을 평생토록 수행할 준비도 더 잘 되어 있다』라고 런던의 인재소개업자인 스티븐 롤린슨(Stephen Rowlinson)이 말했다. 『여자들은 직업에다, 그 지위에다, 그리고 일의 중요성에 더 많은 가치를 부여한다. 아마도 그것은 그녀들로서는 달성하기가 어렵기도 하거니와 안식본능 때문일 것이다.』 여자들은 또한 대기업에 대해서는 거부감을 느끼는 듯했다. BIM의 로저 영은 이렇게 말했다. 『몇몇 여자들은 대기업의 그 비가족적·비우호적

정책에 대해 거부할 수 있었고, 기업인생의 스트레스를 견디지 못하고 대기업을 떠나 그녀들 스스로가 바쁘게 움직이면서 지배할 수 있는 소규모 회사를 차렸다.』

영국의 경우, 회사에 대한 전통적인 가정(假定)은 아직도 분명히 남성적인 것으로 남아 있다. 1992년 영국임원협회는 여성 임원들을 상대로 조사했는데 —— 임원들 가운데 8%가 여성이었다 —— 3분의 1은 직접적인 차별대우를 받은 경험이 있다고 답변했고, 4분의 3은 작업장이 여성을 차별한다고 믿고 있었다. 아서 앤더슨(Arthur Anderson) 컨설팅사의 조사에 의하면, 사회적 지위향상을 감안하더라도 이사회는 거의 변한 것이 없었다. 전형적인 남자 임원은 나이가 52세로서, 공인회계사 자격증을 갖고 있었고, 대개는 국민학교 때부터 골프를 쳤다. 그가 가입해 있는 클럽은 RAC 또는 MCC 등이었다. 2만 명의 임원 그리고 최고경영자들 가운데 오직 426명만이 여자들이었다. 회사에 근무하는 여자들 가운데 가장 급료를 많이 받는 사람은 최고경영자의 비서로서, 런던 중심부의 경우, 평균 연봉이 1989년 1만 1,200파운드에서 1992년 1만 8,600파운드로 인상되었다. 그러나 그것은 여자들이 승진한 대가가 아니라 최고경영자들의 위세가 높아진 것에 더 큰 영향을 받았다. 그리고 고참 비서들은 같은 수준의 급료를 받는 다른 관리직으로 전출하기가 매우 어려웠다.

최고 직위에까지 오른 여성들도 차별대우에 대해 여전히 매우 민감했다. 1993년 산업협회의 임원이었던 리아논 채프먼은 필자에게 다음과 같이 그녀의 의견을 말했다.

유리벽은 여전히 존재합니다. 내가 여자였기 때문에 보다 낮은 자리로 전출되었다는 것을 알고 있습니다. 회장은 그저 여자와 일하기를 싫어했어요. 사실 그것은 성(性)의 문제가 아니라, 본질적인 차이 때문이지요. 잡

담이란 언제나 똑같은 부류의 사람들 사이에서나 있는 거니까요—— 이사
회에 관한 조사를 통해서도 알 수 있고요—— 그리고 똑같은 배경을 갖고
있는 아내들과 말입니다. 나는 그것을 이해해요. 그들은 불확실한 세상에
살고 있지요. 그러니까 자신들과 같은 사람들과 있어야만 편안하게 느끼지
요. 그들은 진실로 세상이란 남자들의 것이라고 생각하고 있어요.

여자들은 정상적인 계층구조가 없는「수평」조직에서, 또는 인간 관계
기술과 의사소통 능력을 필요로 하는 소규모의 융통성 있는 조직에서 전
망이 더 좋다는 것을 파악한 것 같았다. 영국 여성경영자협회의 회장 매
리 베이커(Mary Barker)는 이렇게 주장했다.『파트너십이 형성되고 대화
의 통로가 열려 있고, 새로운 아이디어와 새로운 경영방식을 허용하는
한층 열린 기업구조에서는, 그리고 무엇보다도 개인의 성과가 주관적인
판단이 아니라 객관적으로 측정되는 기업구조에서는, 여자들이 오래 근
무하고 성장하는 그런 종류의 기업문화가 형성된다.』

이론상 과학적 관리법과 기계적 시스템에 대한 거부는 여자들의 직관
력과 인간적 가치에 더 많은 기회를 부여해야만 한다. 미국의 〈여성우위
(The Female Advantage)〉지의 샐리 헬게슨(Sally Helgesen)은, 여성을
미국기업들이 필요로 하는 그런 돌파구를 제공하고 있는 것으로 묘사했
다. 캘리포니아의 경영학 교수인 주디 로스너(Judy Rosener)는, 여자들
은「여자 같은 행동을 함으로써」—— 정보와 권력을 공유하고, 상호협력
하며, 서로 자극하고, 자신감을 심어줌으로써—— 성공하지만 남자들은
권력구조·합리성 그리고 명령계층에 너무 집착하고 있다고 주장했다.

영국의 경우 여자들은 번잡한 일상적인 사무업무들을 처리하는 데 있
어—— 사실 이것이 경영의 기초인데—— 남자들보다 더 유능하다는 것
이 경험적으로 증명되고 있다. 찰스 핸디는 규모가 작고도 역동적인 기
업들은 다음과 같은 사람들을 필요로 한다고 말했다.

동시에 여러 과제들과 업무들을 수행할 수 있는 사람, 그들이 갖고 있는 직급이나 사무실보다는 무슨 일을 하는 데 관심이 더 많은 사람, 그리고 지위보다는 권한과 영향력에 관심이 더 많은 사람이 필요하다. 그런 사람들은 분석과 합리성뿐만 아니라 본능과 직관도 중시하는 사람을 원하고, 강하지만 부드러운 면도 있고, 또한 집중적으로 업무를 처리하지만 우호적인 사람을 원하며, 불가피한 모순들을 적절히 대처할 수 있는 사람들을 필요로 한다. 그러므로 그들은 여자들을 가능한 한 많이 필요로 한다.

그러나 거의 모든 여자 회사인간들은 여전히, 20세기 초 처음으로 회사인생을 시작했을 때 부딪혔던 것과 똑같은 그런, 기본적인 갈등을 해결해야만 했다. 즉 회사에서의 경력 추구와 육아 사이의 갈등 말이다. 어떤 점에서 보면, 지금 두 가지 일은 훨씬 쉬워보인다. 영국의 회사들은 법적으로 6개월 간의 육아휴가를 제공해야 하고, 많은 회사들은 뛰어난 능력을 가진 여성 임원들에게 자유근무시간제를 허용하고 있다. 정상적인 엄마들이 미혼 여성이나 독신 여성들보다 회사에서 명백히 덜 성공적인 것은 아니다. 그러나 1990년대의 불안정과 치열한 경쟁은 두 가지 활동 사이에 간격을 더욱 넓혀왔다. 회사에 근무하는 젊은 엄마들은 상반되는 요구들 사이에 긴장을 느끼게 되었다. 즉 리듬과 속도, 컴퓨터와 요람, 전화기와 울화통 사이에서 말이다. 그리고 최고위직까지 올라간 많은 어머니들은 자신의 가정생활을 등한히 하는 데 대해 우려했다. 미국의 알루미늄 제조회사 알코프(Alcorp)의 부사장 필리스 스워스키(Phyllis Swersky)는 이렇게 설명했다. 『나는 요리를 하지 않아요. 나는 애들을 데리고 쇼핑센터나 박물관에도 못 가지요. 또한 가까운 친구도 없구요.』영국의 여자 회사인간들은 미국에 비해 덜 쫓기는 것 같지만, 그녀들도 최고위직으로 오르면서 한층 더 업무상 압력을 느끼고 있다.

1992년 인재소개회사 스펜서 스튜어트(Spencer Stuart)의 조사에 의하면, 『여자들이 모든 것을 성취—— 회사경력·고위직으로의 승진 그리고 가족—— 하겠다는 야망은 가능하다는 것이 증명되었지만, 그것은 값비싼 대가를 치르고 또한 여러 가지 타협을 한 결과였다.』1994년 11월 영국에서 가장 급료를 많이 받는 여성들 가운데 한 명인 영국 코카콜라의 사장 페니 휴스(Penny Hughes)는 아기를 양육하기 위해 회사의 직무를 포기한다고 선언했다.

늘 바쁜 직업이 가치 있는 것인가? 1990년대 들어 각종 조사와 인터뷰에 의하면, 직장 여성들 사이에는 특히 대기업의 여자 회사인간들 사이에는 이에 대해 점점 더 생각이 달라지고 있음을 보여주고 있다. 1994년 《그녀의 성 때문에(Because of Her Sex)》를 발표한 케이트 피그스(Kate Figes)는 다음과 같이 말했다. 『내가 만난 거의 모든 여자들은 일이란 재정적으로 그리고 건전한 정신을 유지하는 데 필수적이라고 느끼고 있었다. 그러나 직무상의 압력과 가정의 일 때문에 여자들은 전혀 즐겁지 않다는 것을 알고는 충격을 받았다.』《여성 경영자(Women Manager)》의 저자인 심리학자 주디 마셜(Judi Marshall)은, 『여자들은 남자들이 지배하는 기업문화에 계속 도전해왔다. 그러나 그녀들이 성공을 하고 나면, 그녀들은 종종 실망하게 되고 자신들이 성취한 것 그리고 달성한 것이 무엇인가 하고 회의감에 빠지곤 했다』고 말했다.

1990년대 들어 대기업들이 치열하게 경쟁을 하면 할수록, 대기업들은 다른 가치체계를 갖고 있는 고위직 여성들을 탐탁하게 여기지 않았다. 최고위 경영층들은 다양한 고객과 시장을 반영하고 한층 더 폭넓은 관점들을 가져야만 한다. 그러나 최고위층에는 여성들에게 문을 닫아버리는 경향이 있었다. 어느 여성 중역은 다음과 같이 날카롭게 지적했다. 『고객들은 중역들과 똑같은 사람들이 아니다. 그러나 외부로부터의 경쟁이 치열해지자 이사회는 내부의 여자 회사인간들로부터마저 위협을 느끼고 싶어하지 않는 것이다.』

일본의 여자들

일본 사회 자체가 성의 위기를 맞고 있는 가운데, 일본의 대기업에서
도 여자 회사인간에 대한 위협이 확대되고 있다. 1980년대까지 일본의
거의 모든 회사인간들은 자신들의 성공은, 사무실에서든 집에서든 간
에, 여성들의 복종적이고도 지원적인 역할, 즉 남자들이 기업경력을 성
공적으로 수행할 수 있도록 남자에게 시간을 제공하고, 자신감을 불어넣
는 여자들의 역할에 의존하고 있다고 가정했다. 일본의 여자 회사인간들
은 단순히 「직장 여성(office lady)」으로서 만족하는 것같아 보였다. 안내
원 또는 차 심부름을 하는 등 남자사원들의 뒷바라지를 하는 것으로 말
이다. 그녀들의 나이는 대부분 20대 초반이었고, 결혼 준비 중에 있었으
며, 때로는 점증하는 초조감 속에 세월을 보내기도 했다. 25세가 지나면
그녀들은 「크리스마스가 지난 후의 크리스마스 케이크」격으로 한물 간
사람으로 취급되었다. 같은 회사 내에서의 결혼, 즉 직장 결혼은 로맨스
의 극치이지만, 여자들은 남편과 같은 직장에 계속 근무할 수가 없었기
때문에, 회사를 계속 다니느냐 아니면 가정을 갖느냐 하는 것 사이에 스
트레스를 받았다. 일부 여성들은 수동적인 역할에 반기를 들었다. 1960
년대 초 교토 시에서 차 심부름을 하는 여직원들이 파업을 일으켰으나,
노동조합의 지원을 받지 못해, 그만 실패로 끝나고 말았다. 1986년 일본
정부는 고용평등법을 통과시켰지만, 일본의 많은 여자들은 이를 비판했
다. 특히 오랫동안 기업에 근무하고 있는 하세가와 미치코는 그 법안이
일본의 실상을 전혀 반영하지 못하고 있고, 가정주부들의 지위를 떨어뜨
렸다고 비판하는 논문을 발표해 큰 호응을 받았다.

어쨌든 1980년대는 다소 변화의 조짐을 보여주었는데, 특히 소규모

회사들에서 두드러졌다. 1990년대 초 일본 노동문제 연구자인 스기야마다키는 성차별을 극복한 12명의 여사장들과 인터뷰를 했다. 그녀들 대부분은 자신들의 자질과 언어구사 능력을 이용해 방송분야에 종사하고 있었다. 그녀들 가운데 한 사람은 『여자들의 언어능력에 대해서는 어떤 남자도 이의를 제기할 수 없다』라고 말했다. 그녀들 대부분은 겸손했고, 남자들을 다루는 데 효과적인, 평범하고도 자신을 낮추는 태도를 취했다. 또 다른 여자는 『만약 여자가 남자와 똑같은 조건으로 사업을 하려고 하면, 조만간 이런저런 곤경에 빠지고 말 것이다』라고 말했다. 12명의 여자들 모두 하나같지는 않았다. 그 중 반은 엄마들이었고, 젊은 여사장들의 남편은 실제로 가정 일을 돌보아주었다. 그러나 그녀들은 기업의 세계화 추세에 발맞춰 여자들의 의사소통 능력과 언어구사 능력이 한층 더 중요하다는 것을 보여주었다. 스기야마는 다음과 같이 결론을 내렸다. 『여성 기업가들은 장차 일본의 국제화에 점점 더 중요한 역할을 하게 될 것이다.』

고등교육을 받은 일본의 여자들 또한 그들의 활동범위를 넓혀가고 있고, 결혼을 뒤로 미루고 있으며 —— 평균 26세에 결혼한다 —— 해외여행을 하면서 다른 사회들을 경험하고 있다. 그녀들 가운데 몇몇은 해외에 거주하며, 그녀들에게 보다 많은 자유를 주는 서구의 남자들과 결혼하기도 한다. 1993년 호소카와 모리히로 총리 정권 아래에서 장관을 지낸 세계적인 TV 앵커 고이케 유리코는 질문을 많이 하는 여성들의 전형적인 인물이었다. 1993년 12월 그녀는 필자에게 다음과 같이 말했다. 『엔고는 우리들의 태도를 바꾸는 데 도움을 주었습니다. 지난 수 년 동안 수백만 명의 일본인들이 해외로 나갔고, 다른 나라 사람들이 어떻게 사는지를 보았지요. 일본인들은, 저런 멋진 집을 구입할 수도 없는데, 왜 이렇게 열심히 일해야 하는지 스스로 의문을 품었습니다. 일본인들은 인생 전체에 대해 다시 생각하기 시작했습니다. 「인생이란 무엇인가?」

하고 말입니다.』

1980년대 숙련공이 부족해지자 일본의 회사들은 여자들을 더 많이 고용하지 않을 수 없었고, 여자들에게 더 많은 기회와 선택권을 부여하지 않을 수 없었다. 여자들은 심지어 연장근무마저도 거부할 수 있었다. 일본 여자들은 서구의 여자들과 마찬가지로 아직도 일반적인 업무에서보다는 전문직에서 더 성공하고 있다. 그러나 여자들은 남자들과 심각하게 경쟁하고 있다. 남자들의 승부욕을 누그러뜨리기보다는 오히려 —— 어떤 서구인들은 여자들의 등장이 남자들의 경쟁심을 완화시킬 것으로 기대했었다 —— 남자들의 야심을 강화시키는 것으로 나타났다. 여자들은 재무분야에서 더 나은 성과를 나타낼 수 있었는데, 그것은 일본기업들이 해외로 진출하게 되면서 더욱더 중요하게 되었다. 또한 여자들은 종종 남자들보다 사람에 대한 이해가 한층 더 빨랐다. 1993년 하쿠호도 생활연구소의 연구담당 임원 후지와라 마리코는 이렇게 말했다. 『여자들은 작업장을 인간화한다고 말해도 좋아요. 비록 지금까지 여자들이 대기업에서 일할 수 있는 적절한 방법을 찾지 못하고 있지만 말입니다.』

그러나 그것은 떠오르는 희망의 아침은 아니다. 1990년대 초 불경기 동안, 많은 기업들은 여자 종업원 수백 명을 해고했다. 그 반면 남자 종업원들은 그대로 유지했다. 1994년 일본의 거대 무역회사인 미쓰비시는 여자 종업원의 채용을 중단했다. 1994년 5월 통상성 장관 하타 에이지로는 『여자는 마지막으로 고용되고, 해고될 때는 제일 먼저 해고된다』라는 것을 인정했다. 그리고 하타 장관은 일본의 기업주들에게 고용평등법을 준수하도록 호소했다. 그러나 결과는 별무반응이었다. 대기업의 최고경영층에 있어 남자들의 지배는 전혀 변하지 않았다.

사실 일본의 여자 회사인간들은 서구 여성들이 겪은 곤경을 훨씬 더 극단적으로 보여주는 것이었다. 일본의 여자들은 한때 남성들의 전유물이었던 기술들을 완벽히 터득할 수 있음을 보여주었고, 의사소통과 인간

이해 분야에서는 그녀들만의 기술도 더 추가했다. 그럼에도 불구하고 재무분야와 생산분야 같은 기업의 주요 부문은 훨씬 더 적극적인 남성 중심으로 운영되었다. 기업들이 보다 격렬한 경쟁에 휘말리게 되고, 또한 기업경쟁이 게임이라기보다는 점점 더 전쟁과 닮아가게 되자, 여자를 채용해 현장을 다양화할 준비를 할 수 없었다.

제 20 장
전쟁터로 변한 지구촌

> 21세기 자본주의는 다양한 종류의 자본주의에 의해 지배될 텐데, 어떤
> 것은 성공할 것이고 어떤 것은 실패할 것이다. 미국인들에 대한, 그리고
> 아마도 세계 전체에 대한, 중대한 의문은 우리들의 국가가 어떤 종류의
> 자본주의를 따를 것인가 하는 것이다.
> —로버트 하일브로너(《21세기 자본주의》, 1993)—

1990년대 초가 되자 글로벌 경쟁은 모든 회사인간들을 한층 더 불안정
하게 만들었고 위축되게 했다. 회사인간들은 해외의 경쟁자들을 경계의
눈초리로 바라보고 있었다. 태평양을 가운데 두고 제조업의 충돌은, 미
국인들은 스스로 산업 르네상스를 달성할 수 있다고 생각하게 했다. 그
반면 일본인들은 충격상태에서 헤어나지 못하게 됨에 따라 새로운 국면
으로 접어들게 됐다. 일본 회사들은 전후 40년 간 전례 없었던 최악의
위기에 봉착했는데, 설상가상으로 과잉부채와 금융 스캔들로 어려움이
가중되고 있었다. 마치 밀물 때 해변으로 들이닥치는 쓰레기처럼, 일본
의 불경기는 호황 때 감추어졌던 온갖 문제점들을 노출시켰고, 회사에
대한 충성심과 가부장주의의 전통 모두를 위협했다.

1993년 12월 2년 만에 도쿄를 방문한 나는 기업 분위기가 말이 아니라
는 것을 느꼈다. 회사인간의 위축감, 그리고 축소된 생활 스타일은 어디
에서나 완연했다. 씀씀이가 큰 손님들이 빠져나가면서 3,000여 개에 달

했던 긴자의 술집과 클럽들은 문을 닫은 곳이 많았다. 내가 마지막으로 일본을 방문했을 땐, 마침 일본항공사(Japan Air Lines : JAL)의 창업 40주년 축하파티가 열려 그 자리에 참석했었다. 그것은 무역과 관광이 모두 다시 한번 상승곡선을 타면서 기록한 경제성장의 본보기였다. JAL은 바로 그 당시 뉴욕에 있는 에섹스 하우스 호텔(Essex House Hotel)을 매입했었고, 도쿄 만에다 25층짜리 본사를 건설하는 중이었다. JAL은 새로운 글로벌 시대를 맞아 그에 걸맞은 상상력 넘치는 축하집회를 가졌다. 그 곳엔 우주의 본질 그리고 미래의 항공여행과 관련해 우주비행사와 시인, 그리고 철학자들이 연설했다. 그러나 JAL은 그 후 곧 세계적인 경기후퇴에 직면했다. 관광객들과 사업상의 여행객들은 줄어들었으며, 싼 가격과 저임금으로 공세를 취하는 아시아의 경쟁사들과 치열한 경쟁을 벌여야만 했다. 1993년 3월 JAL은 결산기에 550억 엔의 결손을 기록했고 배당도 지급하지 못했다. 미래에 대한 비전은 씁쓸한 비용절감과 회의감 속으로 증발되었던 것이다. JAL의 어느 임원은 다음과 같이 말했다. 『우리들은 늘 미국의 아이디어를 모방해왔고, 미국 사람들은 우리 것을 베껴 먹었다. 그러니 지금은 새로운 것이란 없는 셈이다.』

도쿄의 투자가와 은행가들은 대기업에 대한 평가를 사정없이 깎아내렸고 미국식 방식을 찾아나섰다. 노무라 투자 자문회사(Nomura Investment Management)의 부사장 가가미 노부미쓰는 다음과 같이 설명했다.

대기업의 전성기는 진정 끝났다. 그것은 메이지 유신과 더불어 시작한 시대를 마감하는 것이다. 대기업들은 더 이상 지배할 수가 없을 것이다. 불경기는 기업 리더십의 권위를 훼손시켰다. 그것은 아버지도 잘못할 수 있다는 것을 보여준 것이다. 그것은 또한 종업원들의 생활방식을 변화시키고 있으며, 그들이 가족에게로 돌아가는 것을 허용했다. 문제는 그들이 그것을 좋아한다는 사실이다. 노무라 증권의 종업원들은 더 이상 밤늦게 일하는 것을 원치 않는다.

우리는 미국기업들과 마찬가지로, 유능한 소수의 종업원들과 일하는 소규모 서비스 회사들을 더 많이 필요로 하고 있다. 그러나 그것은 우리들에게 사회적 안전비용을 부담시킬 것이다. 미국의 회복은 기업문화의 변화로부터 시작했다. 우리도 탈규제와 교육훈련을 통해 중소기업들을 더 많이 지원해줄 수 있도록 우리 스스로 조정할 필요가 있다.

급진적인 비평가들은 거인들의 몰락을 환영했다. 〈아사히 신문(朝日新聞)〉의 이토 마사타카는 다음과 같이 말했다. 『우리 사회는 의존심에 근거해 구성되었다. 지금 우리는 해방되고 있다. 우리는 자아를 발견하고 있는 것이다.』 그리고 대기업에 대한 비판은 1993년 호소카와 전 총리가 이끄는, 신당이 주도한 연립정부에 의해서도 제기되었다. 호소카와의 신당은 대기업들로부터는 정치적 헌금을 거의 받지 않았고, 오히려 대기업들에게 피해를 입은 대도시의 중소기업들로부터 도움을 받고 있었다. 중소기업국의 고이케 유리코 부국장은 다음과 같이 말했다. 『위험회피는 기업의 문화와 관련되어 있다. 우리는 중소기업들을 지원함으로써 실업률을 낮추고, 도전적으로 사업을 할 수 있도록 협력하고 있다. 우리들은 모험 기업가들의 정당이다. 우리들은 그들이 초기의 혼다(Honda), 도요타 또는 소니와 같이 되도록 도와주지 않으면 안 된다. 그러나 모험 추구적 정신을 다시 가다듬는 데는 시간이 걸릴 것이다.』

창업자들의 사망 또는 은퇴에도 영향을 받았지만, 거대기업 자신들도 한층 위축되어 있다. 1989년 일본산업계의 선구자 마쓰시타 고노스케가 사망했다. 그는 1918년 회사를 창업하면서 가부장주의의 모델로 회사를 키웠으며, 수출에 획기적으로 주력해 파나소닉이라는 상표로 전세계에다 팔았다. 창업자가 사망한 뒤 마쓰시타는 각종 스캔들에 휘말렸고, 불량품이 증가했으며, 이익수준도 하락했다. 1993년 모리타 아키오는 뇌일혈을 일으켜 1946년 그가 창업한 소니에서 물러났다. 모리타는 70세까지도 자신의 창의성을 유지했다. 그는 최초로 미국식 경영방식을 공개적으로 비판했고, 뒤이어 일본기업에 대해서도 공격했다. 시장점유율보다는 종업원과 주주들의 이익에 보다 관심을 쏟을 것을 촉구하면서 말이다. 소니의 후임 최고경영자인 오가 노리오 또한 독창적인 사람이었다. 그는 전직 오페라 가수였으며, 자신이 음악을 공부한 바 있는 베를린에 소니 빌딩을 건설했다. 그러나 오가는 모리타의 발명능력과 세일즈맨십을 따라갈 수 없었다. 모리타의 퇴장은 제2차 세계대전 후 영웅적인 기업가들의 시대가 끝났음을 말해주는 것이었다. 지금 일본은 서구의 관료주의를 많이 닮아가고 있고, 위험추구자를 발견하기가 어려워지고 있다.

일본의 회사인간들은 해외로 진출하는 모험을 벌이면서, 미국의 회사인간들로부터 한층 더 영향을 받고 있다. 도쿄의 국제관계연구소의 야시로 나오히로 교수는 일본인들의 작업관습이 미국과 유럽의 방식을 본따기 시작했음을 관찰했는데, 그들은 훨씬 더 공정해졌고, 여성들의 취업기회도 더욱 넓어졌다. 1993년 그는 다음과 같이 말했다. 『어떤 경우에는, 일본식 경영방식은 일본식 효율성과 서구의 공정성을 혼합해, 해외에서 훨씬 더 세련된 방식으로 적용되고 있다. 그러나 일본의 관리자들은 과거 자신들에게 안전을 제공했던 종신고용제도가 앞으로도 지속될지 훨씬 불안하게 생각하고 있다. 꾸준한 승진의 대가로 저임금을 참고 지냈던 젊은 월급쟁이들은 이제 그들의 승진 사다리가 무너졌음을 알게 되었고, 대학졸업자들은 처음으로 실업을 경험하고 있다. 비록 서구보다는 정도가 덜 심각하지만, 고용주와 피고용자 모두 충성심에 대한 관점을 재조정하고 있다. 출판사 소학관의 사장 오가 마사히로는 『나는 보다 자신감이 강하고 탄력적인 젊은이를 뽑고 싶다. 왜냐하면 우리들은 과거와 같은 안전을 보장할 수 없기 때문이다. 그러나 충성심의 부재는 일방적이다. 오히려 피고용자들은 회사가 자신들에게 충실해야 한다고 생각하고 있다. 자신들은 충성심을 느끼지도 않는 회사에 대해서 말이다.』

거의 모든 일본의 대기업들은 사무실 작업자들을 너무 많이 보유하고 있다. 1992년 소니의 화이트 칼라는 139%가 늘어났고 블루 칼라는 6%가 늘어났다. 마쓰시타의 경우 화이트 칼라는 47%가 증가된 반면, 블루 칼라는 24%나 감소했다. 1994년이 되자 소니와 마쓰시타 모두 획기적인 구조조정을 시행했다. 소니는 8개의 자율적인 자회사로 분리했고, 마쓰시타는 48개의 사업부문을 10개로 축소했다. 혼다는 중간관리자들이 12년 이내에 다음 단계로 승진하지 않으면, 관리자 역할을 포기한다는 계급정년 방식을 도입해 관리자들을 단련시키고 있다. 그러나 이런 회사들 모두 미국기업들과 비교하면 여전히 과잉고용을 하고 있다.

대기업들은 종신고용제도를 계속 유지할 수 있을까? 일본식 종신고용은, 과거 IBM과 같은 서구회사들의 종신고용방식보다 비용이 훨씬 적게 들었다. 일본기업은 정년 연령이 대략 55세로서 비교적 짧았고, 나이 많은 관리자들을 자회사로 보낼 수도 있었으며, 뚜렷한 직무는 없지만 점잖게 창가에 앉아 세월을 보내는 창문족이 되게 했었다. 1990년대 초가 되자 그 창문족이라는 것은 완곡어법이 되었다. 왜냐하면 그들은 창문가가 아니라 지하실로 내려가야 했고, 집에서 일하라는 통보를 받았기 때문이다. 많은 회사인간들이 조기퇴직 권유를 받았는데, 그것은 가타다타키(어깨 툭툭치기)라는 새로운 이름으로 표현되었다. 그러나 대부분의 일본기업들은 여전히 상호간의 충성심과 헌신을, 자신들을 미국기업들과 구분케 하는 조화와 장기적 비전의 핵심으로 간주하고 있다. 왜냐하면 직업에 대한 안정의식이 높으면 높을수록, 그들은 훨씬 더 유연해질 수 있고 위험추구적인 자세를 견지할 수 있기 때문이었다.

1993년 12월 불경기의 중간 시점에 나는 도요타 시를 방문했는데, 그런 문제들이 도시 전체에 스며들고 있었다. 엔고——지난 7년 간 엔화는 미국 달러에 대해 2.5배 절상되었다——는 일본의 자동차 가격을 해외에서 엄청나게 올려놓았으며, 도요타는 무자비하게 원가절감을 하고 있었다. 도요타는 이미 1980년대에「다양성 전쟁」이라고 할 만큼 고객에게 제공했던 선택의 폭을 대폭 줄였다. 나를 안내한 이노우에 이사오는 다음과 같이 말했다.『거품경기가 한창일 때 우리는, 사람들이 정말로 원하는 것 이상으로 많은 옵션들을 제공했다. 핸들도 여러 가지였고, 라디오도 어떤 모델은 스피커가 여섯 개나 되었다. 지금 우리는 고객들의 기분을 손상시키지 않는 범위 내에서 선택의 폭을 줄였다.』

원가절감은 여러 곳으로부터 분노를 샀다. JIT를 실시함에 따라 자신들의 이익이 줄자, 부품공급업자들은 그 무자비한 원가인하 압력에 대해 항의하기 시작했다(특히 플라스틱 회사들은 JIT시스템에 대해 반기를 들었다). 불경기가 되자 도요타의 종업원들마저도 옛날처럼 충성스럽지 않았다. 어느 관리자는『처음 30여 년 간 종업원들은 회사의 성장 그 자체에 자부심을 느꼈다. 지금은 우리도 근로자들에게 직무만족을 제공해야 한다. 종업원들이 모든 시스템을 알도록 할 필요가 있다.』도요타는 본사 직원들에 대해서도 비판적인 눈길로 쳐다보고 있다.『모든 대규모 조직은 관료주의적 질병을 앓고 있다. 그 증상을 파악하고 그것을 치료하기 위해 노력해야 하지만, 만병통치약은 없다. 사회적인 커다란 문제를 야기하지 않고는 관리계층을 더 이상 빨리 감축할 수는 없다.』나이가 더 젊은 도요타 자동차의 몇몇 관리자들은 훨씬 급진적인 구조조정을 요구했다. 도요타의 원기왕성한 3,000여 명의 젊은 관리자들은 스스로「혁명집단(revolutionary group)」이라고 부르면서 개혁을 추진했는데, 그 후 그들 자신의 일자리마저도 위협받게 되자 그 이름을「구조조정 집단(restructuring group)」으로 바꾸었다.

지금도 도요타 자동차의 지분 가운데 3%를 소유하고 있는 도요타 가문은 점점 더 자신들의 지배권을 줄여가고 있다. 창업자의 조카인 도요다 에이지 ── 그는 1950년 디트로이트를 방문했고 디트로이트의 한계를 인식했었다 —— 는 지금 나이가 80줄인데, 도요타 자동차의 명예회장으로 있다. 창업자의 두 아들은 각각 회장과 사장을 맡고 있다. 도요다 가문의 젊은이들은 경영계층을 따라 승진하고 있지만 도요다의 후계자가 되지는 않을 것이다. 그리고 도요타 자동차는 오래된 가부장주의에도 불구하고, 종업원들에 대한 배려를 소홀히 하기 시작했다. 공장관리자 기타노 미키오는 다음과 같이 설명했다.

우리는 종신고용을 유지하려고 노력한다. 그러나 그것은 훨씬 더 어렵다. 도요타 자동차는 사람들이 가족처럼 함께 일하는 지역의 중소기업으로 출발했다. 우리는 관리자들과 젊은 사원들 사이에 평등의식을 유지하려고 노력해왔다. 그러나 가부장주의에 관한 한 도요타도 또한 IBM과 같은 입장이 되고 있으며, 그 위험성도 이미 예견되고 있다. 가부장주의는 일본에서도 역시 종말을 고하고 있다. 그리고 신세대는 요즈음의 일본 정치가들처럼 훨씬 더 독립적인 태도를 취하고 있다.

그 당시 미국의 관찰자들은, 도요타는 자신을 재창조하고 수만 명의 종업원들을 해고해야만 하는데, 그것은 불가피하게도 회사에 대한 충성심을 훼손시킬 것으로 내다봤다. 그러나 그들은 도요타의 복원력을 과소평가했다. 1994년 3월까지 도요타는 단 한 명의 종업원도 해고하지 않았다. 그리고 도요타는 여전히 강력한 힘을 갖고 있다. 도요타의 현금보유고 —— 이른바 도요타은행이라고 불리는 —— 는 140억 달러에 이르렀으며, 혼다와 닛산, 그리고 마쓰다와 같은 경쟁자들보다 불경기시대를 훨씬 더 잘 견디어냈다. 도요타는 컴퓨터 소프트웨어 · 디지털 통신장비 · 카폰 그리고 조립식 주택도 만들고 있다. 해외의 공장은 엔고에 영향을 받지 않기 때문에 생산규모를 증가시키고 있으며, 영국 소재 공장들은 유럽 시장을 향한 귀중한 교두보가 되고 있다.

무엇보다도 도요타는 카이젠(kaizen) 방식 또는 지속적 개선(改善)을 통해 여전히 유연성을 유지하고 있다. 나는 조립공장을 견학하던 중 다음과 같이 질문했다. 『왜 당신네들은 외국인들에게 이렇게 솔직히 공장을 보여주는가?』 그 대답은 『왜냐하면 우리는 아직도 서구에 비해 5년 정도는 앞서 있으니까요』라는 것이었다.

공장관리자 기타노는 『도요타 사람들이 너무 거만한 것은 아닌지 하는 생각이 든다. 그것이 진정 큰 위험이다. 마치 1950년대의 미국인들처럼 말이다. 우리는 끊임없이 개선해야 한다. 그러나 일본인들은 지속적인 열등감(continual inferiority)이라는 장점을 갖고 있다. 일본인들은 여태까지 스스로에게 확신을 느끼지 못했으니까.』

미국의 반격

태평양을 가로질러 미국기업들이 일본기업들을 따라잡고 있으며, 또한 일본기업들과 닮아가고 있다는 점은 누구도 부인할 수 없을 것이다. 1990년대 초가 되자 거의 모든 미국의 대기업들은 일본어 —— 아는 척하는 경우도 있었지만 —— 를 사용하고 있었다. 특히 팀워크·참여 그리고 끊임없는 개선 등의 표현은 수백 권의 책을 통해, 강연을 통해, 매뉴얼을 통해, 일본식 경영방식에 관한 세미나를 통해, 마치 복음이 전파되듯 확산되었다. 휴렛팩커드에서는 『우리는 종교를 받아들이고 있다[역주 일본의 경영방식 카이젠이 마치 일본의 종교 신도(神道)처럼 일본인에게 영향을 준다는 점에서 이를 종교로까지 표현한 것이다]』라고도 했다.

미국인들은 드디어 이론을 실제에 적용하는 데 성공했던 것이다. 디트로이트의 경우, 자동차 메이커들은 일본의 수입차를 제한하는 무역협정 덕에 일시적으로 숨을 돌릴 수 있었고, 구조조정을 할 시간도 벌었다. 마침내 그들은, 일본의 기업들이 바로 인접한 공장에서 한창 사용하고 있는 「린 생산방식(lean production)」의 장점을 배웠다. 미국의 자동차 회사들을 거의 파산지경에까지 몰고 간 뜀박질하듯 커진 손실이 그들로 하여금 필요한 획기적인 변화를 가능케 한 것이었다.

제14장에서 살펴보았듯이, 포드는 제일 먼저 「창조적 위기」를 받아들였고, 그들의 경영방식을 혁신했으며, 빅3 가운데에서는 가장 날씬한 자동차 메이커가 되었다. 1970년대 후반 포드는 20만 명 조금 넘는 종업원을 고용하고 있었는데, 1974년경에는 10만 명 수준이었다. 포드는 일본의 도전에 대응하기 위해 대량해고는 하지 않았다. 1992년 열린 포드 자동차 세계대회에서 경영자들은 스웨터와 노타이 차림으로 등단해 1997년까지는 도요타를 따라잡을 것이라고 선언했으며, 앞으로는 「집단적인 정보」를 중시할 것이라는 새로운 정책을 발표했다. 이것이야말로 전적으로 일본적 개념이었다.

그러나 포드의 진정한 비밀은 그들의 본질적 목적, 즉 자동차 품질에 대한 새로운 헌신이었다. 포드의 유럽지역 총책임자 린제이 할스테드(Lindsay Halstead)는 이렇게 말했다. 『회사의 대부분 사람들은 제품을 사랑하기 때문에 회사에 근무하고 있는 것이다.』 1993년 포드는 세계화에 적합한 새로운 혁신을 구현할 수 있는 사람을 회장으로 선출했다. 알렉스 트로트먼(Alex Trotman)은 스코틀랜드의 노동계층 출신으로서, 에딘버러의 카펫 수리공 아들이었다. 그는 영국의 RAF사에 근무한 적이 있으며, 대학에 진학하지 않은 채 다겐햄(Dagenham)에 있는 영국 포드 자동차에서 근무를 시작했었다. 그는 코티나(Cortina)를 생산할 때 제품분석의 책임자로서 명성을 얻었고, 영국의 세금을 회피하기 위해 디트로이트로 전보되었는데, 그것이 권력의 중심으로 나아가게 된 원인이 되었다. 그는 재빨리 최고경영층으로 승진했고, 각종 위원회에서 실력을 발휘했으며, 다양한 복지혜택과 중역식당 등을 없애버렸다. 한편 그는 일본과의 경쟁에서 눈을 떼지 않았다. 1994년 6월 그는 이렇게 말했다.

『점점 더 튼튼해지고 효율적으로 되는 것 이외에는 가까운 장래에 크게 변하지 않을 것이다.』트로트먼은 자동차에 대한 전문가라는 점에선 여전했다. 〈로저와 나〉의 감독 마이클 무어가 BBC TV의 시리즈를 제작할 때 포드 본사 앞에서 메가폰을 잡고는, 최고경영자들이 앞으로 나와 그들의 제품에 대한 지식을 보여달라고 외쳤다. 오직 트로트먼만이 그 도전에 응했고, 트럭의 엔진 오일을 그것도 효율적으로 갈아주었다.

GM은 마지막까지 꼼짝도 않고 남아 있었다. 1990년 로저 스미스의 뒤를 이어 로버트 스템펠(Robert Stempel)이 회장이 되었는데, 그는 30여 년 만에 엔지니어 출신으로 회장에 취임한 최초의 인물이었다. 그의 전임자들과 마찬가지로 스템펠은 21세기 GM의 모습에 대해 많은 비전을 제시했지만, 당면한 위기를 해결하지 못했고, 분기마다 발생하는 적자를 줄이지도 못했다. 1991년 12월 그는 21개의 공장을 폐쇄하고 7만 4,000명을 해고한다는 폭탄선언을 했다. 그러나 그는 이에 상응하는 적극적인 계획을 제시하지 않았으므로 주주들과 정치가들을 당황하게 만들었다. GM에게 나쁜 것은 미국에도 나쁜 것이니까 말이다.

1992년 강력한 외부인사들을 포함하고 있는 GM의 이사회는 과단성 있는 결단을 내렸다. 역사적인 쿠데타를 통해 그들은 내부출신 인사 잭 스미스를 사장으로 선출했다. 스미스는 6개월 후 스템펠을 회장으로 밀어냈다. 스미스는 평범한 아일랜드계 출신으로 철저한 회사인간이었으나 끔찍한 충격요법을 실시했다. 제11장에서 논의한 바 있지만, GM이 도요타와 함께 NUMMI 프로젝트를 협상할 무렵 그는 일본식 경영방식에 흠뻑 빠졌으며, 도요타 시를 방문했을 땐 그것이 GM의 미래를 결정짓는 열쇠라고 생각했다. 그는 GM의 유럽지역 책임자로 있을 때, 이미 재빠르게 일본식 경영방식을 적용했으며 공급자들에게 부품가격을 인하하라고 압력을 넣었다. 그리고 거친 성격의 바스크(Basque) 출신 재무관리자 호세 이그나시오 로페즈(Jose Ignacio Lopez)와 그의 「전사들

(warriors)」팀의 도움을 받아가며 부품을 제때에 납품하도록 강조했다. 그는 독일의 오펠에서부터 영국의 복스홀에 이르기까지, 유럽 전역에 걸쳐 흩어져 있는 GM의 공장을 상호조정했다. 또한 유럽 본부를 취리히 공항에서 약간 떨어진 노보텔(Novotel) 호텔 바로 옆 건물로 이전했으며, 근무인원도 200명이 약간 넘는 수준으로 유지했다. 그는 유럽의 GM을, GM이 미국에서 본 손실을 보상할 만큼, 수지맞는 사업체로 만들었다.

스미스는 자신이, 고대 중국뿐만 아니라 현대 일본에 이르기까지, 아시아로부터 영향받았음을 부인하지 않았다. 그의 집무실에는 『사람들이 그 지도자의 존재를 거의 인식하지 않을 때, 비로소 그 지도자는 최상의 지도자가 되는 것이다』라는 노자의 글귀를 새긴 장식용 돌이 있다. 그는 미국에서도 로페즈의 도움을 받아가며 공급자들을 후려친 유럽의 전략을 되풀이했는데, 그것은 1년 뒤 로페즈가 소송까지 제기하면서 폴크스바겐으로 옮겨갈 때까지 계속되었다. 스미스는 GM 본사의 14층에 있는 으리으리한 최고경영자 집무실을 나와 15마일쯤 떨어진 교외에 있는 GM의 새로운 기술센터로 옮겼고, 본부직원들도 1만 3,000명에서 2,000명으로 줄였다. 그는 이렇게 설명했다. 『문제는 사람들이 아니었다. 그것은 스크루처럼 꼬여 올라간 조직구조에 있었다. …우리는 그런 역사를 갖고 있었는데… 나는 그것을 되풀이하고 싶지 않다.』

1994년이 되자 빅3은 다시 약간의 이익을 내기 시작했다. 그리고 그들 모두는 일본 자동차 회사들을 닮아갔다. 빅3의 최고경영자들은 지난 몇 년 간 당한 굴욕과 도쿄 방문 이후의 씁쓸한 인상 때문에 마음이 편치 않았다. 그들 모두는 나이 많은 하층민 대신에 더 많은 교육을 받은 근로자들을 뽑았고, 대학 졸업자들을 채용하기도 했다. 그들은 공급자들을 쥐어짰으며, 일본과 마찬가지로 공급업자들이 납품하는 부품의 품질을 검사했다. 그리고 빅3의 최고경영자들은 서로 정보를 교환하기 시작했고, 마치 일본의 기업들이 통산성과 상의했듯이, 정부와도 문제를 논의하기 시작했다. 1993년 크라이슬러의 보브 이튼(Bob Eaton) 사장은 『우리 셋이서 지난 9개월 동안 정부와 직접 접촉한 횟수가 과거 12년 간 했던 것보다 더 많았다』라고 말했다.

미국의 다른 회사들도 일본식 경영방식을 받아들였으며, 대량 해고와 달리 약세에 힙입어 일본과의 경쟁에서 과거보다는 훨씬 더 낙관적인 입장을 피력했다. GE나 보잉과 같은 회사들은 충격요법에 적응했고 새로운 활력으로 재도전할 수 있음을 보여준 반면, 일본기업들은 과거의 자만심에 빠져 있었고, 리더십 부재에 대해 우려하고 있었다. 1994년 캐논(Canon)의 회장 가쿠 류사부로는 『일본은 전자제품과 같은 주도적 제조산업에서 미국과의 경쟁에서 완전히 패배했다』라고 말했다. 미국은 하나의 분야에 특히 자신감을 갖고 있었다. 그것은 미래 정보 고속도로에 핵심이 될 것이고, 또한 일본인들이 모방할 수 없는 컴퓨터 소프트웨어 산업이었다. 많은 일본인들이 실리콘 밸리와 시애틀의 마이크로소프트를 견학했고, 많은 일본계 미국인들이 컴퓨터 전문가가 되기 위해 스탠퍼드 대학을 나왔다. 그러나 그들은 컴퓨터 문화를 일본에 이식할 수는 없었다. 도쿄의 정책입안가들은 그 점을 그들의 최대 약점으로 인식했다. 그것은 다른 산업분야에서는 강점을 제공했던 교육적·문화적 배경의 심장부 —— 심지어 수천 개의 표의문자로 구성된 일본 언어에 대해서도 —— 를 강타했다. 일본의 어느 기술관료는 나에게 다음과 같이 설명했다. 『실리콘 밸리는 혼돈 속에서도 살아갈 수 있고, 생각할 수도 없는 것을 생각하는 반미치광이 같은 사람들에게 의존하고 있다. 그러나 일본의 학교는 사람들을 그런 식으로 훈련시킬 수가 없다.』

미국이 소프트웨어에서 성공하자, 일본인들은 과학분야에서 기본적인 발명이 부족했음을 인식하게 되었고 —— 그것이 노벨상 수상자들을 많이 배출하지 못한 이유였다 —— 다가올 정보사회에서도 새로운 의미를 갖게 될 개인주의와 집단주의 사이의 근본적인 갈등을 재검토하지 않을 수 없었다. 1994년 피터 버거 교수는『미국인들은 개인주의뿐만 아니라, 자신들을 고용해준 조직에 대해서까지도 존경심을 갖지 않는, 몰염치한 태도에 기초한 그들의 경제적 문화가 문화적 강점의 원천이라는 사실을 다시 발견하게 될지도 모른다』라고 말했다.

그러나 캘리포니아에서 볼 수 있는, 그런 극단적인 개인주의의 승리가 조직이 잘 정비된 다른 분야의 사업에서도 적용될 수는 없는 것이다. 그리고 기업에 대한 충성심을 강조하는 일본 경제의 문화는 여전히 그 나름대로 상당한 장점을 갖고 있었다. 제11장에서 보았듯이, 1970년대 고노스케가 서구인들에게 경고한 것은 아직도 진실이다.『서구인들에게 경영의 본질은 사장의 머리에서 아이디어를 꺼내가지고는 근로자들의 손에 쥐어주는 격이지. …일본인들은 어떤가 하면, 회사의 모든 종업원들의 지적 자원을 활성화하고 그것을 한데 묶는 기술을 터득하고 있다.』

일본인들은 아직도 최고경영층과 일선근로자들 사이에 쉽게 의사소통이 이루어지고 있고, 한층 더 높은 공동목표 의식을 갖고 있으며, 교육수준도 높을 뿐만 아니라 문맹률도 낮다. 일본인들은 여전히 개인적인 창의성을 열정적인 팀워크로 연결시키고 있다. 그리고 일본기업들의 장기적인 관점과 종업원들에 대한 배려는 종업원들로 하여금 급변하는 시장환경에 대응해 보다 폭넓은 행동을 할 수 있도록 했다.

일본 방식과 미국 방식은 분명히 서로 닮아가고 있지만, 그 이면을 살펴보면, 일본의 회사인간들은 여전히 미국과는 상당히 다른 종류의 자본주의를 신뢰하고 있음을 알게 된다. 주주보다는 종업원과 지역사회에 더 책임을 지는 자본주의를 말이다. 그리고 이는 회사를 보는 관점이 한층 더 유기적이고, 한층 덜 기계적이라는 것을 의미한다. 마치 정원이나 나무처럼 그 뿌리를 강조하고 서서히 양육하며, 훈련시키고 있는 것이다.

뒤처진 유럽

유럽의 회사인간들은 일본과 미국의 대결을 약간 거리를 둔 채 지켜보았고, 충격요법에 대해 한층 더 적응하는 눈치였다. 독일과 이탈리아의 관리자들은 제2차 세계대전 이후 이미 그들 스스로「창조적 패배」를 활용하고 있었고, 그들 나름대로의 기적을 일으키고 있었으며, 자영업 기업가와 수출산업이 활발히 성장하고 있었다. 그러나 유럽 기업들은 일본인들이 갖고 있었던 것과 같은 끊임없는 불안심리를 느끼지 않았고, 많은 산업분야에서 미국이나 아시아에 비해 뒤처져 있었음에도 불구하고, 1970년대에는 독점적 지위, 가족경영 또는 은행 지배의 보호 아래 한층 만족스럽게 지냈다. 유럽 전역에 걸쳐 경영활동을 하고 있는 많은 대기업 가운데 GM과 포드, 그리고 ITT 등은 미국 소유였고, 영국의 자동차 회사와 ICL 같은 컴퓨터 회사는 일본 소유였다.

유럽인들이 발명했던 자동차 산업은 특히 취약한데, 미국과 일본의 경쟁자들 사이에 끼여 고전하고 있으며 계속 밀리고 있다. 루이스 르노 (역주 Louis Renault : 1877~1944, 프랑스 자동차 제조업자로서 르노 자동차 설립), 조반니 아그넬리, 그리고 모리스(Morris) 등과 같은 창업자들은 미국과 경쟁을 할 때 높은 관세로 보호받았고, 디트로이트식 대량생산방식을 완전히 도입하지 못했다. 그들이 미국식 시스템을 심각하게 받아들인 것은 1950~60년대에 이르러서였다. 그 때 일본은 이미 대량생산 시스템을 개량하기 시작했던 것이다. 1960년대 말경이 되자 유럽의 근로자들은 비인간적인 작업환경에 대해 격렬하게 반발했다.

유럽 내에서 자동차 제조업체들은 미국 소유의 포드, 그리고 GM과는 경쟁을 할 수 있었으나, 일본의 경쟁자들에 대해서는 보호받고 있었다. 1970년대 폴크스바겐과 르노는 미국 대륙으로 진출해 몇몇 공장들을 매입해 경영했으나 엄청난 손실을 입고는 유럽과 몇몇 개발도상국으로 후퇴했다. 역설적인 현상인데, 포드와 GM이 회생한 이유 가운데 일부는, 그들이 유럽에 진출해서 얻은 경험을 이용하고 유럽 대륙의 기술자를 활용한 데 있었다. 그러나 유럽의 자동차 회사들은 그들의 기술을 국경 너머로까지 충분히 활용하지 못했다.

여전히 유럽인들이 소유하고 있는 자동차 회사들은 각자 고유한 국가문화를 간직하고 있었고, 가문이나 은행의 보호를 받아 위기를 넘길 수 있었으며, 장기적인 비전을 갖고 있었다. 독일의 메르세데스 벤츠(Mercedes Benz)는 도이체방크의 지원을 받고 있었고, BMW는 콴트 가문의 보호를 받고 있었다. 두 회사 모두 우수한 품질의 자동차를 수출하고 있으며, 일본 국내시장까지 침투하고 있다. 피아트는 유일하게도 개인소유로 남아 있다. 아그넬리 가문은 아직도 주식의 30%를 소유하고 있으며, 28년 간 지아니 아그넬리가 경영하고 있다. 피아트는 우노(Uno)와 같은 우아한 대중차를 생산할 정도로 여전히 기술과 디자인에서 뛰어난 감각을 갖고 있다. 또한 피아트는 일본 자동차들이 국내로 진출하지 못하도록 강력한 정치력을 발휘했다.

그러나 1990년대 들어 BMW와 벤츠는 도요타의 렉서스(Lexus)를 필두로 한, 보다 값싸고 품질이 비슷한 일본 자동차들과 국내에서 경쟁을 하지 않을 수 없었다. 그리고 피아트는 정치적·재정적인 면에서 엄청난 위기에 내몰렸다. 1993년 피아트의 사장 체사레 로미티(Cesare Romiti)와 몇몇 고위 경영자들이 독직혐의로 고소되었고, 적자는 누적되었으며, 1999년 진출금지 기간이 만료되면 벌어질 일본 자동차와의 한판 승부도 눈앞에 다가왔다. 아그넬리는 경영권을 동생 움베르토(Umberto)와 아들 조반니(Giovanni)에게 물려주었는데, 이들은 다른 회사들과 합병하여 끝내는 피아트를 자신들이 통제할 수 없을지도 모르는 유럽 복합기업으로 만들 생각을 하고 있었다.

그런 한편 영국은 자동차의 대량생산을 사실상 포기했다. 영국의 자동차 회사들은 해외에서 전혀 경쟁력이 없었다. 영국은 일본 소유의 도요타·닛산 그리고 혼다에 희망을 걸고 있다.

영국 고유의 자동차 회사인 브리티시 레이랜드는 분할되어 로버(Rover) 자동차로 개명되었는데, 혼다가 주식의 4분의 1을 매입했고 나머지는 브리티시 에어로스페이스(British Aerospace)사가 사들였다. 그러나 이 또한 대륙 너머로 갈등이 이어졌는데, BMW가 영국에 진출할 발판이 필요하게 되자 로버의 영국측 주주들은 재빨리 주식을 BMW에 처분해버렸다. 그 결과 영국의 주주들은 차익을 남겼지만 일본측 주주들은 반발했다. 일련의 과정은 모두 자본주의에 대한 일본인과 영국인들의 태도 차이—즉 장기적 관점과 단기적 관점—를 보여주는 것이었다. 피터 파커(Peter Parker) 경은 그 과정을 이렇게 표현했다. 『그건 동상이몽이었어.』

유럽인들이 소유한 자동차 회사의 대부분은 일본 자동차나 미국 자동차와 비교하면 취약해보였다. 유럽 자동차들은 포드주의든 일본식 린 생산방식이든 간에, 20세기 조립 라인의 조건을 충족시킨 적이 없었다. 또한 그들은 새로운 도전을 받아들이는 데도 꾸물거리고 있었다. 전자산업과 컴퓨터 산업을 포함해 유럽의 새로운 산업들은 미국 대륙, 그리고 아시아 대륙과 경쟁할 자원도 야망도 부족했다.

유럽의 제조업체들은 19세기 부르주아들의 취향에 맞는 사치재를 생산하는 데 강점이 있었다. 유럽의 유명한 상표는 국제공항에 보기 좋게 번쩍이고 있었고, 극동의 고급 호텔 쇼핑가에 선전되고 있었다. 루이 뷔통(Louis Vuitton)사의 수제품 가방은, 뷔통 가문의 후예와 결혼한 앙리 라카미어(Henri Racamier)에 의해, 1970년대 들어와서는 세계적인 평판을 얻었다. 프랑스의 보석 상인 가문이었던 카르티어(Cartier)는 가죽제품·필기도구 그리고 시계 등으로 사업분야를 확대했다. 1987년 도미니크 페린(Dominique Perrin) 사장은 다음과 같이 설명했다.『우리는 시간을 알려주기 위해 시계를 파는 것이 아니다. 우리는 어떤 사회적 계층에 소속된 사람들에게 시계를 판다. …그런 계층에 속해 있다는 것을 보이고 싶어하는 사람에게 말이다.』가장 많이 수출되는 영국 상품 가운데 상당부분은 초기 시골생활의 남성적 분위기를 풍기고 있었다──예를 들면 던힐(Dunhill)·바바리(Burberrry)·바부어(Barbour) 그리고 그보다는 나중에 등장한 것이지만 레인지로버(Range-Rover) 등인데, 이들은 모두 야생꿩의 사냥터와 관련이 있었다. 유럽의 관리자들은 여가생활에 일가견이 있었고, 미국이나 일본기업들이 대부분 1주일 간의 휴가를 보내는 데비해, 한 달 간의 여가생활에 익숙해 있었다. 그리고 가장 존경받고 있는 회사들은, 대량생산방식이 선보이기 전부터 존재했던 성(城)이나 살롱의 분위기를 자아내는, 여가와 지위를 제공하는 업체들이었다. 그들은 시장에서 매우 잘 팔리는 물건들을 수출했는데, 특히 아시아 시장에 많이 수출했다. 그러나 그들에게는 대량생산 산업에서 대체할 만한 성공적인 산업이 없었다. 따라서 전자제품은 일본에서 사들였고, 소프트웨어와 흥행산업은 미국에서 사와야만 했다. 심지어 오래된 유럽의 신화나 민속 이야기마저도 디즈니사가 만들어 인기를 얻고 있으며 대량생산을 통해 유럽에다 팔고 있다.

글로벌 믹스

유럽의 회사인간들은 여전히 그들만의 독특한 민족문화와 생활방식에 침잠해 있었는데, 그것은 각자 전문성과 함께 한계를 갖게 하는 교육제도 때문에 형성된 것이었다. 프랑스 산업은 그 때까지도 그랑제콜 출신의 관료들이 지배되고 있었는데, 1980년대가 되자 그들은 정열적인 기업인으로 변신해 마음껏 실력을 발휘했으나 글로벌 시장에 대해서는 거부감을 갖고 있었다. 독일의 관리자들은 오랜 교육기간을 거쳐 27세쯤 기업에 입사했으므로 가장 자신감이 충만해 있었고, 강한 기술적 전통이 있었으며, 은행의 지원도 받았다. 그러나 그들은 점차 자만에 빠졌고, 변화를 거부하게 되었으며, 「세로줄 무늬 옷을 입은 바보」──이는 관리자들을 공격한 독일의 베스트 셀러 소설 《Nieten in Nadelstreifen》의 제목이다── 라는 비난을 받았다.

1950년대 영국의 관리자들은 사람들을 신사와 직업인으로 나눈 계층 구분 이후 더욱더 전문직업인으로 변신해왔다. 그러나 회사인간들은 엔지니어들보다는 회계사들에 의해 통제받고 있었다(통계를 보면 영국은 회계사들이 12만 명이고, 일본은 6,000명, 그리고 독일은 4,000명에 지나지 않는다). 그리고 영국의 관리자들은 다른 나라에 비해 교육수준이 낮았다. 1987년 인적자원위원회에 제출한 찰스 핸디의 보고서에 의하면, 관리자 가운데 겨우 21%만이 전문적 자격을 갖춘 것으로 나타났다. 핸디는 이에 대해 다음과 같이 논평했다. 『회사들은 예비관리자들에게 요구하는 것이 매우 적었고, 교육·훈련·개발이라는 차원에서 그들에게 제공한 것이 거의 없었다.』핸디는 계속해서 말했다. 『회사는 직업을 제공한다는 역할 이외에 또 다른 역할은 아무것도 제공하지 않았다. 능력검사도 예비교육도, 그리고 입사 초기의 훈련도 시키지 않았다.』

자본주의에 대한 유럽 대륙의 관점은 영미의 그것과는 상당히 다른채로 남아 있었다. 독일 은행들의 상호출자와 감독위원회의 강력한 영향력은 독일 회사들로 하여금 레이더스에 대해 더 큰 안전과 방어능력을 갖도록 했다. 한편 프랑스 정부는 국영기업뿐만 아니라 사기업에 대해서도 한층 강력한 통제력을 발휘했다. 대륙 기업들의 이사회 대부분은 영국이나 미국의 이사회에 비해 서로 잘 아는 동료들로 구성되었는데, 이는 최고경영자의 권한을 제한했고 전제적인 경향을 저지했다. 결과적으로 그것은 의사결정을 지연시켰다. 영국과 네덜란드가 합작한 두 개의 거대회사 셸과 유닐레버는 모두 오래 전부터 대륙의 동료적 취향에 기초한 경영방식을 확립했다. 그러나 영국과 대륙의 시스템이 완전히 다르다는 사실은, 1992년 네덜란드의 출판회사 엘세비어(Elsevier)와 영국의 리드 그룹(Reed Group)이 통합해 두 명의 회장이 경영하면서 드러나게 되었다. 통합을 주도적으로 추진했던 영국측 회장 피터 데이비스(Peter Davis)는 리드 그룹의 이사회를 지배했던 방식으로 이사회를 끌고 가려 했지만, 네덜란드측 회장 피에르 빈켄(Pierre Vinken)이 이끄는 동지들로 구성된 네덜란드의 이사회로부터 반발을 샀다. 데이비스는 훗날 다음과 같이 설명했다. 『회장 직무를 전통적인 앵글로 색슨 방식으로부터 대륙식의 경영위원회 방식으로 전환하는 것은 자동차의 기어를 바꾸는 것과 같았다. 내 생각에 회사는 분명한 목표와 확실한 리더십이 필요한데 말이야.』 네덜란드인들은 그들의 동료식 운영방법(collegiate control)을 고집했고, 빈켄이 은퇴했을 때 이사회는 데이비스가 단독 회장이 되는 것을 거부했으며, 각각 두 명으로 구성된 경영위원회를 구성했다. 1994년 6월 데이비스는 이에 항의해 사퇴했는데——『나는 이런 식으로는 못 살아』라는 말을 내뱉으면서——200만 파운드의 이익을 손에 쥐고 헤어졌다.

그러나 유럽 대륙의 많은 기업들은 외국의 주주들을 많이 끌어들였고, 주주들은 더 많은 정보와 즉각적인 결과를 원했으므로, 점차 앵글로 색슨의 압력에 영향을 받게 되었다. 다임러벤츠는 뉴욕 증권시장에 주식을 팔게 되면서, 기업비밀을 공개해야 한다는 미국의 규정을 따를 수밖에 없었다. 취리히에 있는 ABB의 바네빅 사장은 두 시스템 사이에 타협의 필요성이 있음을 인정했다. 1994년 바네빅은 나에게 다음과 같이 말했다. 『영국의 분석가들은 우리가 5년 앞을 내다보아야 한다는 점을 이해하기 시작한 것 같다. 유럽 대륙 사람들은 이렇게 불평한다. 「나는 너무나 미국인을 닮아가고 있다. 한편 미국인들은 우리를 보고「저 사람들

은 머리가 아니라, 가슴으로 경영하는 것 같아」라고 말한다.』기업이 외
국 회사를 사들이고, 모국을 떠나 다른 나라에서 근무하는 경영자들이
증가함에 따라, 회사가 소속된 국가에 대한 충성심은 한층 더 흐릿해져
갔다. 프랑스인 다니엘 구더베르(Daniel Goudevert)가 폴크스바겐의 이
사회에 참여하게 되었고, 미국인 보브 베크먼(Bob Beckman)이 영국과
미국의 합작회사인 스미스 클라인 비첨(Smith Kline Beecham)사의 회장
이 되었으며, 스코틀랜드인 알렉스 트로트먼이 포드 자동차의 회장이 되
었다. 미국 내에서는 아시아로부터 이민 온 사람들이 성공함으로써 대륙
들(미 대륙과 아시아 대륙) 사이의 경쟁이 한층 혼란스러워졌다. 이민
온 관리자와 근로자 모두 지식수준이 높았고 열심히 일했으며, 그들의
높은 적응력은 미국의 여러 회사들이 태평양 건너 아시아와 경쟁하는 데
도움을 주었다. 미국에 거주하는 아시아인들은 아시아에 있는 아시아인
들과 경쟁하고 있었다. 심지어 제품마저도 국적이나 원산지의 개념이 보
기보다는 훨씬 약해졌다. 주요 자동차 제조업체들 모두 이제는 상호출자
로 서로 엮어져 있으며, 주요 부품들을 상호 구매하고 있다. 어디에서
마쓰다가 시작되고, 어디에서 포드가 끝나는지 알기도 어렵다. 항공기
제조회사나 컴퓨터 회사들도 두세 군데의 대륙에서 부품을 조달한다. 미
국의 다국적기업들은 미국의 산업 챔피언이 아니라, 점차 전세계적인 조
립장소처럼 되어가고 있다. 1991년 로버트 라이시는 미국 정부의 노동부
장관이 되기 전에 다음과 같이 썼다. 『핵심기업들은 이제 더 이상 미국
의 것이 아니다. 그것은 점점 더 전세계에 걸쳐 산재해 있는, 비슷한 작
업장들과 끊임없이 하도급계약을 맺고 있는 일련의 분권화된 기업군 또
는 자회사군을 연결하는 형태를 갖추고 있다.』그리고 그는 다음과 같이
결론을 내렸다. 『앞으로 미국기업이니 또는 미국산업이라는 것은 없어진
다. 미국경제는 글로벌 경제의 한 지역경제에 지나지 않는다.』

그러나 독일의 BMW가 영국의 로버를 인수할 때 마이클 헤슬타인

(역주 Michael Heseltine : 영국의 상무장관)이 한 말, 즉 『소유권은 중요하지 않다』라는 것은 진실이 아니다. 다국적기업들이 구사하는 미사여구는 여전히 상당한 속임수를 감추고 있다. 유닐레버·ABB·셀과 같은 몇몇 다국적 기업들만이 순수하게 단일국가의 국가적 이익으로부터 무관할 수 있을 뿐이다. 던롭-피렐리(Dunlop-Pirelli)에서부터 볼보-르노(Volvo-Renault)의 합병 같은 몇 차례의 합병시도는 국가적 경쟁심 때문에 성사될 수 없었으며, 이른바 최고의 초국적기업들은 하나의 국가에 깊은 뿌리를 박고 있다. 크리스토퍼 로렌츠가 지적했듯이 초국적기업들이 보완적 기술을 제공할 수 있는 동안은, 그들은 해외의 자회사들을 평화스럽게 경영할 수 있겠지만, 자국의 이익을 위해 해외의 공장들을 폐쇄하게 되면 즉시 정치적 소란에 휘말리게 된다.

거의 모든 능숙한 활동은 그들의 국가 안에, 또는 그 지역인이나 적어도 그 마을 안에 깊숙이 뿌리박고 있는데, 그것에도 쉽게 이식할 수 없는 자부심과 동기가 곁들여 있다. 한편 식품과 패션산업 등 사치재들의 매력은 원산지와 관련되어 있는 것이다. 많은 기업들은 기업들을 조정할 수 있는, 그리고 기업들을 세계시장에 연결시킬 수 있는 글로벌 경영자들을 필요로 한다. 반면에 글로벌 경영자들의 우수성은 자신들이 속해 있는 지역적 기반으로부터, 그리고 소속되어 있는 사회와의 관계로부터 나온다. 그리고 매수와 합병·일시해고·회사인간의 재편성(restructuring of company man) 등과 같은 풍파가 초래하는 가장 큰 위험은 회사인간의 자질과 능력이 의존하고 있는 연속성을 파괴시키는 것이다.

제 21 장

기업의 제왕들

「오직 중역들만이 직업을 갖고 있는,
오 용감한 신세계여」라고 로빈(Robyn)은 말했다.
- 데이비드 로지[David Lodge, 《멋진 직업(Nice Work)》, 1988] -

해마다 급료는 인상되고 연금은 점점 더 늘어난다는 것을 확신하고 있는 전통적인 회사인간은 마치 18세기의 집사마냥 사라지고 있다. 회사인간의 쇠퇴는 모든 사람을 놀라게 했는데, 그 가운데서도 특히 정치가들은 그런 현실을 직시하기를 싫어했다. 어쨌든 회사인간의 쇠락은 20세기 최대의 사회적 변동을 초래했고, 그 반향은 지금도 확대되고 있다.

1970년대 중반 대기업들은 국가들과 마찬가지로 영원할 것같아 보였다. 많은 대기업들은 자신만만하게 그들의 창업 100주년을 준비하고 있었다. 도심의 스카이라인 위로 번쩍이고 있었던 포드·IBM·피아트 등과 같은 거대한 광고탑은 세계의 소비자들과 생산자들을 그들의 품안에 한데 묶어놓는 듯 보였다. 한때 위대했던 이름들, 예를 들면 팬암과 걸프는 한꺼번에 사라졌고, 오래된 상표에 대한 충성심은 점차 줄어들고 있으며, 미국의 GE 그리고 영국의 코톨즈와 같이 원기왕성하게 살아남은 몇몇 회사들은 과거와는 전혀 다른 형태로 전환했다. 거의 모든 대기업들이 종업원이나 지역사회에 대해 더 이상 가부장적인 입장을 취하지 않고 있으며, 종신고용 종업원들을 단기간의 고용계약 아래 전문직원들·컨설턴트들 그리고 아무런 사후보장을 하지 않는 임시직 관리자들로 재빨리 대체하고 있다.

기업 충성심(corporate loyalty)에 대한 강조는, 무능한 사람을 계속 고용하고 과도한 관료구조를 만드는 어리석은 낭비와도 같아 보이기 시작했다. 만약 종국적으로 종업원들을 그렇게 쉽게 떨쳐 내버릴 수 있는 것이라면, 1950년대 그리고 60년대 내내 그들—— 조정역·연락 사무소장·사내전문가·자문역 그리고 법률가 등—— 은 도대체 무엇을 하고 있었단 말인가? 그러나 그 당시 제왕의 의복은 충분히 제몫을 했다. 마천루와 엘리베이터로 상징되었던 계층구조는 당연시되었던 시절이었으니 말이다. 회사인간들은 한평생을 소비하면서 계층구조를 따라 올라가야 한다고 가정했던 것이다. 수백 명의 관리자들과 전문가들로 가득 찬, 앞이 꽉 막힌 계층구조는 어쩌면 불가피한 것처럼 보였다. 최대로 이익을 많이 내는 독점 또는 과점상태의 기업들은 성공을 하면 할수록 관료주의의 규모도 따라서 확대했다.

어느 곳에서나 기업은, 의식적 또는 무의식적으로 정치시스템의 한 부분이었고, 그 속에서 존재를 인정받아야 하는 전체 사회의 한 부분이었다. 제2차 세계대전 이후 몇 세대 동안 기업은 사회주의·공산주의 그리고 노동조합의 도전에 대응해 그 스스로 사적 복지국가를 만들었다. 미국에서 대기업들은 정부와 비공식적 흥정을 했고, 그 대가로 정부는 기업인간들을 후원했다. 그것은 IBM의 제럴드 차네키가 설명한 대로 정치적 균형조치였다. 영국의 유닐레버 또는 ICI의 회사인간들은 국영기업의 관리자들 그리고 정부의 관료들과 구분하기도 어려웠다. 제2차 세계대전 후 일본의 기업들은 부분적으로는 좌익성향의 노동조합의 위협에 대응해 평생고용을 약속했다. 세상 어느 곳에서나 대기업은 좌익의 공격으로부터 취약했고, 스스로 자신을 보호해야만 했던 것이다.

그러나 세계경쟁의 강풍에 휘말린 기업들이 더 이상 고용유지 책임을 느끼지 않게 되자, 그런 흥정은 1980년대에 들어와 파기되고 말았다. 서구 전역에 걸쳐 정치적 분위기는, 그것이 공공부문이든 사적부문이든 간에, 관료주의에 대해 극도로 비판적으로 돌아섰다. 레이더스는 무사안일한 기업관료들이 주주의 권익을 보호하지 못했다고 공격했고, 연금기금 관리자들은 분기마다 수익이 떨어지고 있다고 불평했으며, 간접비를 삭감해야 한다고 주장했다. 그로부터 한 세대만에 기업의 회장들은 사회적 책임과 지역사회에 대한 논의를 중단했고 인원축소를 들고 나오기 시작했다. 기업의 계층구조 사다리를 타고 올라갔던 회사인간들은 이제 길바닥으로 내려오는 신세가 되었지만, 그들을 위해 열어놓은 문들은 없었다.

전직 회사인간들(ex-company men)도 물론 한층 더 폭넓은 파멸을 맞고 있었다. 다른 사람들과 마찬가지로 그들도, 강력한 노동조합에게 두들겨 맞기 전의, 그리고 기업복지로 그 본질이 훼손되기 전의 그런, 초기의 자본주의로 역전되고 있는 세상을 접하고 있다. 그런 종류의 자본주의는 분명히 「발톱과 이빨이 붉게 물든, 자연」과 훨씬 더 유사했고, 모든 안정된 인간관계를 위협하는 듯이 보였다. 1848년 마르크스는 이렇게 묘사했다. 『그것(자본주의)은 개인이 「자신의 당연한 상위자들」과 맺고 있었던 잡다한 봉건적 유대를 사정없이 갈기갈기 찢어놓았고, 사람과 사람 사이에는 이기주의와 매정한 돈거래 이외에 다른 어떤 관계도 남기지 않았다.』 자본주의의 창조적인 능력뿐만 아니라 파괴적 능력은 조지프 A. 슘페터(Joseph Alois Schumpeter : 1883~1950)의 「창조적 파괴」 이론으로 요약되었다. 그러나 창조적 파괴의 가혹성은 전후 몇 세대 동안 노동조합에 의해, 국가의 규제에 의해, 그리고 독점기업에 의해 제한당했다. 창조적 파괴가 다시 그 힘을 발휘한 것은 1980년대 이후로서,

그 때부터 서서히 원기를 회복하고는 1990년대 초 불경기 아래에서도 속도를 더해갔다. 1994년 에드워드 루트웍(Edward Luttwak)은 마르크스를 흉내내어 이렇게 기술했다. 『자동차 엔진이 시동한다, 사람들을 깔아 버린다, 기존의 인간관계를 까뭉게 버린다, 자동차가 멈춘 뒤까지도.』루트웍은 계속해서 말하기를, 『오늘날 우리들이 직면하고 있는 중심적인 문제는 「공장 작업자로부터 화이트 칼라 사무직 그리고 중간 이상의 고위관리자들에게 이르기까지」 근로자의 경제적 안정이 전례 없이 철저하게 위협받고 있다는 점이다.』루트웍은 이 불안정이 새로운 파시즘의 물결을 초래할 것으로 내다봤다.

서구가 심한 정치적 변혁을 겪지 않고도 그 변화의 속도에 보조를 맞출 수 있을지 점점 더 우려되고 있다. 지금 유럽의 몇몇 정치가들은, 전세계에 걸친 자유무역과 싼임금에 기초한 아시아로부터의 경쟁이 기존의 지역사회를 파괴시킬 것이며, 그 결과 전례 없이 긴밀한 EC뿐만 아니라 글로벌 무역협정 자체를 폐기시키게 될 것으로 믿고 있다. 1994년 제임스 골드스미스 경은, 그 자신이 글로벌 시장에서 재산을 모았지만——자신의 동생 테디의 권유로——보호주의적 정책으로 유럽 의회의 의원으로 선출되었다. 그러나 보호주의의 장기적인 비용은 어떨지 불안하기 짝이 없다. 왜냐하면 그것은 유럽을 경쟁과 혁신의 도전으로부터 막아주고 있기 때문이다. 그리고 세계화를 추진하는 엔진은 여전히 멈출 수 없는 듯이 보이는 강한 힘을 얻고 있다.

서구사회에 있어 가장 피해가 큰 계층은 미숙련 노동자들(unskilled workers)로서, 그들은 더 한층 진행되는 자동화와 경쟁해야 했고, 또한 훨씬 더 값싸고도 유연성 높은 아시아와 라틴 아메리카의 노동자들과 겨루어야만 했다. 그들은 19세기 그들의 선배들이 겪었던 그 불안정을 또다시 맞게 된 것이다. 그러나 그 때와는 달리 이제는 노동조합이 도와줄 전망도 줄어들었다. 그 오래된 하인계층은 해외노동력으로 대체된 지 오

래이고, 이민 노동자들은 호텔과 식당 등에서 이름도 모르는 항상 이동
하는 손님들을 위해 일하고 있다.

　그러나 정치적으로 훨씬 더 큰 영향을 받은 것은 중간계층이었는데,
그들은 마르크스 시대보다도 더 심각하게 손실을 입었다. 로버트 라이히
는 미국의 인구를 15%는「하류계층(under class)」, 또 다른 15%는「상
류계층(over class)」으로 분류하고 나머지 대다수를「근심계층(the anxious
class)」으로 명명했는데, 근심계층은 점점 더 보호주의를 지지하게 될 것
으로 내다봤다. 『앞으로 정치적 투쟁은 근심계층의 인구들을 구원하기
위한 것이다.』중간계층은, 정말이지, 그 전에도 고율의 세금에 시달렸
고, 교육은 부족했으며, 실업사태 때는 제일 먼저 해고를 당하는 등 여
러 번 쥐어짜였다. 그러나 오늘날 그들이 느끼는 공포는 한층 더 당연한
것으로 받아들여지고 있다. 서구사회 전역에 걸쳐 중간계층이 종사하는
모든 조직들은 지금 점증하는 고용불안과 경쟁에 내맡겨지고 있다. 정부
또한 스스로 관료구조와 복지를 축소하고 있고, 심지어 법률가와 의사와
같은 오래된 직업들마저도 더 이상 평생직장을 보장할 수 없다. 그리고
대학들도 성과급을 채용하고 있다. 국립경제사회연구소의 앤드류 브리튼
(Andrew Britten) 국장은 1994년 다음과 같이 경고했다. 『비록 우리가
앞으로 매년 꾸준히 성장하고 물가는 안정될 것으로 예측한다 하더라
도, 이젠 어떤 사람도 완전한 고용안전을 바랄 수 없다.』보수적인 정치
가들은 두 개의 이데올로기 사이에 빠져 있다. 한편으로 신자유주의자
(neo-liberals)로서 그들은 경쟁과 탈규제를 찬양하고 있고, 다른 한편으
로 전통적 보수주의자(traditional conservatives)로서 그들은 범죄·마약
그리고 사회해체의 원인이라고 비난받고 있는「안정된 가족의 가치 상
실」을 슬퍼하고 있다. 그러나 그것들은 동전의 양면이다. 산업사회의 역
동성은 언제나 사회적 안정을 희생하면서 달성됐다. 우리는 다시 19세기
로 되돌아가고 있다. 그러나 이제는 교회의 도움도 그전 같지가 않고

—— 빅토리아 시대에 어느 정도 사회적 안전망 노릇을 했던—— 대가족 제도의 보호막도 줄어들었다. 그리고 20세기 중간계층의 막강한 본거지, 즉 회사는 이제 가장 취약한 부문이 되고 말았다.

가장 안전한 듯이 보였던 회사인간이 이제는 가장 불안전한 존재가 되고 만 것이다. 영국에서 그들은 변화의 속도에 전혀 따라가지 못하고 있고, 정치적 조직에 의해서도 보호를 받지 못하고 있다. 그들은 과거의 보수주의적 동지들로부터 거의 지원을 받을 수 없다는 것도 알았다. 정치학자 존 그레이(John Gray)는 《보수주의의 해체(The Undoing of Conservatism)》에서 다음과 같이 썼다.

자유주의 시장의 사회적·문화적 영향은, 진정 예외 없이, 전통적 보수주의자들이 찬양했던 가치들과는 상반되고 있다. 지역사회는 창조적 파괴의 폭풍을 맞아 부서지고 있다. 기업의 끊임없는 「다운사이징」과 「계층단축」은 도처에 고용불안을 초래하고, 회사에 대한 충성이란 말을 잔인한 농담으로 만들어놓고 있다.

이렇게 빨리 변하는 상황 속에서, 회사의 종업원들은 자금 운영자들에 대해서는 더더욱 취약한 존재가 되고 있다. 적극적인 연금기금 관리자들일수록, 그들은 자신들의 고객의 이익을 최대화하려고 노력하며, 분기마다 수익상황을 점검하고는 최고경영자들로 하여금 사람을 더 줄이도록 —— 심지어 수익성이 좋은 회사들에게마저도 —— 압력을 가한다. 사무실의 근로자들이 해고되면 될수록, 주주들의 이익은 더욱 더 늘어나고, 세대 간의 격차는 벌어진다. 1970년대에 이미 젊은 중산층들은 그들 부모세대의 생활수준을 누리지 못하게 되었다. 1980년대가 되자 종업원들은 고용이 훨씬 불안정해졌으며, 그 반면 주주들은 훨씬 더 부자가 되고 있었다. 구세대는 —— 대부분은 은퇴했지만 —— 해고로 인해 덕을 보았지만, 젊은 세대는 희생의 제물이 되고 있다. 늙은이들이 누리고 있는 혜택은 젊은이들의 고용안정을 희생한 대가다.

새로운 왕국들

회사 내부를 들여다보면, 균형은 더욱더 철저하게 무너져 권력과 돈 그 모두가 최고경영자에게로 이동되었다. 그것은 보통의 근로자들에게 가장 분명한 현실이다. 한 세기 전 근로자들의 챔피언으로 성장한 노동 조합들은 해외로부터 들어오는 값싼 노동력과의 경쟁에서 밀리고 있고, 국내에서는 실업의 증가 때문에 고통을 받고 있다. 사실 많은 근로자들 이 그전보다는 훨씬 더 많은 책임과 참여를 즐기고 있다. 일본의 영향을 받아서, 효과적인 팀워크와 품질에 대한 요구는 최고의 관리자들로 하여 금 그들의 작업자들에게 동기를 부여하도록 강요했다. 그러나 권한위양 이 해고로 이어질 때는 아무런 의미가 없는 것이다. 몇몇 회장들은 권력 과 책임이 균형을 이루지 못하는 데 대해 우려했다. ICI의 전 회장 존 하비존스 경은『경영자들은 진실로 너무 강력하다』라고 말했다. 『경영자 들이 이렇게 강력했던 적이 없었다. 그리고 이렇게 무책임했던 적도 없 었다』라고 노던 푸드(Northern Foods)사의 크리스토퍼 해스킨스 (Christopher Haskins)는 말했다. 심지어 미국의 몇몇 공화당 소속의 기 업인들마저도 노동조합의 취약성에 대해 우려를 표시했다. 미국의 재무 장관이었던 조지 슐츠(George Shultz)는 이렇게 말했다. 『종업원들에게 는 적절한 대표가 필요한 법인데, 노동조합이 저렇게 엉망으로 운영되고 있는 것은 더더욱 한심한 노릇이다.』

중간관리자들 또한 최고경영층 직위에 있는 몇몇 사람들에게 너무 의 존해 있다. 현대의 기업이론에 의하면 권력은 분산되고 있고, 기업의 본 부는 텅텅 비고 있으며, 종업원들은 소규모의 사무실로 그리고 집으로

뿔뿔이 흩어져 근무하는 것으로 묘사되고 있다. 미국에서뿐만 아니라 영국에서도 최고경영자들은 관리자들에게 권한을 위양하라고 말하고 있으며, 「주인의식」을 가지라고, 또는 「제 자신의 운명을 통제하라」고 격려하고 있다. 핸슨(Hanson)인재소개회사의 마틴 테일러(Martin Taylor)는 『관리자를 선발하는 것은 사장이 아니다. 그것은 시장이다』라고 말한다. 그러나 최고위층에 있는 사람들은 매우 개인적인 방식으로 해석할 수도 있다. 왜냐하면 그들은 채용하고 해고하는 것을 결정할 수 있고, 고실업시대에 위협적인 존재가 될 수 있으니까.

외관상으로 드러난 권한위양은 잘못 오해할 수가 있다. 왜냐하면 컴퓨터로 처리되는 재무 시스템은, 진정한 권한이 어디에 있는지를 알 수 없도록, 권한의 소재를 효과적으로 숨겨주기 때문이다. 슈퍼마켓의 관리자 또는 조그만 공장의 책임자는 자신이 스스로 운명을 통제한다고 할 수 있을 것이다. 그러나 진정 그들의 행동을 통제하는 것은 본사에서부터 내려오는 각종 인쇄물·평가보고서 그리고 재무감사활동 등이다. 컴퓨터가 그들에게 현금흐름에 대해 훨씬 더 잘 설명해주고, 지점의 활동을 지시한다. 그러나 지점의 활동 자체를 폐쇄할 수도 있는 중요한 전략과 투자에 대한 의사결정은 본사에서 결정된다. ABB의 퍼시 바네빅과 같이 본사의 규모가 매우 적은 회사들마저도 엄격한 통제를 할 수 있다. 스웨덴 기술자 연합회의 베르틸 노드키비스트(Bertil Nordqvist)는 이렇게 말했다. 『ABB는 남들이 생각하는 만큼 그렇게 분권화되어 있지 않다. 책임은 분권화되어 있다. 그러나 권한은 아니다.』

셸 또는 AT&T와 같이 세계 최대 규모이자 줄곧 최상으로 운영되고 있는 기업들은 회장이라 하더라도 한정된 권한만 갖고 이사회에 참석한다. 그러나 획기적인 개혁과 대량감원을 추진하는 회사들은 불가피하게 한 사람의 최고경영자에게 더 많은 권한을 집중시켜야만 한다. 기업들이 감원을 하고 계층을 축소하면 할수록, 기업들은 공화국을 덜 닮아가고 왕국을 닮아가는 경향이 있다. 투자가들·관리자들 그리고 각종 미디어는 모두 회사를 대표할 수 있는 분명한 이미지를 가진 카리스마적이고 정열적인 최고경영자를 원한다. 그런 한편, 리더십에 대한 최근의 논의는 한층 더 개인적인 책임과 합법적 스타일을 강조하고 있다. 지도자는 자신이 좋아하는 소수의 사람들과 아첨꾼들에게 둘러싸여 있을 수도 있다. 그 지도자가 축출되거나 또는 은퇴하는 경우, 그의 후계자는 자신이 신임할 수 있는 부하들을 데리고 와서는 전임자의 영향력을 제거하기 위한 「기업 청소」를 시작하고, 자신의 새로운 문화를 확립하려 한다. GE의 잭 웰치와 같은 가장 급진적인 개혁자들은 어쩔 수 없이 중앙집중식 시스템을 더 선호하는데, 그는 다른 많은 경영자들의 모델이 되었다. 그는 「결혼식 축하용 케이크」를 닮은 피라미드 구조를 「마차 바퀴」 모양으로 바꾸었다. 수레바퀴의 살들이 모두 자신을 향하게 하고는 자신을 「방해하는 사람들」을 제거했다(제14장 참조). 반대의견을 갖고 있는 사람들은 반역자로 낙인 찍혔고, 독재적인 최고경영자들은 —— 어쩌면 경쟁자가 될 수도 있는 —— 고위 경영자들을, 자신들의 취향에 맞는 소리를 함으로써 보수를 받는 컨설턴트로 대체할 수도 있다. 몇몇 최고경영자들은 1930년대의 그 장엄했던 인물들, 예를 들면 회사의 돈으로 이사회를 지배했던 티글·맥고원·디터딩(제5장 참조)을 닮아가기 시작했다. 새로운 왕국들은 과거의 왕국들과 비교해 안전성이 떨어질지도 모른다. 왜냐하면 그들은 더 한층 치열한 경쟁을 해야 되고, 보다 철저한 감사를 받아야 하기 때문이다. 그러나 그들은 모두 그들의 경쟁자들을 희생시켜서라도 자신들의 지위를 공고히 하려는 유혹을 받고 있다. 크로스토퍼 해스킨스는 『사업이란 애당초 민주적일 수가 없어. 초기의 소유경영자들은 모두 독재자들이었지』라고 요약해서 말했다. 『그러나 리더십이란 말은 위험한 개념이다. 우리는 책임을 요구한다. 자본주의는 진정 책임을 따지는 일에는 실패했다.』 이사회는 그들의 지배력을 은폐시키기 위해 스스로 정치적 언어를 만들어냈다. 높은 급료는 「보상」이니, 「보수」 또는 「연봉」으로 표현했고, 해고는 「사람을 해방시키는 것」, 「구조조정」, 「다운사이징」 또는 「적정규모 인원 산정」 등으로 표현했으며, 집중화는 「분권화」로 둔갑했다. 임원들도, 다른 인간들과 마찬가지로, 자신들의 이익을 보호하고 또한 자신들의 권한을 확고히 하고 있다.

인재소개업자들에 의하면, 종업원들은 자신의 회장이 적당히 멋을 부리기를 바란다는 것이다. 티잭 어코드사의 나이젤 험프리스는 이렇게 말했다. 『부족민들은 자신들의 추장이 옷을 멋지게 입고 있는 것을 보기 좋아한다. 군대의 사병들은 위엄 있게 보이는 장군을 좋아한다. 공장의 종업원들은 회장이 롤스 로이스를 타고 있는 것을 보기를 좋아한다. 보스는 수수한 것이 아니라 화려해야만 하는 것이다.』 그러나 지금 추장들은, 자신들은 잘 먹고 잘 지내지만, 부족민들이 가장 바라는 것은 더 이상 제공하지 못하고 있다. 즉 외부로부터의 위협을 막아주지 못하고 있는 것이다.

다양한 자본주의 체제하의 미국·유럽 그리고 아시아 어느 곳에서도 최대기업들 모두 기업 독재자들을 통제하는 문제에 골머리를 앓고 있다. 일본인들은 합의제도를 통해 서구의 경우보다는 최고경영자의 은퇴와 승계를 보다 원만히 추진한다고 주장하지만, 일본인들 또한 권력을 휘두르는 최고경영자들을 몰아내기가 쉽지 않다는 것을 알고 있다. 제2차 세계대전 후 일본의 많은 산업 선구자들은 발명가적인 소질과 민주적인 성향을 동시에 갖고 있었으나 그들의 후계자들은 권력의 매력만을 더 즐기는 쪽이었다. 공손한 부하들, 멋진 파티들, 거창한 본사건물(규모로만 따진다면 노무라 증권의 런던 본사와 경쟁할 수 있는 영국의 은행은 없다) 속에서 말이다. 1994년 태평양 재단의 모치즈쿠 기이치는 이렇게 말했다. 『기업관료주의 그리고 권력구조는 사실상 견제할 방법이 없다. 그들은 기업의 절대적 군주들이다.』

독일의 경우, 경영감독위원회가 있고 또한 1990년대 산업경쟁력이 뒤지고 있었지만, 독일의 회장들을 해고하기는 어려웠다. 어느 영국계 독일인 사회학자는 『회장들은 언제나 마치 그들 자신이 회사를 소유하고 있는 듯이 생각한다』라고 말했다. 『그들은 17세기의 왕자들처럼 행동하고, 또한 노동조합이 강력해지기 전인 1880년대의 기업주들처럼 처신한다. 회사들은 자신의 상사를 쫓아내고 후계자를 고르는 데 있어서는 정치가들보다는 훨씬 뒤떨어진다.』

심지어 프랑스 사람들마저도 그들의 전통적인 과도한 권력집중에 대해 점점 더 우려하고 있다. 과학조직위원회(Commission for Scientific Organization)의 전 회장이었던 옥타브 젤리니어(Octave Gelineir) 는 이렇게 말했다. 『프랑스의 계급제도는 관료주의에 근거해 있는데, 대통령에게 과도한 권력을 부여한다. 그것은 사실상 왕정에 기초한 것이다.』 롱 프랑(Rhone-Poulenc)사의 공동대표 장 피에르 티롱프레(Jean-Pierre Tironflet)는 『분권화는 중요한 의사결정에 대해서는 언제나 중앙집권을 허용한다. 자격증보다는 행동이 더욱더 중요한 것이니까』라고 말했다.

그러나 영국과 미국의 회사들은 그들의 독재적인 최고경영자들을 견제하는 데 있어 그 어느 곳보다도 최대의 어려움을 겪고 있다. 영국과 미국의 회사들은, 제20장에서 논의한 바와 같이, 유럽 대륙의 의회주의적 전통과는 달리 최고경영자의 개인적 리더십에 크게 의존하고 있다. 그것은 영국과 네덜란드 사이의 기업 합작사례, 즉 리드-엘세비어의 사건으로 극적으로 표현되었다. 두 회사의 소유구조는 매우 분산되었지만, 몇몇 지배주주들이 존재했다. 두 회사의 감사위원회의 구속력은 부족했고, 이해관계자들의 폭넓은 참여도 부족했다. 그리고 책임감의 부족은 1990년대 불황기 중에도 임금을 과다하게 인상하는 사태를 빚었다.

기 록

　최고경영자들이 가진 궁극적인 권력을 회사인간에게 보여주는 것이 바로 그들이 받는 급료다. 중간관리자들이 일시해고를 당하면서도 무방비로 있는 동안, 최고경영자들이 받는 보수는 종업원들 · 주주들 그리고 정치인들마저도 실망할 정도로 높아만 갔다. 그런 사정은 유럽과 미국 어느 쪽도 마찬가지였다.

　미국의 경우 엄청난 보수는 부분적으로 위험추구형 기업가 전통과 돈의 가치에 대한 존경심 때문이었다. BTR의 오웬 그린 경이 미국 자회사의 어느 임원에게 『왜 그다지도 높은 급료를 요구하는가?』하고 물었더니, 그 임원은 이렇게 답변했다. 『그것은 기록 때문이지요.』그린 경은 필자에게 말했다. 『미국은 아직도 그 마을에서 제일 잘 사는 사람을 존경하는 일종의 개척사회인가 봐요.』그러나 미국의 투자가들마저도 이제는 진정 누가 그 기록을 결정할 것인지에 대해 우려를 표시하고 있고, 디즈니의 최고경영자 마이클 아이스너(Michael Eisner)와 같이 최고의 보수를 받는 사람들에게 항의를 하고 있다. 아이스너의 연봉은 그레나다(역주 Grenada : 카리브 해의 소공화국, 인구 11만 명)의 국민총생산액과 유사하다──또는 플로리다 주 올랜도(Orlando)에 있는 디즈니월드의 정원사 4,000명의 총 급여액수와 맞먹는다. 최고경영자들의 상승하는 연봉액수와 그들이 운영하는 기업들의 평범한 성과──예를 들면 ITT의 랜드 애스코그와 같은──사이의 불일치는 미국의 연금기금 관리자들을 분노하게 했다.

　영국에서는 아직도 사람들이 서로 가까이 살고 있는데, 제2차 세계대전 이후 영국 기업인들은 미국 기업인들보다는 주변 사회에 대해 보다 많은 책임을 느끼고 있었고 또한 영국의 기업인들은 그들의 개인적인 요

구를 자제해왔다. 따라서 1980년대 들어 관리자들과 근로자들이 대량해
고에 직면하게 되었을 때, 영국 기업인들의 태도변화는 훨씬 더 놀라운
현상으로 받아들여졌다. 높은 급료는 처음에는 높은 세금을 보상하기 위
해 어쩔 수 없는 것으로, 또는 회사의 각종 복지혜택의 축소를 보상하는
것으로 설명되었다. 그러나 세율은 인하되었지만 복지혜택은 그대로 유
지되었고, 급료는 인상되었다. 그런 현상은 런던 국제금융시장이 가장
두드러졌는데, 그 곳의 몇몇 경영자들은 연봉이 수백만 파운드나 되었
고, 곧 다른 사업체의 수준향상에도 영향을 주었다. 이는 기업체의 회장
이자 은행 이사회의 구성원이었던 ICI의 데니스 헨더슨 회장을 실망시키
는 일이었다. 봉급인상 경쟁은 그 스스로 힘을 받고 있었을 뿐만 아니
라, 인재소개업자들이 회사들을 서로 경쟁시키고, 경영자들에게 새로운
시장을 제공하고, 기업에 대한 충성심을 부숴버리고, 그리고 전직을 충
동함으로써 점점 더 가열되었다. 1990년대가 되자 각종 수당과 급료의
가속적 인상은, 어떤 관찰자들에 의하면, 통제불능이라고까지 생각되었
다. 그리고 1994년 미국의 임금문제전문가 그라프 크리스털(Graef
Crystal) 교수는 영국과 미국의 임금을 비교하고는 영국인들에게 경고했
다. 『아직도 뭘 모르고 있군.』

  영국의 몇몇 고연봉 소득자들은, 미국식으로 말해 순수한 의미의 기업
가들로서, 그들은 무기력한 회사들을 회생시켰고, 그 결과 급료·보너스
그리고 주식선택매입권을 보장받았다. 그러나 많은 경영자들은 지극히
전통적인 회사인간들이었고, 더러는 과거 국영기업체에 근무했던 사람들
이었다. 그러나 그들은 새로운 분위기를 틈타 그들의 급료를 두 배 또는
세 배나 올려받았고, 은퇴하거나 해고당하는 경우에도 똑같은 수준의 보
상을 받을 수 있었다. 그들은 주주들로부터, 각종 언론매체로부터, 그리
고 심지어 보수당 각료들로부터도 엄청나게 매도되었다. 1994년 재무장
관 케네스 클라크(Kenneth Clarke)는 다음과 같이 불평했다. 『우리나라

기업의 지도자들이 적당한 수준에서 자제력을 발휘해주면 좋겠어요.』그
러나 그런 바람만으로는 충분하지 않았다. 1994년 11월 국내 가스 공급
가액이 다소 인상되자 브리티시 가스(British Gas)사의 세드릭 브라운
(Cedric Brown)이 자신의 봉급을 75％나 올리게 되자 새로운 비난의 열
풍이 일어났다. 최고경영자들은 어떤 비난에도, 그리고 사회적 비판에
도, 면역이 되어 있는 듯이 보였다. 어느 최고경영자는『기업을 해먹으
려면 낯짝이 두꺼워야 해』라고 말했다. 그들은 자신들과 회사인간들과는
다르다고 생각했고, 자신들 주변의 다른 사회와도 구분된다고 생각했으
며, 부분적으로는 새로운 자본을 소유하고 있는 엘리트라고 생각했다.
그들은 계급제도를 새로이 확립하고 있는 듯이 보였고, 마치 자신들을
시골의 저택과 장원 속에 사는 새로운 귀족으로 인식했다. 이런 새로
운 계급의 등장은, 매우 우연하게도, 그들의 재산을 로이드 보험시장
(Lloyds insurance market)에서 날려버리고 재산을 차압당할 위기에 빠진
오래된 지주들의 쇠락과 때를 같이했다. 그들은 1920년대와 30년대의 그
살찐 고양이 만화를 훨씬 더 닮아가기 시작했고, 또는「전쟁 중에 큰 성
과를 냈던 근엄한 얼굴」을 하고 있었다. 그러나 그들은 지금 한층 더 투
명한 사회분위기 속에서 경영하고 있으며, 훨씬 더 분명한 책임을 지도
록 압력을 받고 있다. 그리고 그들은 처음으로 그들의 야망의 끈을 풀어
준 보수당에 대해 엄청난 정치적 피해를 주고 있는 것이다.

소유주들

누가 그들을 통제할 것인가? 최고경영자들의 권력남용은 기업의 합
법성(legitimacy)에 대해 근본적인 의문을 제기하게 되었다. 19세기 중반
그 모양을 갖추었고, 철도와 함께 확산되었으며, 수천 명의 주주들과는
동떨어져 있는 기업가들(entrepreneurs)에 의해 경영되는 유한책임회사

또는 익명회사의 안전판에 대해서는 지금껏 늘 의문이 제기되어왔었다. 원소유주와 가족들이 생산에 대한 통제를 하지 않게 되자, 「관리자에 의한 자본주의」의 개념이 도입되었고, 회사의 장기적 이익에 헌신하는 듯이 보이는 고용 경영전문가가 환영받았으며, 그리고 종종 그들은 괄목할 만한 성장과 안정을 달성하기도 했다. 그러나 성과가 줄어들면서 자신감도 사라졌고, 한편으로 한층 더 야심 많은 관리자들은 그들이 근무하고 있는 회사를 자신들에게 적합하도록 개발했다. 미국에서 몇몇 염치 없는 최고경영자들은 실질적으로 회사를 운영하지도 않고 큰 돈을 받아 챙겼다. 로스 존슨은 거대기업 RJR-내비스코를 자신의 개인 소유물인 양 취급했다. 회사의 비행기와 호화스런 호텔 객실에서 친구들과 어울렸고, 자신들의 돈벌이를 논의하는 장소로 활용했다.

주요 주주들, 즉 연금기금들은 대기업의 회장과 임원에 대해 의심을 품는 데 주저했으나 1980년대에 들어와서는 더더욱 조급해졌다. 대주주들은 성과가 시원찮은 회사들의 기업관료들을 쫓아내고 이익을 올려주겠다고 약속하는 레이더스의 편을 들었고, 또한 거대기업들이 세계적 도전에 적절히 대응하지 못하게 되자, 그들은 한층 더 안달이 났다. 1990년대 초가 되자 미국의 최대 연금기금들은 담합해 일련의 극적인 사장축출극을 벌였다. 그 희생물 가운데는 IBM·웨스팅하우스·GM 그리고 코닥 등이 포함되었다.

영국에서 연금기금들은 훨씬 더 점잖았지만, 1980년대 기네스(Guinness)사와 폴리 펙(Polly Peck)사를 포함해 몇 건의 금융사고가 일어나자, 그들 또한 적극적으로 개입하게 되었다. 로버트 맥스웰은 임원들·감사인들 그리고 사내연금기금을 협박해 자신이 마음대로 했고, 관리자들을 하수인처럼 부렸는데, 그의 불법적인 지배는 주주들과 종업원들 모두에 대한 보호장치의 결여를 드러냈다. 그리고 1990년대 정상적인 회사에서마저도 최고경영자의 연봉과 성과급의 엄청난 상승은 일반적으로 책임감의 부족을 나타낸 것이다. 우편·통신연금을 관리하고 있었던 포스텔 기금(Postel funds)의 주도하에 영국의 연금기금들은 눈에 띄게 경영에 간섭하고 나섰다. 포스텔 기금의 사장 알라스테어 로스 구베이 (Alastair Ross Goobey)는, 회장 마틴 자콤 경(Sir Martin Jacomb)의 지지 아래, 임원들이 해고되면 3년 간의 연봉을 보상할 것을 허용한 「보상계약」을 공공연하게 거부했다. 그는 『솔직히 몇몇 성과보수의 사례는 놀라 자빠질 지경으로 너무 지나쳤다』라고 불평했다. 『그것들은 근로자들을 분개하게 만들었고, 사기를 저하시켰으며, 자본주의 그 자체에 대해 나쁜 인상을 심어주었다.』 그러나 연금기금들은 최고경영자를 선발하는 데 여전히 주의를 기울여야 했거나 경영 그 자체에 간섭하거나 했다. 1993년 구베이는 필자에게 다음과 같이 말했다. 『연금기금은 경영할 수가 없다. 우리는 구멍가게 하나도 제대로 꾸려갈 수가 없다. 우리는 오직 경영층에 대한 윤곽만 제시할 뿐이다. 우리가 원하는 것은, 회사가 경영자들 자신의 이익을 위해 운영되는 것이 아니라는 확신감을 줄 수 있는 조직구조다.』 그리고 연금기금 관리자가 보상계약을 막을 수 있는 범위는, 그들 스스로가 이와 유사한 계약을 맺고 있는 연금기금의 임원들 때문에 상당히 한정되어 있다.

너무나 강력한 최고경영자들 때문에, 영국과 미국의 주요 투자가들은 ——그들이 신중하게 표현한—— 「기업지배권」이란 무엇인가에 대해 한층 더 심각하게 우려를 표시하고 있다. 1994년 미국에서 GM은 기업의 지배권에 대한 지침을 공표했는데, 그것은 다른 많은 기업들에 영향을 미쳤다. 그것은 사외이사들에게 보다 많은 독자적인 권한을 제공하고, 사외이사들이 소집단별로 모여 매년 최고경영자의 성과를 평가하게 했으며, 후계자에 대한 논의를 할 수 있게 했다. 영국에서는 애드리언 캐드베리 경(Sir Adrian Cadbury)이 주도한 어느 위원회는 책임소재 파악에 대해 훨씬 더 효과적인 방안을 제안했는데, 그것은 최고경영자와 회장을 분리하고 비상임임원들의 권한강화와 정보를 제공하려는 것이었다. 그러나 그 제안은 강제성은 없었다. 사외이사들은 그들의 회장들에게 도전하기를 매우 꺼렸다. 왜냐하면 앞으로 수당이라도 계속 받으려면 어쩔 수 없었고, 또한 회장과 최고경영자의 연봉을 결정하는 사람들은 종종 그들 스스로가 고액의 수당을 받는 데 관심이 많은 똑같은 「보상 제공자들」이었기 때문이다.

개혁자들(레이더스·연금기금들)은 군주와도 같은 최고경영자의 권력, 즉 이사회 구성원들을 협박하고 반대자를 침묵시키는 권력을 과소평가했다. 그런 문제는 웨인스톡 경 개인에 의해 극적으로 표현되었다. 웨인스톡은 영국의 최대 엔지니어링회사 GEC의 최고경영자로서 회사를 30여 년 간이나 지배했고, 후임 회장들과 임원들을 선발했으므로, 회사의 성적이 하락했음에도 아무도——그의 후계자로서 총애했던 아들 사이먼마저도——감히 그를 거부하지 못했다. 또한, 70세의 나이에 웨인스톡의 임기는 2년 간 더 연장되었는데, 포스텔 기금의 반대에도 불구하고, 다른 연금기금들이 어쩔 수 없이 동의하는 바람에 임기연장은 승인되었다.

후계자에 대한 불확실성은 왕정 스타일의 회사에게는 최대의 위험으로 간주되었다. 마치 초기 유럽의 왕국들 또는 돔비와 그의 아들처럼 말이다. 웨인스톡이나 핸슨과 같은 가장 화려한 독재자들은, 어쩌면 왕조를 확립하려는 나폴레옹의 희망을 품고 있었으므로, 그들 스스로 후계자 문제를 야기했고, 의식적·무의식적으로 어떤 경쟁자도 약화시켰다. 그것은 실질적으로 제품을 만들어내는 데 헌신하는 엔지니어들과 임원들에게는 달갑지 않은 상황이었다.

1990년대 충성스런 회사인간들은 회사를 떠나는 최고경영자들이 회사경영에 실패했음에도 불구하고 큰 돈을 번 것을 보아왔고, 개인의 이익은 생산성이나 부가가치 그리고 팀워크와는 별로 연관성이 없다는 것도 관찰했다. 회사에 대한 충성심이라는 것은 과거에는 종종 너무 지나친 적도 있었다. 그러나 지금 그것은 너무나 빨리 소멸되어 회사의 연속성을 단절시킬 정도로 우려되고 있다. 그리고 이 문제는, 회사에 대해 지속적으로 헌신하고 또한 사회의 여타 분야와도 한층 더 긴밀한 관계를 맺고 있는 아시아의 기업들과 글로벌 경쟁을 치르게 되면서 더욱 심각해졌다.

기업들은 애초 그들을 있게 해준 유한책임성의 문제에 다시 봉착하게 되었다. 애덤 스미스가 경고한 것처럼, 타인의 돈을 관리하고 있는 임원들이 자신의 돈을 관리했던 초기의 동업자들(partners)만큼이나 주의 깊게 업무를 수행하리라는 기대를 할 수 없었다. 책임감의 결여는 회사의 규모가 점점 더 커질수록 그리고 임원들이 점차 업무와 멀어질수록 재론되는 문제였다. 그러나 그것은, 미국에서부터 유럽에 이르기까지 최고경영자와 말단 종업원의 사이를 한층 더 갈라놓은 약해진 충성심 그리고 표출된 개인적 야심 때문에, 1980년대에는 새로운 위기에 직면하게 되었다.

그것이 국가 경쟁력과 사회의 건강에 영향을 미치고, 고용주와 종업원 사이의 갈등을 증폭시키게 됨에 따라, 불가피하게 그것은 정치적 문제가 되었다. 그러한 무절제한 행동들은 기업지배권에 대한 기존의 계획만으로는 효과적으로 억제될 수 있을 것 같지가 않다. 유일한 조치는 종업원들과 주주들 양쪽에서부터, 유럽 대륙의 경영방식의 장점들을 가미해, 폭넓은 논의를 거쳐 결정되어야만 한다. 그러나 거기에는 투명성이 한층 더 보장되어야 하고, 보다 빈번한 회합도 전제가 되어야 한다. 이것은 지속적인 정치적 압력에 의해서만 가능한 것인데도 사회 민주주의적 정치가들(social democrat politicians)은 반자본주의라고 공격받을 만한 것은 여전히 어떤 조치도 취하기를 싫어한다.

가장 효과적인 압력은 회사인간들로부터 스스로 나와야만 한다. 과거 그들의 모든 실수와 약점에도 불구하고, 생산활동과 번영에 핵심적인 역할을 하는 것은 아직도 관리자들이다. 그리고 그들은, 그 어떤 사람보다도, 기업에 대한 충성심의 붕괴와 해체 때문에 고통을 받고 있다. 그들도 최고경영층의 권력남용을 보게 되면서, 회사에 대한 책임성이 그들 자신의 연속성과 성과, 그리고 자본주의 체제의 건강에 핵심이라는 것을 인식하기 시작했다. 그리고 21세기에 책임성(accountability)은 한층 더 논의가 분분한 문제가 될 것이 틀림없다.

1989년 11월 베를린 장벽이 무너진 직후 역자는 일단의 기업체 임원들과 함께 유럽의 기업들을 방문한 적이 있었다. 템스 강을 따라 국회의사당 건물과 마주보고 있는, 외양은 궁전을 닮았으나 내부는 마치 현대식 미술관 같이 꾸민 밀뱅크의 ICI 본사──사실, 조각·그림 등 갖가지 장르의 예술품이 전시돼 있었다──를 방문하고 그 곳에서 ICI의 세계전략을 논의한 적이 있었다.

6년이 지난 뒤 1995년 8월 역자는 다시 런던에 갔는데 이번 여행은 영국의 중소기업 지원기관인 LenTa를 연구하기 위한 목적이었다. 히드로 공항에서 우연히 들른 간이서점에서 베스트셀러로서 눈에 잘 띄도록 진열해놓은 《회사인간의 흥망(Company Man : The Rise and Fall of Corporate Life)》을 보고는 띄엄띄엄 건너 읽어 보았다. 곧 역자의 관심을 끈 것은 낯익은 영국의 최대기업 ICI에서부터 보잉·셸·엑슨·포드 · IBM · 도요타 · GM · 마이크로소프트 · 휴렛팩커드 등을 포함한 기업이야기, 그리고 그 속에서 회사인간들의 흥망성쇠가 박진감 넘치게 전개되고 있었다. 더욱이 미국과 영국의 살아 있는 경영의 스승 피터 드러커와 찰스 핸디가 일종의 해설자(?)로 등장해 그때 그때 코멘트를 하고 있었으니 읽는 재미란 말할 것 없었다.

귀국 후 출판사에 번역을 제안했으나 원출판사와의 연락 관계로 다소 늦어졌고, 역자 또한 학교업무에 쫓기고 번역하는 도중에 간단 없이 끼여드는 잔일들 때문에 출판은 예정보다 많이 늦어졌다. 번역 중에 우연의 일치이지만 TWA에 관한 부분을 번역할 때는 TWA 800이 격추되는 사건이 일어났고, 미국과 영국의 회사인간들이 대량해고 사태가 일어나는 상황을 번역할 때는 우리나라에서도 정리해고 · 인원감축에 관한 기사가 넘쳤다. 또 레이더스의 활동에 관한 부분에서는 우리나라에서도 몇몇 회사들이 공개매수에 시달리는 신문기사가 있었다. 역사에서 배울 것이 많다는 것을 또 한번 느꼈다.

이 책에 등장하는 실제 인물들도 18세기 말 애덤 스미스에서부터 20세기 말 로버트 라이시에 이르는 경제학자들, 수필 문학의 아버지 찰스 램에서 찰스 디킨스 그리고 프란츠 카프카, 뿐만 아니라 당대의 베스트셀러 작가 마이클 크라이턴까지, 프리츠 랭에서부터 스티븐 스필버그와 같은 영화감독, 제임스 골드스미스와 칼 아이칸 같은 레이더스, 창업자 윌리엄 보잉과 빌 게이츠, 노조 지도자 지미 호파 등이 등장해 시대상황을 설명하고 사라지지만, 그 때마다 독자들에게 화두를 던져주고 간다. 그런 와중에 우리의 주인공 회사인간들은 호응하고 반항하고 승리하고 또한 패배한다. 사회가 발달하고 기술과 지식수준이 높아지고 여성들이 사무실에 등장해, 그렇지 않아도 위축되었던 회사인간들은 회사에서뿐만 아니라 인생 자체에서 그 위상이 초라해지게 된다. 소유경영자가 전문경영자 그리고 중간관리자들로 대체되면서 무기능 소유주들, 즉 익명의 수

많은 주주들은 무기력하게 되었고, 전문경영자들은 「선한 관리자」라기보다는 개인의 이익을 위해 전횡을 하는 경우가 더 많았고, 심지어 국가이익마저도 그들의 이익보다 후순위에 두게 된 적도 있다. 정말이지 그것은 애국심의 뒤켠에서 세계화를 촉진한 요인인지도 모른다. 글로벌 경쟁이 치열해지면서 기업은 더 이상 가부장적으로 종업원들을 돌봐줄 수 없게 되었고, 종업원들 또한 충성심이 없어져 버렸다. 공동체가 사라져 버린 것이다.

기업은 종업원을 도구로 보고, 종업원은 기업을 임시 거처로 생각하고 자신의 「시장가치」를 높이는 데에만 관심이 있다. 그러나 이런 현상은 세상 어느 곳에서나 보편적인 것이라기보다는 경영문화에 영향을 받았다. 유럽과 영국이 달랐고, 영국과 미국이 다르며, 미국과 일본은 더 한층 달랐다. 그리고 미국 동부의 보수적 지역과 캘리포니아의 실리콘 밸리도 서로 달랐다. 미국과 일본은 경쟁하면서 닮아갔고, 미국의 회사인간은 그 창의력과 도전으로 다시 일본의 회사인간을 추월했다. 그러나 세계화가 진전됨에 따라 미국 속의 아시아계 미국인과 아시아 대륙의 아시아인들이 서로 다투고, 최고경영자들의 국적은 기업의 소재지와는 점점 더 일치하지 않고 있다.

그런 한편, 정보통신기술의 발전은 지리적 거리를 의미 없게 만들었고, 충성심이 없는 회사인간은 회사를 위해 외국으로 나가려 하지 않았다. 따라서 현지화란 선택이 아니라 어쩔 수 없는 결정이었다. 종신고용마저도 문화라기보다는 전략이었고, 또한 미국의 해고사태와 이에 대한 수용은 문화라기보다는 생존전략이었다.

산업혁명 이후 회사인간들, 주로 남자 회사인간들은 노동조합을 만들고, 두터운 계층구조 속에서 연금과 각종 복지혜택을 누리며 종신고용하에서 연공서열이라는 눈에 보이지 않는 질서 속에서 살아왔으나, 레이더스·모험추구적 기업가들·외부 컨설턴트들·주주들·냉정한 최고경영자들 그리고 무엇보다도 컴퓨터를 필두로 한 신기술 때문에, 하루 아침에 앞날이 캄캄해졌다. 회사인간들은 학교를 졸업한 후 취업하게 되면, 몇 년마다 자동적으로 승진했고, 매년 월급도 올라갔으며, 한 회사에서 충성스럽게 일하다가 대과 없이 정년퇴직하는 것이 하나의 큰 명예였으나 이제 그런 일은 사라져버렸다. 그것은 어떤 직업에 있어서도 진실이다. 직업이란 것 자체가—— 범선 제작·흑백 영화제작 등과 같이——사라져 버리는 경우도 있었으니 말이다. 노동조합의 조직률은 세계 어느 곳에서나 떨어지고 있고, 미국과 유럽, 일본과 우리나라 모두 종신고용보장 이야기는 이제 촌스런 것이 되었다. 과거 경영자들은 「채용 종업원의 수」를 자랑했지만, 지금은 「감원 종업원의 수」를 자랑한다. 그러면서도 최고경영자들 자신은 전례 없는 고소득을 올리고 있다.

회사인간은 생산성을 높여야 했고, 사무실과 건물들은 생산성을 높이기에 적합하게 설계되었으며, 컴퓨터와 통신기술 등도 처음엔 생산성을 높이기 위해 도입되었으나 기계들(컴퓨터)은 아예 회사인간의 일자리 자체를 빼앗아버렸다. 이제는 회사인간에게 사무실이란, 전화기란, 그리고 책상이란 도대체 필요한 것인가 하는 본질적인 의문마저 제기되었다. 필자는, 그러면 기업지배권은 누가 갖는가? 기업에 대한 책임은 누가 지는가? 하고 묻는다.

초기 산업사회와는 달리 지식사회가 되면서 「지식 있는 자」와 「지식없는 자」의 차이가 줄어들었고 계층도, 지시도, 감독도 없어지고, 그 자리에 자율과 창의 그리고 책임이 강조되었다. 21세기 회사인간이 살아갈 방법은 무엇인가? 그것은 자신의 시장가치를 스스로 증가시키는 것뿐이다. 끊임없이 배우는 것 말이다. 우리나라의 기업관행은 미국과 일본보다 몇 년 뒤진다고 인식한다면, 이 책은 우리나라의 정부관료·기업경영자·회사인간 그리고 연구자들에게 좋은 선행연구가 될 것이 틀림없다.

역자에게 있어서는 더욱 그렇다.

산다는 것이 언제나 그렇지만, 이번 번역 도중에서도 많은 사람들에게 신세를 졌다. 그 가운데 특히 제13장의 초역은 한국은행에 재직중인 장윤석 군이 수고를 해주었고, 성성엽 교수는 교정을 보아주었으며, 정성민 군은 깨끗이 타이핑해주었다. 이들에게 수고했다는 말을 남긴다. 마지막으로 한국경제신문사 출판국 직원들에게 고마움을 전한다.

1996. 10
역 자

●

역자 약력

●

서울대 상과대학 상학과와 같은 대학(경영학 석사) 졸업
경북대 대학 경영학과(경영학 박사) 졸업
현대자동차공업(주) 근무, 영진약품(주) 이사 역임
포틀랜드 주립대 객원교수와 보스턴대 교환교수 역임
한국 국제경영학회 부회장과 한일 경상학회 부회장 역임
현재 대구대학교 경상대학 학장 겸 경영학과 교수
저서 : 《자본시장이야기》《경영학원론》《경영정책론》
《중소기업은 새우가 아니다》《리엔지니어링과 카이젠》등
역서 : 《자본주의 이후의 사회》《미래의 결단》등 다수

●

회사인간의 흥망

●

지은이 / 앤소니 샘슨
옮긴이 / 이재규
펴낸이 / 박용정
펴낸곳 / 한국경제신문사
등록 / 제2-315(1967. 5. 15)
제1판 1쇄 인쇄 / 1996년 10월 25일
제1판 2쇄 발행 / 1997년 1월 25일
주소 / 서울특별시 중구 중림동 441
대표전화 / 360-4114
직통 / 313-8293・312-0063
FAX / 360-4552

●

* 파본이나 잘못된 책은 바꿔 드립니다.
ISBN 89-475-2183-3

●

값 9,800원

韓國經濟新聞社의 간행물

앨빈 토플러 選集

권력이동

앨빈 토플러 著
李揆行 監譯
〈양장본 / 10,500원〉

21세기를 향해 변화하는 폭력·富·지식 등 사회 각부문의 권력격변은 어떤 형태를 취하고 있는가? 이러한 격변은 어디에서 기인하는가? 앞으로 다가올 변화를 누가 어떻게 통제할 것인가? 이 책은 세계 곳곳에서 일어나고 있는 권력의 대지진과 격변을 놀라운 통찰력으로 예견한 力著.「미래쇼크」「제3물결」에 이은 3部作의 완결편.

미래 쇼크

앨빈 토플러 著
李揆行 監譯
〈양장본 / 8,500원, 보급판 / 5,500원〉

인간에게 격심한 변화가 닥쳤을 때 인간은 도대체 어떠한 상태에 이르게 될 것인가? 그리고 어떻게 하면 미래의 변화에 적응할 수 있을 것인가? 오늘의 현대인에게 미래의 충격적 상황을 예시하고 이를 극복할 방향을 제시하고 있는 警世의 教訓書.

제 3 물결

앨빈 토플러 著
李揆行 監譯
〈양장본 / 9,500원, 보급판 / 6,500원〉

기존질서의 붕괴와 전자문명의 개막이 가져다 준 생활패턴의 변화라는 격랑에 현대인은 표류당하고 있다. 우리가 어떻게 이러한 새로운 時代의 질서와 생활패턴에 적응하고 나아가 이에 능동적으로 대처해 나갈 것인가를 예리한 문명비판적 시각에서 제시해 주고 있다.

예견과 전제

앨빈 토플러 著
李揆行 監譯
〈254면 / 3,500원〉

생동감 넘치는 질의문답 형식을 빌어 현대의 경제, 노동의 미래, 여성의 역할, 세력균형, 비디오의 영향, 정치에 등장한 컴퓨터 그리고 사회주의와 자본주의의 미래에 대해 도전적 견해를 펼쳐 보이고 있는 토플러의 제3저작.

적응기업

앨빈 토플러 著
李揆行 監譯
〈218면 / 3,000원〉

급변하는 사회환경 속에서 기업이 어떻게 적응하고 정치·경제·문화적인 현상과는 어떤 관련을 갖고 있는가를 저자 특유의 관찰력으로 날카롭게 분석·비평한 비밀보고서 형식의 力著.

전쟁과 反戰爭

앨빈 토플러 著
李揆行 監譯
〈양장본 / 404면 / 8,000원〉

새로운 세기로 접어들고 있는 오늘의 지구촌에서 새 문명의 등장으로 촉발된 대규모 평화위협의 실상을 파악하고「신세계질서」의 이상형을 예측하고 있다. 전쟁과 反戰爭에 관한 토플러의 방법론적 탁견은 전쟁을 예방하기 위한 평화적 해결책을 제시하고 기묘하고 신비한 미래사의 문을 활짝 열어줄 것이다.

韓經 베스트 셀러

경영혁명

톰 피터스 著
盧富鎬 譯
〈신국판 / 820면 / 13,000원〉

정보화사회는 불확실성이 심화된 사회로 기업경영의 경기규칙과 새로운 경영스타일 등 생존을 위한 변화는 가히 혁명적이라 할 수 있다. 이 책은 전통적 사고에 도전하고 조직이 사람을 위해 존재할 수 있도록 변화를 유도하는 45가지 경영 실천전략을 제시한 기업경영자의 「비즈니스 핸드북」

해방경영

톰 피터스 著
盧富鎬 外 共譯
〈양장 / 1,300면 / 19,000원〉

2000년대의 경영思潮는 무엇이며, 이를 주도할 기업의 생존철학은 무엇인가? 이 책은 장장 1300여 페이지에 걸쳐 좋은 기업을 만들기 위한 조직의 창조적 파괴와 일반통념으로부터의 해방을 핵심테마로 다루고 있다. 자유분방한 필치와 수많은 은유, 패러독스가 곳곳에 번득여 방대한 분량임에도 불구하고 읽는 동안 재미와 해방감·지적 충족감을 더할 수 있다는 것이 이 책의 또 하나의 매력으로 꼽힌다.

경영파괴

톰 피터스 著
安重鎬 譯
〈양장 / 374면 / 8,500원〉

이제 리스트럭처링·리엔지니어링으로는 급변하는 시대를 이길 수 없다. 기업의 조직은 상상을 초월하는 혁신적인 네트워크형이 되어야 한다. 이 책은 세계적 경영컨설턴트인 저자가 새롭고 번뜩이는 아이디어로, 기업을 운영하는 사람들이 재창조와 혁명을 향해 전진할 수 있도록 9개의 「넘어서」를 중심으로 구체적인 혁신방안을 제시한다. 변하지 않는 기업이나 조직은 망한다는 것이 저자의 한결같은 주장이다.

강대국의 흥망

폴 케네디 著
李日洙·全南錫·黃建 共譯
〈양장 / 720면 / 13,000원〉

역사학자이자 미국 예일대 교수인 저자는 이 책에서 지난 5세기 동안에 전개되었던 강대국들의 흥망성쇠는 그들의 경제력과 군사력의 변화 추이에 의해서 좌우되어 왔다고 진단하면서 앞으로 다가오는 21세기에는 미국·소련·서유럽 등의 쇠퇴와 중국·일본 등 아시아 강국들의 부상을 예언하고 있다.

21세기 준비

폴 케네디 著
邊道殷·李日洙 譯
〈양장 / 500면 / 9,000원〉

우리에게 충격을 던졌던 「강대국의 흥망」 저자 폴 케네디 교수가 다가올 21세기 문명세계의 각종 위기를 명쾌히 분석·정리한 力著. 이 책은 향후 30년 사이 우리에게 닥칠 도전들과 그 대응방법 그리고 인구폭발, 환경오염, 생물공학, 로봇, 통신수단, 가공할 파워의 양태 등을 특유의 통찰력으로 분석·예견하고 있다.

메가트렌드 2000

J. 나이스비트 외 共著
金弘基 譯
〈신국판 / 366면 / 8,000원〉

90년대는 정치개혁과 경이적인 기술혁신 등으로 지금까지와 전혀 다른 변화양상을 인류에게 줄 것이다. 이 책은 90년대의 변화로 경제호전, 예술의 번영, 시장사회주의의 출현, 복지국가의 쇠퇴 등 과거 어둡고 비관적인 세기말적 변화보다는 밝고 새로운 흐름을 부각시키고 있다.

메가트렌드 아시아

존 나이스비트 著
홍수원 譯
〈양장 / 402면 / 9,500원〉

미래예측가로 세계적 명성을 떨치고 있는 나이스비트는 21세기에는 아시아가 미국주도의 상품과 소비시장에 가장 중요한 경쟁자로 떠오를 것으로 내다보고 현재 역동적으로 변화하는 아시아의 모습을 8가지 트렌드로 분석했다. 특히 아시아와 세계라는 맥락 속에서 한국에 나타나고 있는 폭넓은 변화들을 살펴보고 한국이 아시아에 기여할 수 있는 방안도 짚고 있다.

20세기를 움직인 思想家들

기 소르망 著
姜偉錫 譯
〈신국판 / 426면 / 8,000원〉

20세기 사상계에 결정적인 영향을 끼친 사람들은 과연 누구인가? 프랑스의 저명한 경제학자이자 사회학자인 기 소르망이 29명의 생존해 있는 현대 최고의 사상가들과 직접 인터뷰를 통해 그들 자신이 선택한 분야에 전생애를 바친 사상과 사색의 놀라운 통찰을 기록·정리한「살아있는 도서관」.

資本主義 종말과 새 世紀

기 소르망 著
金廷銀 譯
〈양장 / 628면 / 13,000원〉

세계적인 석학인 저자는 자본주의 체제를 위협하는 것은 「도덕적 불만」과 「자본주의에 대한 몰이해」라고 주장하고 러시아·중국·독일·인도 등 20여개국의 자본주의의 현재 모습을 생생히 그리고 있다. 또한 현재의 자본주의의 위기를 극복하기 위한 구체적인 실천방안에 대해서도 통찰하고 있다. 방대한 분량인데도 르포형식이어서 전혀 지루하지 않다.

未來企業

피터 F. 드러커 著
高柄國 譯
〈신국판 / 416면 / 8,000원〉

우리 시대의 가장 뛰어난 사회·경영학자이자 미래학자인 드러커의 「변혁시대 기업생존전략 연구서!」 이 책은 세계경제가 빠르게 바뀌어 감에 따라 기업의 새로운 생존 경영전략 모델, 즉 기업이 살아남기 위한 5가지 변화조건을 예리하게 분석·고찰했다. 특히 사회·경제학 시각에서 세계경제 흐름을 통찰한 力著.

자본주의 이후의 사회

피터 F. 드러커 著
李在奎 譯
〈양장 / 328면 / 7,000원〉

사회주의권의 급격한 몰락 이후 탈냉전 분위기가 고조되고 있는 시점에서 향후 세계 변화가 주요 관심사로 떠오르고 있다. 저자는 이 책에서 향후 세계는 자본주의적 시장구조와 기구는 그대로 존속되겠지만 주권국가의 통제력은 약화되고 전문지식을 갖춘 지식경영자 중심의 글로벌화 사회가 될 것으로 예측하고 있다.

미래의 결단

피터 드러커 著
이재규 譯
〈양장 / 408면 / 9,000원〉

현대 경영학의 대부, 피터 드러커는 이 책에서 「스스로를 다시 생각함으로써 회생할 수 있다」고 전제하고 기업의 5가지 치명적 실수, 가족기업을 경영하는 규칙, 대통령을 위한 6가지 규칙, 새로운 국제시장의 개발, 3가지 종류의 팀조직, 오늘날 경영자들이 필요로 하는 정보 등 바람직한 미래를 실현하기 위한 방안을 제시했다. 21세기를 위한 새롭고 시의적절한 경영지침서.

株式市場 흐름 읽는 법

浦上邦雄 著
朴承源 譯
〈신국판 / 200면 / 4,000원〉

언뜻 보기에 무질서하고 예측이 불가능해 보이는 주식시장도 장기적으로 보면 특정한 네 개의 국면을 반복하고 있다는 것을 알 수 있다. 이 책은 이 네 개의 국면이 어떤 요인에 의해 순환되고 각각의 국면에서 어떤 종목이 활약하는가를 숙지할 수 있는 안목을 제시해주고 주식투자시 리스크를 피하는 방법에 대해서도 설명하고 있다.

2020년

해미시 맥레이 著
金光田 譯
〈양장 / 408면 / 9,000원〉

다양한 인종만큼이나 상이한 정치·경제체제와 독특한 문화양식을 지니고 있는 세계 각국은 저마다의 주무기를 앞세워 미래를 설계하고 있다. 경제평론가인 저자는 앞으로 국가경쟁력을 결정짓는 요인은 기술이 아니라 문화라고 강조한다. 현재 세계 각국이 처해 있는 상황을 바탕으로 치밀하게 전망한 2020년경의 세계 각국의 모습에서 우리의 진로는 어떻게 모색해야 할 것인가?

제4 물결

허먼 메이너드 2세
수전 E. 머틴스 共著
韓榮煥 譯
〈양장·4×6판 / 239면 / 5,000원〉

21세기의 범세계적 기업을 위한 낙관적 비전을 제시하고 있는 이 책은 한마디로 앨빈 토플러의 《제3물결》을 넘어 장기적 미래의 비전에 집중하고 있다. 지금 우리가 공업화를 상징하는 「제2물결」에서 탈공업적인 「제3물결」로 전이하고 있지만, 머지 않은 곳에서 새로운 차원의 「제4물결」이 밀려오고 있다고 진단하고 있다.

장사꾼으로 거듭나는 사무라이 혼

金亨澈 著
〈신국판 / 372면 / 7,000원〉

일본의 자민당 정권이 붕괴된 이후 연립정권이 난립하고 고베 대지진, 증권스캔들, 옴 진리교 사건 등이 일어난 격동기에 필자가 주일특파원으로 취재하며 느낌을 쓴 현장 르포다. 기자의 눈을 통해 「기모노 속에 감춰진 진짜 일본」을 만난다.

유머人生 1∼5

韓國經濟新聞社 出版部 編
〈4×6판 / 244면 / 4,500원〉

많은 독자들이 1980년 12월부터 본지에 연재되고 있는 「海外유머」를 책으로 출판했으면 어떨지, 그런 계획은 없는지 물어왔다. 이 책은 독자들의 그러한 성원에 보답하자는 취지로 출판되었으며 우스갯소리 가운데서 인생의 묘미도 느끼고 영어공부도 할 수 있게끔 어려운 단어나 語句에는 주석을 달아 독자들의 이해를 돕고자 노력했다.

암 이렇게 하면 두렵지 않다

엘리자베스 웰런 著
민진식 監譯
〈신국판 / 350면 / 8,000원〉

암의 원인과 관계되는 발암물질, 역학조사, 그리고 생활주변에서 많이 발생하는 암의 위험요소에 대한 방대한 문헌과 보고서를 분석 정리했다. 또 이미 알고 있는 암 유발요인을 쉽게 설명하고 암 학자들의 연구결과와 철저한 문헌조사, 특히 인간에 대한 직접 연구결과에 근거한 암 원인을 전반적으로 개관하여 예방의학의 길을 제시했다. 감역자는 연세대 의대 암센터원장.

사장님, 원가를 아십니까

鄭明煥 著
〈신국판 / 220면 / 5,000원〉

원가의 개념을 정확히 이해하지 못하고 경영한 결과 장부상으로는 흑자임에도 결손이 나는 등 어려움을 겪는 경우가 흔히 있다. 이 책은 경영자는 물론 회계와 기획담당자를 포함한 기업 관계자들에게 원가의식과 관리회계의 개념을 심어준다는 취지에서 원가에 관련된 제반사항을 소설식으로 알기쉽게 다룬 力著

프로 영업인이 되는 길

시라이 기요시 著
朱明甲 譯
〈신국판 / 240면 / 5,000원〉

번번히 뛰어난 실적으로 동료들의 부러움을 사는 사람이 있다. 이런 사람은 흡사 영업의 귀재, 타고난 영업인처럼 보인다. 그러나 잘 나가는 영업사원과 그렇지 못한 영업사원의 차이는 반드시 있게 마련. 이 책은 결코 평탄하지만은 않은 영업의 세계에 입문하거나 프로로 거듭나기를 바라는 영업사원들이 갖춰야 할 지식에서부터 각양각색의 고객을 다루는 방법까지 100가지 성공비결을 공개하고 있다.

中國을 넘어야 한국이 산다

崔弼圭 著
〈신국판 / 260면 / 5,000원〉

최근들어 한국 기업의 중국 진출이 러시를 이루고 있으나 중국의 문화와 관습을 정확하게 이해하지 못한데서 많은 어려움에 부딪치고 있다. 이런 시점에서 쓰여진 이 책은 중국인들의 상술을 예리하게 파헤치고 있으며 한국 기업이 중국 현지에서 맞닥뜨리는 여러 사안들에 관해 심도 있게 분석하고 대안을 제시하고 있다.

멀티미디어 시대

조지 길더 著
權和燮 譯
〈신국판 / 208면 / 5,000원〉

이 책에서 저자는 단순영상매체인 TV는 종언을 고하게 되었고 TV의 기능에 컴퓨터와 광통신 기능이 부가된 네트워크망을 갖춘 종합미디어로서의 텔레퓨터가 멀티미디어 시대에 주역으로 등장할 것을 예고한다. TV를 보면서 진행자와 대담을 나누고 가상현실을 즐길 수 있는 놀랍고도 신기하기까지 한 세계의 출현을 예고하고 있다.

기업혁신 팀경영

존 R. 카첸바크 · 더글러스 K. 스미스 共著
梁浚容 譯
〈신국판 / 364면 / 7,000원〉

구성원의 기술 · 경험 · 통찰력을 결합한 「팀」제는 개개인보다 월등한 업무능력을 지니고 있으며 업무의 내용이 복합적이거나 판단능력 · 경험이 필요한 경우 더욱 돋보인다. 이 책은 다양한 사례를 중심으로 집단적인 작업생산, 개인적인 성장 그리고 고능률 업무수행을 위한 팀경영의 비결을 소개하고 있다.

21세기 기업

제이 R. 갤브레이스·에드워드 E. 롤러 3세 共著
朴秀圭 譯
〈신국판 / 410면 / 8,000원〉

이 책은 21세기의 시장환경에 적응하고 살아 남기 위한 조직구조를 체계적으로 고찰하고 있으며 역동적인 환경에 대처할 관리관행과 경영체계를 심도있게 분석하고 있다. 또한 저자들은 지식업무 및 관리팀, 기량 중심의 인적자원 시스템 구축, 스태프진 분산과 네트워크 구축 등의 새로운 조직창출 방법을 다양하게 구사하고 있다.

기업간·업종간 전략적 제휴

조셉 L. 배더러코 2세 著
韓榮煥 譯
〈신국판 / 264면 / 6,000원〉

지식이 국가와 기업의 경계를 넘어 급속히 이동하고 세계화됨에 따라 새로운 기술과 제품이 정신없이 쏟아져나오고 있다. 이제 어떤 사회도 필요한 모든 기술과 제품을 독자적으로 해결할 수는 없다. 이 책은 많은 회사들의 요새와 같던 담을 무너뜨리고 경쟁예상자와 손을 잡고 제품을 생산하고 기술과 능력을 개발하는 방법을 보여주고 있다.

결혼경제학

八代尙宏 著
李 均 譯
〈신국판 / 200면 / 4,500원〉

결혼과 그 주변문제에 대해 경제학적 측면에서 분석했다. 모든 결혼이 정신적·물질적 행복을 보장해 주는 것은 아니다. 남녀의 결합으로 성립되는 「가정주식회사」는 운영의 묘에 따라 번창하기도 하고 파국을 몰고오기도 한다. 결혼적령기 남녀, 결혼생활을 하고 있는 모든 사람들을 위한 필독서.

정보고속도로의 꿈과 악몽

대니얼 버스타인·데이비드 클라인 共著
김광전 譯
〈신국판 / 472면 / 9,500원〉

세계적인 컨설턴트 버스타인과 컴퓨터 잡지 〈와이어드〉의 객원편집위원인 클라인이 정보고속도로와 디지털이 꿈꾸는 미래의 이상과 그에 따른 문제들을 분석하고 해결책을 제시했다. 특히 정보산업의 발전과정에서 진행된 미국과 세계적인 기업의 사업전략, 그들간의 싸움을 흥미진진하게 엮고 있으며 디지털 혁명이 몰고올 사회변화까지 상세히 설명했다.

거꾸로 선 아버지 바로 세우기

레벤 바-레바브 著
김광전 譯
〈신국판 / 348면 / 8,000원〉

정신과 전문의인 저자가 현대 가정이 지닌 문제점과 자라나는 아이들이 겪는 여러 가지 비극과 그 대안들을 정신분석학적 방법으로 제시했다. 오늘날 우리 사회가 안고 있는 청소년 문제의 근원은 대부분 가정에 있으며 특히 아버지의 역할이 부족한데서 비롯된다고 보고 있다. 훌륭한 아버지의 역할과 훌륭한 아버지가 되는 실용적인 아이디어를 구체적으로 제시하고 있다.

여자의 육체 남자의 시선

장 클로드 코프만 著
김정은 譯
〈신국판 / 392면 / 8,500원〉

독창적이고 신중한 연구라는 평을 받은 파리 5대학 사회학자의 흥미롭고도 심도 있는 저서. 저자는 2년 동안 해변에서의 토플리스 연구를 통해 은밀하면서도 흥미로운 규칙을 발견한다. 형태, 나이, 문화, 해변의 상황에 따라 여자들은 각기 나름의 행동규칙을 준수하며 자신들에게 보내는 시선의 신호를 이해하여 몸의 자세로 또는 적당한 제스처로 그것에 응한다고 보고 있다.

안자(상·중·하)

미야기타니 마사미쓰 著
신봉승·김하중 譯
〈양장 / 4×6판 / 384면 내외 / 각권 6,500원〉

열국의 제후들이 대륙의 패권을 놓고 싸우는 춘추 시대를 배경으로 격동의 역사를 헤쳐나가는 명재상 안자의 일대기를 그리고 있다. 난세 속에서도 안자는 충(忠)과 의(義)를 지키며 정도(正道)만을 걷는다. 국가 경영의 참다운 모습, 인간관계의 원형을 보여주는 그의 독특한 철학을 통해 당시의 시대정신과 사회상을 조명한다.

大商(상·하)

정종명 장편소설
〈신국판 / 상권 348면, 하권 336면 / 각권 6,000원〉

간신 유자광에게 핍박받고 공신 박원종의 비호를 받으면서 혁신정치의 풍운아 조광조에게 도전했던 조선 제일의 巨商 서용근의 일대기를 그리고 있다. 천부적인 장사꾼 기질과 처세술로 조선의 상권을 한손에 거머쥐고 정치권과도 밀착, 정권을 좌지우지했던 서용근의 파란만장한 생애가 흥미진진하게 펼쳐진다. 가공인물 서용근이 보여주는 일련의 정치행각이 특히 흥미롭다.

주제별 經濟·經營 入門書!
EM文庫